STARTUPS
NOS MARES DOS
DRAGÕES

André L. Miceli e Daniel O. Salvador
(Organizadores)

STARTUPS
NOS MARES DOS DRAGÕES

Rio de Janeiro
2019

Copyright© 2019 por Brasport Livros e Multimídia Ltda.

Todos os direitos reservados. Nenhuma parte deste livro poderá ser reproduzida, sob qualquer meio, especialmente em fotocópia (xerox), sem a permissão, por escrito, da Editora.

Editor: Sergio Martins de Oliveira
Gerente de Produção Editorial: Marina dos Anjos Martins de Oliveira
Revisão: Maria Helena A. M. Oliveira
Editoração Eletrônica: Eduardo Santos Gomes
Capa: Lucas Gomes

Técnica e muita atenção foram empregadas na produção deste livro. Porém, erros de digitação e/ou impressão podem ocorrer. Qualquer dúvida, inclusive de conceito, solicitamos enviar mensagem para editorial@brasport.com.br, para que nossa equipe, juntamente com o autor, possa esclarecer. A Brasport e o(s) autor(es) não assumem qualquer responsabilidade por eventuais danos ou perdas a pessoas ou bens, originados do uso deste livro.

S796	Startups : nos mares dos dragões / André L. Miceli, Daniel O. Salvador (organizadores).– Rio de Janeiro: Brasport, 2019. 320 p. ; il ; 17 x 24 cm.
	Inclui bibliografia. ISBN 978-85-7452-919-6
	1. Startups. 2. Tipos e formas de empresas. 3. Inovação. 4. Estratégia organizacional. I. Miceli, André L. II. Salvador, Daniel O. III. Título.
	CDU 658.11: 330.341.1

Catalogação na fonte: Bruna Heller (CRB10/2348)

Índice para catálogo sistemático:
Tipos e formas de empresas 658.11
Inovação 330.341.1

BRASPORT Livros e Multimídia Ltda.
Rua Teodoro da Silva, 536 A – Vila Isabel
20560-005 Rio de Janeiro-RJ
Tels. Fax: (21)2568.1415/3497.2162
e-mails: marketing@brasport.com.br
vendas@brasport.com.br
editorial@brasport.com.br
www.brasport.com.br
Filial SP
Av. Paulista, 807 – conj. 915
01311-100 São Paulo-SP

DEDICATÓRIA

Dedico este livro:

Ao professor Paulo Lemos, pela confiança e por ter aberto as portas da Fundação Getulio Vargas (FGV), que até então era apenas um lugar pelo qual eu nutria profunda admiração; ao Roberto, irmão que a vida me permitiu escolher e melhor parceiro de jornada que eu jamais poderia encontrar.

Ao Daniel, pela parceria em mais um projeto.

Aos alunos da FGV que escreveram e estiveram conosco ao longo da jornada.

Aos meus filhos Enzo, que deu um novo significado para tudo, e Teo, que me mostrou que o maior amor do mundo pode ser multiplicado.

À minha mulher, Patrícia, pelo amor, companheirismo e por me ajudar a construir o que tenho de melhor; aos meus pais, Regina e André, por seguirem sendo minha base para tudo.

Sou muito grato por tudo e a todos.

André L. Miceli

No meio deste projeto, me mudei para uma casa nova onde, durante todo o primeiro mês, dediquei minhas noites a este livro. Por compreender e me apoiar nessas noites, em tantas outras noites e finais de semana investidos neste e em outros projetos, dedico este trabalho à minha esposa, Beatrice.

Ao amigo André Miceli, que é exemplo de profissional e um mentor.

Aos meus pais, Abel e Suely, e irmã, Carol, que torcem incessantemente pelo meu sucesso.

A todos os meus familiares e amigos que tornam a vida mais prazerosa e me dão motivo para continuar e fazer algo maior. Por fim, a todos os autores incríveis que construíram o rico conteúdo que será apresentado a seguir.

Daniel O. Salvador

AGRADECIMENTOS

Esta é uma obra que – literalmente – não existiria se não fosse o trabalho de cada um dos autores que colaboraram com seu tempo, esforço e compreensão.

Adriano de Almeida; Adriano Yuji Ueda; Alexandre Castilho de Moura Costa Vieira; Andrei Scheiner; Carolina Ribeiro de Souza; Eduardo Buragina Gallina; Elis Magalhães Monteiro; Gabriel Henrique Alves e Silva; Guilherme Ravache Abreu Lima; Julia de Magalhães Simek; Luiza Longo; Maô Guimarães; Michele Barcena; Marcello Maria Perongini; Ricardo Araujo de Souza; Ricardo Fachini; Rodrigo Bernardes Pimenta; Rosângela Nucara; Vincent van der Holst.

Obrigado por terem compartilhado conosco seu conhecimento adquirido nos empreendimentos de suas carreiras. Esse agradecimento é estendido a cada familiar e amigo que esteve ao lado de cada autor apoiando e ajudando com paciência o trabalho que resultou neste material. Não conseguiríamos sem vocês, este é um mérito dividido.

Agradecemos também a Sérgio Martins, da Brasport, por tornar o projeto possível; a Paulo Lemos, Diretor do Núcleo de Educação Executiva da FGV, pelo apoio e por escrever o nosso prefácio; João Barroso, Diretor dos Núcleos Rio e Brasília, Paulo Sérgio, Superintendente da FGV Rio, e Sirley Silva, Superintendente da FGV Brasília, pelo apoio e suporte a essa iniciativa junto a alunos e ex-alunos da FGV; Carolinne Barbosa, Eduardo Santos, Lucas Gomes e Luana Queiroz, por todo o esforço e contribuição essencial; Marina Oliveira, por seu profissionalismo e trabalho em conjunto que transformou textos brutos neste livro.

PREFÁCIO

Inovação é uma das palavras do momento. Outras são: automação, big data, inteligência artificial, metodologias ágeis, *machine learning*, etc. De uma maneira ou de outra, todas elas contribuem para o aumento da velocidade das mudanças no século XXI.

Inovar não é ter uma ideia original que os concorrentes não tiveram. Ideias são desenvolvidas, muitas vezes, com base no que é feito em um outro contexto ou em um outro segmento da sociedade. Inovar é implementar uma ideia com sucesso, isto é, criar valor ao desenvolver processos, tecnologias, produtos, serviços, modelos ou a própria gestão dos negócios.

O resultado da inovação também está diretamente associado à estratégia da organização, isto é, a organização pode ter a melhor solução tecnológica, mas ter menos sucesso no mercado em função do seu modelo de negócio.

Por exemplo, a Sony desenvolveu dois padrões de gravação de vídeos em fita: o Betamax e o VHS. O primeiro era o melhor e ela reservou para si; o segundo ela licenciou para a JVC, que o licenciou para todas as demais empresas do segmento. Essas empresas lançaram produtos com o VHS, que se tornou padrão do mercado comercial, ficando o Betamax restrito ao mercado de maior qualidade das emissoras de televisão. Mais tarde, quando a Sony desenvolveu o blu-ray, ela licenciou todos os seus concorrentes e se tornou sucesso de mercado.

Pesquisas realizadas há algumas décadas nos EUA identificaram que a maioria das pessoas que fazia MBA pretendia trabalhar em uma grande empresa. Pesquisas similares recentes mostram que, hoje, a maioria dos pós-graduados no MBA quer empreender e desenvolver seu próprio negócio.

Inovação é o cerne de uma *startup*, mas uma "boa ideia" não garante o sucesso, em razão das grandes incertezas no seu desenvolvimento. Processos ágeis para desenvolver uma *startup* foram criados para se poder avaliar o sucesso ou insucesso da forma mais rápida possível. Um insucesso "rápido" minimiza o custo do desenvolvimento da *startup* e pode se transformar em um aprendizado valioso para um novo desenvolvimento.

O título deste livro – "Nos Mares dos Dragões" – faz uma alusão direta às incertezas dos navegadores ocidentais no século XV, representada pela figura do dragão nos mares desconhecidos de suas cartas de navegação. As incertezas no desenvolvimento das *startups* de hoje podem muito bem ser caracterizadas como "navegar em um mar de dragões".

Desejo ao leitor que este livro sirva de apoio e de incentivo para inovações e que os dragões da incerteza não o impeçam de empreender.

PAULO MATTOS DE LEMOS

Mestre e doutor pela Universidade de Stanford nos EUA, o Prof. Paulo Lemos foi vice-diretor da COPPE/UFRJ, professor e coordenador do programa de Engenharia de Produção desta instituição. Ele também fundou e dirigiu a COPPEAD/UFRJ nos seus primeiros sete anos e foi vice-presidente corporativo das empresas da Odebrecht Química, além de ter assumido cargos de direção em outras empresas e na Secretaria de Indústria e Comércio do Estado da Bahia. Atualmente é Diretor da FGV Educação Executiva São Paulo - IDE/FGV.

ORGANIZADORES

ANDRÉ L. MICELI

Mestre em Administração pelo Ibmec RJ, com MBAs em Gestão de Negócios e Marketing pela mesma instituição. Certificado no programa Advanced Executive Certificate in Management, Innovation & Technology do Massachusetts Institute of Technology (MIT). Cursou o programa de Negociação da Harvard Law School. É Graduado em Tecnologia e Processamento de Dados pela PUC-Rio. Coordenador Acadêmico do MBA em Marketing e Inteligência em Negócios Digitais e do Programa C-Level em Transformação Digital da Fundação Getulio Vargas (FGV). Já ganhou mais de vinte prêmios de internet e tecnologia, incluindo o melhor aplicativo móvel desenvolvido no Brasil. Autor dos livros "Estratégia Digital: vantagens competitivas na internet" e "UML Aplicada: da teoria à implementação". Coautor do livro "Planejamento de Marketing Digital", atualmente em sua segunda edição e também publicado pela Brasport. É ainda fundador e Diretor Executivo da Infobase, uma das cinquenta maiores integradoras de TI do Brasil, e da agência digital IInterativa, atuando com clientes de diversos segmentos. Membro do conselho de Negócios da Agência Lupa e do conselho do Institute for Technology, Enterpreneurship and Communities (TEC). É colunista do Jornal do Brasil, do Olhar Digital, da Futurecom e da MIT Sloan Management Review Brasil. Comentarista da Rádio Jovem Pan sobre os temas tecnologia, negócios e sociedade, divide o programa Sociedade Digital aos sábados com Carlos Aros e é Host do Digital de Tudo, *podcast* da rádio sobre tecnologia. É mentor de *startups* da HackBrazil, competição promovida pela Brazil Conference, evento fruto de uma parceria entre Harvard e MIT, e mentor do LAUNCH, programa de mentoria do MIT.

DANIEL O. SALVADOR

Especialista em Maketing Digital pela Fundação Getúlio Vargas, é publicitário graduado pela Escola Superior de Propaganda e Marketing (ESPM). Gerente de Marketing, é responsável pela comunicação on e *off-line* da Infobase, *holding* que contém operações nas áreas de Tecnologia da Informação, Comunicação Digital, além de abrigar diversas *startups*. Foi responsável pelo atendimento e planejamento de campanhas, aplicativos e sites para mais de uma dezena de fundos de pensão do Brasil. Participou da concepção do DSD, das duas edições do *best-seller* "Planejamento de Marketing Digital", também publicado pela Brasport, e ajudou a construir métodos de engajamento, distribuição de investimentos em canais digitais e desenvolvimento de soluções móveis. Colunista e especialista em mídias sociais, é palestrante e um dos criadores do "Mapa Startup", jogo de negócio que ajudou a treinar executivos nos conceitos de empreendedorismo digital. É Digital Content Manager no Institute for Technology, Enterpreneurship and Communities (TEC).

AUTORES

ADRIANO DE ALMEIDA

MBA em Marketing Digital pela FGV-SP com Pós-Graduação em Gestão de Tecnologia pelo IBTA-SP. Possui mais de 25 anos de experiência em Tecnologia atuando em diversos segmentos de grandes empresas e Marketing Digital, principalmente na área de Gestão de Tecnologia Digital, fazendo o elo de união entre as duas disciplinas.

Atualmente trabalha como *Marketing Technology Manager* desenvolvendo estratégias digitais com foco em experiência do consumidor.

ADRIANO YUJI UEDA

Formado em Jornalismo, com pós-graduações em Marketing na ESPM e TAFE Brisbane (Austrália), MBA em Marketing Digital na FGV e cursos de educação executiva em Harvard, MIT e IDM (Londres). Trabalha como Gerente de Marketing Digital da América Latina na BASF, atou por 9 anos Deloitte desde 2009, atuando atualmente como gerente e head de Marketing Digital, e como consultor independente para *startups* desde 2017.

ALEXANDRE CASTILHO DE MOURA COSTA VIEIRA

Graduado em Jornalismo pela Universidade Gama Filho. Possui MBA em Marketing pela Fundação Getulio Vargas. Formado em *Police and Media Relations* pelo Bureau of Diplomatic Security U.S. Department of State. Cursou Gerenciamento de Crises pela Secretaria Nacional de Segurança Pública do Ministério da Justiça, Gestão em Crises e Relacionamento com a Mídia em Situações de Crise pela FGV *in company*. Ex-Assessor Nacional de Comunicação Social da Polícia Rodoviária Federal. Ex-Coordenador de Imprensa da Secretaria Extraordinária de Segurança para Grandes Eventos do Ministério da Justiça. Passagens por redações de rádio, internet, portais e jornais impressos.

ANDREI SCHEINER

Mestre em Comunicação Social pela PUC-Rio, MBA em Marketing Digital e Publicitário pela ESPM. Possui 20 anos de experiência nas áreas de inovação, consultoria estratégica, *branding*, marketing digital, gestão de projetos e de equipes. Liderou projetos para Vale (Brasil e Canadá), TCU, Diários Associados, Enel Brasil, ONS, Embratel, Bradesco, Fundação Roberto Marinho, Petrobras, Infoglobo, entre outros. Coautor do livro "Gestão da Marca e Reputação Corporativa", pela FGV Management. Docente há mais de 15 anos em programas de pós-graduação, possui formação executiva e graduação em diversas instituições de primeira linha. Finalista do Prêmio ABCOMM de Inovação Digital 2018, na categoria Profissional de Mídias Sociais.

CAROLINA RIBEIRO DE SOUZA

Jornalista formada pela PUC-Rio, possui MBA em Marketing Digital pela Fundação Getúlio Vargas (FGV). Ao longo da carreira, já passou por assessorias de imprensa e redação de revista. Atualmente, trabalha na agência digital IInterativa atuando integralmente na parte de Comunicação Digital de um de seus maiores clientes: o Instituto Brasileiro de Petróleo, Gás e Biocombustíveis (IBP).

EDUARDO BURAGINA GALLINA

Profissional formado em Design e Comunicação Digital, com MBA em Marketing Digital e experiência em Desenvolvimento em projetos web, design e usabilidade, Comunicação Digital, *Data Base Marketing*, Marketing Digital, Estratégias de Performance, Conversão e Redes Sociais. Atuando há mais de dez anos na área de *e-commerce* e planejamento digital, foi responsável pela criação da área com foco em vendas e performance para os cursos da área da saúde na Sociedade Beneficente Israelita Brasileira Albert Einstein. Mudou de mercado para atuação no segmento de assistência no grupo Allianz Partners, responsável pelas vendas B2C nos diferentes produtos de assistência e viagem, com foco na implantação de novas tecnologias em nível de atuação global.

ELIS MAGALHÃES MONTEIRO

Com mais de 20 anos de profissão, trabalha com internet desde meados dos anos 90. Foi repórter e colunista do caderno de tecnologia do Jornal O Globo, onde assinava a coluna "Dica da Elis"; manteve durante anos um blog de sucesso no Globo Online, o "Telefonia etc", e também assinou colunas no Fórum PCs e no TechTudo (Globo.com). Além disso, foi editora-chefe das revistas *Mobile Expert* e *TOTVS Experience*. Como executiva, passou pela ONG Comitê para a Democratização da Informática (CDI, atual Recode), onde exerceu o cargo de Gerente de Relações Públicas e Mídias Sociais; pela Fundação Roberto Marinho, onde foi Coordenadora de Imprensa e, em seguida, consultora responsável por projetos digitais de perfis do Telecurso e do Prêmio Jovem Cientista; pela RioFilme, onde foi responsável pela comunicação em Mídias Sociais da instituição; pelo Sesc Rio e pelo Sistema Fecomércio RJ, onde foi Gerente de Mídias Digitais. Com MBA em Marketing Digital pela Fundação Getulio Vargas (FGV) e executiva formada pela Singularity University (Google/Nasa em curso FIAP/SP), tem amplo portfólio de apresentação em eventos nacionais do segmento e também em eventos corporativos e cursos *in company*. Apaixonada por educação, além dos cursos que ministra, atualmente é docente do MBA Estratégico de Marketing Digital e BI e Inteligência Competitiva da Universidade Veiga de Almeida (UVA), na pós-graduação de Marketing e Comunicação de Moda do Instituto Europeu de Design (IED) e no MBA de Marketing Digital da Fundação Getulio Vargas (FGV).

GABRIEL HENRIQUE ALVES E SILVA

Desde 2013 cria e desenvolve produtos em *startups*. Fundou a Glym, marketplace de profissionais de beleza, que foi adquirida pelo grupo Rocket Internet. Foi Gerente de Produto da Rocket Internet, Elo7 e agora atua como Head de Produto da Lendico, *fintech* de empréstimos pessoais. Ministra o curso "Gestão de Produtos para *Startups*", a fim de difundir o conhecimento de *Product Management* para universitários e empreendedores.

GUILHERME RAVACHE ABREU LIMA

Atuou como jornalista por mais de dez anos em redações como Folha de S. Paulo, Época e Quem. Também trabalhou como editor e gerente de marketing na Editora Caras, liderando a criação de projetos especiais e plataformas digitais para as revistas do grupo. No setor de bens de consumo, foi gerente sênior de comunicação e marketing de relacionamento da Diageo, atuando na comunicação *on-line*, *off-line* e influência para marcas como Johnnie Walker, Smirnoff e Ypióca. Em 2016, ingressou na Ideal H + K como diretor de atendimento, onde ajuda *startups* e multinacionais a navegar em meio às constantes mudanças da mídia e fronteiras cada vez menos claras entre canais tradicionais e emergentes. Hoje, é Diretor de Conteúdo e Novos Negócios da Editora Caras e Diretor de Digital na Rolling Stone Brasil.

JULIA DE MAGALHÃES SIMEK

Especialista em Marketing Digital, com MBA pela Fundação Getulio Vargas (FGV). É graduada em Comunicação Social com habilitação em Publicidade e Propaganda pela PUC-Rio, tendo recebido seis vezes consecutivas o prêmio de mérito acadêmico. Desde 2009, atua no mercado de Comunicação e, a partir de 2011, direcionou sua carreira para o Marketing Digital, especializando-se em Otimização de Conversão (CRO) e em Auditorias de Marketing no Ambiente Digital. É cofundadora da MetaClick, uma das primeiras consultorias da América Latina com foco em CRO. Em curtíssimo tempo, a Meta-Click formou um portfólio de mais de 60 clientes majoritariamente dos Estados Unidos e

Europa, além de organizações na América do Sul. Consultora convidada da Nino Carvalho Consultoria para projetos especiais, tendo liderado iniciativas e equipes junto a organizações nacionais e internacionais, como Focus Têxtil, DB Home, Grupo Montarte, entre outras. Anteriormente, atuou em empresas como Publicis Groupe e Órama Investimentos, onde foi Coordenadora de Marketing Digital.

LUIZA LONGO

Formada em publicidade pela ESPM, possui MBA em Marketing Digital pela FGV e cursos nas áreas de web *analytics*, search engine marketing e mídias sociais. Focada em análise, já trabalhou com *links* patrocinados e planejamento de marketing, além de criar conteúdo para sites de entretenimento e páginas de empresas. Atualmente trabalha como Senior Digital Media Buyer na Wooza.

MAÔ GUIMARÃES

Pós-graduada em Ciências do Consumo Aplicadas pela ESPM, liderou as áreas de campanhas B2C & B2B, pesquisa & *insights* e marketing digital na Intel para a América Latina, com passagens pelos Estados Unidos e pelo Japão. Atualmente, é gerente de marketing das soluções de mensuração do Facebook para a América Latina.

MARCELLO MARIA PERONGINI

Consultor de marketing digital especializado no setor de serviços, com MBAs em Marketing Digital e em Gerenciamento de Projetos pela Fundação Getulio Vargas (FGV). É Graduado em História da Arte Contemporânea pela Universitá degli Studi di Firenze, na Itália, e fundador do grupo Artitalia | História da Arte Italiana. Atualmente é Digital and Social Media Advisor na Shell na América Latina.

MICHELE BARCENA

Jornalista, com MBA em marketing digital pela Fundação Getulio Vargas (FGV) e pós-graduação em marketing esportivo pela Universidade Gama Filho, começou sua carreira em 2001 na Rádio Jovem Pan, onde atuou em diversos setores do jornalismo durante dez anos. Depois disso atuou na área de comunicação e marketing de uma confederação e posteriormente em uma agência de marketing esportivo. Desde 2012 é diretora da Bendita Imagem, agência de comunicação com foco em assessoria de imprensa e marketing digital.

RICARDO ARAUJO DE SOUZA

Mestre em Administração pela PUC-SP e professor das disciplinas de Gestão de Tecnologias Digitais e *E-Commerce* do MBA em Marketing Digital da FGV. Destaque para treinamentos realizados para os profissionais da Infobase Consultoria e Accenture do Brasil. Nos últimos 18 anos exerceu cargos como desenvolvedor, analista de sistemas e gestor de equipes em grandes empresas e corporações de ponta em Tecnologia de Informação nacionais e internacionais. Coautor dos livros "UML Aplicada – da Teoria à Implementação", "Estratégia Digital – Vantagens Competitivas na Internet" e "Marketing de Nichos".

RICARDO FACHINI

Especialista em Marketing Digital na WEG S.A., uma das maiores fabricantes mundiais de motores elétricos e equipamentos elétricos correlatos. Com MBA em Marketing Digital pela FGV, pós-graduação pela Univali em Design Gráfico e Estratégia Corporativa e graduação em Ciências da Computação pela FURB, é responsável pelo planejamento e pela coordenação do desenvolvimento de ações digitais para as áreas de marketing e endomarketing da empresa em que atua.

RODRIGO BERNARDES PIMENTA

Especialista em Marketing Digital, com MBA pela Fundação Getulio Vargas (FGV). É graduado em Comunicação Social com habilitação em Publicidade e Propaganda pela PUC-Rio. Ganhador de prêmios nacionais, como L'Oréal Brandstorm Brasil (terceiro lugar) e Empreendedorismo na PUC-Rio (primeiro lugar). Desde 2006, atua no mercado de Comunicação e, a partir de 2011, direcionou sua carreia para o Marketing Digital, especializando-se em Otimização de Conversão (CRO). É cofundador e CEO da MetaClick, uma das primeiras consultorias da América Latina com foco em CRO. Em curtíssimo tempo, a MetaClick formou um portfólio de mais de 60 clientes majoritariamente dos Estados Unidos e Europa, além de organizações na América do Sul. Consultor de CRO na LiveGlam, empresa americana do segmento de beleza e clube de assinatura. Anteriormente, liderou iniciativas junto a empresas como L'Oréal, Bolsa de Mulher e GoHouse, onde foi Coordenador de Marketing Digital.

ROSÂNGELA NUCARA

Pós-MBA em Comunicação Digital e MBA em Marketing pela Fundação Getulio Vargas, graduou-se em Línguas/Letras pela Universidade Estadual do Rio de Janeiro (Uerj). Cursou o programa de Liderança em Harvard. A maior parte de sua trajetória profissional deu-se no mercado de petróleo e gás, onde atua, além da comunicação, em relações governamentais e com foco em planejamento como forma de trazer mais valor às estratégias e ações. Atualmente é General Manager de Comunicação na VLI Logística.

VINCENT VAN DER HOLST

Mestre em Administração de Empresas pela UvA (Amsterdã). Bacharel em Negócios pela UvA. *Minor* em Gestão Internacional pela NOVA School of Business e Economia (Lisboa) e *Minor* em Empreendedorismo e Estudos Brasileiros pela FGV (Rio de Janeiro). Depois de se formar em 2016, tem seu primeiro emprego na gestão de *supply chain* na Foodora Netherlands. Depois, voltou ao seu amor pelo marketing digital como *Online Marketeer* na Nubis Digital Agency (Amsterdã), onde ajudou empresas grandes e pequenas com seus esforços de marketing *on-line* (principalmente a SEA & Paid Social). Agora trabalha como Consultor Global de Pesquisa Paga (interino) no Adidas Group. Ocasionalmente, escreve sobre *startups* para ajudá-las a expandir seus negócios.

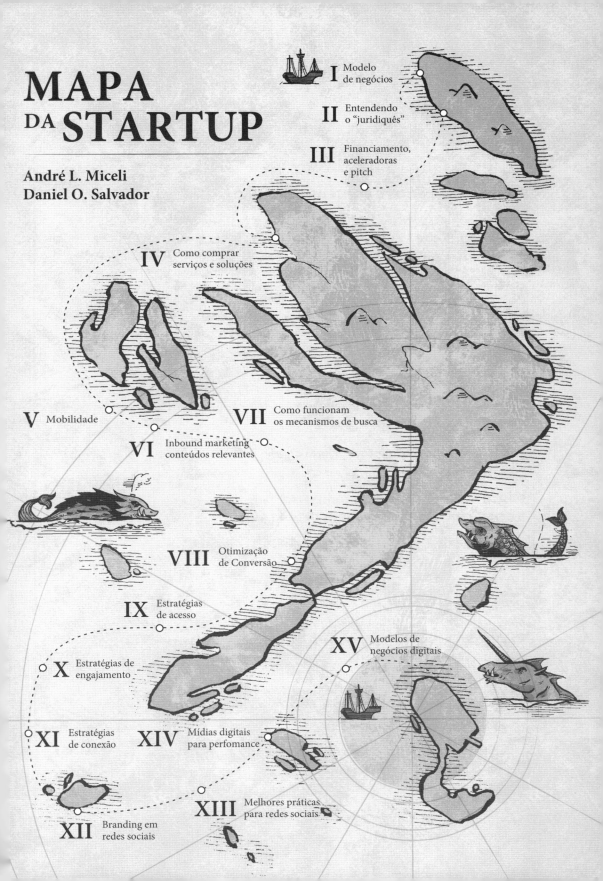

SUMÁRIO

PARTE 1. CONCEITOS E CONTEXTUALIZAÇÃO — 1

Capítulo 1. Introdução e principais conceitos para conhecer o universo de *startups* 2
    Daniel O. Salvador

Capítulo 2. Transformação digital e nova sociedade 6
    André L. Miceli

PARTE 2. COMO PARTIR NA DIREÇÃO CORRETA — 11

Capítulo 3. Modelo de negócios 12
    Andrei Scheiner

Capítulo 4. Entendendo o "juridiquês" 45
    Carol Souza

Capítulo 5. Financiamento, aceleradoras e *pitch* 60
    Maô Guimarães

PARTE 3. CONCEITOS, FERRAMENTAS E BOAS PRÁTICAS PARA GERIR UMA *STARTUP* — 75

Capítulo 6. Como comprar serviços e soluções 76
    Rosângela Nucara

Capítulo 7. Mobilidade 85
    Guilherme Ravache

Capítulo 8. Conceitos de *inbound marketing*: 99
criando conteúdos relevantes
    Daniel O. Salvador

Capítulo 9. SEM e SEO: como funcionam os mecanismos de busca 118
    Adriano de Almeida

Capítulo 10. Otimização de conversão 137
    Julia Simek e Rodrigo Bernardes

Capítulo 11. Estratégias de acesso: *mobile,* redes locais, nuvem e *omnichannel* ·············· **149**
  Ricardo Souza

Capítulo 12. Estratégias de engajamento: curadoria e criação de conteúdo como ferramentas de marketing ·············· **161**
  Elis Monteiro

Capítulo 13. Estratégias de conexão: *insights* e influência através de monitoramento ·············· **174**
  Ricardo Fachini

Capítulo 14. *Branding* em redes sociais ·············· **188**
  Adriano Ueda

Capítulo 15. Gestão de crises em mídias digitais ·············· **204**
  Alexandre Castilho

Capítulo 16. Melhores práticas para redes sociais ·············· **215**
  Marcello Perongini

Capítulo 17. Mídias digitais para relacionamento e performance ·············· **230**
  Luiza Longo

Capítulo 18. Métricas, ROI e modelos de negócios digitais. ·············· **242**
  Eduardo Buragina

PARTE 4. CASOS E LIÇÕES   259

Capítulo 19. Cases de sucesso ·············· **260**
  Vincent van der Holst

Capítulo 20. Cases de fracasso ·············· **271**
  Gabriel Henrique

Capítulo 21. *Startups* que chegaram a 1 bilhão ·············· **285**
  Michele Barcena

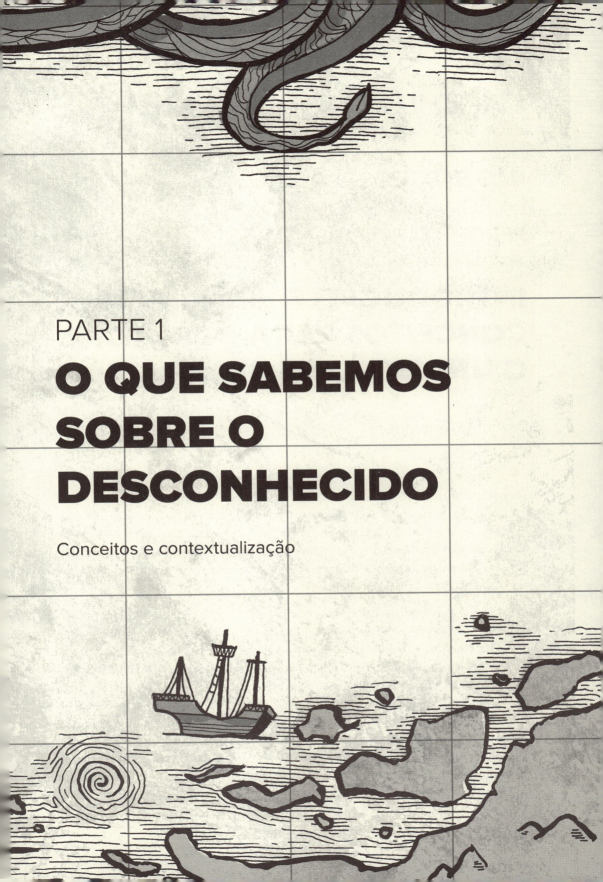

PARTE 1
O QUE SABEMOS SOBRE O DESCONHECIDO

Conceitos e contextualização

CAPÍTULO 1

NÃO SABEMOS O QUE TEM LÁ FORA, MAS PODEMOS PERGUNTAR A QUEM JÁ FOI

INTRODUÇÃO E PRINCIPAIS CONCEITOS PARA CONHECER O UNIVERSO DE *STARTUPS*

Daniel O. Salvador

Ter o mapa-múndi tão claro e acessível através de poucos cliques em um *smartphone* é o resultado de anos de evolução e construção conjunta da humanidade até aqui. Antes de se ter a tecnologia exploratória (satélites, drones e robôs submarinos) e de transporte (navios superseguros, submarinos e aviões) que temos hoje, foi preciso que muitos homens corajosos se lançassem ao mar sem a certeza de onde chegariam e do que encontrariam.

Aos poucos esses homens foram desvendando o mapa que conhecemos hoje através de muito suor e muitas vidas. Sempre que uma parte do mapa era revelada, muitos novos caminhos e possibilidades surgiam também, mas um capitão só podia desvendar um caminho por viagem e então, seja pela certeza de que havia algo perigoso em outro caminho ou simplesmente pela incerteza do que teria nessa nova rota, esses novos caminhos eram marcados com criaturas mitológicas ou serpentes ou dragões. Aqui há dragões (do latim Hic Sunt Dracones), era assim que se faziam as marcações de perigo durante as grandes navegações nos séculos XV e XVI. E, assim, esses homens seguiam por um caminho a fim de desvendar o mar que escolheram. Conquistando ou falhando, esses homens sempre deixavam para trás algo muito importante: o conhecimento.

2 - Startups

O conhecimento de tudo o que viram e viveram nessas águas desconhecidas que, sendo bom ou ruim, permitiu aos novos navegantes se prepararem para irem mais longe. E assim, indo aos poucos cada vez mais longe, conseguimos mapear o planeta das regiões mais frias até as mais áridas. Coisas que um só homem seria incapaz de fazer sozinho – e é sobre isso que este livro fala. Ele é um compilado do que 20 autores aprenderam em suas próprias navegações e estudos a caminho do desconhecido, a caminho dos Mares dos Dragões, que dá título ao livro e também encaixa perfeitamente com o conceito com o qual vamos trabalhar: *startups*.

Startups nunca estiveram tanto em evidência. O termo nascido durante o que se conhece como a bolha da internet (1996 e 2001) é usado há décadas nos Estados Unidos, mas ganhou adesão no Brasil nos últimos anos. Cada vez mais se fala sobre o tema que está cada vez mais popular. É o que demonstra essa simples pesquisa do termo "startups" no Google Trends:

Apesar de em algum momento o termo ter sido sinônimo de começar uma empresa nos Estados Unidos, hoje em dia está claro que nem toda empresa que simplesmente acaba de começar é uma *startup*. O critério é maleável e existem diversos conceitos focando em várias características: empresas de baixo custo de manutenção, empresas com escalabilidade, empresas emergentes, empresas de tecnologia, empresas com modelo de negócio inovador, etc.

Para este livro, os autores tiveram como base o conceito de Eric Ries em "The Lean Startup" ou "Startup Enxuta", em português. Para Ries, *startup* **é uma organização dedicada a criar algo novo sob condições de extrema incerteza**, como **Nos Mares dos Dragões**. O que se aplica, como seu próprio livro exemplifica, tanto para uma pessoa trabalhando na garagem quanto para um grupo de diretores de empresas grandes já estabelecidas. O que elas têm em comum é a missão de entrar na neblina, enfrentar o desconhecido e descobrir um caminho para um negócio sustentável.

Para compreender melhor o livro, é necessário conhecer certos conceitos. Alguns deles são apresentados dentro dos artigos com maior profundidade, quando necessário.

Aceleradora: são programas de prazo fixado que incluem investimentos iniciais, conexões, orientação, componentes educacionais e culminam em um evento público ou dia de demonstração para acelerar o crescimento. A maioria das aceleradoras é financiada pelo setor privado, como um fundo de investimento que assume parte do negócio e se concentra em uma ampla gama de setores.

***Angel investor* (anjo investidor, de investimento-anjo):** investidor-anjo é uma pessoa física que faz investimentos em empresas, normalmente embrionárias, com alto potencial de retorno.

***Break-even*:** é o momento de equilíbrio da empresa, quando ela ainda não dá nem lucro nem prejuízo. Ou seja, após todo o investimento inicial, todos os gastos até esse momento se pagaram. Desse ponto em diante, espera-se que a empresa passe a dar lucro e compensar os investimentos.

***Bootstrapping*:** é o investimento inicial feito pelos sócios-fundadores da ideia. A maioria das empresas começa com esse modelo de financiamento até conseguirem um investimento de terceiros ou até começarem a ter retorno financeiro.

***Burn rate*:** é a medida na qual uma nova empresa está gastando seu capital de risco para financiar despesas gerais antes de gerar fluxo de caixa positivo das operações. É uma medida do fluxo de caixa negativo geralmente cotada em termos de dinheiro gasto por mês. Por exemplo, um *burn rate* de R$ 1 milhão significaria que uma empresa está gastando R$ 1 milhão por mês.

***Coworking*:** é um ambiente de trabalho compartilhado oferecido a profissionais autônomos, profissionais à distância ou até mesmo empresas onde se faz a locação de um ambiente de trabalho. Os ambientes podem variar, com salas de reunião, computadores, telefones ou apenas mesas e tomadas. Empresas como a WeWork alugam esse tipo de espaço por valores proporcionais à infraestrutura de que o interessado precisa, mas existem alguns espaços de *coworking* abertos ao público por grandes empresas como Google.

CRM: em inglês, *Customer Relationship Management* (CRM) significa Gestão de Relacionamento com o Cliente. É usado para se referir a sistemas de informações ou ferramentas que automatizam as funções de contato com o cliente, a fim de manter um bom relacionamento a longo prazo.

***Due diligence*:** é a fase em que o investidor levanta informações sobre uma empresa que pretende adquirir. Durante esse processo são feitas análises financeiras, fiscais, contábeis e de risco. Ao fim desse processo, com toda a informação necessária levantada, o investidor consegue valorizar e fixar de forma objetiva o preço final de uma operação de aquisição de empresas, e delimitar como será feita a transição, além de exigir garantias sobre o negócio para minimizar os riscos. Durante essa fase, mediante a não aprovação em alguma análise, é possível que o investidor decline da aquisição.

Incubadora: são programas de suporte a empresas em estágio inicial, que oferecem um ambiente propício para estimular seu crescimento através de assessoria empresarial, contabilística, financeira e jurídica. Ao contrário das aceleradoras, as incubadoras normalmente são oferecidas por governos ou ONGs e não exigem contrapartidas, além de serem por tempo indeterminado.

IPO: a maioria das empresas se inicia num formato de capital fechado LTDA, mas, conforme ganham espaço no mercado, apresentando bons resultados, ela abre capital, tornando--se uma empresa de sociedade anônima através da venda de ações. *Initial Public Offering* (IPO) ou oferta pública inicial é a primeira oferta pública de ações de uma empresa. Muitas vezes, o IPO é feito a fim de angariar recursos para seguir expandindo um negócio.

MVP: *Minimum Viable Product* (MVP) ou produto viável mínimo é a versão mais simples de um produto que pode ser lançada que atenda às dores do clientes, a fim de obter os primeiros resultados com o mínimo de esforço.

Outsourcing: é a contratação de mão de obra externa especializada para execução de uma atividade que não seja o *core* da empresa. Dessa forma, a empresa consegue ter equipe qualificada e reduzida estrutura operacional, diminuindo os custos, economizando recursos e reduzindo as burocracias administrativas.

Private equity: é quando uma empresa de investimento compra uma parte da sociedade de uma empresa que ainda não possui capital listado na bolsa. Esta é mais uma forma de angariar fundos para expandir a empresa e normalmente é feita em um momento em que a empresa já passou da fase inicial e está apresentando bons resultados.

ROI: *Return On Investment* (ROI) ou, em português, retorno sobre investimento, é a relação do dinheiro ganho com o dinheiro investido em alguma iniciativa, projeto ou empresa.

Pitch: é o discurso/apresentação para investidores a fim de atrair seus investimentos e dar um próximo passo no crescimento da empresa. Normalmente o *pitch* é conciso e preciso, pois o período de tempo disponível é bem curto.

Pivotar: a palavra vem do verbo to pivot ("mudar" ou "girar" em inglês) e comumente significa mudar drasticamente o rumo de uma empresa. Seja uma mudança brusca no modelo de negócio, no produto ou no serviço, pivotar é muito comum em empresas que estão começando. Através de metodologias como a apresentada em *Lean Startup*, testam hipóteses rapidamente e, com o retorno desses testes, podem nortear a empresa para uma nova direação mais adequada.

CAPÍTULO **2**

NOVAS TECNOLOGIAS E OS NOVOS MARES

TRANSFORMAÇÃO DIGITAL E NOVA SOCIEDADE

André L. Miceli

Uma vez que tanto o processo quanto o próprio conceito de transformação digital tomam conotações diferentes em função da pouca quantidade de casos e do contexto de cada empresa, pode ser difícil chegar a uma definição universal. No entanto, em termos gerais, define-se a transformação digital como a integração da tecnologia em todas as áreas de uma empresa, resultando em mudanças fundamentais na maneira através da qual as empresas operam e como geram valor para os clientes. Além disso, é uma mudança cultural que exige que as organizações desafiem continuamente o *status quo*, experimentem novos modelos e se sintam à vontade com o fracasso. Isso, às vezes, significa afastar-se dos processos de negócios de longa data em favor de práticas relativamente novas que ainda estão sendo definidas.

A definição da Wikipédia, embora vaga, aborda como os efeitos desse processo de transformação vão além das empresas para a sociedade como um todo:

> *Transformação digital está associada às mudanças e à aplicação da tecnologia digital em todos os aspectos da sociedade humana.*

Apesar da multiplicidade de definições e entendimentos, existem algumas constantes e temas comuns entre os estudos e *frameworks* que os líderes de negócios e tecnologia consideram ao iniciar um processo de transformação digital:

- Experiência do cliente
- Agilidade operacional

- Cultura e liderança
- Ativação da força de trabalho
- Integração de tecnologia digital

Todo esse processo tem implicações sociais em organizações e indivíduos, e a evolução está ganhando velocidade. Os poderes transformadores da inteligência artificial, *big data*, internet das coisas, tecnologias móveis e *blockchain* acabarão por gerar uma quarta revolução industrial. A evolução deve aumentar padrão, expectativa e qualidade de vida. No entanto, também pode ter efeitos disruptivos, sobretudo nos mercados de trabalho.

É fundamental para a coesão social e a sustentabilidade de nossos modelos sociais e para instituições democráticas fortes que a rápida mudança tecnológica seja efetivamente gerenciada de modo a maximizar os benefícios e minimizar os efeitos negativos de tais transformações. Isso inclui equipar nossos cidadãos em todas as idades com as ferramentas e capacidades para participar plenamente e com sucesso de todo o processo.

SUSTENTABILIDADE AMBIENTAL

Dados do World Economic Forum mostram que a tendência histórica sustenta que, por cada aumento de 1% no PIB global, as emissões de CO_2 aumentam aproximadamente 0,5% e a intensidade de recursos em 0,4%. As práticas comerciais atuais contribuirão para uma diferença global de 8 bilhões de toneladas entre a oferta e a demanda de recursos naturais até 2030, traduzindo para US$ 4,5 trilhões de crescimento econômico perdido até 2030.

Segundo o portal inglês "The Guardian"[1], o uso estimado de energia da rede *bitcoin*, que é responsável pela verificação das transações feitas com a criptomoeda, é de 30,14 TWh por ano, o que excede o de 19 outros países europeus. Isso significa que a rede consome cinco vezes mais eletricidade do que é produzido pelo maior parque eólico da Europa, o London Array. Nos níveis atuais de consumo de eletricidade, cada transação individual de *bitcoin* usa quase 300 KWh de eletricidade – o suficiente para ferver cerca de 36.000 chaleiras cheias de água.

Embora o consumo de energia de outras redes de pagamento seja mais difícil de isolar, um dos dois centros de dados dos EUA da Visa funcionará com cerca de 2% da potência requerida pela rede *bitcoin*. Dadas tais avaliações, torna-se evidente que o

---

[1] HERN, Alex. Bitcoin mining consumes more electricity a year than Ireland. **The Guardian**, Nov. 27, 2017. Disponível em: <https://www.theguardian.com/technology/2017/nov/27/bitcoin-mining-consumes-electricity-ireland>. Acesso em: 30 out. 2018.

processo de transformação digital do mundo ainda tem desafios importantes antes de ganhar toda a escala possível.

EMPREGO E HABILIDADES

As estimativas atuais das perdas globais de empregos devido à digitalização variam de 2 milhões a 2 bilhões de postos até 2030. Existe uma grande incerteza, com preocupação também com seu impacto nos salários e nas condições de trabalho. *Os millennials* (geração nascida nos anos 90 e também conhecida como "Geração Y") possuem uma relação diferente com o "ter", ao contrário das anteriores. Tal fato explica, em parte, o surgimento de cada vez mais empresas de compartilhamento. A falta desses desejos permitirá uma vida mais barata.

Segundo o escritor Yuval Noah Harari – autor do artigo "O Significado da Vida em um Mundo sem Trabalho"[2] –, eles serão "inúteis", pois não produzem e não querem nada.

Essa observação pode ser suficiente para mostrar a necessidade de uma possível renda mínima universal que pode se tornar fundamental para garantir a capacidade a estes, que ficarão incapazes de se empregar. Por fim, a popularização dos mecanismos de realidade virtual e aumentada acabará também por intervir no modo de vida dessa classe. Então, é muito provável que muitos deles vivam um ambiente paralelo. Ficarão imersos *on-line* e nas redes sociais. Sempre numa realidade virtual.

Apesar do enorme desafio criado pelo cenário descrito, o processo de transformação digital tem potencial para impactar positivamente esses mesmos segmentos, tornando possível:

Criar uma força de trabalho para a nova indústria: a digitalização pode criar milhões de empregos em todo o mundo até 2030 somente nas indústrias de logística e eletricidade. Em outros lugares, como a tecnologia da informação, o impacto também pode ser bastante positivo. Um diferencial competitivo fundamental, tanto para indivíduos, quanto para organizações, será a capacidade de as empresas melhorarem o conhecimento de seus funcionários em áreas lógicas como programação e análise de dados. Somente dessa maneira se criará uma geração de talentos que esteja pronta para os desafios que se apresentarão em praticamente todos os segmentos da economia.

Criar um mundo sustentável: as iniciativas digitais nas indústrias que examinamos podem emitir cerca de 26 bilhões de toneladas de CO_2 nos próximos anos. Isso é quase equivalente ao CO_2 emitido por toda a Europa na história da humanidade. Por isso é fundamental encontrar formas mais baratas de processamento e armazenamento e assim superar obstáculos relacionados à aceitação de novos modelos de negócios, de clientes com diferentes necessidades e, consequentemente, minimizar o impacto ambiental da própria tecnologia digital.

---

[2] HARARI, Yuval Noah. The meaning of life in a world without work. **The Guardian**, May 08, 2017. Disponível em: <https://www.theguardian.com/technology/2017/may/08/virtual-reality-religion-robots-sapiens-book>. Acesso em: 30 out. 2018.

O FUTURO DA TRANSFORMAÇÃO E SEUS DESAFIOS

As tecnologias digitais transformam as organizações e a sociedade em geral imprimindo um ritmo de mudanças que acabam por potencializar o desafio de gerir o processo. As organizações precisam criar estratégias que incluam um plano para treinar e manter ativos seus funcionários. Se olharmos revoluções tecnológicas anteriores (principalmente a revolução industrial), é fácil perceber que as empresas que se mantiveram no topo por maiores períodos foram aquelas que conseguiram se mover e se adaptar rapidamente.

Para os governos, o desafio é igualmente urgente. O aumento da desigualdade com todos os seus impactos e a deflação salarial ou mesmo a agitação social requerem ação imediata para capacitar a força de trabalho, ajustar as questões ambientais e de segurança fomentando a inovação, o empreendedorismo e a otimização do processo de transformação digital.

PARTE 2
PREPARAR PARA ZARPAR

Como partir na direção correta

CAPÍTULO **3**

CONSTRUINDO NAVIOS

MODELO DE NEGÓCIOS

Andrei Scheiner

Seguindo adiante para falar sobre como preparar a embarcação, ou seja, como construir esse navio, qual modelo de negócio adotar para uma *startup*? Mas, antes de tratar sobre modelo de negócio, é interessante relembrar rapidamente que existe uma série de mudanças nos contextos relacionados às empresas e *startups* nos últimos anos. O público está entendendo cada vez mais que não existe aquela empresa grande demais para falir e que acaba sendo substituída por produtos mais inovadores e disruptivos. Por um lado, isso é bom para as *startups*, é uma vantagem, mas elas também têm que saber que existe a hipercompetitividade, ou seja, uma concorrência muito mais ampla nas últimas décadas do que na economia antiga, principalmente na economia digital.

Essas mudanças no contexto de negócios acabam representando oportunidade, uma reconfiguração da cadeia de suprimentos, o consumidor consegue entrar em contato diretamente com as marcas sem múltiplos agentes no meio desse processo. De repente, esse modelo de negócio pode sair para ajudar a reconfigurar uma cadeia de suprimentos, pensar em um comportamento de um consumidor que está mais inclinado a reclamar e está mais exigente no que pede para as empresas. Ele chega com mais informações, às vezes, do que o próprio representante da empresa e isso também pode configurar uma oportunidade para alguma *startup* desenvolver sua ideia e pensar em um modelo de negócio. As questões que antes eram fáceis para as empresas hoje são difíceis de prever, ignorar e gerir quando dão errado. A frase do David Grayson é importante para lembrar que navegar nesse mar não é uma navegação puramente intuitiva, ela tem que ser feita com ferramentas e com entendimento do mercado, de diferentes tipos de modelos, para justamente poder operar.

Para pensar em modelo de negócio, é importante ter em mente uma divisão entre modelo, operação e ferramenta daquele modelo. Na verdade, existem quatro modelos básicos, divididos em: "B2B" ou *Business to Business*, "B2B2C" ou *Business to Business to Consumer*, "B2C" ou *Business to Consumer* e "C2C" ou *Consumer to Consumer*.

12 - Startups

MODELO	B2B	B2B2C	B2C	C2C
OPERAÇÕES E FERRAMENTAS	E-procurement	Marketplace	Personalização	Troca
	Leilão Reverso	Cross Docking	CRM	Classificado
TIPO	Vertical / Horizontal			
EXEMPLO	AliExpress	COMPRASNET	americanas.com	mercado livre
	mercado PME	elo7	NETSHOES	OLX

B2B OU *BUSINESS TO BUSINESS*

Este modelo vai agregar solicitações de compradores e pessoas jurídicas, buscando ofertas e propostas de fornecedores que também são pessoas jurídicas. São empresas demandando serviços ou produtos para outras empresas e engajando negociações diretas. Normalmente, há um sistema nas empresas, como um sistema de ERP, ou outros sistemas que vão estar interligados em uma plataforma, que é chamada normalmente de portal de compras, onde o comprador coloca no mercado sua demanda e múltiplos vendedores oferecem seus produtos e respondem às cotações de produtos ou serviços.

No B2B, há um modelo para empresas que pode funcionar através de uma ferramenta de *e-commerce*. Por exemplo, não é necessário ter um B2B tradicional, solicitando uma cotação, um "RFP", chamado de *Request For Proposal*, por e-mail e enviar aquilo para uma série de fornecedores cadastrados na empresa e aguardar as respostas, cotação, uma proposta de compra de produto ou de contratação de serviço. Pode-se fazer isso via *e-commerce*, via um portal de compras, em que haja uma plataforma, como uma loja virtual, onde a empresa demanda o que é interessante para ela contratar. Ou, o contrário, um portal de compras administrado por um fornecedor que vai fechar um contrato com a empresa e oferecer um *e-commerce* exclusivo, como se fosse um *e-commerce* com um grande cliente, onde a área de suprimento daquele grande cliente vai colocar no carrinho de compras o que é preciso em termos de suprimentos ou de serviços para poder ser contratado. Assim, o B2B, em

Startups - **13**

termos de operação, é o que é chamado de *e-procurement*, o processo de fazer compras empresariais através de um mecanismo digital. Nesse caso, o mercado está orientado pelo comprador que vai anunciar pedidos para fornecedores realizarem a melhor oferta. Nessa integração com o RFP do contratante, é possível fazer um pedido para cotações, como um trabalho de leilão reverso. Há uma série de empresas no mercado que oferecem esse tipo de solução. A **SAP**, através do **Ariba**, a **Coupa**, a **GEP**, **Nimbi** e uma série de outras empresas oferecem soluções da parte de cotação de suprimentos através do ambiente digital.

Pensando em uma *startup* que quer engajar relações B2B, temos a **Staples**, uma empresa americana na área de material de escritório com presença no Brasil. Ela tem um portal específico para B2B, ou seja, um *e-commerce* específico para adquirir insumos, materiais de escritório e papelaria para uma empresa. O site da **Staples** é um exemplo de operação personalizada – eles podem criar uma loja virtual específica para determinado cliente grande e as pessoas autorizadas dentro do cliente vão poder fazer as compras dos suprimentos necessários.

Uma outra forma de operar o B2B é através de leilão. **Superbid** é um site de leilões de equipamentos, máquinas ou bens materiais de empresas que estão fechando filiais e necessitando vender equipamentos usados. Qualquer empresa pode dar um lance e participar daquele leilão. É um leilão tradicional. O **Superbid** funciona como um leiloeiro, que recolhe uma taxa a partir do lance vencedor de um lote comprado.

O leilão reverso funciona quando um comprador coloca o pedido aberto para um determinado número de fornecedores cadastrados e vence o pedido do fornecedor que ofereceu o menor preço. Em um leilão tradicional, vence o comprador que dá o maior lance; no leilão reverso vence o vendedor que der a menor oferta ou o preço mais vantajoso para aquele consumidor. O exemplo mais clássico de leilão reverso, em termos de B2B, é o **Portal Compras Net**, portal do Governo Federal na área de compras, onde fornecedores cadastrados de equipamentos, máquinas ou insumos podem oferecer preços mediante cotações que determinado órgão do governo vai solicitar. Vence sempre aquele que der o menor preço atendendo às especificações, obviamente, da cotação.

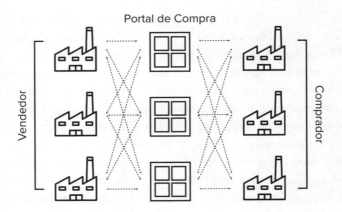

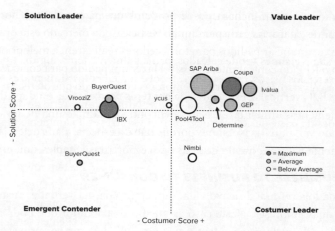

Fonte: SPEND MATTERS, 2017[3].

Em resumo, o modelo B2B significa empresas negociando com empresas, fazendo isso via leilão, portal de compras ou leilão reverso.

B2C OU *BUSINESS TO CONSUMER*

Trata-se de empresas que vendem para consumidores, pessoas físicas. O modelo B2C pode ser dividido em uma aplicação horizontal, ou seja, quando uma loja *on-line* vende produtos de vários segmentos. Essa loja é um varejista virtual, normalmente não é o fabricante ou fornecedor de produtos, em que oferece, horizontalmente, uma série de categorias diferentes de produtos para pessoas/compradores que podem ir até esse site para escolher o que interessa.

O B2C horizontal são as grandes empresas varejistas que estão presentes no ambiente digital, como **Ponto Frio**, **Casas Bahia**, **Magazine Luiza**, **Submarino**. Todas essas empresas operam, considerando-as enquanto vendedores, com aplicação do modelo B2C horizontal. Há uma série de produtos diferentes. Por exemplo, no **Ponto Frio**, encontram-se artigos para casa, eletrodomésticos, eletroeletrônicos, celulares, *notebooks*, brinquedos, presentes, acessórios, itens de moda, ou seja, um sortimento grande de produtos em uma loja que funciona como um varejista. Não é um fabricante, não é quem fornece os produtos para dentro da loja, mas quem atua como um varejista.

O B2C vertical, uma modalidade de aplicação do modelo B2C, é aquela empresa que se especializa em uma família ou catálogo de produtos. Normalmente um site, pensando no ambiente digital, de uma única família ou duas grandes famílias de produtos, tendo um grande número de modelos, tamanhos e variações daquele tipo de produto. São sites que

---

[3] Q4 SolutionMap[SM]: 32 Procurement Technology Solution Providers, Ranked. **SpendMatters**, Oct. 17, 2017. Disponível em: <http://spendmatters.com/2017/10/17/q4-solutionmap=32--procurement-technology-solution-providers-ranked/>. Acesso em: 30 out. 2018.

Startups - **15**

se especializam só em determinados tipos de produtos, que não vendem no horizontal, em uma gama maior de categorias, mas pensam no vertical.

Por exemplo, o site **Netshoes** vende calçados, principalmente tênis, alguns tipos de roupa voltados para exercícios físicos, camisas de futebol e suplementos alimentares. A **Netshoes** adota o modelo B2C vertical: é especializada em tênis para corrida ou dia a dia, camisas de times e suplementos alimentares. Não se encontra uma máquina de lavar roupa ou brinquedos sendo vendidos na **Netshoes** porque não é a especialidade deles, já que trabalham verticalmente nesse segmento de itens para esportistas amadores ou profissionais.

B2B2C OU *BUSINESS TO BUSINESS TO CONSUMER*

Trata-se de uma loja *on-line* desenvolvida, ou gerenciada, na verdade, através de uma parceria entre duas empresas. Neste caso existe um distribuidor que pode atuar como um gestor *on-line* da plataforma e tem um intermediador que vai prover as ações de marketing e oferecer a vitrine virtual. Essas duas empresas, o intermediador e o distribuidor, são parceiros em uma operação; logo, vão dividir o ônus e o bônus.

O comprador vai até essa loja *on-line* para adquirir os produtos, muitas vezes não tendo em grande evidência quem é o intermediador. Por mais que a figura do distribuidor seja mais reconhecida, é o intermediador quem oferece a plataforma àquele que vai entrar como um parceiro, deixando-a possível de ser acessada no ambiente digital.

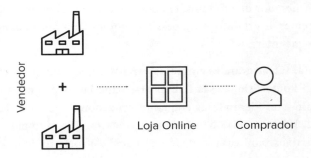

Um exemplo é a **HP**, fabricante de computadores, impressoras e outros equipamentos para informática, que tem uma loja *on-line*[4]. É perceptível que é possível comprar os produtos da **HP**, mas essa loja não é gerenciada ou operada por eles, pois a empresa está preocupada em fabricar produtos, distribuí-los no varejo e em pontos de vendas e, principalmente, importar e montá-los no Brasil. A loja *on-line* da **HP** é operada pelo **Ponto Frio**. Ao visitar o site, todo o layout e identidade visual da loja estão dentro da identidade da **HP**, mas no rodapé tem a indicação e até uma observação que diz: "você está em um site hospedado e operado por **Ponto Frio.com** que está atuando como o

---

[4] HP. Site. Disponível em: <http://www.lojahp.com.br/>. Acesso em: 25 jul. 2018.

revendedor desta loja". A **Ponto Frio.com** é uma empresa do Grupo Cnova Comércio Eletrônico S.A., responsável por gerenciar para a **HP** essa loja virtual.

Quais são as vantagens e desvantagens do modelo *Business to Business to Consumer*? Ele pode ser muito bom, na verdade, para a empresa. Ela vai ter uma redução de custos, não vai precisar investir em infraestrutura de comércio eletrônico ou em equipe para poder operacionalizar um comércio eletrônico. Poderá atrelar à marca uma operação que esteja bem estruturada, feita por um parceiro, e vai colocar a marca disponível, e seus produtos, para serem comprados diretamente por consumidores.

Uma desvantagem pode ser quando acontecer algum problema. O consumidor pode ter a expectativa de querer reclamar com aquela marca principal que aparece ali na loja, falar com a **HP**, e dizer: "fiz um pedido, não foi bem processado, minha compra foi recusada ou o produto ainda não chegou na minha casa". Para o consumidor tem que ficar claro que ele está comprando através de uma parceria, que aquela marca que entrega a identidade visual para a loja tem, de certa forma, um tipo de responsabilidade. Obviamente, não se trata do mérito de discussão jurídica, mas em termos de responsabilidade de percepção de marca e entrega de uma experiência para o consumidor que pode ser positiva ou negativa.

Seja a HP ou o Ponto Frio, ambos precisam atuar em consonância para oferecer uma solução para o consumidor que vá até essa loja comprar um produto.

C2C OU CONSUMER TO CONSUMER

Neste modelo, são consumidores transacionando com consumidores, sem intermediários. São pessoas físicas diretamente transacionando com pessoas físicas. Esse modelo de negócio acontece normalmente no ambiente digital através de alguma ferramenta de comunicação e intermediação. Essa ferramenta pode ser provida por uma empresa, e uma *startup* pode oferecer uma ferramenta que vai ajudar vendedores e compradores a negociarem produtos ou serviços diretamente. Um exemplo mais simples de operações dentro do modelo C2C é o **Craigslist**, talvez o maior site de classificados *on-line* no mundo, muito forte nos Estados Unidos. É um site simples de classificados com uma plataforma composta por pessoas físicas procurando ou oferecendo produtos e serviços e pessoas físicas indo comprar ou negociando produtos e serviços.

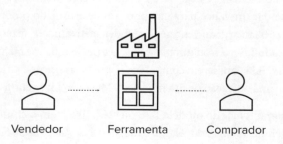

Existem outras formas de trabalhar o C2C, pensando em *startup*. O **Tem Açúcar?** é um aplicativo que ajuda pessoas a encontrar alguns produtos com os seus vizinhos. Traz aquela ideia de pedir um pouquinho de açúcar emprestado, uma ferramenta para resolver algum problema na sua casa, um móvel, uma bicicleta, enfim, algum produto que você não tenha e que alguém possa emprestar. A plataforma conecta pessoas que tenham necessidade de pegar produtos emprestados com outras pessoas que têm esses produtos e que aceitariam emprestá-los e, assim, criar uma comunidade de economia compartilhada. É um outro exemplo de aplicação do modelo C2C.

Voltando à imagem que explica a questão dos modelos, vale lembrar que existem quatro modelos, diferentes formas de operar cada um deles e diferentes formas de operações dentro desses modelos, dependendo do foco da *startup* que está sendo desenvolvida. Se ela for focada em negócios e ajudar, fomentar ou prover alguma solução para negócios de empresas para com empresas, ela vai ter um foco B2B. Se ela for de empresas para consumidores, ela vai ter um foco B2C. Se for uma *startup* que vai oferecer alguma plataforma ou algum tipo de serviço que vai ajudar consumidores a se conectarem com outros consumidores, será C2C. Ou se for uma plataforma focada em conectar empresas para consumidores, será uma plataforma B2B2C, onde esse B do meio (*Business*) é a plataforma ou ambiente da *startup*.

ALGUMAS OPERAÇÕES DE MODELOS: *MARKETPLACE*

É um dos modelos mais comuns no ambiente digital, que vai juntar vendedores e compradores, podendo estes serem pessoas físicas e/ou jurídicas. Lembrando que essa é uma operação de um modelo, em que produtos de vários vendedores estão agrupados no portal e esses vendedores podem optar por ter sua própria loja e espaço no portal para vender o produto/serviço ou usar o *marketplace* amplo e não necessariamente ter um espaço só para si, mas oferecer um produto dentro de uma série de outros naquela mesma categoria. Um exemplo de *marketplace* é o **Mercado Livre**, que, na verdade, começou como um site de leilões, onde eram dados lances em produtos que eram vendidos. Era uma ferramenta C2C com consumidores vendendo produtos usados para outros consumidores, e essa venda era feita através de lances de leilões. Cada item colocado à venda era leiloado lá dentro, com prazo para o leilão acabar, e o **Mercado Livre** fazia essa intermediação do fechamento. Posteriormente, vieram opções de pagamento através do **Mercado Pago**, uma das opções de pagamento que eles oferecem. Mas, nos últimos anos, o **Mercado Livre** deixou de ser um site de leilão, mudou um pouco a operação do modelo de negócio e passou a operar muito mais como *marketplace*. Não é mais preciso dar um lance para comprar um determinado produto, esperar o leilão terminar para ver se o lance dado venceu para poder, efetivamente, fazer a compra e receber o produto. O **Mercado Livre** virou um *marketplace* e pessoas físicas ou jurídicas conseguem colocar produtos à venda para serem comprados por pessoas físicas e jurídicas. Pensando em *marketplace* como uma operação de um modelo, o **Mercado Livre** entra como modelo C2C.

Na operação de *marketplace* do modelo B2B ou até B2B2C tem o chinês **Alibaba**, um dos maiores sites de vendas no mundo. Na verdade, não é um site varejista direto, ele não de-

18 - Startups

tém um estoque de produtos e oferece a logística de estoque de produtos de vendas para o consumidor ou cliente. O **Alibaba** é uma grande plataforma de conexão de empresas para pessoas. O **Alibaba** é um grupo de sites e esse site específico, dentro do grupo, é muito mais voltado para B2B, ou seja, para empresas e fabricantes na China vendendo em grande quantidade para outras empresas ao redor do mundo, com o **Alibaba** fazendo a intermediação dessa venda. Ou seja, uma empresa compra de outra na China e aquela empresa na China vai enviar a mercadoria para o consumidor. A forma de pagamento é através da plataforma do **Alibaba** e é ali que ele se remunera.

A versão do **Alibaba** para pessoas, o B2B2C, é o **AliExpress.com**, uma versão muito mais voltada para vendas no varejo do que para vendas no atacado. O **AliExpress.com** é um site B2B2C que opera no modelo de *marketplace*, em que a pessoa física, de qualquer lugar do mundo, pode comprar de um fabricante na China uma quantidade pequena de um determinado produto, não precisando comprar no atacado.

Existem plataformas para pessoas físicas, também aplicando o modelo B2B2C, dentro da operação de *marketplace*. Por exemplo, **Walmart**, **Americanas.com**, **Submarino**, entre outros varejistas, oferecem um *marketplace* e pequenas empresas e pequenos lojistas podem subir o seu catálogo de produtos na plataforma e oferecer esse produto para uma gama muito mais ampla de consumidores. A **Americanas.com** opera no modelo B2C, vende diretamente para o consumidor, mas também opera no modelo B2B2C com o seu *marketplace*, onde o consumidor pode comprar dentro do site um produto que é vendido, e muitas vezes entregue, por uma terceira empresa que apenas utilizou a **Americanas.com** como intermediadora dessa operação.

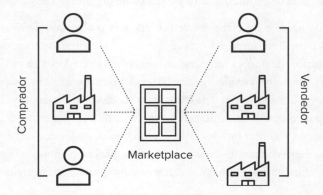

ALGUNS *MARKETPLACES* DO BRASIL

Como já citado, o **Mercado Livre**; a própria B2W oferece **Submarino**, **Americanas** e **Shoptime**; a Cnova também, através de **Ponto Frio**, **Casas Bahia** e **Extra**; o **Walmart**, **Dafiti**, **Netshoes**; o **Elo7**, um marketplace voltado para artesanato e trabalhos manuais, onde artesãos podem ter a sua loja virtual ali dentro e oferecer vendas de produtos para um público amplo, através da ferramenta do **Elo7**, entre outros.

Dos marketplaces mais utilizados do Brasil, o **Mercado Livre** lidera uma pesquisa feita pelo **Sebrae** em 2016[5], seguido e praticamente empatado com **Extra**, **Ponto Frio**, **Submarino** e, com um pouco menos de presença, o **Walmart**.

A **OLX** aparece também como um marketplace que começou como site de leilão e rapidamente evoluiu para um modelo como o **Mercado Livre**, aparecendo também com uma grande utilização, mas atrás desses outros principais já mencionados.

Na verdade, alguns dizem que a operação desse modelo de marketplace é oferecer uma plataforma que vai ajudar consumidores a encontrar um determinado segmento de produtos especializados. Existe até uma comparação: ao entrar na lista de categorias do **Craigslist**, um site de classificados, é possível encontrar uma *startup* para cada tipo de categoria de produto que é oferecido dentro do site. Por exemplo, para quem quer contratar alguém para transportá-lo de um lugar até o outro, haverá alguns classificados de motoristas particulares.

O **Uber** é uma empresa que oferece esse tipo de serviço. Ele é um marketplace e, muito importante destacar, opera em uma plataforma que vai oferecer conexões de pessoas para pessoas, um marketplace C2C, onde o cliente do **Uber** está, diretamente, contratando o serviço de uma outra pessoa física, normalmente um motorista, através de um aplicativo que vai intermediar essa transação e negociação do fechamento da corrida e do trajeto.

Para pensar na operação do modelo de marketplace, podendo ser C2C, B2C e o B2B2C, uma dica é olhar o **Craigslist**, por exemplo, e buscar empresas que estão oferecendo plataformas para auxiliar pessoas a contratar um determinado segmento de produto ou até determinada categoria de produto dentro do ambiente digital.

Outra operação de modelo é a compra coletiva, que tem o objetivo de vender produtos e serviços para um número mínimo de consumidores dentro de uma determinada oferta. Os exemplos mais clássicos de compras coletivas são sites como **Peixe Urbano** ou **Groupon**, em que há ofertas que, também no modelo inicial, só aconteciam mediante um número mínimo de pessoas que deveriam adquirir aquela oferta para ela começar a valer. Mas hoje não tem mais essa barreira de quantidade mínima de vendas e ainda pode ser muito útil para o consumidor, por exemplo, comprar um desconto em restaurante ou serviço de beleza. Porém, é um modelo que se desgastou nos últimos cinco anos porque houve uma oferta muito grande de serviços de plataformas desse tipo no mercado e ele ficou saturado em alguns segmentos.

O consumidor não sabia onde iria encontrar aquela oferta que interessasse a ele. Houve muita falha na prestação de serviços pelas empresas que entravam nesse modelo de compra coletiva para tentar vender em escala seus produtos e serviços. Na verdade, não há uma fidelidade na marca da plataforma e, muitas vezes, nem ao próprio prestador de

---

[5]SEBRAE. **3ª Pesquisa Nacional de Varejo Online**. Jun. 2016. Disponível em: <http://www.sebrae.com.br/Sebrae/Portal%20Sebrae/Anexos/3%C2%BA%20Pesquisa%20do%20Varejo%20Online%20-%20VERSA%CC%82O%20FINAL%20SEBRAE%20(1).pdf> Acesso em: 30 out. 2018.

serviços. O cliente vai buscando preço, comodidade de ser um lugar próximo de onde ele estiver e que seja interessante. Então, ele vai buscar ofertas pensando na praticidade da sua localização, no preço que está sendo oferecido e no tipo de produto e oferta que interessa. Se for um restaurante japonês, ele vai, talvez, pegar qualquer restaurante japonês que esteja dentro de um preço e localidade que espera. Não vai aguardar aparecer a oferta de um restaurante específico em uma plataforma como essa.

Para fechar essa questão de compra coletiva, existe o **SaveMe**, um site agregador de ofertas de compra coletiva. Nele é possível buscar no **Groupon**, no **Peixe Urbano** e em outros pequenos sites de compra coletiva ofertas relacionadas a entretenimento, viagens, restaurantes e dali não precisar visitar diversas plataformas diferentes para encontrar uma oferta mais vantajosa.

Outra forma de operar o modelo é o clube de compras, que funciona quando os consumidores acessam um determinado site para obter descontos para comprar determinados produtos, mas esse acesso é feito, muitas vezes, mediante um convite. O cadastro no site só é feito a partir de um convite, participação e até o pagamento de uma inscrição ou anuidade para poder fazer parte dele. Não há uma exigência mínima de compradores para validar a oferta, mas é preciso estar cadastrado na plataforma, porque elas não são públicas. Ao entrar em um site de clube de compras, como, por exemplo, o **Westwing**, site relacionado a itens de decoração para casa, o usuário só vai ter acesso a uma chamada geral, institucional e um aviso "Você tem ofertas de até 70%", mas só garante essa oferta de 70% quem está cadastrado e aprovado dentro do clube. Outro exemplo é o **Privalia**, o maior clube de compras no Brasil, que também precisa de cadastro para acessar ofertas de itens de moda, cama, mesa e banho com descontos diretos oferecidos pelo próprio fabricante.

Outro modelo que pode ser operado é o de revenda, quando é aplicado um sistema que vai recrutar parceiros a participarem dos lucros e ajudarem no marketing das empresas. Os parceiros de uma revenda, seja de produtos ou serviços, vão acabar indicando esses itens em troca de alguma comissão ou parte do lucro. Muitas vezes o parceiro é incentivado a ter uma vitrine própria ou uma filial virtual daquela empresa para poder trabalhar com a sua revenda. Servidores de hospedagem, normalmente, oferecem essas parcerias de revenda. O **Uol Host**, por exemplo, tem planos para revendedores específicos e o consumidor pode contratar uma determinada marca no servidor para revender aquela hospedagem para outros clientes.

Mais um exemplo, falando de varejo B2C, é o **Magazine Luiza**. Há alguns anos, o **Magazine Luiza** lançou o **Magazine Você**, uma ferramenta dentro do site onde o consumidor, pessoa física, pode criar sua própria loja virtual, fazendo a curadoria dos produtos que deseja colocar. A partir do portfólio do **Magazine Luiza**, é possível criar essa vitrine e compartilhar com amigos e conhecidos para estimular a venda desses produtos. Para cada produto comprado através da loja virtual própria, o usuário ganha uma comissão e o **Magazine Luiza** se encarrega de toda a logística de pagamento e entrega do produto.

Outra operação de modelo é o clube de assinatura, com foco em produtos e serviços de consumo continuado. No modelo de assinatura, as empresas precisam prestar muita atenção na retenção do cliente, para ele continuar assinando aquele serviço por meses, de preferência indefinidamente. Não é feita uma venda única; na verdade, é uma venda recorrente, com opção de pacote de assinatura anual, garantindo a entrega daquele produto ao longo de 12 meses para o seu cliente. Logo, é importante estar atento à retenção. Normalmente, são produtos de consumo continuado, produtos de compra mais simples, consumo diário ou semanal, que seja interessante para o cliente ter a comodidade de receber em casa ou no endereço de preferência. Existem clubes de assinatura que oferecem uma curadoria como diferencial e outras que só oferecem a comodidade daqueles itens básicos chegarem na residência do cliente.

É possível vender meias, roupas de baixo, cuecas, etc. em um clube de assinatura, como a **Black Socks**. Este clube, presente nos Estados Unidos e no Canadá, permite ao consumidor receber em sua residência três pares de meia a cada quatro meses, sem a preocupação de sair para comprar.

Em outros países também é possível assinar água mineral. A marca de água mineral **Fiji Water** vende o seu produto no próprio *e-commerce*, onde é possível comprar packs de água mineral, mas também fazer uma assinatura para receber a cada trinta dias, ou mais, um pack de água em casa. Obviamente, quem faz a assinatura recebe um desconto por ter essa compra recorrente; assim, a empresa oferece o desconto em relação a uma compra avulsa.

No Brasil tem o **ClubeW**, o clube de assinaturas da loja de vinhos **Wine.com.br**, oferecendo seis diferentes modalidades de assinatura para o cliente receber vinhos em casa. Podendo variar em termos de tipos de vinho, a empresa faz uma curadoria, sugerindo rótulos dentro de seis tipos diferentes de categorias. Existe uma categoria mais básica, onde há vinhos mais em conta para quem está começando a explorar ou quer conhecer um pouco mais desse universo, até uma categoria mais *premium*, com rótulos mais caros, pagando um valor de assinatura mensal maior para receber rótulos selecionados.

Em termos de produtos do dia a dia, o **Rabicho** é um site com o seguinte slogan: "tudo o que você precisa, entregue na sua casa, a cada três meses". São produtos que você nunca mais vai querer sair para comprar. São produtos de higiene, meias, cuecas, camisetas, desodorantes, barbeadores, preservativos, higiene pessoal e bucal, entregues via Sedex ou transportadora, a cada três meses, conforme a seleção de assinatura. O que eles oferecem é praticidade, o preço da conveniência de não se preocupar em sair para comprar esse tipo de produto e sempre recebê-los no período que é interessante para o consumidor.

É possível assinar até lentes de contato. Quem usa lentes de contato descartáveis consegue assinar e receber a cada seis meses ou todo mês aquela caixa de lente sem precisar sair para comprar ou entrar no próprio *e-commerce* para fazer o pedido. O consumidor entra em uma base de compras por recorrência e recebe o produto com praticidade.

A ideia da operação desse modelo, a partir da assinatura, é entregar um serviço por meio de uma recorrência de compra que pode ser tanto um produto com valor um pouco mais agregado, como um vinho, cosmético ou livro, ou um produto de uso diário, de baixo valor agregado, mas cuja praticidade na entrega está justamente trabalhando a favor da empresa que está operando esse modelo.

Na assinatura de serviços, é contratado um serviço e não um produto, mas também com pagamento recorrente. O exemplo de aplicação desse modelo mais direto é a própria **Netflix**. O usuário assina o acesso a filmes, séries e conteúdo. Assim, têm-se três pacotes diferentes, dependendo da resolução ou quantidade de telas que se quer assistir simultaneamente o produto. Não se está adquirindo a licença direta daquele filme para ser armazenado no seu computador ou dispositivo. O assinante está adquirindo, na verdade, o direito de poder assistir em qualquer momento, do dia ou da noite, aquele conteúdo enquanto a sua assinatura estiver válida.

Existe também um modelo de assinatura de serviços onde você recebe um produto em casa que vai prestar aquele serviço. A **Brastemp** oferece assinatura de água filtrada, em vez de comprar um equipamento e tê-lo em casa ou escritório ou empresa. Na verdade, aluga-se aquele produto. Portanto, a assinatura de serviços, nesse caso, vem da ideia de realmente alugar. Qual é a vantagem? Aquele equipamento não será do cliente, continua sendo da **Brastemp**, que vai fazer a assistência técnica já incluída, vai trocá-lo, se houver defeito, e fazer a manutenção periódica, sem nenhum custo extra. E não há a depreciação do produto quando ele é adquirido, por exemplo, por uma empresa.

Outra operação de modelo de serviços é o **Pay Per Use**, um pague por uso. O cliente contrata uma empresa ou um serviço e paga à medida que o estiver utilizando. Como exemplo, existe o site chamado **Decorador.net**, um serviço de decorador de ambientes que vai atender de forma remota, via Skype ou qualquer outro tipo de conferência digital, e o cliente vai pagar por um plano de minutos por aquela consultoria do profissional.

Um dos modelos mais rentáveis de operação dentro do "pague por minuto" são os sites de shows eróticos, onde o usuário pode contratar um pacote de minutos e ter direito de assistir aquele show pelo tempo que foi pedido.

Uma operação de modelo que pode estar integrada com esses outros já mencionados é o modelo do *freemium*. Chris Anderson, quando trouxe o conceito de *freemium* alguns anos atrás[6], explicava que é possível oferecer produtos gratuitos através do ambiente digital, principalmente se forem produtos 100% digitais, mediante algum tipo de anúncio ou restrição que aquele produto grátis vai ter. E, a partir do momento que é oferecido, também são ofertadas ao consumidor opções pagas com mais funcionalidades, sem anúncio ou com algum tipo

---

[6] ANDERSON, Chris. **Free:** the future of a radical price. Kindle edition. New York, NY: Hachette Books, 2009.

de benefício que é mais bem percebido. Normalmente, na operação no modelo *freemium*, é oferecido o serviço de forma gratuita e, enquanto o consumidor quiser usar daquela forma, com uma limitação. Pode ser uma limitação de acesso que a pessoa vai ter na plataforma, a quantidade de operações que ela pode fazer, olhar anúncios ou sair uma versão com uma marca d'agua daquilo que é produzido, mas é uma operação gratuita. A ideia seria oferecer planos com preços diferenciados, aumentando ou melhorando as ofertas de funcionalidades ou removendo anúncios à medida que a pessoa vai pagando um preço mais *premium*.

É nesse modelo *freemium* que o **Spotify** opera. Mas como o **Spotify** se remunera dentro do modelo *freemium*? Quem faz uma conta no Spotify e não paga opta pelo modelo *freemium* e vai receber anúncios constantemente. Ele tem limitações, como não poder salvar música nem poder pular uma quantidade de músicas dentro de um período de tempo, mas está acessando todo o catálogo de músicas do serviço. A diferença é: quem vai pagar e tornar operacionalizado esse modelo *freemium*? São os anunciantes. Logo, o **Spotify**, na verdade, ganha dinheiro dos anunciantes oferecendo esse público para eles através da sua plataforma. Se o público não quiser mais ouvir anúncios ou quiser ter outras opções para utilizar melhor a ferramenta, ele pode pagar uma assinatura mensal, sair do *freemium* e entrar no modelo pago, como um cliente que vai oferecer uma remuneração direta.

ESCOLHENDO UM MODELO DE NEGÓCIO

Uma vez explorado o que é modelo de negócio e mostrados alguns exemplos de aplicação, agora será avaliado estrategicamente um determinado modelo para entender se ele cabe ou não em um projeto de *startup*. Antes de pensar na avaliação desse modelo que está sendo estudado ou que quer ser criado, é importante lembrar de dois gráficos. O primeiro é o ciclo de vida do produto, um conceito da década de 1960 que, com a visão da área financeira e de vendas, tem um foco no faturamento do negócio. Esse ciclo de vida do produto ou CVP, como também é chamado, mostra que em uma fase de desenvolvimento de produto, serviço ou de uma empresa há um investimento.

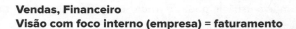

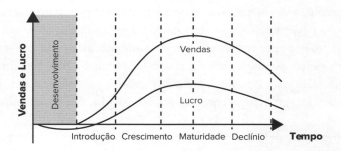

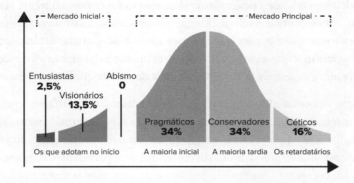

Em termos de dinheiro, não há lucro; há um prejuízo relativo a partir do momento do lançamento. Tem-se, assim, uma fase de introdução, onde começam as vendas, e o ideal é que o produto ou serviço passe ao chamado break-even point, ou seja, comece a dar lucro conforme o volume de vendas. A partir disso, entra-se no momento de crescimento e depois de maturidade, em que as vendas e o crescimento se estabilizam e, de alguma forma, o lucro também tende a se estabilizar – até um determinado momento, quando se iniciam o declínio e a supressão daquele produto ou serviço por outro na adoção dos consumidores. Lembrando que esse período de maturidade pode levar meses se forem produtos que tenham ciclo geral, muitas vezes frutos de modismos, anos, décadas e até séculos. Existem produtos que estão em maturidade há 200 anos, por exemplo, e não só o produto, a marca ou a categoria em si.

Outro ciclo importante dentro dos modelos de negócio, que começou a ser delineado na década de 1960 e depois sofreu uma complementação a partir da década de 1990, é o de difusão e adoção pelo consumidor. É o ciclo que diz respeito ao marketing que tem a visão em um foco externo, ou seja, na adoção pelos consumidores do produto ou serviço que é vendido. Esse ciclo mostra dois grupos iniciais de consumidores que vão adotar o produto ou serviço em um primeiro momento, chamado de mercado inicial, e vão ser responsáveis, aproximadamente, por 16% do total das receitas daquele produto ou serviço, que são os **entusiastas** e os **visionários**. É aquele grupo que não se importa de pagar mais caro para ser o primeiro a ter o produto dentro do seu ciclo de amigos, que não se importa de ter uma experiência em primeira mão, relacionada a um produto ou serviço e, uma parcela menor, em termos de quantidade de consumidores. Isso é característico de produtos que estão entrando no mercado e que normalmente ingressam com um preço maior, de lançamento.

Uma empresa atinge sua grande fonte de receita quando os consumidores pragmáticos começam a comprar. Esse público, normalmente, aguarda os preços baixarem e o produto se estabilizar para fazer a aquisição. Após os pragmáticos, o produto/serviço alcança os **conservadores**, que são a maioria tardia, aqueles que vão comprar no momento que o produto já não é mais uma novidade, tem preço mais baixo, outros concorrentes com características melhores no mercado ou concorrentes oferecendo mais vantagens em produtos diferentes. Esses **pragmáticos** e **conservadores** normalmente representam 68% da receita da empresa em relação àquele produto. Eles constituem o mercado principal daquele produto, são os públicos que toda *startup* deve querer alcançar, porque é a partir dos **pragmáticos** que a empresa começa realmente a dar retorno financeiro. Passa o break-even point e começa a se ter lucro a partir da receita que obtém.

O último grupo de consumidores são os chamados **céticos**, que também representam os últimos 16% dessa divisão, em termos de receita, e são os consumidores **retardatários**, que vão comprar o produto já quase entrando no seu declínio (no ciclo de vida, são os produtos que estão com o preço muito abaixo, entram em promoções ou ficam defasados em relação à concorrência). A grande questão e o desafio para as *startups* é passar o que se chama de abismo. O abismo é o *gap* entre o mercado inicial e o mercado principal, ou seja, o momento onde o produto ou serviço da *startup* vai ser posto realmente à prova no mercado para ver se ele vai continuar sendo vendido ou vai ser comercializado para parte do mercado em que ele quer estar presente.

Logo, vencer o abismo é o grande desafio. O modelo de negócio pensado para uma empresa tem que levar em consideração o mercado em que vai atuar, o tipo de consumidor que se quer tratar e o que a concorrência já pratica em termos de modelo.

Talvez a grande inovação de uma determinada *startup* vai ser a forma como ela precifica os seus produtos ou a forma como disponibiliza o serviço ou produto em troca de algum tipo de remuneração. Então qual é o modelo que vai ser operado para o produto ou serviço chegar à mão de quem deve chegar, em um volume que vença o chamado abismo, e que alcance uma fonte de receita da maior parte do público daquele mercado principal? Olhar para um ciclo de difusão e adoção pelo consumidor é importante para entender o ciclo de vida do produto e para lembrar, na hora de avaliar um modelo de negócio estrategicamente, de decidir qual modelo, a partir de algum já existente, vai ser adotado pela empresa ou se vale criar um novo, uma nova tentativa de modelo de negócio.

É importante lembrar que os *stakeholders*, públicos de interesse das empresas, buscam valor. As pessoas não compram um produto ou serviço, elas estão comprando uma promessa, algo que entregue valor para elas. Edward Freeman, autor que cunhou o termo *stakeholder*, diz que negócios funcionam porque é criado e entregue valor para as pessoas[7]. Ou seja, uma empresa entrega um aplicativo, um objeto, uma roupa ou um serviço de transporte, mas ela só vai realmente dar certo e funcionar em termos de produto que dará lucro se ela entregar valor para o consumidor.

---

[7] FREEMAN, R. Edward. **Strategic Management:** a stakeholder approach. Cambridge, UK: Cambridge University Press, 2010.

Por exemplo, hoje um mercado em ascensão é o de cervejas artesanais. A grande dificuldade dessas marcas é entregar valor, porque há uma variedade e uma concorrência muito grandes de cervejas artesanais. Não é a concorrência com as grandes marcas de cervejas, feitas pelas grandes cervejarias, mas cervejas feitas em pequena escala, feitas em pequenas empresas, que estão disponíveis ao consumidor, que pode se sentir um pouco perdido em meio a tantas opções. O que realmente vai entregar valor para ele? Se for uma pessoa que tiver tempo para estudar sobre cerveja e entender a diferença entre uma IPA e uma pale ale, por exemplo, pode ser funcional, mas a maior parte dos consumidores não tem tempo, não quer estudar, quer simplesmente tomar uma cerveja e relaxar depois de uma dia de trabalho, chegar em casa com os amigos e estar com pessoas queridas. Por isso, o consumidor que quer buscar praticidade também vai apostar em uma ou outra marca de cerveja artesanal. Mas se ele não quiser complicação na vida dele e quiser valor no sentido de entregar facilidade ou comodidade, ele vai, provavelmente, optar por uma das grandes marcas de cerveja que ele conhece e confia, já experimentou e sabe como é. Talvez não entregue uma experiência tão refinada em termos de paladar, mas vai entregar praticidade, outro tipo de valor. É isso que é importante ter em mente na hora de pensar não só em que tipo de produto ou serviço vai ser colocado no mercado para uma *startup*, mas também em que modelo de negócio vai ser operado para esse produto ou serviço ser oferecido ao mercado.

"NEGÓCIOS FUNCIONAM PORQUE CRIAMOS E ENTREGAMOS VALOR PARA AS PESSOAS"
EDWARD FREEMAN

Os clientes compram promessas de satisfação e as empresas têm três maneiras de criar valor para eles: a primeira pode ser cobrar um preço menor, ou seja, baratear, mas há a possibilidade de entrar em uma guerra de preço com a concorrência, o que não vai ser vantajoso para ninguém e pode sacrificar a margem de lucro. Outra forma é entregar valor, como ajudar o cliente a reduzir os custos ou os riscos dele mesmo, ou seja, o produto e o modelo de negócio vão fazer sentido em termos de preço que o consumidor vai pagar. Se ele vai pagar por um modelo *premium*, vai ter uma opção *freemium*, gratuita, para experimentar se aquilo realmente entregar algum tipo de valor. Portanto, o produto ou serviço da *startup* tem que também ajudar o cliente a reduzir os custos relacionados a tempo e dinheiro, recursos de pessoas ou qualquer outro tipo de recurso envolvido e riscos de perder tempo, se frustrar – e os riscos emocionais também podem ser considerados.

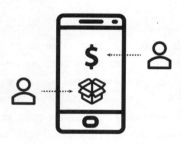

TRÊS MANEIRAS DE SE CRIAR VALOR PARA O CLIENTE:

1) Cobrar preços menores;

2) Ajudar o cliente a reduzir seus custos (ou riscos);

3) Oferecer mais benefícios (que possam tornar o produto mais atraente).

Uma terceira forma de criar valor para o cliente é oferecer mais benefício, entregar um produto que seja facilmente copiável, como a maior parte deles é. O grande diferencial não é o produto, mas muito mais os benefícios relacionados que vão torná-lo mais atraente. Logo, um pós-venda, uma curadoria relacionada à escolha do produto, um acompanhamento, uma entrega de conteúdos que façam valer a pena a escolha por determinada marca porque ela entende o consumidor, entrega, informa, ensina-o como utilizar aqueles produtos, como tomar decisões mais inteligentes, por exemplo. Tudo isso é entrega de valor e o modelo de negócio também vai prever como esse valor vai ser entregue ao consumidor.

Dentro do conceito das oportunidades, o modelo de valor tem que explorar um pouco mais o chamado "Oceano Azul", presente no livro do Skim e do Mauborgne[8], um livro de 2005 que pautou muitas *startups* nos últimos 13 anos e é altamente recomendado para quem está buscando entender de negócios e quer trabalhar como empreendedor. Resumidamente, existe a diferença entre o que é desempenho e o que é oportunidade. Trabalhar no "Oceano Vermelho" é competir por espaço em um mercado que já existe, brigar com um concorrente de forma ferrenha por um pouco de share de mercado, tentar vencer sempre os concorrentes.

O "Oceano Vermelho" é um contexto que busca sempre um desempenho cada vez melhor, aproveitar uma demanda que já existe, trabalhar sempre entre valor e custo, em termos do que é entregue para o consumidor, e buscar uma estratégia de diferenciação ou de baixo custo. Ou a empresa se diferencia e cobra mais caro ou terá que cobrar mais barato e não ter muita diferenciação. A grande questão vai ser essa guerra de preço com a concorrência. Esse é o contexto do "Oceano Vermelho", a busca por desempenho.

---

[8]SKIM, W. Chan; MAUBORGNE, Renée. **Blue Ocean Strategy**: how to create uncontested market space and make competition irrelevant. Boston, MA: Harvard Business Review Press, 2005.

O que o livro coloca é a busca pelo "Oceano Azul", o oceano das oportunidades. Um mar aberto para novos mercados, mercados inexplorados e muitos modelos de negócio podem ser aplicados pelas *startups* dentro desses mercados, que talvez não tenham sido aplicados em um determinado mercado de atuação, mas que daria certo em outro.

Com esse mindset de "Oceano Azul", o interessante é tornar a concorrência irrelevante. Claro que a concorrência vai existir e é preciso prestar atenção nela. Mas o produto e o serviço têm um diferencial, em termos de entrega de valor, e a concorrência não será uma ameaça: as empresas não estarão ali brigando por uma melhoria ou um benefício, ou para vencer os concorrentes, mas simplesmente para fazer o seu trabalho, capturando uma nova demanda e rompendo um *trade-off* relacionado a valor e custo. Assim, pode-se entregar algo com valor muito alto por um custo muito baixo e se diferenciar usando baixo custo.

DESEMPENHO OCEANO VERMELHO	OPORTUNIDADE OCEANO AZUL
Competir nos espaços de mercado existentes	Criar espaços de mercado inexplorados
Vencer os concorrentes	Tornar a concorrência irrelevante
Aproveitar a demanda existente	Criar e capturar a nova demanda
Exercer o *trade-off* valor/custo	Romper o *trade-off* valor/custo
Alinhar as ações a uma estratégia de diferenciação ou baixo custo	Alinhar as ações em busca da diferenciação e baixo custo

Ao olhar aplicações de modelo, o *freemium* é uma forma de trabalhar um pouco esse alinhamento entre diferenciação e baixo custo, ou seja, para se diferenciar de alguns concorrentes entregando um produto com baixíssimo custo ou custo zero para o consumidor. De alguma forma, depois será necessário entender como o modelo vai ser remunerado – por exemplo, a partir de uma entrega gratuita, como o **Spotify**. Mas alguém vai ter que pagar aquele custo de uma entrega gratuita.

O que avaliar em um modelo de negócio? Geração de valor através da troca de valores, bens ou serviços e da troca de moeda. Geoffrey Parker, autor do livro "Plataforma"[9],

---

[9]PARKER, Geoffrey G.; ALSTYNE, Marshall W. Van; CHOUDARY, Sangeet Paul. **Plataforma**: a revolução da estratégia. São Paulo: HSM, 2016.

explica que uma plataforma é o que vai vincular produtores e consumidores e que vai, justamente, permitir a troca de valor. O **Airbnb** e o **Uber** são plataformas C2C, que vai vincular pessoas que produzem com pessoas que consomem, permitindo essa troca. A troca de valor do **Uber** é a facilidade e a comodidade, poder se locomover na cidade por um custo baixo, a partir de um serviço que, supostamente, tem que ter qualidade. Caso ande em um carro confortável com um atendimento bom, o cliente vai, obviamente, avaliar aquele atendimento como bom ou não. A plataforma vai permitir, no futuro, se aquele produtor ou prestador de serviço vai poder continuar fazendo parte da plataforma.

Outras plataformas não facilitam uma ligação direta, são mecanismos para troca de valor. Parker dá o exemplo do **YouTube**, uma plataforma que permite a troca de valor através de produtores, disponibilizando vídeos para consumidores, sem uma conexão direta. Diferentemente do **Uber**, onde se faz uma conexão direta com o prestador de serviço, no **YouTube** o usuário está assistindo a vídeos produzidos por outras pessoas através daquela plataforma, mas sem uma conexão direta.

Uma forma de representar e olhar modelos de negócio, a operação deles e entender para, assim, avaliá-los é utilizando uma série de ícones que foram criados pelo site Bordon Innovation Centre[10], uma boa referência para conhecer tipos de modelo de negócio. O site desenvolveu um esquema visual composto de seis *players*, seis tipos de atores, dentro de um modelo de negócio e dez tipos de objetos relacionados às trocas dentro de um modelo de negócio.

Os seis *players* são:

1. O próprio negócio, o negócio da empresa em questão.

2. Qualquer empresa que pode fazer parte do modelo de negócio ou não.

3. O consumidor.

4. O fornecedor, seja de matéria-prima ou de mão de obra ou serviço.

5. Uma instituição sem fins lucrativos, ou seja, uma instituição que não é uma empresa e tem uma atuação no mercado.

6. Uma instituição do governo.

Esses seis players não precisam estar presentes no modelo de negócio que vai ser pensado para uma determinada *startup*. São opções para combinar dentro de cada caso, operação e interpretação de uso do modelo.

---

[10]BORDON INNOVATION CENTRE. Site. Disponível em: <https://www.basebordon.co.uk/>. Acesso em: 30 out. 2018.

Os dez objetos de trocas são:

1. Um produto que pode ser vendido.

2. Um serviço que vai oferecer algo intangível a ser entregue para o consumidor.

3. Uma experiência, que pode ser vendida ou acontecer a partir de uma venda ou entrega do consumidor para a empresa.

4. Uma exposição ou divulgação, tudo que está ligado à comunicação.

5. Reputação e um reconhecimento dessa reputação, uma imagem positiva, algo que, supostamente, seja bom para a organização.

6. Dinheiro, a um montante X.

7. Pouco dinheiro e um montante X dividido por dez ou cinco, que são microtransações.

8. Dados, incluindo informações, gráficos, algum tipo de dado numérico.

9. Direitos, como direito autoral, propriedade intelectual, questões de copyright, contratos ou certificados, por exemplo.

10. Crédito, ou *voucher*, moeda virtual, algum tipo de valor que não está relacionado diretamente a dinheiro.

Utilizando esses seis *players* e esses dez objetos é possível desenhar um modelo de negócio graficamente. O objetivo dessa ferramenta é não só avaliar um modelo existente e desenhá-lo graficamente para ajudar no entendimento, mas também construir o seu próprio modelo de negócio. A seguir, alguns exemplos.

FREEMIUM

O **Spotify**, uma plataforma *freemium* de *streaming* de música onde os anunciantes cobrem os custos do serviço aos usuários. O que o **Spotify** faz: ele entrega uma música gratuita para o consumidor, entrega um serviço, recebe dinheiro de outra empresa, que é o anunciante, em troca da exposição para os fãs de música referentes àquele anúncio que foi pago. Esse é o modelo pensando no *freemium* do **Spotify**. Se for evoluir, o **Spotify** não é só um serviço *freemium*, pois também oferece uma assinatura para os serviços sem anúncios. O cliente que paga começa a cobrir os custos do serviço e ter uma experiência de uso bem melhor.

Nesse caso, do modelo *freemium*, a pessoa vai ouvir anúncio no **Spotify**, mas não vai pagar nada. Quem vai custear esse usuário, dentro da plataforma, vai ter um custo de acesso de *streaming*, transmissão de dados, operação e eles serão pagos pelo anunciante, que vai aparecer para o consumidor *freemium*, atingindo essa audiência. Mas quem quiser pagar pode dar X reais por mês e estará custeando o serviço diretamente e, com isso, recebe o serviço sem anúncio, um pouco mais *premium*, no caso do **Spotify**. Ele pode pular músicas indefinidamente, ouvir *off-line* determinados álbuns ou músicas que quiser baixar para o dispositivo dele, tem a opção de acessar determinados álbuns ou lançamentos e receber novidades antes dos fãs que estão utilizando o modelo *freemium*. Assim, existem duas formas de se conectar com o **Spotify** enquanto consumidor, e o modelo de negócio opera dessa maneira.

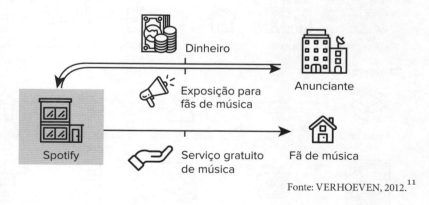

Fonte: VERHOEVEN, 2012.[11]

---

[11]VERHOEVEN, John. **Business Model Marketing Presentatie 2**. SlideShare, Sep. 17, 2012. Disponível em: <https://www.slideshare.net/Johnverhoeven/business-model-marketing-presentatie-2>. Acesso em: 30 out. 2018.

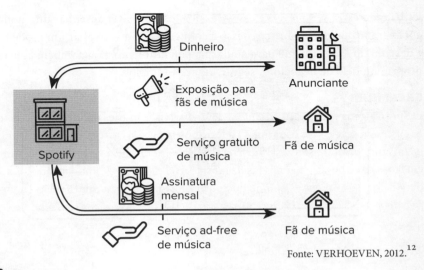

Fonte: VERHOEVEN, 2012.[12]

AIRBNB

Outro exemplo de modelo de negócio é o **Airbnb**, uma plataforma que conecta pessoas que oferecem hospedagem a pessoas que querem se hospedar naquelas determinadas propriedades. O que o **Airbnb** cria é uma comunidade, envolvendo aqueles que querem se hospedar e aqueles que querem oferecer hospedagem. Dentro dessa comunidade, a plataforma faz a intermediação desses relacionamentos. Ela não cuida só dos pagamentos, mas também da intermediação de relacionamentos, pelo menos os iniciais, a fim de garantir qualificação das pessoas, garantir minimamente que aquela oferta é real e que não seja prejudicial a um possível hóspede em um determinado local.

Como funciona o modelo graficamente: há uma comunidade ligando o locador ao hóspede, que vai entregar dinheiro ao hospedeiro e vai receber o espaço para ficar hospedado, o serviço em si. Além disso, o **Airbnb** vai intermediar, receber uma comissão, a partir daquela hospedagem, devolver para o hospedeiro o espaço para ele aparecer, uma vitrine para chegar a possíveis hóspedes e participar da comunidade. A plataforma entrega para a comunidade, aprende com os dados, a partir dos perfis das pessoas, começa a entender melhor tendências e pode se unir a outras empresas para oferecer esse tipo de informação e inteligência de marketing.

O hóspede paga um percentual ao **Airbnb** a cada vez que se hospeda e recebe um serviço conveniente. Ele recebe a conveniência de conseguir fazer uma reserva fácil, rápida e com possibilidade de cancelamento até um determinado período antes da data de hospedagem. Além disso, há troca nessa comunidade, o *feedback* entre o hóspede, o locador e a experiência. O hospedeiro está vendendo uma experiência, não só um *bed and breakfast* (de onde vem o nome **Airbnb**), uma cama e um café da manhã (muitas vezes só uma cama ou só um quarto), mas também uma experiência. Ele acaba agregando valor ao serviço que presta, podendo, normalmente, dar dicas sobre turismo daquela região para um hóspede que vem de outro país ou cidade, gerando um relacionamento. Dentro daquela comunidade, um avalia o outro depois da experiência acontecer para gerar um *feedback* positivo de reputação de ambas as partes.

---

[12] Ibid.

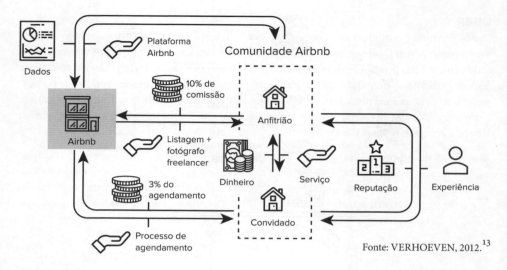

Fonte: VERHOEVEN, 2012.[13]

GROUPON

Outro modelo é o do **Groupon**, que poderia ser aplicado, de certa forma, ao modelo do **Peixe Urbano**, que é a estratégia de que se não há cura, não há pagamento; se não houver a entrega de serviço e a garantia de que o cupom vai ser válido, a pessoa acaba não fechando. Essa era a operação do modelo tradicional do **Groupon**, que dependia de uma quantidade mínima de pessoas para fechar determinada oferta. O **Groupon** se conecta com empresas que querem oferecer uma promoção, seja de produto ou de serviço, fica com um percentual daquela venda e garante um número de clientes para o parceiro que está fazendo a oferta. A empresa vai entregar o produto ou serviço para uma série de consumidores e os compradores vão pagar um valor muito mais baixo do que pagariam se estivessem fora daquele ambiente. E o que o **Groupon** entrega para a comunidade de compradores? Descontos massivos, de várias cidades e categorias diferentes.

Fonte: VERHOEVEN, 2012.[14]

---

[13] Ibid.
[14] Ibid.

UBER

Outro exemplo é o modelo de negócio do **Uber**. O **Uber** é uma plataforma que conecta pessoas a pessoas, um C2C que opera em um modelo de negócio com motoristas e passageiros, cada um em uma ponta. O que o passageiro está buscando? Uma viagem. Ele, via aplicativo, faz um pedido, sob demanda, de uma viagem e o motorista oferece esse serviço para o passageiro através da intermediação do **Uber**. O motorista não é um funcionário do aplicativo, é um associado que faz parte de uma comunidade de motoristas. O passageiro paga para o Uber e a empresa repassa para o motorista o valor, retirando a comissão pela plataforma.

A questão da reputação, tanto para os motoristas quanto para passageiros, é mútua e os dois buscam uma reputação positiva. O passageiro vai receber confiança do **Uber** ao contratar o motorista, então se espera que o **Uber** garanta que sejam bem avaliados ou que cumpram normas mínimas para fazer parte da comunidade. O motorista ganha exposição e o aplicativo gerencia suas corridas e ganhos. Esse seria o modelo-base.

A parte de baixo da representação gráfica é como o **Uber** escala o seu modelo de negócio, ou seja, faz o modelo de negócio crescer de uma forma exponencial, preferencialmente. O que ele faz? Ele entrega cupons, *vouchers*, corridas gratuitas para passageiros e, qualquer membro, passageiro do **Uber**, tem um código exclusivo que pode ser enviado para amigos e conhecidos que ainda não estejam cadastrados. Assim, ao se cadastrar, esse passageiro futuro receberá um crédito para usar em sua primeira viagem. Ou seja, o passageiro, já cliente, trabalha, de certa forma, como um afiliado do **Uber**, uma vez que ele vai comunicar, falar sobre o serviço para conhecidos, uma forma de agregar valor (vai dizer: "olha, você vai ganhar uma viagem gratuita, então experimenta!"). Provavelmente essa pessoa vai virar um cliente futuro e gerar recorrência de compra. Mas o passageiro que está indicando para o amigo também recebe um *voucher* de corrida com um desconto ou um valor para ser usado em uma corrida, um crédito. Portanto, ele é, sim, um afiliado nesse sentido, pois não só divulga como também se beneficia em ter uma divulgação bem-sucedida. Esse é o modelo-base de negócio do **Uber**.

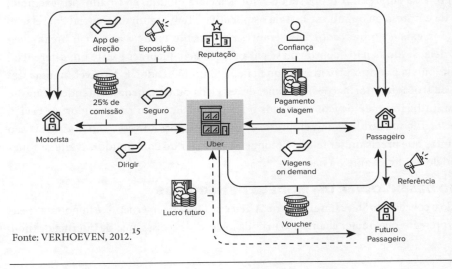

Fonte: VERHOEVEN, 2012.[15]

---

[15] Ibid.

Qual é o grande desafio na hora de explicar o modelo para o cliente e de avaliar estrategicamente qual o modelo adotar? A diferença entre o que cliente possivelmente quer e o que ele realmente quer é chamada, dentro do marketing de serviços, de **lacuna do cliente**. Ou seja, essa **lacuna** vai pressupor que todo cliente vai ter uma expectativa sobre o serviço que será prestado, ainda que seja a venda de um produto. Sempre há um serviço agregado, ainda que se esteja vendendo um produto físico. O consumidor entra no site ou aplicativo e vai contratar o serviço com algum tipo de expectativa. Uma coisa é o que ele espera receber, outra coisa é o que, de fato, percebe, o que vai receber ou o valor que vai enxergar ali. A **lacuna do cliente** é esse *gap*. Quanto maior for essa lacuna, pior será o resultado para a empresa, porque se ela for muito grande, o consumidor está esperando uma coisa e está recebendo algo muito abaixo do que desejava. Por isso, o objetivo das empresas é reduzi-la, reduzir esse *gap*, entender melhor o que o cliente quer e não só ficar no achismo, ficar no "eu acho que é assim", que o cliente vai entender o que uma *startup* se propõe a vender, a forma como opera; entender, minimamente, não como a *startup* se remunera, mas como é entregue o serviço ou produto a partir de um valor que vai ser pago, se há uma operação *freemium* ou não, como funciona e quais são as diferenças.

Uma sugestão: avaliar alguns modelos de *startups* já existentes. Talvez algumas dessas *startups* não existam mais quando você estiver lendo este livro, pois a maior parte das empresas no Brasil não chega aos dois anos de vida. Mas, ao visitar os sites das *startups*, é importante entender um pouco qual é o modelo de negócio e de operação adotado por essa empresa. A proposta de valor fica clara quando é visitado, por exemplo, o site da empresa ou quando se instala o aplicativo? Tem algum diferencial em relação ao que já existe no mercado? Essa empresa realmente tende a atingir o break-even point dela, se ainda não quebrou ou se para ela foi fácil quebrar? Existe um diferencial mesmo ou ela é muito próxima do que já existe no mercado? É possível montar um fluxo de troca de informações, de bens, de serviços ou de moedas, entender como se monta, utilizando até os ícones usados no capítulo? E, como consumidor, o serviço dessa *startup* me atrai? Como empresa, é vantajoso contratar essa *startup*? Essas são perguntas que precisam ser feitas. Coloque-se no lugar do consumidor, avalie se aquele modelo é interessante ou não.

COMO DESENVOLVER UM MODELO DE NEGÓCIOS

Usando o conceito do Steve Case, no livro "A Terceira Onda da Internet"[16], é importante pensar no presente, que o autor chama não mais da internet das coisas, mas de **internet de tudo**.

---

[16] CASE, Steve. **A Terceira Onda da Internet**. São Paulo: HSM, 2017

Outro autor, Carlos Nepomuceno, cientista da informação, doutor em ciência da informação, professor, pesquisador, filósofo e futurólogo, em seu livro mais recente, "Administração 3.0"[17] (outro livro recomendado como leitura complementar), vai lembrar que a disrupção, a inovação radical, não vai cair do céu dentro das empresas. Ela vai acontecer a partir do momento em que as empresas tiverem o mindset realmente de transformar, criar modelos novos ou investir em modelos novos dentro dos seus mercados de atuação. De uma forma mais teórica, mas que também é aplicada diretamente no dia a dia de empresas médias ou de *startups* que estão no mercado, na hora de avaliar modelos de empresas já existentes, ele vai lembrar que o novo administrador não é mais aquele que vai controlar os processos diretamente. Ele passa a transferir o poder para o cidadão, para o consumidor, que, no mundo digital, vai abastecer agentes artificiais, inteligência artificial, para ajudar a tomar melhores decisões dentro das organizações. Por exemplo, o Uber tem a equipe de gestão da empresa, do aplicativo, mas os motoristas não são funcionários. Quem faz o recrutamento desses profissionais? Na verdade, não é uma equipe de RH do Uber que vai fazer um recrutamento e depois trabalhar uma questão de cultura corporativa. O motorista é uma pessoa associada e é a inteligência artificial que vai conectá-lo aos consumidores a partir das avaliações que recebe, dos comentários, da performance que tem e também dos consumidores, porque eles também são avaliados.

O livro de Eric Ries, "The Lean Startup"[18], ou Startup Enxuta, traduzido para o português, vai colocar o conceito de errar rápido, aprender rápido e corrigir rápido. Pensar o modelo de negócio é pensar em algo que vai ser testado no mercado. Se esse modelo não estiver funcionando, aprenda rápido e corrija rápido, modifique rápido o que precisar ser modificado. É também uma outra leitura importante para lembrar.

Um erro muito comum, em termos de aplicação de modelos de negócio, é a confusão sobre o que é um **MVP**, *Minimum Viable Product*, produto mínimo viável. Na verdade, não é uma entrega mais simples, não é um produto mais simplificado que está sendo entregue antes de ser lançado ou antes de lançar a versão completa. Ele é um produto, no menor tamanho possível, que vai ser entregue no menor tempo possível. É um produto que será suficiente para o cliente adotar, utilizar e, se possível, gerar receita para a empresa. Ele vai ser algo útil, que possa ser utilizado.

Por exemplo: se o desejo é oferecer um carro como entrega final da sua *startup*, o **MVP** não vai ser um eixo de carro ou um carro mais simples. Aquilo ainda é o desenvolvimento de um produto final. Se a vontade é chegar em um carro, comece, por exemplo, com um skate. O skate é um **MVP** de um carro, é o mínimo produto viável para você chegar em um carro. É algo funcional, que pode ser utilizado, comprado e vai fazer algum tipo de

---

[17]NEPOMUCENO, Carlos. **Administração 3.0**: por que e como "uberizar" uma organização tradicional. Rio de Janeiro: Alta Books, 2018.

[18]RIES, Eric. **The Lean Startup**: how constant innovation creates radically successful businesses. New York: Crown Business, 2011.

sentido para o cliente. Pode não atender a todos os requisitos, mas vai funcionar; e, a partir do skate, poderá evoluir para um patinete, bicicleta, motocicleta e chegar em um carro, para um veículo de quatro rodas. Mas todos eles são veículos, são MVPs, produtos mínimos viáveis, e não uma entrega mais simples, um produto que não está totalmente pronto.

Para pensar em como construir modelo de negócio, é importante lembrar a lógica de estruturação dos serviços, onde o desejo das pessoas tem que ser viavelmente atendido de forma técnica. Ou seja, tem que apresentar tecnologia disponível para fazer aquilo e que também seja viável em termos de negócio, de dinheiro e valor para as pessoas comprarem. Logo, o alvo seria a interseção entre essas três dimensões: atender ao desejo das pessoas, atender a uma viabilidade financeira de negócios da empresa e atender a uma viabilidade técnica do que se quer trabalhar em termos de desejo. Para chegar a essa interseção, o *design thinking* é uma ferramenta, uma lógica, que vai ajudar a estruturar serviços, encontrar e construir modelos de negócios pela busca de uma inovação em experiência, se possível uma inovação disruptiva, ou seja, uma inovação radical, algo que entre em um "Oceano Azul" e não fique só no contexto do desempenho do "Oceano Vermelho".

O que é o *design thinking*? Tim Brown, da Ideo, primeiro escritório de *design thinking*, define da seguinte forma[19]: *design thinking* é uma abordagem na inovação, centrada no ser humano, que busca integrar as necessidades das pessoas às possibilidades tecnológicas e aos requisitos para o sucesso do negócio.

Design thinking não é um *framework*, uma metodologia específica. Ele é um modelo mental, com base no pensamento do designer, que vai utilizar conceitos multidisciplinares. E tudo vai depender do problema que precisa ser resolvido. Se a pretensão é entrar um modelo de negócio para a *startup*, o *design thinking* pode ser utilizado para desenvolver esse modelo, chegar em uma proposta a ser testada no futuro, entender se vale a pena ou não continuar e se precisa corrigir algo ou até eliminar – ação conhecida por "pivotar", que significa eliminar e recomeçar um novo tipo de modelo.

Reforçando, o *design thinking* não é uma metodologia específica, um *framework*. Existem várias aplicações metodológicas do *design thinking*, de vários autores, instituições ou consultorias diferentes, mas todos eles têm os seguintes princípios:

Empatia: colocar-se no lugar do outro, no lugar do seu cliente. É preciso ter empatia para pensar em soluções para o cliente.

Colaboração: o *design thinking* é um modelo mental aplicado à metodologia de uma determinada empresa em conjunto. É um modelo colaborativo, ou seja, as equipes vão desenvolver, aplicando o *design thinking*, para prover mais ideias e ter um filtro melhor dessas ideias.

---

[19]BROWN, Tim. **Design Thinking:** uma metodologia poderosa para decretar o fim das velhas ideias. Rio de Janeiro: Alta Books, 2017.

Experimentação: é um outro princípio do *design thinking*. Não é o achismo, é o saber, fazer e experimentar. Não é chegar ao final do processo do *design thinking* com uma série de suposições, é chegar com algo tangível que possa ser experimentado para validar determinadas hipóteses. Pode-se até ter hipóteses no final do processo, o que vai validar essas hipóteses, ver se elas são reais ou não, verdadeiras ou não.

De uma forma geral, o *design thinking* passa por cinco etapas – e, dependendo da escola ou da empresa, vai ter mais etapas adicionais, mas esmiuçando essas cinco bases. As etapas bases são: **empatia**, podendo chamar de "empatizar", que vem do conceito de sentir empatia. Outras etapas são **definir**, **idear**, **prototipar** e **testar**.

Alguns exemplos de aplicação do *design thinking*:

- A Stanford Design School tem um modelo que usa seis passos dentro do *design thinking*.

- A Zurb, empresa de consultoria e desenvolvimento de design de interação, dentro do *design thinking* tem uma metodologia que utiliza cinco passos, mas com outra nomenclatura.

- O Conselho de Design do Reino Unido desenvolveu o chamado "**duplo diamante**", muito comum dentro do *design thinking*, da literatura da área, que significa o divergir, convergir ou descobrir; o definir, desenvolver e entregar. Esse é um modelo que, em um primeiro momento, abre para uma série de ideias, depois converge para chegar a uma ideia principal, desenvolve, olhando para múltiplas possibilidades, e depois testa para se ter uma entrega final, ter prototipação para validar aquelas ideias e chegar em uma solução principal. Um exemplo de aplicação para o "duplo diamante" dentro do processo de *design thinking*, de descobrir, definir, desenvolver, testar e entregar.

- A IBM tem uma outra metodologia, chamada de "loop", ou seja, o símbolo do infinito representa um processo contínuo, para observar, refletir e produzir. É recomendável a visita ao site da IBM[20], a área de *design thinking* tem uma explicação muito interessante sobre essa metodologia.

- O Google tem o chamado *design sprint*, que já virou livro[21] e trabalha *design thinking* em termos de compreender, ou seja, ter empatia, definir, divergir, decidir, prototipar e validar. São seis etapas, sempre abrindo, divergindo e depois convergindo.

- O Ideo trabalha com o design centrado no ser humano, o *Human Centered Design*, em que há processos de divergir e convergir, a partir de três grandes etapas de inspiração, ideação e implementação.

---

[20]ENTERPRISE DESIGN THINKING. Site. Disponível em: <https://www.ibm.com/design/thinking/>. Acesso em: 30 out. 2018.

[21]KNAPP, Jake; ZERATSKY, John; KOWITZ, Braden. **Sprint**: o método usado no Google para testar e aplicar novas ideias em apenas cinco dias. Rio de Janeiro: Intrínseca, 2017.

O livro brasileiro "Design Thinking Brasil", de Pinheiro e Alt, de 2011[22], vai especificar a metodologia do *design thinking* a partir de sete etapas diferentes. É outra forma de enxergar, outra leitura que vale a pena.

Pensando nas cinco etapas principais, na hora de "empatizar", ter empatia, que é a primeira, é válido colocar-se no lugar do consumidor, fazer o máximo para estar em seu lugar, ou seja, viver a vida dele um pouco. Viver as experiências que ele vive, as frustrações, tentar absorver isso ao máximo, enxergar quais são os benefícios que esse consumidor busca no dia a dia, as dores que tem, as angústias, e como a *startup* pode ajudar – seja ampliando esses benefícios ou curando as dores ou as angústias do consumidor através do produto ou serviço.

É olhar o mundo com a perspectiva do consumidor e não com a perspectiva da companhia, um pouco como "Undercover Boss", ou o chefe secreto, série de TV onde o chefe da empresa se veste ou se fantasia, cria um disfarce, para entrar na linha de produção da sua organização, conversar com funcionários da ponta para entender os problemas, se colocar no lugar deles e ver quais as dificuldades que eles têm no dia a dia de trabalho. Como, às vezes, há queda de produtividade ou não há eficiência como o chefe gostaria, é possível ser feito algo através de observações, técnicas de etnografia, conversas, entrevistas com o consumidor, mas também de experimentação, de se colocar um pouco no lugar do consumidor. Isso seria "empatizar", compreender o consumidor.

Na hora de definir, gerar perguntas, é interessante utilizar a metodologia dos cinco "porquês" ou cinco "whys", que vem do método de gestão enxuto de manufatura, *lean manufacturing*, dos seis sigmas, de metodologia de gestão de empresa, e que podem ser aplicados dentro do *design thinking* na hora de definir o problema. Consiste em fazer cinco perguntas, "porquês", questionamentos relacionados e seguidos, para realmente encontrar o problema original a se resolver na *startup* ou com aquelas dores do consumidor. Normalmente, quando se faz a quinta pergunta, realmente acha-se a causa-raiz do problema.

Um exemplo de aplicação dos "cinco porquês": o motor do carro estragou ou ele parou de funcionar e o dono percebeu que há um problema com acender uma lâmpada de temperatura do painel. Então a primeira pergunta é: por quê? Resposta: porque o motor esquentou. Por que o motor esquentou? Porque o nível da água do radiador estava baixo. Por que então esse nível da água estava baixo? Porque a água pode ter vazado por algum lugar. Por que a água pode ter vazado por algum lugar? Porque deve ter uma pequena trinca no radiador que está fazendo essa água vazar. E por que há essa trinca no radiador? Porque uma semana atrás, passando com um carro na

---

[22]PINHEIRO, Tennyson; ALT, Luis. **Design Thinking Brasil**. Rio de Janeiro: Alta Books, 2017.

40 - Startups

estrada, uma pedra bateu no fundo do carro e fez um barulho estranho e, provavelmente, atingiu o radiador. Portanto, essa quinta resposta é a causa-raiz do problema. A lâmpada da temperatura do painel acendeu, há um problema no radiador, mas esse problema foi causado não por falta de manutenção, ou porque houve algum tipo de negligência, mas porque uma pedra bateu embaixo do carro. Assim, foi descoberta qual é a causa-raiz e pode-se atacá-la – talvez dirigir em uma estrada com menos risco de ter pedras soltas ou buscar outro tipo de caminho, uma proteção contra pedras ou estilhaços no fundo do carro para evitar que o problema se repita no futuro. Por isso, utilizando os cinco porquês, chega-se à causa-raiz do problema e, ao encontrá-la, é possível definir soluções.

É muito importante entender qual é o problema para buscar a solução e não partir de soluções sem definir o que precisa resolver. Dentro do *design thinking* é muito aplicado o **Canvas de Empatia**, que resume tudo que foi feito na primeira etapa de conhecer o consumidor, de conversar, entender e se colocar no lugar dele. Esse **Canvas de Empatia** resume, visualmente, o que o consumidor pensa e sente, o que ele vê, fala e faz, o que ele escuta, as dores que tem, os objetivos de vida e aonde quer chegar em relação a algum produto ou serviço.

Uma outra forma é definir uma persona, *customer persona*, um exemplo de uma persona, hipotética, mas que vai ser listada a partir de um **Canvas de Empatia**, para determinar quais são as motivações, frustrações, a personalidade e as marcas que aquele tipo de consumidor gosta. Outra forma é criar a jornada do cliente, processo que ele tem para executar aquela tarefa, quais são os gargalos, os momentos de experiências negativas e positivas. Um exemplo que temos é na compra de um carro novo. Caso haja um problema com o radiador, de repente pode ser tão sério que o motor não tenha conserto e seja necessário comprar um carro novo, tornando essa uma experiência negativa. Uma experiência positiva na sequência é fazer uma busca, procurar novos modelos de carro, buscar uma oferta de financiamento que seja interessante. Mas quando o consumidor descobre que aquela oferta não é muito o que estava prometendo, não é vantajosa, ele pode ter uma experiência negativa. Então, se o pensamento é criar uma *startup* que vai oferecer financiamento de carro ou ajudar um comprador a encontrar um automóvel novo ou usado para comprar, dentro do processo de jornada do cliente, talvez este seja um ponto a se pensar, em como evitar esse tipo de frustração.

E segue-se uma jornada, seja com experiências positivas ou negativas, até a pessoa realmente começar a utilizar o produto ou serviço que quis adquirir. Dá para montar jornadas do cliente na hora de definir o problema e, uma vez bem definido, passa para um método de ideação, de ter ideias e gerar soluções.

O *brainstorm*, a famosa tempestade de ideias, é mais comum dentro desse momento de ideação, onde um conjunto de pessoas, a partir do problema, reflete e fala de forma aberta as soluções, sem censura, dentro de um determinado limite de tempo e alguém as anota. Uma ideia pode levar a outra e, no final, todas vão ser lidas e julgadas se são boas ou não, pertinentes ou não, mas o objetivo é gerar o maior número possível de ideias.

Quais são as desvantagens do *brainstorm*? Algumas pessoas podem ficar com vergonha de falar para um grupo muito grande, outros podem ficar calados ou falar muito. Acaba acontecendo uma censura sobre aquela ideia, alguém fala uma coisa e outra pessoa já está avaliando, no momento que não é de avaliar se a ideia é boa ou não, e sim de simplesmente ter ideias. Por isso, além do *brainstorm*, há outro método chamado 635, em que se dividem grupos de seis pessoas e cada um deve ter três ideias no prazo de cinco minutos. Essas ideias são colocadas no papel e, passados os cinco minutos, o papel roda para a pessoa que estiver do lado esquerdo e mais cinco minutos são contados, mais uma rodada, para gerar outras três ideias que podem ser complementares ou relacionadas às três primeiras ou ideias novas. Rodando esse ciclo em 30 minutos, é possível chegar a 108 ideias. Logo, o método 635 é bem útil para evitar uma censura prévia e garante que todas as pessoas participem. Depois serão julgadas as 108 ideias, em meia hora, e quais são as mais viáveis e interessantes para se pensar em uma proposta de valor. Podem-se criar variações do método 635, com menos pessoas, gerando duas ou três ideias, em cinco minutos ou três minutos, dependendo das equipes.

Uma maneira de idear é construir **mapas mentais**, um recurso visual para construir uma lógica de pensamento, puxando ramos. Na verdade, a ideia do mapa mental vem muito de ramos, ramificação de uma árvore, onde você tem um tronco com vários galhos se ramificando. Uma ideia central, da base da árvore, vai sair como um ramo para cada conceito e sub-ramificações para ajudar a defini-lo.

Outra proposta é compor a ideação pelo ***Canvas* de Proposta de Valor**. É um *canvas* que complementa o *Canvas* de Empatia. Ele vai unir benefícios, tarefas relacionadas ao produto, serviço ou vantagens esperadas pelo consumidor, pontos de dores que ele pode experimentar com seu produto ou serviço. Depois vai entregar criadores ou reforçadores de novos benefícios e entregar "analgésicos" para aliviar esses pontos de dor. Um exemplo de aplicação do *Canvas* de Proposta de Valor vem do designer Fábio Roberto Borges[23], que publicou em seu site um skate acoplável para um carrinho de bebê. Essa foi a solução final. Por que uma solução final como essa? Porque esse produto vai trazer determinados ganhos, como diversão para o filho, um passeio agradável para um filho maior que vai estar junto de um bebê. Um analgésico seria ter os filhos à vista, pois o pai e a mãe não ficariam perdidos buscando a outra criança, que pode ficar solta, andando do lado. Relacionado ao mapa de empatia, pensando no produto, os ga-

---

[23]BORGES, Fábio Roberto. **Canvas de Proposta de Valor**: crie produtos e serviços que os clientes amam. Disponível em: <https://fabiorobertoborges.com/blog/canvas-de-proposta-de-valor/>. Acesso em: 30 out. 2018.

nhos são: os pais querem ser vistos como pais modernos, ter momentos agradáveis; ou dores: o filho se perder, o filho sumir, um momento estressante de sair de casa. E quais são as tarefas do cliente? Passear com os filhos, fazer compras, resolver problemas, levar os filhos junto, conseguir administrar uma criança mais velha, que já anda sozinha e pode sair correndo e uma criança ainda no carrinho de bebê, que, obviamente, não pode ser abandonada nem deixada de lado.

O *Canvas* de Proposta de Valor faz parte do *Canvas* de *Business Model Canvas*, o *Canvas* de Modelos de Negócios, que vai ser montado a partir da aplicação do *design thinking*, da ideia da *startup*, pensando em termos de modelo no geral. Portanto, o *Canvas* de Proposta de Valor entra, tanto na parte chamada de proposta de valor, do *Business Model Canvas*, quanto na parte de segmento de clientes.

Uma vez definido dentro da ideação, quando se chega em um filtro de ideias e uma convergência em termos das melhores ideias que serão trabalhadas, é hora de prototipar, tirar da cabeça e construir uma experiência. Pode ser feita em papel, massa de modelar, com blocos de montar ou qualquer outro tipo de recurso. Mas muito mais do que pensar na tecnologia, não vai ser preciso prototipar uma tecnologia em processo de *design thinking*, pelo menos no início. Será o protótipo da experiência. Sendo assim, será montado, em papel, uma solução para prototipar como vai ser o acesso daquilo, onde aquele objeto vai ficar, por exemplo, se for um totem ou se for um aplicativo para celular. Prototipar no papel qual vai ser a jornada do usuário dentro daquele aplicativo antes de passar para o layout, antes da construção de design de telas, de programação. Dessa maneira, prototipar a experiência é fundamental. Uma vez que se prototipa, testes poderão ser feitos, melhorias dentro de um contexto real de uso, a possibilidade de validar hipóteses, receber *feedback* dos clientes, aplicar indicadores e métricas. Assim, finalizando o processo do *design thinking*, chega-se em algum produto que foi validado por um grupo de consumidores, que entrará no mercado para ser trabalhado, construído, desenvolvido.

E, para construir e desenvolver, é possível utilizar metodológias ágeis. O próprio Gartner traz um gráfico interessante, um esquema onde une *design thinking*, que é o foco no problema do cliente, dentro do método da *startup* ágil, da lean *startup* e das metodologias ágeis de desenvolvimento de soluções que vai focar na solução do consumidor. Nesse caso, o *design thinking* vai explorar e solucionar problemas, a *lean startup* vai testar as crenças, aprender o caminho para construir as coisas certas e o *AdJail*, o desenvolvimento ágil, o *Scrum*, vão, por exemplo, adaptar, usar o *software* para construir corretamente a solução. É uma forma de enxergar como desenvolver modelos de negócio a partir da união desses três pensamentos, de aplicação de metodologia. O *design thinking*, a *startup* enxuta e o *AdJail* desenvolvem soluções para, assim, chegar em um **MVP**.

Finalizando este capítulo, espera-se que haja um panorama geral em termos de tipos de operação de modelos de negócio e como avaliar, pensar ou olhar para eles. A dica final

Startups - **43**

é olhar para modelos já existentes, não tentar criar um modelo do zero, pois, muito provavelmente, em algum lugar do mundo esse modelo já foi criado e está sendo operado. A favor da empresa, é necessário pesquisar modelos existentes e ver como eles podem ser aplicados em um segmento de mercado que ainda não exista e não é trabalhado por algum motivo. Ou aplicar esse modelo, gerando um outro tipo de diferenciação e não pensando só em termos de um preço mais alto, mas no "Oceano Azul".

CAPÍTULO 4

NAVEGANDO DENTRO DAS LEIS

ENTENDENDO O "JURIDIQUÊS"

Carol Souza

O Direito nunca salvou nenhuma empresa, mas já matou várias.
— Luciano Del Monaco

Depois de tantas ideias inovadoras e *brainstorms* promissores sobre o futuro de uma *startup*, a burocracia jurídica e toda a papelada podem ser um banho de água fria. No entanto, elas são um passo fundamental para que seus projetos finalmente saiam do papel – e não parem de progredir por motivos que podem ser evitados.

O presente capítulo visa ajudá-lo(a) a compreender algumas das etapas necessárias para estruturar seu empreendimento. Não é possível esgotar o conteúdo técnico em apenas um capítulo, de forma que é sempre recomendável buscar auxílio jurídico antes de qualquer decisão.

PRIMEIRO PASSO: SOZINHO OU ACOMPANHADO?

Uma das medidas práticas que se deve tomar em relação a um empreendimento é escolher o modelo societário mais adequado à sua realidade e às suas necessidades.

Essa decisão deve ser tomada com cautela, pois a sua escolha afetará desde os seus custos e as formalidades com as quais terá de lidar até a forma de se relacionar com os investidores.

São inúmeros os tipos de sociedade disponíveis – Sociedade em Nome Coletivo; Sociedade em Comandita Simples; e Sociedade em Comandita por Ações, por exemplo –, sendo a Sociedade Limitada, a Sociedade Anônima e a Empresa Individual de Responsabilidade Limitada (EIRELI) alguns deles.

SOCIEDADE LIMITADA (LTDA.)

Regida pelo Código Civil (Lei nº 10.406/2002, arts. 1.052 a 1.087), a Sociedade Limitada prevê que a responsabilidade de cada sócio é restrita ao valor de suas quotas, mas todos respondem solidariamente pela integralização do capital social.[24]

Na teoria, isso resguarda o empresário de usar seu patrimônio para pagar dívidas da empresa no limite de sua participação no empreendimento[25]. Na prática, no entanto, isso pode não ocorrer, pois os sócios ainda estão sujeitos à "desconsideração da personalidade jurídica".

Em suma, isso significa que o dinheiro da empresa é da empresa e o dinheiro do empresário é do empresário. Desvio de finalidade da empresa e uso dos recursos da *startup* para fins pessoais – e vice-versa – podem acarretar consequências que vão justamente anular as vantagens do modelo estatutário escolhido.

Esse formato não exige um capital mínimo para sua criação, mas requer, pelo menos, dois sócios – pessoas físicas ou jurídicas –, além da elaboração de um Contrato Social, que deve ser registrado e arquivado na Junta Comercial do estado dos sócios. Esse documento deve conter dados como nome da sociedade, o que ela faz (objeto social), valor total do capital social, participação de cada sócio e outras informações referentes à configuração administrativa do empreendimento[26].

A simplicidade e a estrutura favorável à captação de investimentos iniciais fazem desse modelo uma das alternativas mais populares entre empreendedores.

SOCIEDADE ANÔNIMA (S/A)

Na Sociedade Anônima, o capital é dividido em ações, e a obrigação de cada sócio ou acionista se limita ao preço de emissão das ações que subscrever ou adquirir[27]. Isso, acrescido do fato de que cada ação confere aos investidores poderes diferentes, torna esse modelo societário atrativo.

As Sociedades Anônimas podem ser divididas em duas categorias: abertas e fechadas. Segundo o artigo 4º da Lei nº 6.404/76, a "companhia é aberta ou fechada conforme os valores mobiliários de sua emissão estejam ou não admitidos à negociação no mercado de valores mobiliários".

Dessa forma, a maior diferença entre as duas é que a Sociedade Anônima aberta tem suas ações negociadas publicamente na Bolsa de Valores. Elas podem ser adquiridas por qualquer indivíduo, desde que a transação seja previamente autorizada pela Comissão de Valores Mobiliários (CVM)[28].

---

[24]BRASIL. **Lei nº 10.406, de 10 de janeiro de 2002**. Institui o Código Civil. Disponível em: <http://www.planalto.gov.br/ccivil_03/leis/2002/L10406.htm>. Acesso em: 19 jul. 2018.

[25]ACE; ADVOGADOS, TozziniFreire. **Como estruturar juridicamente a sua startup**. 2016. 49p. Disponível em: <http://info.goace.vc/ebook-tozzini>. Acesso em: 19 jul. 2018.

[26]Ibid.

[27]BRASIL. **Lei nº 10.406, de 10 de janeiro de 2002**. Institui o Código Civil. Disponível em: <http://www.planalto.gov.br/ccivil_03/leis/2002/L10406.htm>. Acesso em: 19 jul. 2018.

[28]ACE; ADVOGADOS, TozziniFreire. Op. cit.

Esse modelo societário está ligado a diversas formalidades determinadas pela lei, além de competências estabelecidas pelo estatuto social da empresa.

Devido aos custos e à burocracia, não se recomenda iniciar uma *startup* como Sociedade Anônima.

EMPRESA INDIVIDUAL DE RESPONSABILIDADE LIMITADA (EIRELI)

Segundo o Código Civil (art. 980-A), a EIRELI "é constituída por uma única pessoa titular da totalidade do capital social". É como se fosse uma sociedade limitada, mas com apenas um sócio. Por esse motivo, o capital não precisa ser dividido em quotas.

Ela pode ser constituída por meio do registro no Registro Civil de Pessoas Jurídicas ou na Junta Comercial do Estado, ou pode ser convertida em EIRELI quando a Sociedade Limitada fica apenas com um sócio[29]. Ao contrário de outras estruturas societárias, a EIRELI tem a obrigatoriedade de capital social não inferior a 100 (cem) vezes o maior salário mínimo vigente no país.

Por ser uma pessoa jurídica e ter seu próprio patrimônio, uma de suas vantagens é a separação entre o patrimônio pessoal do empresário e o da empresa, inicialmente. O titular pode vir a responder pelas obrigações do empreendimento com seu próprio patrimônio nas mesmas circunstâncias previstas para as Sociedades Limitadas[30].

Confira um resumo desses tipos societários:

	Sociedade Limitada (Ltda.)	Sociedade Anônima (S/A)	Empresa Individual de Responsabilidade Limitada (EIRELI)
Legislação	• Lei nº 10.406/2002 – Código Civil (arts. 1.052 a 1.087). • Instrução Normativa do Departamento de Registro Empresarial e Integração (DREI) nº 10, de 05 de dezembro de 2013, que aprova o Manual de Atos de Registro de Sociedade Limitada.	• Lei nº 6.404/1976, complementada pela Lei nº 10.303/2001. • Instrução Normativa do Departamento de Registro Empresarial e Integração (DREI) nº 10, de 05 de dezembro de 2013, que aprova o Manual de Atos de Registro de Sociedade Anônima.	• Lei nº 12.441/2011, que acrescenta o inciso VI ao art. 44 e o art. 980-A ao Livro II da Parte Especial, bem como altera o parágrafo único do art. 1.033, todos do Código Civil. • Instrução Normativa do Departamento de Registro Empresarial e Integração (DREI) nº 10, de 05 de dezembro de 2013, que aprova o Manual de Atos de Registro de Empresa Individual de Responsabilidade Limitada.

---

[29] ACE; ADVOGADOS, TozziniFreire. Op. cit.

[30] SEBRAE. **Quais são os tipos de empresas?** Sebrae, 07 jun. 2018. Disponível em: <http://www.sebrae.com.br/sites/PortalSebrae/ufs/sp/conteudo_uf/quais-sao-os-tipos-de-empresas,af3db28a582a0610VgnVCM1000004c00210aRCRD>. Acesso em: 19 jul. 2018.

	Sociedade Limitada (Ltda.)	Sociedade Anônima (S/A)	Empresa Individual de Responsabilidade Limitada (EIRELI)
Classificação	• Sociedade empresária de pessoas ou de capital. • Com finalidade lucrativa.	• Sociedade empresária de capital aberto ou fechado. • Com finalidade lucrativa.	• Empresa individual. • Com finalidade lucrativa.
Composição de Sócios	• Dois ou mais sócios. • Pessoas físicas ou jurídicas (nacionais ou estrangeiras).	• Mínimo de dois sócios para companhia fechada e mínimo de três para companhia aberta. • Pessoas físicas ou jurídicas (nacionais ou estrangeiras).	• Máximo de um sócio – unipessoal*. • Pessoa física (nacional ou estrangeira). *A pessoa que constituir EIRELI somente poderá figurar em uma única empresa dessa modalidade.
Responsabilidade Social dos Sócios	• Limitada ao capital integralizado. • Ilimitada e solidária: caso não haja a integralização do capital social.	• Sem responsabilidade: ações integralizadas. • Limitada ao valor das ações que o sócio subscreveu e não integralizou.	• Limitada ao capital integralizado. • Ilimitada: caso não haja a integralização do capital social, até o devido valor mínimo.

Capital Social		
• Em quotas.	• Em ações.	• Por ter apenas um titular, o capital não precisa ser dividido em quotas.
• Não existe previsão legal para capital mínimo.	• Não há valor mínimo, mas necessidade de depósito de, no mínimo, 10% do preço de emissão das ações subscritas em dinheiro para constituição.	• O capital mínimo é de cem vezes o valor do maior salário mínimo vigente no país.
• O capital social pode ser aumentado se estiver totalmente integralizado, com direito de preferência para que os sócios mantenham a participação societária original.	• O estatuto fixará: - o número das ações; - se as ações terão, ou não, valor nominal.	• O capital poderá ser aumentado a qualquer momento, desde que imediatamente integralizado.
• O capital também pode ser reduzido se houver perda ou se for excessivo em relação ao objeto social.	• O capital social pode ser aumentado: - por emissão de ações autorizadas em estatuto; - conversão de debêntures e partes beneficiárias em ações; - deliberação da assembleia por capitalização de lucros ou reserva ou distribuição de novas ações.	• O capital poderá ser reduzido desde que respeitado o valor mínimo exigido em lei.
	• O capital também pode ser reduzido se houver perda ou se for excessivo em relação ao objeto social.	

Controle e Administração		
• Controle definido pelo número de quotas.	• Controle definido por acionistas com direito a voto. Acionista controlador tem a maioria do capital votante.	• Controle definido por único sócio.
• As deliberações são tomadas em reunião (até 10 sócios) ou em assembleia (mais de 10 sócios).	• A administração da companhia competirá, conforme dispuser o estatuto, ao conselho de administração e à diretoria, ou somente à diretoria.	• A EIRELI poderá ser administrada pelo titular e/ou por não titular, indicado no ato constitutivo.
• A sociedade pode ser administrada por não sócio se houver cláusula permissiva no contrato.	• Somente pode ser eleito diretor pessoa natural residente no país, acionista ou não.	• O estrangeiro poderá ser indicado como administrador e somente poderá exercer essa função se possuir visto permanente e não estiver enquadrado em caso de impedimento para o exercício da administração.
• O estrangeiro poderá ser indicado como administrador e somente poderá exercer essa função se possuir visto permanente e não estiver enquadrado em caso de impedimento para o exercício da administração.	• A posse do conselheiro de administração residente ou domiciliado no exterior fica condicionada à constituição de representante residente no país.	

Extinções	• A dissolução se dá por: vencimento do prazo de duração; consenso unânime dos sócios; deliberação por maioria absoluta dos sócios, na sociedade por prazo indeterminado; falta de pluralidade de sócios; extinção de autorização para funcionar; decisão judicial; ou falência (art. 1.033, art. 1.034 e art. 1.087 do Código Civil). • Dissolvida a sociedade, procede-se à liquidação judicial ou extrajudicial. O ativo restante é dividido entre os sócios na proporção de suas quotas.	• A dissolução se dá de pleno direito, por decisão judicial e por decisão de autoridade administrativa competente. Incorporação, fusão e cisão são formas de dissolução. • Dissolvida a sociedade, procede-se à liquidação judicial ou extrajudicial. O ativo restante é dividido entre os acionistas na proporção de suas ações.	• Aplicam-se, no que couber, as regras da Sociedade Limitada.

Fonte: Agência Brasileira de Promoção de Exportações e Investimentos (APEX).
Elaboração: Ministério da Fazenda[31]

SEGUNDO PASSO: PROTEJA O QUE É SEU

A maioria das *startups* tem, como fio condutor, a inovação, o que faz do seu campo de atuação um espaço particularmente competitivo. Por esse motivo, por questões de segurança, não basta simplesmente criar uma marca ou ter uma ideia. É necessário também reivindicá-la oficialmente.

Para ter exclusividade sobre o nome de um serviço ou um logotipo que lhe diga respeito, é necessário registrá-los como marca no Instituto Nacional da Propriedade Industrial (INPI), órgão subordinado ao Ministério da Indústria, Comércio Exterior e Serviços[32].

Esse registro vai garantir ao titular o direito de uso exclusivo no Brasil, em seu campo de atividade econômica, por dez anos a partir da concessão, podendo ser prorrogado por sucessivos períodos de dez anos, segundo o próprio INPI.

COMO É A SUA MARCA?

Segundo o art. 123 da Lei de Propriedade Industrial (Lei nº 9.279/96), as marcas podem ter naturezas distintas:

Marca de Produto ou de Serviço: é aquela usada para distinguir produto ou serviço de outro idêntico, semelhante ou afim, de origem diversa.

---

[31]PROGRAMA DE INVESTIMENTOS EM LOGÍSTICA. **Principais Tipos Societários**. Disponível em: <http://www.epl.gov.br/principais-tipos-societarios-brasileiros>. Acesso em: 19 jul. 2018.

[32]INPI. Pedido em Etapas. **Passo 1: Entenda**. Disponível em: <http://www.inpi.gov.br/pedidos-em-etapas/entenda>. Acesso em: 19 jul. 2018.

Marca de Certificação: é aquela usada para atestar a conformidade de um produto ou serviço com determinadas normas ou especificações técnicas, notadamente quanto à qualidade, natureza, material utilizado e metodologia empregada.

Marca Coletiva: é aquela usada para identificar produtos ou serviços provindos de membros de uma pessoa jurídica representativa de coletividade, como sindicatos, consórcio, federação, associação cooperativa, entre outros.

Já em relação à forma como a marca se apresenta, os tipos são[33]:

Nominativa: formada por palavras, neologismos e combinações de letras e números. Exemplo: o próprio nome de uma *startup*, sem floreios visuais.

Figurativa: constituída por desenho, imagem, ideograma, forma fantasiosa ou figurativa de letra ou algarismo, e palavras compostas por letras de alfabetos como hebraico, cirílico, árabe, etc. **Exemplo:** Apple e Starbucks.

Mista: combina elementos nominativos e figurativos ou apenas elementos nominativos cuja grafia se apresente sob forma fantasiosa ou estilizada. **Exemplos:** Adidas e Coca-Cola.

Tridimensional: pode ser considerada marca tridimensional a forma de um produto, quando é capaz de distingui-lo de outros produtos semelhantes. **Exemplo:** Toblerone.

---

[33] INPI. **Manual de Marcas.** 2. ed. Fev. 2017. Disponível em: <http://manualdemarcas.inpi.gov.br/projects/manual/wiki/02_O_que_%C3%A9_marca#Marca-de-Certifica%C3%A7%C3%A3o>. Acesso em: 19 jul. 2018.

REGISTRANDO SUA MARCA

Pode até ser evidente a natureza da sua marca – produto ou serviço, por exemplo -, mas isso apenas não é o suficiente. O INPI categoriza todas as marcas de acordo com o segmento de atuação. Por isso, para os "marinheiros de primeira viagem", seguem algumas dicas para fazer o registro[34]:

Pesquise. Essa etapa é importante para que você se certifique de que os dados da sua marca já não foram protegidos anteriormente por outra pessoa ou empresa. Faça uma pesquisa no portal do INPI. Os resultados dessa busca podem indicar o melhor caminho: entrar com o pedido ou não?

Lembre-se de que a Lei da Propriedade Industrial veda o registro para marcas iguais ou similares para identificar produtos iguais ou afins. Logo, é importante também verificar a existência anterior de marcas compostas por elementos/sufixos/prefixos parecidos. Na dúvida, converse com um profissional do ramo para verificar a disponibilidade da marca.

Para facilitar a busca, as marcas são divididas em classes. Para identificar em qual classe a sua marca está inserida, basta verificar lista disponível no próprio site do INPI[35].

Confira os valores. Será necessário emitir e pagar a Guia de Recolhimento da União (GRU), mas pessoas físicas e microempresas, entre outros, têm direito a desconto.

O processo. Após o pagamento da taxa, deve-se acessar o e-Marcas, sistema eletrônico para solicitar serviços de marcas ao INPI, e preencher o formulário *on-line*. Se for o caso, também será necessário anexar a imagem da marca. Para entender melhor o passo a passo, é possível conferir a cartilha do INPI[36].

Acompanhe o pedido. Os muitos estágios pelo qual o processo passará poderão demandar o envio de mais documentos. É necessário ficar atento e acompanhar de perto.

Depois, é aguardar para que o pedido seja deferido. Para mais informações, é possível acessar o portal do Instituto Nacional da Propriedade Intelectual (INPI)[37].

E SE O PRODUTO FOR UM SOFTWARE?

Segundo o art. 2º (§ 3º) da Lei nº 9.609, que dispõe sobre a proteção da propriedade intelectual de programa de computador, "a proteção aos direitos de que trata esta Lei independe de registro".

No entanto, mesmo não sendo obrigatório, o registro é importante para comprovar sua autoria e tornou-se requisito para a participação de licitações governamentais[38].

---

[34]É importante ressaltar que alguns sinais são considerados irregistráveis, como brasões, termos técnicos, entre outros. Para melhor referência, confira a lista de vedações legais previstas pela Lei da Propriedade Industrial (Art. 124).

[35]INPI. **PePI - Pesquisa em Propriedade Intelectual.** Disponível em: <https://gru.inpi.gov.br/pePI/jsp/marcas/Marcas_produtos_internacionais.jsp>. Acesso em: 03 abr. 2018.

[36]INPI. **Registre a sua marca em 10 passos.** Disponível em: <http://www.inpi.gov.br/menu-servicos/marcas/registre_a_sua_marca_em_10_passos.pdf>. Acesso em: 24 jul. 2018.

[37]INPI. **Guia básico de marca.** Última atualização 24 maio 2018. Disponível em: <http://www.inpi.gov.br/pedidos-em-etapas/entenda/servicos/menu-servicos/marcas>. Acesso em: 24 jul. 2018.

[38]INPI. **Perguntas Frequentes.** Disponível em: <http://www.inpi.gov.br/servicos/perguntas-frequentes-paginas-internas/perguntas-frequentes-programa-de-computador >. Acesso em: 02 abr. 2017.

Caso opte pelo registro, é necessário acessar o site do INPI, preencher um formulário específico, pagar a GRU correspondente e preparar a documentação técnica relativa ao código-fonte[39].

O registro assegura os direitos relativos ao software pelo prazo de 50 anos, contados a partir de 1º de janeiro do ano subsequente ao da sua publicação ou, na ausência desta, da sua criação.

TERCEIRO PASSO: PROTEJA OS DADOS DO USUÁRIO

O combo "Coleta + Tratamento de Dados" é a base da economia da informação.
— ACE & TozziniFreire[40]

Dados pessoais são, hoje, um dos ativos mais valiosos dos meios digitais. Muitas empresas, atualmente, captam dados não estruturados cedidos pelos usuários, os processa e devolve melhor do que os recebeu. Exemplos desse processo são o Uber, o iFood ou o Airbnb. Por meio da tecnologia, é possível juntar quem precisa se deslocar a quem tem um carro; quem tem fome a quem oferta; quem precisa de um lugar para ficar a quem tem um "teto". Em suma, uma demanda à sua oferta equivalente.

Além disso, em um cenário acentuado de crise econômica, como o vivenciado pelo Brasil nos últimos anos, o compartilhamento de informações pessoais com o objetivo de participar de programas de fidelidade ou de ganhar descontos tem se tornado cada vez mais comum, como revela o quadro a seguir:

Porcentagem de consumidores dispostos a compartilhar dados mediante algum tipo de vantagem

	GERAÇÃO Z	GERAÇÃO Y	GERAÇÃO X	BABY BOOMERS
Para receber descontos e ofertas exclusivas	83%	90%	88%	89%
Para receber pontos em programas de fidelidade	75%	76%	79%	78%
Para receber informações e novidades sobre produtos relevantes	65%	70%	69%	68%
Para receber sugestões de produtos baseadas em seu gosto pessoal	64%	65%	68%	61%

Fonte: Dunnhumby, 2016[41]

---

[39]Ibid.

[40]ACE; ADVOGADOS, TozziniFreire. Op. cit.

[41]Extraído de: NAVARRO, Victória. Clientes trocariam dados por ofertas. **Meio & Mensagem**, 06 dez. 2016. Disponível em: <http://www.meioemensagem.com.br/home/marketing/2016/12/06/clientes-trocariam-dados-por-ofertas-exclusivas-diz-dunnhumby.html>. Acesso em: 19 jul. 2018.

Devido a plataformas e dispositivos cada vez mais integrados, os dados de identificação pessoal coletados vão além dos mais comuns, como nome, sobrenome, endereço e e-mail. Junte à lista o número do IP (internet protocol) dos dispositivos – computador, *tablet* ou *smartphone* –, dados bancários, padrão de navegação e *cookies*, por exemplo[42].

A LEI GERAL DE PROTEÇÃO DE DADOS

Já na década de 1990, quando foi criado, o Código de Defesa do Consumidor brasileiro previa um tratamento especial para os dados pessoais dos clientes. Agora, quase 30 anos depois, eles ganharam uma regulamentação própria: a Lei Geral de Proteção de Dados, sancionada em 14 de agosto de 2018.

O texto da lei foi inspirado em linhas específicas do Regulamento Geral de Proteção de Dados (GDPR, na sigla em inglês), legislação da União Europeia que entrou em vigor em maio de 2018[43].

De forma geral, o marco legal brasileiro assegura aos cidadãos maior controle sobre suas informações pessoais, com acesso facilitado a detalhes sobre o tratamento de seus dados – tanto no meio *on-line* quanto no *offline*. Eles poderão saber como pessoas físicas ou jurídicas – do setor público ou privado – cuidam de seus dados: por que coletam, qual é a finalidade, com quem compartilham, como armazenam, etc. Ser transparente deixará de ser apenas uma opção. Os usuários terão ainda direito de visualizar, corrigir e excluir esses dados[44].

Na lei, origem racial ou étnica, convicção religiosa, opinião política, saúde ou vida sexual foram caracterizados como "sensíveis" e também devem receber proteção. A nova configuração traz, ainda, definições do que considera consentimento, transferência internacional de dados, uso compartilhado de dados, bloqueio e eliminação, além de outros termos que podem ter relação direta com o dia a dia do seu negócio.

Confira, a seguir, algumas dicas na hora de elaborar uma Política de Privacidade:

Evitar copiar e colar modelos prontos. Em uma Política de Privacidade, é mandatório reportar até mesmo se o servidor usado está fora do país, pois enviar dados dos usuários para o exterior consiste em "transferência internacional de dados" e, por isso, necessita de autorização[45]. Utilizar um modelo de política de privacidade que nada tenha a ver com o tipo de negócio, além de ineficaz, pode render problemas e questionamentos legais no futuro.

---

[42] MARKETING DE CONTEÚDO. **Política de Privacidade**: o que é e como montar uma! 11 nov. 2016, atualizado em 01 jun. 2018. Disponível em: <https://marketingdeconteudo.com/politica-de-privacidade/>. Acesso em: 19 jul. 2018.

[43] PROJETO de lei geral de proteção de dados pessoais é aprovado no Senado. **Senado Notícias**, 10 jul. 2018. Disponível em: <https://www12.senado.leg.br/noticias/materias/2018/07/10/projeto-de-lei-geral-de-protecao-de-dados-pessoais-e-aprovado-no-senado>. Acesso em: 03 jun. 2019.

[44] SANCIONADA com vetos lei geral de proteção de dados pessoais. **Senado Notícias**, 15 ago. 2018. Disponível em: <https://www12.senado.leg.br/noticias/materias/2018/08/15/sancionada-com-vetos-lei-geral-de-protecao-de-dados-pessoais>. Acesso em: 30 set. 2018.

[45] ACE; ADVOGADOS, TozziniFreire. Op. cit.

Entender o modelo de negócio. Cada modelo de negócios requer a troca de um determinado tipo de informação. A natureza de um *e-commerce*, por exemplo, é diferente da de um serviço como Uber ou Cabify, que necessita de geolocalização, ou de uma rede social.

Conheça a legislação do seu segmento. Esteja ciente do que dizem o Código de Direito do Consumidor, a Lei Geral de Proteção de Dados e qualquer outra legislação referente ao segmento do seu negócio[46].

QUARTO PASSO: CONSUMIDOR

Se a sua empresa é do tipo B2C (Business to Consumer), ou seja, mantém uma relação de comércio por meio da venda de produtos ou da prestação de serviços, com usuário final, ela deve ficar particularmente atenta ao Código do Consumidor (Lei nº 8.078, de 11 de setembro de 1990).

Segundo o código, consumidor nada mais é do que "toda pessoa física ou jurídica que adquire ou utiliza produto ou serviço como destinatário final". Já fornecedor é "toda pessoa física ou jurídica, pública ou privada, nacional ou estrangeira, bem como os entes despersonalizados, que desenvolvem atividade de produção, montagem, criação, construção, transformação, importação, exportação, distribuição ou comercialização de produtos ou prestação de serviços".

Para as empresas que se enquadram nesta última categoria, é necessário ficar atento a alguns pontos da lei que requerem atenção, como os citados a seguir:

RESPONSABILIDADE DO FORNECEDOR

Ao comprar um produto ou contratar um serviço, o consumidor estará automaticamente protegido por uma garantia legal, prevista em lei, obrigatória e inegociável, contando a partir do momento da aquisição.

"Mas todos os meus produtos vêm com garantia", alguns empresários podem dizer. Esse respaldo – também chamado de garantia contratual ou convencional – é uma liberalidade do fornecedor, mas não exclui, em hipótese alguma, a garantia legal. Elas são complementares, como explicita o art. 50 do Código de Defesa do Consumidor: "a garantia contratual é complementar à legal e será conferida mediante termo escrito".

GARANTIA LEGAL EM CASO DE VÍCIO APARENTE OU DE FÁCIL CONSTATAÇÃO	
PRODUTO/SERVIÇO	**PRAZO PARA RECLAMAÇÃO**
DURÁVEIS	90 dias, contados a partir da entrega efetiva do produto ou do término da execução dos serviços
NÃO DURÁVEIS	30 dias, contados a partir da entrega efetiva do produto ou do término da execução dos serviços

Fonte: Código de Defesa do Consumidor

---

[46]MARKETING DE CONTEÚDO. Op. cit.

Vale ressaltar que os prazos para vícios – tanto os aparentes quanto os ocultos – são os mesmos. A diferença é a partir de quando eles começam a contar. No caso de vícios aparentes ou de fácil constatação, o prazo tem início com a entrega do produto ou com o fim do serviço. No caso de vício oculto – mais difícil de se constatar, pois costuma se manifestar após certo tempo de uso[47] –, o prazo inicia-se no momento em que ficar evidenciado o defeito.

É de cinco anos o prazo que o Código de Defesa do Consumidor estipula para que, constatados os danos causados pelo defeito do produto ou serviço, o consumidor inicie o processo judicial para reparação, iniciando-se a contagem do prazo a partir do conhecimento do dano e de sua autoria.

Como a garantia contratual – ou convencional – é complementar e a legal independe da manifestação do fornecedor, o prazo da segunda começa a contar a partir do término da primeira. Dessa forma, por exemplo, se um determinado produto tem a garantia legal de 30 (trinta) dias e a contratual, de um ano, sua garantia total consistirá em um ano e 30 dias, e a garantia legal começará a correr após um ano.

Explicando melhor: a garantia contratual começa a valer a partir da entrega do produto ou da prestação do serviço. A garantia legal – seja de 30 ou 90 dias – tem início no dia seguinte ao último dia da garantia convencional[48].

No momento em que é acionada, uma empresa não pode alegar ter recebido o produto já danificado de seu fornecedor.

Em seu art. 18, o Código de Defesa do Consumidor determina que "os fornecedores de produtos de consumo duráveis ou não duráveis respondem solidariamente pelos vícios de qualidade ou quantidade que os tornem impróprios ou inadequados ao consumo a que se destinam". Por isso, o consumidor que se sentir lesado pode apresentar sua reclamação perante um ou todos os fornecedores da cadeia[49]. É o princípio da Responsabilidade Solidária.

E SE O PRODUTO APRESENTAR VÍCIO?
Segundo o art. 18, § 1°, se o vício não for reparado em 30 dias, o consumidor pode optar pelo(a):

- Substituição do produto por outro da mesma espécie, em perfeitas condições.
- Restituição imediata da quantia paga, monetariamente atualizada, sem prejuízo de eventuais perdas e danos.
- Abatimento proporcional do preço.
- As partes podem chegar a um acordo sobre a alteração do prazo inicialmente previsto para sanar o vício (30 dias), desde que não seja menor que sete nem superior a 180 dias.

---

[47]IDEC. **Você sabe o que é vício oculto?** Instituto Brasileiro de Defesa do Consumidor, 19 maio 2014. Atualizado: 22 maio 2014. Disponível em: <https://idec.org.br/consultas/dicas-e-direitos/voce-sabe-o-que-e-vicio-oculto>. Acesso em: 19 jul. 2018.

[48]PINTO, Nayra. **Direito do Consumidor.** Rio de Janeiro: FGV, 2017, p. 27.

[49]ACE; ADVOGADOS, TozziniFreire. Op. cit.

Para não ser responsabilizado, o fabricante, construtor, produtor ou importador deve provar (art. 12 § 3º):

- Que não colocou o produto no mercado.
- Que, embora tenha colocado o produto no mercado, o defeito inexiste.
- Que a culpa é exclusiva do consumidor ou de terceiro.

ACESSO A INFORMAÇÕES

Um dos direitos assegurados pelo Código de Defesa do Consumidor é o acesso a informações de qualidade. Como a oferta antecede o ato do consumo, é importante que seu consumidor esteja munido para exercer seu direito de livre escolha[50].

Por isso, está previsto no código (art. 31) que "a oferta e apresentação de produtos ou serviços devem assegurar informações corretas, claras, precisas, ostensivas e em língua portuguesa sobre suas características, qualidades, quantidade, composição, preço, garantia, prazos de validade e origem, entre outros dados, bem como sobre os riscos que apresentam à saúde e segurança dos consumidores".

O empresário precisa ter em mente que toda informação ou publicidade suficientemente precisa e veiculada por qualquer meio de comunicação com relação a produtos e serviços oferecidos obriga o fornecedor e integra o contrato que vier a ser celebrado (art. 30).

NO CASO DE COMÉRCIO ELETRÔNICO

Se o seu negócio for relacionado a *e-commerce*, fique atento ao decreto nº 7.962, de 15 de março de 2013. Ele regulamenta a Lei nº 8.078 para dispor sobre a contratação no comércio eletrônico, abrangendo os seguintes aspectos:

- Informações claras a respeito do produto, do serviço e do fornecedor.
- Atendimento facilitado ao consumidor.
- Respeito ao direito de arrependimento.

O decreto especifica, em seu art. 2º, quais informações os sites e demais meios eletrônicos devem disponibilizar, em local de destaque e de fácil visualização:

- Nome empresarial e número de inscrição do fornecedor, quando houver, no CPF ou no CNPJ.
- Endereço físico e eletrônico, e demais informações necessárias para localização e contato.
- Características essenciais do produto ou do serviço, incluídos os riscos à saúde e à segurança dos consumidores.
- Discriminação, no preço, de quaisquer despesas adicionais ou acessórias, tais como as de entrega ou seguros.
- Condições integrais da oferta, incluídas modalidades de pagamento, disponibilidade, forma e prazo da execução do serviço ou da entrega ou disponibilização do produto.
- Informações claras e ostensivas a respeito de quaisquer restrições à fruição da oferta.

---

[50]PINTO, Nayra. **Direito do Consumidor.** Op. cit.

QUINTO PASSO: COMO VOCÊ VAI TRABALHAR?

Passados os estágios iniciais de estruturação da empresa, chega o momento em que é preciso decidir os perfis das pessoas que trabalharão nela, mais especificamente os seus modelos de contratação.

As formas existentes são várias – carteira assinada, estágio, jovem aprendiz, contratação temporária, terceirização, por exemplo –, mas vamos expor aqui os detalhes de alguns perfis frequentes no mercado das *startups*.

A) SÓCIO

Em uma empresa com personalidade jurídica, você pode encontrar dois tipos de sócios: o administrador e o quotista.

O sócio-quotista não tem envolvimento efetivo nas atividades administrativas do negócio, mas tem direito à divisão de lucros por ter integrado uma parte do Capital Social da empresa.

Já o sócio-administrador estará à frente do dia a dia do negócio, respondendo legalmente pela sociedade, assinando documentos, fechando contratos, etc[51]. Nesse caso, sua forma de remuneração será por pró-labore mensal, com valor determinado em contrato/estatuto social ou em contrato individual, que também poderá incluir benefícios como licença remunerada de 30 dias e 13ª remuneração anual, além de outras condições adicionais. Nesse formato, o profissional também está sujeito a contribuições previdenciárias e à alíquota progressiva do imposto de renda.[52]

B) DIRETOR ESTATUÁRIO - OU NÃO EMPREGADO

Para algumas pessoas, a ideia de um "diretor não empregado" pode soar estranha, mas ela diz respeito a uma situação real. Ela se contrapõe ao cargo do Diretor Empregado, que tem sua relação de trabalho regida pela Consolidação das Leis de Trabalho (CLT).

O Diretor Estatutário – ou Diretor Não Empregado - é nomeado pelo contrato/estatuto social da empresa, recebendo uma remuneração em contrapartida, o pró-labore. Assim como no caso dos sócios, também podem estar previstos benefícios e condições adicionais. No entanto, não será aplicada a legislação trabalhista, mas, sim, o Código Civil ou a Lei das Sociedades Anônimas.[53]

O diretor estatutário vai ocupar um cargo de gestão, mas a sua principal diferença em relação aos demais funcionários é a subordinação. Embora possa estar subordinado a um eventual Conselho de Administração ou Assembleia Geral, ele deve ter autonomia para agir em nome da empresa e tomar decisões por conta própria, sendo identificado como o próprio empregador , prerrogativas que um empregado não teria.

---

[51]SEBRAE. **Principais diferenças entre sócio-administrador e sócio-quotista.** Disponível em: <http://www.sebrae.com.br/sites/PortalSebrae/ufs/ap/artigos/principais-diferencas-entre-socio-administrador-e-socio-quotista,5d227b564ed5f510VgnVCM1000004c00210aRCRD>. Acesso em: 19 jul. 2018.

[52]ACE; ADVOGADOS, TozziniFreire. Op. cit.

[53]ACE; ADVOGADOS, TozziniFreire. Ibid.

C) CARTEIRA ASSINADA

Nesse caso, a relação empregador-empregado é regida pela Lei nº 13.467/2017, que alterou a Consolidação das Leis do Trabalho (decreto-lei nº 5.452, de 1º de maio de 1943).

A legislação considera empregado "toda pessoa física que prestar serviços de natureza não eventual a empregador, sob a dependência deste e mediante salário" (art. 3º). Levando isso em consideração, pode-se dizer que as principais características de um empregado são:

- Ser sempre pessoa natural, física.
- Prestação de serviços pessoalmente, não podendo ser substituído por outra pessoa.
- Execução das atividades com habitualidade (não podendo ser eventual).
- Estar subordinando aos comandos do empregador.
- O serviço prestado deve ter contrapartida remunerada.[54]

Fonte: Ace & TozziniFreire Advogados

Assim, o empregador será responsável por garantir os direitos do seu funcionário, como 13º salário, FGTS, recolhimento de INSS, férias acrescidas de 1/3, aviso prévio proporcional ao tempo de serviço, parcela do vale-transporte e de alimentação, além de outros benefícios.

> No total, estima-se que a contratação de trabalhador celetista representa custo para a empresa de cerca 60% além da remuneração total do empregado, apenas considerando os encargos trabalhistas previstos em lei.
> — Acer & TozziniFreire Advogados, 2016

No entanto, quando o profissional trabalha de forma fixa, esse é a forma de contratação mais segura[55]. Por isso, antes de optar por um modelo de contratação alternativo, certifique-se de que a relação de trabalho que você pretende obter não é, de fato, de emprego - com subordinação, frequência, onerosidade e exclusividade – para evitar a possibilidade de fraude trabalhista. O reconhecimento de fraude trabalhista em contratos e relações de trabalho alternativas é frequente e pode acontecer mesmo passados 5 anos do fim do referido vinculo. Nesse caso, todas as verbas trabalhistas que seriam devidas durante o período de duração do vínculo podem ser cobradas.

CONCLUSÃO

Os termos abordados aqui são apenas alguns dos aspectos por trás de todo o aparato jurídico necessário para que sua *startup* entre no mercado.

Cada empresa e tipo de negócio têm suas especificidades, e o empreendedor precisa estar ciente das consequências de suas escolhas.

---

[54] ACE; ADVOGADOS, TozziniFreire. **Como estruturar juridicamente a sua startup.** 2016. 49 p. Disponível em: <http://goace.vc/como-estruturar-juridicamente-sua-startup/>. Acesso em: 30 mar. 2017.

[55] SEBRAE. **Saiba como são algumas modalidades de contratação de funcionários.** Disponível em: < http://www.sebrae.com.br/sites/PortalSebrae/artigos/saiba-como-sao-algumas-modalidades-de-contratacao-de-funcionarios,0aaf7ed1ad8d0510VgnVCM1000004c00210aRCRD>. Acesso em: 02 abr.2017.

CAPÍTULO **5**

ARMANDO AS VELAS DE SUA *STARTUP*: COMO CONQUISTAR FINANCIAMENTO

FINANCIAMENTO, ACELERADORAS E *PITCH*

Maô Guimarães

Todos os bons empreendimentos atingem, em um determinado momento, um estágio crítico em que precisam decidir entre expandir fortemente ou manter-se como estão. Este costuma ser um grande ponto de inflexão na vida de todos os negócios e pode significar a diferença entre a expansão bem-sucedida e o fracasso. Em determinados casos, os sócios possuem apenas uma ideia e precisam de investimento externo para viabilizá-la. Em outros, trata-se de um negócio que já está em operação e precisa crescer.

De forma geral, o primeiro caso, em que existe apenas uma ideia, costuma encontrar mais dificuldades na busca por capital de investimento. Os investidores procuram sempre maximizar o potencial de retorno e minimizar os riscos ao capital aplicado. Investir em uma ideia que ainda não foi testada apresenta um nível de risco que muitos investidores não estão dispostos a correr – ou, se estiverem, a um preço alto. Por outro lado, os negócios que já estão em operação, ainda que de forma modesta e jovem, ou que ao menos já têm um *Minimum Viable Product* (MVP ou Produto Minimamente Viável), têm mais chances de demonstrar aos investidores que possuem um modelo de negócio promissor e com grande potencial de crescimento.

Existem diversas maneiras pelas quais um empreendedor pode capitalizar seu negócio, e o modelo ideal depende dos seus objetivos, estágio do negócio, condições, mercado, retorno esperado e recursos próprios. É fundamental conhecer as opções de financiamento para escolher aquela que mais se adequa a cada negócio.

BOOTSTRAPPING

Bootstrapping é o financiamento via recursos próprios dos sócios e costuma ser o primeiro modelo de financiamento da maioria das *startups*. É um modelo de financiamento que frequentemente colabora com a conquista de outras rodadas de investimento mais para frente, com fundos de terceiros, pois mostra que os sócios realmente acreditam e estão comprometidos com a ideia. Afinal, como convencer um investidor a apostar em um negócio no qual os próprios sócios não tenham investido?

INVESTIDORES-ANJO

Investidores-anjo são pessoas físicas que buscam investir em novas ideias e negócios que ofereçam alto potencial de retorno financeiro. Esse tipo de investimento costuma acontecer bem no início das operações, com o objetivo de desenvolver o produto ou serviço ou colocá-lo no mercado.

Além dos recursos financeiros, os investidores-anjo costumam aportar um outro fator fundamental: eles funcionam como uma chancela para outros investidores. Um estudo com 170 negócios avaliados por firmas de *venture capital* (VC) brasileiras demonstrou que *startups* que possuíam um investidor-anjo tinham sua chance de receber investimentos de uma VC aumentada em mais de 20%. E mais: sua valuation também aumentava. O peso do investidor-anjo varia, é claro, em virtude de quem ele é, sua reputação, conhecimento do mercado, histórico, etc.[56]

SEED CAPITAL (CAPITAL SEMENTE)

O *seed capital*, ou capital semente, são aportes feitos por pessoas físicas ou jurídicas em negócios que já estão estabelecidos, com produtos ou serviços lançados no mercado e apresentando algum faturamento, mas que ainda se encontram nos estágios iniciais, ou seja, ainda em fase de formação e organização da operação e da estrutura.

INCUBADORAS

As incubadoras buscam apoiar ideias ou projetos em seus estágios mais iniciais, através de investimentos, mentorias, acesso a recursos diversos (financeiros, jurídico, contábil, etc.), orientação para modelagem do negócio, entre outros. É um dos modelos mais tradicionais de investimento para *startups* e costuma ser oferecido por tempo indeterminado pelo governo ou organizações não governamentais que não exigem contrapartida dos incubados.

ACELERADORAS

Aceleradoras oferecem recursos e serviços similares aos de uma incubadora, porém são mais focadas e competitivas. As aceleradoras costumam ter programas que duram por um tempo determinado, geralmente de três a oito meses, e o processo de seleção é mais rigoroso. Além disso, ao contrário de incubadoras, algumas aceleradoras recebem participação acionária minoritária no negócio.

---

[56]FRADE, Diego de Carvalho. Anjos, chancela das novatas? **Anjos do Brasil**, 31 jul. 2017. Disponível em: <http://www.anjosdobrasil.net/blog/anjos-chancela-das-novatas>. Acesso em: 19 jul. 2018.

CROWDFUNDING

Crowdfunding é uma modalidade de financiamento coletivo, em que o empreendedor oferece recompensas ou participação em troca de contribuições financeiras. A oferta de recompensas muitas vezes se dá em forma de acesso ao produto ou serviço do empreendedor por valores menores que os de mercado.

VENTURE CAPITAL (VC)

O *Venture capital* (VC) é um modelo de investimento que consiste em um aporte financeiro significativo em empresas com alto potencial de retorno, mais alto que o *seed capital*, por exemplo, e com frequência atingindo a casa dos milhões, em troca de participação acionária minoritária no negócio.

VENTURE BUILDING

Venture building é um dos modelos mais complexos e completos de investimento. Nesse modelo, oferece-se à *startup* todo o suporte encontrado nas incubadoras e aceleradoras, como assistência e mentoria ao planejamento estratégico e modelagem do negócio, acesso a recursos, assistência jurídica, contábil, etc., além do aporte financeiro significativo e, em troca, o investidor recebe participação acionária majoritária.

PITCH

Uma vez que os sócios tenham escolhido o formato adequado de financiamento para sua *startup*, é hora de encontrar os investidores e vender sua ideia. Ao contrário do que se prega, um bom produto não se vende sozinho. A ferramenta utilizada para conquistar os corações e mentes dos investidores-alvo chama-se *pitch* – uma apresentação com os principais elementos sobre seu negócio. Parece simples, mas a construção de um bom *pitch* demanda muita preparação. Investidores avaliam centenas de *pitches* todos os meses, e seu desafio não é apenas se destacar em meio à concorrência, mas também mostrar que seu negócio tem o potencial e o talento certos para escalar rapidamente e trazer um grande retorno sobre o investimento. É preciso mostrar que o time por trás desse negócio tem as experiências, as qualificações e os skills certos, e que estão plenamente comprometidos com o projeto. Mais do que comprometidos, é preciso demonstrar paixão. É fundamental ter clareza sobre qual problema o produto ou serviço resolve, sobre a competição direta e indireta e sobre os planos de marketing que vão ajudar a levar essa ideia à expansão e ao sucesso.

Vamos abordar os elementos que são fundamentais para a elaboração de um *pitch* sólido.

OBJETIVIDADE

A primeira coisa a se considerar na preparação do seu *pitch* é a objetividade. O tempo é escasso e a atenção da audiência mais ainda. Por isso, é preciso planejar-se para cobrir todos os pontos fundamentais, mas de maneira objetiva e direta. Como regra geral, é importante assumir que existe menos tempo do que foi oficialmente alocado: se a apresentação foi planejada para durar uma hora, deve-se fazê-la terminar cerca de 10 minutos antes. É melhor acabar alguns minutos mais cedo do que precisar correr nos últimos *slides* ou, pior, atrasar o fim da apresentação. Não é improvável, ainda, que haja menos do que uma hora para falar – muitas vezes, a apresentação do *pitch* tem apenas 20 ou 30 minutos para acontecer. Por isso, é fundamental preparar-se para cada apresentação de maneira adequada.

CLAREZA

Se a objetividade é um quesito fundamental, outro grande desafio é ser claro em tão pouco espaço de tempo, para que os potenciais investidores não tenham dúvidas ou percebam lacunas na apresentação, o que poderia abalar a percepção de que a ideia ou negócio tem um grande potencial de retorno. A última coisa que se deseja é que um investidor em potencial deixe a apresentação de um *pitch* sentindo que não entendeu bem todos os aspectos da oportunidade e, por isso, não se sinta seguro para embarcar nessa.

MVP: PRODUTO MÍNIMO VIÁVEL

O MVP, ou Produto Mínimo Viável (*Minimum Viable Product*, em inglês), é um protótipo funcional de produto ou serviço que contém as características mínimas necessárias para uso por seus clientes. O desenvolvimento de um MVP consome menos tempo, recursos e capital que um produto ou serviço final, e ao mesmo tempo permite que seu uso forneça uma série de *insights* importantes, possibilitando melhorias e refinamentos antes que a versão final seja produzida. A adoção de MVPs costuma diminuir os riscos ao permitir que protótipos sejam testados antecipadamente.

Em um *pitch* para investidores, um MVP demonstra não apenas a viabilidade do produto ou serviço proposto, mas também permite que os investidores possam avaliar uma coisa mais tangível que uma ideia, uma foto ou *screenshots*.

Storytelling

Para demonstrar aos potenciais investidores que um negócio é não apenas viável, mas oferece alto potencial de retorno, além de prover todas as informações de maneira sólida, clara e completa, é preciso conquistar sua atenção e seu interesse. Para isso, as técnicas de *storytelling* podem ser de grande valia. Neurocientistas vêm conduzindo numerosos estudos que provam que o cérebro humano reage de forma mais intensa e abrangente a histórias e metáforas do que apenas a fatos e números.

Em um estudo conduzido na Espanha e publicado no jornal "NeuroImage", pesquisadores descobriram que, ao ler palavras como "café" e "perfume", o córtex olfativo primário dos sujeitos pesquisados era ativado. Quando liam palavras como "chave" ou "cadeira", no entanto, isso não acontecia.

Da mesma maneira, uma equipe de pesquisadores da Emory University, nos EUA, demonstrou que metáforas que envolviam texturas, como "O cantor tem uma voz de veludo" ativavam o córtex sensorial, enquanto frases como "O cantor tem uma voz agradável" não produziam o mesmo efeito.

Startups - **63**

A habilidade de envolver e engajar a audiência com técnicas de *storytelling* torna-se, portanto, uma importante ferramenta na conquista de investidores.

Duas técnicas de *storytelling* particularmente úteis para o *pitch* são a "História da Origem" e a "História da Visão". O objetivo de ambas é contar como o produto ou serviço da *startup* impacta o mundo e as pessoas e quais problemas ele soluciona, com cada um partindo de um ponto de vista diferente.

A "História da Origem" tem foco no problema ou desafio que o negócio resolve. Para seguir essa linha narrativa, começa-se narrando o problema da vida real que chamou a atenção dos fundadores, e como a partir daí eles desenvolveram a solução.

Um excelente exemplo de História da Origem é a criação da Uber.

> *(...) criada em uma tarde de neve em Paris em 2008, quando Travis Kalanick e Garrett Camp sofriam com dificuldades em pegar um táxi. Então, eles tiveram uma ideia: chamar um carro pelo celular apertando apenas um botão.*[57]

A "História da Visão", por outro lado, busca mostrar o futuro melhor que a *startup* ajuda a viabilizar. No website da Tesla vê-se a demonstração desse modelo de *storytelling*:

> *A missão da Tesla é acelerar a transição do mundo para a energia sustentável. A Tesla foi fundada em 2003 por um grupo de engenheiros que queriam provar que as pessoas não tinham de abrir mão do que quer que seja para conduzirem veículos elétricos – que os veículos elétricos podem ser melhores, mais rápidos e mais divertidos de conduzir do que os automóveis a gasolina. Atualmente, a Tesla não só fabrica veículos totalmente elétricos, mas também produtos de produção de energia limpa e de armazenamento infinitamente dimensionáveis. A Tesla acredita que quanto mais rapidamente o mundo deixar de depender de combustíveis fósseis e passar para um futuro de zero emissões, melhor.*[58]

Qualquer um dos modelos pode contar uma história poderosa, que desperta o interesse e as emoções dos potenciais investidores muito além dos fatos e números. Esse engajamento em diversos níveis, racionais e emocionais, pode ajudar a criar uma atratividade maior para o negócio.

ENSAIO

A prática, se por si só não chega a levar à perfeição, certamente ajuda muito. De pouco ou nada adianta ter um negócio de alto potencial de crescimento e retorno, uma equipe super capacitada e motivada e um *deck* para investidores completo, claro e objetivo se a entrega do

---

[57] CORREA, Fabio. Como enxergar se a Inovação e Tecnologia estão gerando valor ao negócio? **Administradores.com**, 10 dez. 2017. Disponível em: <http://www.administradores.com.br/noticias/negocios/como-enxergar-se-a-inovacao-e-tecnologia-estao-gerando-valor-ao-negocio/122533/>. Acesso em: 30 out. 2018.

[58] TESLA. **Acerca da Tesla.** Disponível em: <https://www.tesla.com/pt_PT/about>. Acesso em: 30 out. 2018.

pitch não for convincente. É preciso investir tempo e energia para se dedicar à apresentação oral do *pitch*, além do conteúdo e da apresentação visual dos *slides* propriamente ditos.

Como em qualquer apresentação importante, é fundamental ensaiar antes. Não basta repassar o conteúdo mentalmente, pois esse exercício não reproduz fielmente as condições reais de uma apresentação. Nas nossas mentes, um discurso pode soar muito mais eloquente do que realmente seria na vida real, ou pode levar muito mais tempo do que imaginamos. Assim, é imprescindível para um bom desempenho que os sócios ensaiem antes, reproduzindo da melhor maneira possível as condições da apresentação real.

Existem algumas maneiras de fazer isso. A primeira, claro, é ensaiar em voz alta. Idealmente, esse ensaio deve ser feito para parceiros, conhecidos ou amigos e familiares que possam, de alguma maneira, ajudar os sócios a refinar sua apresentação através de *feedback*, perguntas e sugestões, e deve incluir todo o conteúdo. Do conteúdo ao tom de voz, das expressões faciais à postura corporal, tudo pode fazer a diferença. Quando não há pessoas disponíveis para fazer o papel de plateia, vale também ensaiar na frente do espelho. Outro método bastante útil é gravar a apresentação em vídeo, usando o computador ou mesmo um telefone celular. A gravação ajudará o apresentador a adquirir maior autoconsciência, o que costuma ter um grande impacto na qualidade de sua oratória. Além disso, esses ensaios permitem que se tenha uma noção muito mais realista do tempo estimado para completar a apresentação.

PERGUNTAS DIFÍCEIS

Outro passo importante é antecipar e se preparar para perguntas difíceis. Potenciais investidores interessados em um negócio terão muitas perguntas, e estar preparado para elas é o melhor caminho para não ser pego de surpresa na hora do *pitch*.

De acordo com o website Entrepreneur[59], esses são os cinco temas mais importantes para os quais um empreendedor deve se preparar para responder sem titubear:

1. O empreendedor vale o investimento? Grandes investidores sabem que o fator mais importante para o sucesso do negócio são as pessoas por trás dele. Por isso, é fundamental para o investidor entender se os sócios têm as qualidades necessárias para que o empreendimento dê retorno. Eles tentarão descobrir se os sócios possuem, entre outras coisas, a ética de trabalho, a tenacidade, a resiliência e a paixão necessárias para superar os desafios naturais dos negócios.

2. Qual é o tamanho do mercado e por que esse negócio precisa existir? Além de entender o tamanho real e potencial da oportunidade, os investidores precisam acreditar que aquele negócio específico tem condições de capturar parte do mercado. Para isso, devem entender qual a vantagem competitiva que este possui e que seus concorrentes, não.

---

[59]HERRIN, Jessica. The 5 Questions Investors Will Ask When You're Pitching Them. **Entrepreneur**, Aug. 17, 2016. Disponível em: <https://www.entrepreneur.com/article/280979>. Acesso em: 19 jul. 2018.

3. Como os sócios e suas equipes são unicamente qualificados para tocar esse negócio? Para o potencial investidor, é importante se sentir seguro de que o capital humano do negócio onde está investindo tem as qualificações necessárias para ser bem-sucedido. É preciso demonstrar o conhecimento do mercado, da competição, a experiência, as conexões e os *insights* únicos que tornam a equipe uma vantagem sobre os concorrentes.

4. Qual é a estratégia de *go-to-market*? Ao apresentar uma sólida estratégia de *go-to--market*, o sócio ou sócios demonstram ter um plano claro sobre como pretendem atingir as metas de crescimento e faturamento que têm para o negócio. A estratégia deve incluir todos os fatores relevantes para sua execução, como público-alvo, segmentação e expansão geográfica, plano de marketing, distribuição, cronograma e investimento planejado.

5. Como o capital será usado e quais as futuras necessidades de investimentos? Finalmente, um aspecto crítico na avaliação dos investidores é clareza sobre como o capital será usado. Investidores não ficarão impressionados com uma folha de pagamento exagerada ou com a decoração de um novo escritório descolado, mas esperam ver a aplicação dos fundos na aquisição de novos clientes, na melhora dos produtos e serviços, na expansão geográfica ou em novos segmentos e outras aplicações que vão resultar em aumento do faturamento.

CONHECIMENTO DA AUDIÊNCIA

De acordo com Reid Hoffman, fundador do LinkedIn e sócio da Greylock Partners, uma importante firma de *venture capital* situada no Vale do Silício que investiu em empresas como Dropbox, Cloudera, Facebook e Airbnb, um investidor é exposto em média a cerca de 5.000 *pitches* por ano. Decide estudar com mais atenção algo entre 600 e 800 destes e acaba investindo em um ou dois apenas. Por isso, aconselha ele, todo empreendedor deve pesquisar profundamente seus potenciais investidores, para compreender em que tipos de negócios eles costumam investir, quais modelos e critérios usam para avaliar se uma *startup* será bem--sucedida ou não etc. O entendimento dos modelos e gatilhos adotados pelo investidor em potencial beneficiará o empreendedor no desenvolvimento de um *pitch* mais certeiro.

Simplicidade

Kevin Hale, da YCombinator, uma das maiores e mais importantes incubadoras do mundo, enfatiza a importância da simplicidade no desenvolvimento do *pitch*. Segundo Hale, os *slides* de um *pitch* devem ser rigorosamente simples, legíveis e óbvios. Seguindo esses princípios, é possível garantir que os investidores não terão que gastar tempo ou energia tentando interpretar – talvez erroneamente – o que o empreendedor está tentando comunicar. Além disso, facilitará a compreensão e memorização dos principais pontos do *pitch*.

Para garantir a legibilidade, aconselha-se o uso de letras grandes, fonte simples (como a Arial ou Helvetica) e com bom contraste entre o fundo e o texto.

A simplicidade está diretamente ligada à forma como as ideias são apresentadas. Para Kevin Hale, cada *slide* deve ser o mais simples possível, transmitindo a ideia central sem o uso de expressões rebuscadas, excesso de textos, *buzzwords* (palavras da moda) e jargões técnicos ou muito específicos. Os *slides* devem ser construídos de maneira que uma pessoa não familiarizada com o seu conteúdo consiga entendê-los e explicá-los com suas próprias palavras.

Finalmente, o sócio da YCombinator recomenda que as ideias sejam tornadas o mais óbvias possível. Novamente, o objetivo é fazer com que o potencial investidor dispenda o mínimo de energia tentando interpretar e entender o conteúdo do *slide* e o máximo prestando atenção na apresentação oral e nos pontos centrais que realmente importam. Um exemplo de como tornar as coisas mais óbvias é o gráfico a seguir: em vez de forçar o investidor a estudar o gráfico em detalhes, o título já torna a ideia central imediatamente óbvia.

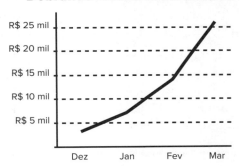

Fonte: HALE, 2015.[60]

REALISMO QUANTO AOS RISCOS

Um erro comum, e fatal, cometido por empreendedores é tentar minimizar a concorrência e/ou os obstáculos ao seu negócio. Qualquer tentativa nesse sentido poderá ser interpretada por potenciais investidores como falta de visão ou de conhecimento do mercado. O comportamento apropriado é ser transparente, direto e demonstrar profundo conhecimento e realismo sobre os riscos, desafios e sobre a competição direta e indireta que o produto ou serviço enfrenta ou virá a enfrentar, abordando também quais as estratégias e táticas adotadas para superá-los. Dessa forma, o investidor terá a percepção de que o empreendedor conhece bem o negócio e o mercado e está preparado e pronto para lidar com os desafios que inevitavelmente aparecerão.

Desenvolvendo o *pitch*

Conforme já vimos, fazer o *pitch* de uma *startup* para potenciais investidores é um processo que requer tempo, energia e muita dedicação. A apresentação de um *pitch* é uma ja-

---

[60] HALE, Kevin. How to Design a Better Pitch Deck. **YCombinator**, Nov. 15, 2015. Disponível em: <http://blog.ycombinator.com/how-to-design-a-better-pitch-deck/>. Acesso em: 19 jul. 2018.

nela de oportunidade pequena, e é necessário encontrar o equilíbrio entre oferecer conteúdo relevante, envolvente e factual de maneira objetiva, confiante e convincente. O pior cenário possível é conquistar o tempo e a atenção de potenciais investidores e, na hora da apresentação, perder a oportunidade por falta de preparo ou conteúdo inadequado.

Para evitar essa armadilha, é importante que o *pitch* cubra todas as informações necessárias para convencer o investidor. Existem muitos livros e modelos na internet que podem ajudar o empreendedor a desenvolver o *pitch* de sua *startup*. Para começar, três recursos preciosos em português que orientam empreendedores a desenvolver o *pitch* ideal para seu negócio são:

- O website da **Endeavor Brasil**[61] fornece, entre outras coisas, orientações, artigos e cursos inestimáveis para empreendedores, incluindo dicas para a elaboração do *pitch*.
- O website da **Anjos do Brasil**[62] oferece *templates*, *e-books* e diversas dicas sobre como abordar e demonstrar o potencial do negócio para potenciais investidores.
- O site **Piktochart**[63] disponibiliza os *pitch decks* comentados de 30 grandes *startups*, como Facebook, Airbnb e YouTube, além de um modelo da Sequoia Capital.

A seguir, os principais pontos que devem ser abordados em um *pitch*. Os *experts* e investidores têm opiniões um pouco divergentes sobre quais tópicos devem compor, obrigatoriamente, o *pitch* ideal. Alguns adotam uma linha mais objetiva, com menos tópicos, e outros procuram incluir uma visão mais ampla do negócio. Por isso, é fundamental entender sua audiência, quem são os investidores.

A ordem sugerida não é obrigatória e pode ser modificada conforme for mais adequado para cada negócio, mas é importante manter o fluxo lógico da apresentação.

INTRODUÇÃO, OU O *"PITCH* DE ELEVADOR"

O *"pitch* de elevador" é o posicionamento breve e direto sobre uma *startup* que em 30 segundos consegue entregar toda a informação relevante para sua audiência. O *pitch* de elevador deve ser sucinto e objetivo, condensando em um curto espaço de tempo – o intervalo de viagem entre o andar de origem e o andar de destino –, com dados importantes como o que é a empresa, produto ou serviço, qual seu diferencial e quais necessidades são satisfeitas.

A introdução pode ainda englobar o propósito e os fatos básicos sobre o empreendimento, como anos de operação, número de funcionários, faturamento atual, etc.

O TIME

As pessoas por trás de qualquer negócio são, acima de qualquer outra coisa, o fator mais determinante no sucesso de uma operação. Os melhores investidores sabem disso, e por

---

[61] ENDEAVOR BRASIL. Site. Disponível em: <https://endeavor.org.br/>. Acesso em: 26 jul. 2018.

[62] ANJOS DO BRASIL. Site. Disponível em: <http://www.anjosdobrasil.net/>. Acesso em: 26 jul. 2018.

[63] LEE, Aaron. 30 Legendary Startup Pitch Decks And What You Can Learn From Them. **Piktochart**, s.d. Disponível em: <https://piktochart.com/blog/startup-pitch-decks-what-you-can-learn/>. Acesso em: 26 jul. 2018.

essa razão colocarão muita importância na avaliação do fator humano da *startup* na qual estão considerando investir. Tipicamente, a apresentação da equipe deverá incluir:

- Quem são os sócios.
- Qual a área de responsabilidade de cada um, mostrando a sinergia e complementariedade da equipe de gestão.
- Breve biografia de cada um, demonstrando claramente suas áreas de expertise e experiência relevantes para o negócio.
- Conselheiros e mentores, se houver, que possam agregar credibilidade à operação.

O PROBLEMA/A SOLUÇÃO

Esses *slides* apresentam o produto ou serviço do empreendimento e os problemas do mundo real que solucionam, ou a visão de futuro que oferecem, dependendo da linha narrativa que se tenha adotado ("História da Origem" ou "História da Visão"). Aqui, é fundamental ser preciso sobre o impacto que o produto ou serviço tem sobre problemas do mundo real, e como é superior ou diferente quando comparado com as alternativas diretas ou indiretas existentes no mercado.

O PRODUTO OU SERVIÇO

Nesse momento, o objetivo é detalhar no que consiste a oferta e por que ela é única. Busca-se demonstrar quais são suas características principais, diferenciação e benefícios para o cliente final.

Além disso, nesse momento também é ideal a demonstração de um MVP ou protótipo que possa dar vida ao produto ou serviço sendo apresentado. A tangibilização do produto ou serviço através de uma demo pode fazer toda a diferença para os investidores, mostrando que a ideia é de fato viável e possui valor. Poder ver ou experimentar o produto ou serviço na vida real, em vez de ver fotos ou *screenshots*, terá um impacto muito mais significativo e será muito mais memorável.

TRAÇÃO OU VALIDAÇÃO

No caso de empresas que já estejam operando, deve-se aproveitar a oportunidade para falar fatos que ofereçam validação do produto ou serviço ou que mostrem que o negócio já possui alguma tração no mercado. Isso inclui clientes atuais, parceiros, prêmios, artigos na imprensa e depoimentos de clientes. É importante ater-se aos validadores que são realmente relevantes e possuem peso.

O MERCADO

Ao apresentar o mercado para potenciais investidores, o sócio ou sócios deverão ser claros e precisos na definição do mercado em que atuam, seu tamanho e potencial de crescimento em valor.

Gráficos podem ajudar a visualização e compreensão das informações apresentadas, com o cuidado de manter sempre a simplicidade, clareza e objetividade. É importante manter em mente que os potenciais investidores, muito provavelmente, não são especialistas nesse mercado – mas são em detectar grandes oportunidades. Por isso, é preciso evitar jargões e *buzzwords* e ater-se aos fatos mais importantes e objetivos que demonstrem, de maneira clara e inequívoca, a oportunidade de negócio.

O PÚBLICO-ALVO

É fundamental demonstrar amplo e profundo conhecimento sobre o público-alvo a que se planeja servir. Nada expressa mais falta de foco do que se pretender atingir tudo e todos. Portanto, nesse momento deve-se demonstrar que os sócios conhecem seus clientes e potenciais clientes, compreendem suas necessidades e processos decisórios e possuem *insights* únicos sobre como seus produtos e serviços irão endereçar os desejos e necessidades do segmento-alvo.

CONCORRÊNCIA

A compreensão da concorrência é um aspecto crítico da avaliação dos investidores. Um dos erros mais comuns na elaboração de *pitches* – e na elaboração de planos de negócios – é subestimar ou não reconhecer a competição. Todos os negócios possuem algum tipo de concorrência, mesmo aqueles produtos e serviços completamente inovadores, que ainda nem existem. A concorrência pode ser direta ou indireta, forte ou fraca, mas existe, e os sócios devem demonstrar profundo entendimento de quem são seus concorrentes e quais são seus pontos fortes e fracos.

O MODELO DE NEGÓCIO

Nesse momento, os sócios irão esclarecer como seu negócio gera, ou irá gerar, faturamento e lucro. Qual é o modelo de negócio, a estratégia de precificação, os canais e custos de aquisição de novos clientes, planos de expansão ou diversificação, ou seja, como o produto ou serviço irá trazer dinheiro para o negócio – e para os investidores.

INFORMAÇÕES FINANCEIRAS

Esse *slide* deverá conter as principais projeções financeiras do empreendimento. Em um cenário de três a cinco anos, devem ser incluídos o capital necessário e as metas para atingir o *break-even*, caso ainda não tenha sido atingido, por exemplo, e o cronograma para tal. Além disso, deve explicitar faturamento e despesas totais, margem projetada e burn rate do capital. Ao falar sobre projeções financeiras, os investidores esperam realismo e dados bem embasados.

Um erro frequente é projetar forte crescimento sem considerar o aumento proporcional dos custos.

A ESTRATÉGIA DE *GO-TO-MARKET*

Os investidores precisam entender como a empresa transformará seu potencial em realidade. Isso inclui compreender a estratégia e os investimentos de marketing com o objetivo de conquistar novos clientes e aumentar as vendas. Quais os principais canais de comunicação? Quanto será investido em mídia? Qual é a estratégia de relações com a imprensa?

A PROPOSTA DE INVESTIMENTO

Próximo ao fim da apresentação, deve-se abordar a proposta de investimento propriamente dita. Quanto dinheiro se está buscando levantar, o que esse capital permitirá conquistar, como será aplicado (desenvolvimento de tecnologia ou produto, expansão da equipe, marketing, expansão em novos territórios, etc.) e quem são os atuais investidores são alguns dos pontos que devemos cobrir.

Além disso, é importante ainda falar sobre a estratégia de saída. A estratégia de saída é a maneira pela qual o investidor receberá seu investimento de volta — e multiplicado, se tudo der certo. Algumas estratégias de saída possíveis são a abertura de capital na bolsa de valores (o IPO, ou Initial Public Offering na sigla em inglês), a aquisição por outra empresa ou a participação nos lucros.

FONTES

ANJOS DO BRASIL. **Como fazer um pitch.** Disponível em: <http://www.anjosdobrasil.net/pitch.html>. Acesso em: 19 jul. 2018.

BARNETT, Chance. The Ultimate Pitch Deck to Raise Money for Startups. **Forbes**, May 09, 2014. Disponível em: <https://www.forbes.com/sites/chancebarnett/2014/05/09/investor-pitch-deck-to-raise-money-for-startups/#25588d404427>. Acesso em: 19 jul. 2018.

BLACK DESIGN. **150 Second Pitch Tool.** Disponível em: <http://www.black.design/pitch/>. Acesso em: 20 jul. 2018.

CONHEÇA os tipos de investimento para startups. **StartSe**, 01 jun. 2017. Disponível em: <https://conteudo.startse.com.br/investidores/redacao/conheca-os-tipos-de-investimentopara-startups/>. Acesso em: 19 jul. 2018.

CORREA, Fabio. Como enxergar se a Inovação e Tecnologia estão gerando valor ao negócio? **Administradores.com**, 10 dez. 2017. Disponível em: <http://www.administradores.com.br/noticias/negocios/como-enxergar-se-a-inovacao-e-tecnologia-estao-gerando-valor-ao-negocio/122533/> Acesso em: 30 out. 2018.

FISHER, Jake. Practice Your Pitch: Techniques for Success. **Startup Nation**, 26 Aug 2016. Disponível em: <https://startupnation.com/start-your-business/practice-your-pitch/>. Acesso em: 20 jul. 2018.

FONSECA, Mariana. 10 passos para fazer um pitch irresistível para investidores. **Exame/PME**, 16 jun. 2015. Disponível em: <http://exame.abril.com.br/pme/10-passos-para-fazer- um-pitch-irresistivel-para-investidores/>. Acesso em: 19 jul. 2018.

FRADE, Diego de Carvalho. Anjos, chancela das novatas? **Anjos do Brasil**, 31 jul. 2017. Disponível em: <http://www.anjosdobrasil.net/blog/anjos-chancela-das-novatas>. Acesso em: 19 jul. 2018.

FUKUDA, Marty. Avoid These 7 Mistakes When Pitching Your Business. **Entrepreneur**, Sep. 14, 2015. Disponível em: <https://www.entrepreneur.com/article/250504>. Acesso em: 19 jul. 2018.

GILLETT, Rachel. Why Our Brains Crave Storytelling In Marketing. **Fast Company,** June 04, 2017. Disponível em: <https://www.fastcompany.com/3031419/why-our-brains-crave-storytelling-in-marketing>. Acesso em: 20 jul. 2018.

GOOGLE DOCS. **Pitch Deck Template for Startups.** Disponível em: <https://docs.google.com/presentation/d/17wRgJpjHIyhtgglmn31CPL_O9h2oEdy80uodjd5iaQE/edit#slide=id.ge9090756a_1_232>. Acesso em: 19 jul. 2018.

GREENBURG, Zack O'Malley. How Ashton Kutcher And Guy Oseary Built A $250 Million Portfolio With Startups Like Uber And Airbnb. **Forbes**, Mar. 23, 2016. Disponível em: <https://www.forbes.com/sites/zackomalleygreenburg/2016/03/23/how-ashton- kutcher-and-guy-oseary-built-a-250-million-portfolio-with-startups-like-uber-and-airbnb/>. Acesso em: 19 jul. 2018.

HALE, Kevin. How to Design a Better Pitch Deck. **YCombinator,** Nov. 15, 2015. Disponível em: <http://blog.ycombinator.com/how-to-design-a-better-pitch-deck/>. Acesso em: 20 jul. 2018.

HARROCH, Richard. 50 Questions Algel Investors Will Ask Entrepreneurs. **Forbes**, June 13, 2016. Disponível em: <https://www.forbes.com/sites/allbusiness/2016/06/13/50-questions-angel-investors-will-ask-entrepreneurs/#2c6b31f16647>. Acesso em: 20 jul. 2018.

HARROCH, Richard. How To Create A Great Investor Pitch Deck For Startups Seeking Financing. **Forbes**, Mar. 04, 2017. Disponível em: <https://www.forbes.com/sites/allbusiness/2017/03/04/how-to-create-a-great-investor-pitch-deck-for-startups-seeking-financing/#7978c7152003>. Acesso em: 19 jul. 2018.

HILALY, Aaref. How to Present to Investors. **Sequoia**, s.d. Disponível em: <https://www.sequoia-cap.com/article/how-to-present-to-investors/>. Acesso em: 19 jul. 2018.

HOFFMAN, Reid. **LinkedIn's Series B Pitch to Greylock**. s.d. Disponível em: <https://www.reidhoffman.org/485-business-and-entrepeneurship/2135-linkedin-s-series-b-pitch-to-greylock>. Acesso em: 20 jul. 2018.

PATEL, Neil. 13 Tips on How to Deliver a Pitch Investors Simply Can't Turn Down. **Entrepreneur**, Oct. 21, 2015. Disponível em: <https://www.entrepreneur.com/article/251311>. Acesso em: 19 jul. 2018.

PAUL, Annie Murphy. Your Brain on Fiction. **NYTimes**, Mar. 17, 2012. Disponível em: <http://www.nytimes.com/2012/03/18/opinion/sunday/the-neuroscience-of-your- brain-on-fiction.html?pagewanted=all> Acesso em: 19 jul. 2018.

PELLETIER, Ricky. The 9 Things You Should Never Do When Pitching Investors. **Entrepreneur**, Aug. 12, 2014. Disponível em: <https://www.entrepreneur.com/article/236201>. Acesso em: 19 jul. 2018.

PERLMAN, Diane. From Accelerators to Venture Capital: What is the best for your startup? **Gust**, Mar. 21, 2016. Disponível em: <http://blog.gust.com/from-accelerators-to-venture- capital-what-is-best-for-your-startup/>. Acesso em: 19 jul. 2018.

PETERSEN, Soren. Using Storytelling to Pitch Startups. **HuffPost**, July 20, 2016. Disponível em: <http://www.huffingtonpost.com/soren-petersen/using-storytelling- to-pit_b_11080148.html>. Acesso em: 19 jul. 2018.

RAMPTON, John. Meet the Angels: Silicon Valley's Most Well-Known Investors of 2016. **Business.com**, Feb. 22, 2017. Disponível em: <https://www.business.com/articles/silicon-valleys-most-well-known-investors-of-2016/>. Acesso em: 19 jul. 2018.

72 - Startups

RIGONATTI, Edson. 7 elementos que não podem faltar no seu pitch para investidores. **Endeavor Brasil**, 14 fev. 2014. Disponível em: <https://endeavor.org.br/7-elementos- que-nao-podem-faltar-no-seu-pitch-para-investidores/>. Acesso em: 19 jul. 2018.

ROSE, David S. **How to pitch to a VC**. TED2007, Mar. 2007. Disponível em: <https://www.ted.com/talks/david_s_rose_on_pitching_to_vcs>. Acesso em: 19 jul. 2018.

SEIBEL, Michael. How to Pitch Your Company. **YCombinator**, July 19, 2016. Disponível em: <http://blog.ycombinator.com/how-to-pitch-your-company/>. Acesso em: 20 jul. 2018.

SPINA, Cassio. Como Elaborar um Pitch (quase) Perfeito. **Endeavor Brasil**, 16 ago. 2012. Disponível em: <https://endeavor.org.br/como-elaborar-um-pitch-quase-perfeito/>. Acesso em: 19 jul. 2018.

TESLA. **Acerca da Tesla**. Disponível em: <https://www.tesla.com/pt_PT/about>. Acesso em: 30 out. 2018.

PARTE 3
O ALTO MAR
Conceitos, ferramentas e boas práticas
para gerir uma *startup*

CAPÍTULO **6**

COMO COMPRAR AS NOVAS IGUARIAS DO MERCADO

COMO COMPRAR SERVIÇOS E SOLUÇÕES

Rosângela Nucara

A experiência mostra que muitas empresas e gestores não dão a devida importância à contratação de serviços e soluções. No mundo corporativo, conectado e cheio de interações, os tempos ficaram mais curtos, a quantidade de informações e tarefas aumentou exponencialmente e gerenciar tudo ao mesmo tempo pode tornar mais superficiais algumas análises e tomadas de decisão. Muitos empreendedores e executivos acreditam que contratar uma empresa grande, com experiência, é suficiente para garantir um bom resultado na compra de soluções. Mas isso não é necessariamente verdade. São muitas as variáveis que atuam sobre o processo de seleção de um fornecedor, mas o primeiro passo é saber do que se precisa e como demandar.

Algumas recomendações de premissas fundamentais para não se incorrer em erros comuns:

Estudar o produto ou serviço a ser contratado. Como saber o que pedir, se não se conhece o que existe disponível? Então, estudar, analisar cases, conversar com *experts* no assunto, ler artigos, participar de eventos e quaisquer outras ações que tragam conhecimento é fundamental para ficar munido e ser capaz de demandar e fazer pensar fora da caixa. Tendo o conhecimento técnico, mesmo que teórico, ou, melhor ainda, a experiência, fica mais fácil de pensar na organização e como ela se encaixa dentro do que há disponível no mercado. Essa busca por atualização deve ser contínua, já que as tecnologias e soluções se renovam a cada dia. Um exemplo prático é a crescente demanda por profissionais que tenham compreensão dos recursos digitais, para não só manusear, como, também, saber como demandar de um fornecedor serviços que de alguma forma quebraram com um parâmetro antigo ou trouxeram um produto e serviço novo: novos modelos a anúncios (AdWords, Facebook Ads, etc.), a capacidade analítica de comportamentos e resultados (Analytics, Big Data, etc.) e tecnologias de imersão (realidade virtual).

Escutar seus clientes internos. O primeiro passo para extrair todas as informações necessárias é abrir o diálogo com o próprio time, dependendo do tamanho da equipe, e preparar um questionário com todos os tipos de perguntas e respostas necessários para você desenvolver o projeto. É preciso envolver todas as equipes que vão usar o produtro ou serviço a ser demando e trocar bastante informação sobre o tema. Muitas vezes, os próprios clientes internos não possuem total noção da extensão das suas expectativas sobre o serviço a ser contratado. Por isso, aplicar um tempo em montar um questionário e gerar essa conversa pode poupar tempo e problemas no futuro. Na maior parte das vezes, o cliente não dá a devida importância ao detalhamento das informações e cabe ao responsável pelo projeto extrair o máximo de *insights* desse processo. Pular essa etapa acaba gerando solicitações adicionais no futuro que podem ter um impacto no projeto, principalmente em questões de prazo e preço, podendo até inviabilizá-lo, além de gerar estresse com o forncedor. Uma vez levantados os principais itens a serem respondidos sobre o projeto e tendo produzido o questionário, são feitas entrevistas presenciais, individuais e em grupos por áreas – assim pode-se garantir com maior segurança que em alguns momentos as opiniões inclusive serão conflitantes entre os entrevistados, colaborando para aprimorar o detalhamento do *briefing*. Colocar desafios para seus clientes internos e oferecer opções que eles desconhecem são recursos que podem enriquecer a conclusão do levantamento. O momento do *briefing* não é de restringir ideias e necessidades, mesmo que o orçamento seja apertado. O momento do *briefing* é o de oferecer tudo que é possível e extrair o máximo de seus clientes internos. É importante não fazer nenhum juízo de valor sobre as ideias nesse momento.

Munir-se de pessoas incansáveis e curiosas. Por mais que o empresário estude e se atualize, é necessário cercar-se de pessoas qualificadas que possuam o mesmo ímpeto de constante aprimoramento, que sejam especialistas em capacidades em que o time atual ainda é carente e que dediquem mais tempo ao mundo digital, o que você, na posição de gestor, nem sempre consegue fazer, já que precisa olhar o todo. Pense na equipe que você tem para cuidar da solução internamente, se eles estão qualificados, de que orçamento você dispõe para adequar a equipe às necessidades do projeto e até se você precisará contar com uma equipe externa. Uma solução extraordinária sem pessoas para cuidar de sua operação poderá levar seu projeto ao fracasso.

Planejar. Desenvolva um planejamento do projeto, com todos os passos, desde o orçamento, concorrência/seleção de fornecedores até a manutenção do serviço. Isso poupará muito tempo em um momento futuro e ajudará a ter a visão do todo, a entender se há algum item que não foi contemplado e a medir resultados.

Contratar pensando em ampliar. Pense que, nesse dinamismo do mundo digital, as soluções, as formas de interação, de consumo e acesso a informações se transformam rapidamente, assim como as necessidades de uma organização. Assim, o serviço contratado deve ter a possiblidade de se expandir e mudar; a solução precisa ser adaptável, ter escalabilidade e, por exemplo, no caso de um produto digital, ser capaz de se comunicar com diversos sistemas.

Considerando essas premissas, pode-ser descrever cada uma das etapas em detalhes: pontos de atenção, prós e contras, lições aprendidas, processos, entre outros.

ESCOPO GERAL DO PROJETO

- **Pré-projeto – defesa do projeto.** Todo novo projeto, por mais que tenha sido aprovado no planejamento do ano, ou seja, uma necessidade clara da organização, precisa ser "comprado" internamente. Um projeto só é bem-sucedido se gerar engajamento. Então é importante ter uma fase de aprovação interna e, para tanto, precisamos construir a defesa do projeto. Em caso de equipes enxutas, os processos podem ser mais simples, pela limitação de recursos ou equipe, mas as principais etapas desta defesa podem ser demonstradas com:

  1. **Definir a equipe do projeto e a área responsável:** desde o início é importante deixar claro quem são os colaboradores que trabalharão no projeto e qual a área que será responsável.

  2. **Entrevistas:** fazer uma série de entrevistas com os principais *stakeholders* (nesse momento não precisa ser com todos, se não for possível). É válido envolver os clientes internos e externos.

  3. **Benchmark:** fazer estudos e comparações com outras instituições que são referências para a sua organização, independentemente de serem da mesma área de atuação, mas que possuam soluções do mesmo tipo que você deseja desenvolver. Analisar os prós e contras dessas soluções, fazer estudos comparativos. Olhar os diferentes preços e ofertas – conhecer o mercado – permite ter maior poder de barganha no momento da negociação.

  4. **Cases:** uma vez identificado o tipo de solução que é adequado para a organização, cabe levantar alguns cases de sucesso, para servir como modelo a ser apresentado internamente e, também, para chancelar a capacidade do fornecedor avaliado.

  5. **Justificativa:** avaliar o que a solução trará de benefício para a organização, seja financeiro, de *branding* ou outros. Justificar por que ela será importante e que valores agregados ela trará.

  6. **Objetivo:** qual é o propósito da solução, a que ela se destina, que públicos atingirá, por que ela é importante.

  7. **Premissas:** quais são as premissas a serem consideradas para a contratação dessa solução, como, por exemplo: existe um prazo limite para ser implementada? Existe uma restrição orçamentária? Que outras condições são fundamentais para que o projeto seja realizado?

8. Riscos e restrições: levantar riscos e restrições relacionados a infraestrutura, equipe, prazo, custo e outros que possam impactar o projeto. Eles devem ser levados em conta antes do projeto ser aprovado, inclusive o plano de contingência e mitigação.

9. Aprovação interna: uma vez tendo os pontos anteriores esclarecidos, o pré-projeto estará pronto para ser levado à aprovação. Dependendo da organização, outras premissas podem ser necessárias. Os itens constantes de um pré-projeto devem ser acordados e validados previamente com a equipe avaliadora/aprovadora. É bem interessante considerar a constituição de um comitê avaliador, do qual os "padrinhos" (*sponsors*) do projeto precisam participar como membros. Deve-se passar à próxima etapa somente se o pré-projeto for aprovado internamente, já que as soluções mudam rapidamente. Se o *briefing* não for utilizado nesse momento, deverá ser refeito, gerando grande retrabalho.

- **Etapa de *briefing* e seleção de empresas concorrentes:** o escopo do projeto a ser apresentado às empresas concorrentes deve ser desenvolvido em um documento que delimite e esclareça as dúvidas e muna igualmente os fornecedores. Para projetos de comunicação, por exemplo, um PowerPoint ou programa similar pode facilitar a apresentação, a ilustração e o entendimento do esperado. Nesse caso, o PowerPoint servirá como RFP (*Request for Proposal*). Entretanto, existem organizações que optam por desenvolver um documento em formato texto.

1. Seleção das empresas concorrentes: fazer um levantamento das empresas existentes no mercado junto aos contatos comerciais; conversar com pessoas conhecidas e obter referências das empresas. Sempre é válido investigar e consultar empresas e profissionais que estiveram envolvidos anteriormente na contratação desse tipo de serviço e solução. Pensando, ainda, na limitação de recursos e no grande número de *startups* e empresas de tecnologia que surgem diariamente, talvez seja válido avaliar uma empresa desse porte para atender à demanda em evidência. Muitas vezes, essas empresas conseguem entregar projetos com a mesma qualidade que empresas estabelecidas por preços mais acessíveis. Se a empresa não tiver porfólio, será necessário avaliar os membros que a compõem.

2. *Briefing* sobre a organização: serve para alinhar conhecimento e expectativas entre os competidores. Quanto mais detalhado ele for, mais chances de receber uma proposta dentro das expectativas da empresa demandante. O *briefing* deve conter um histórico da organização, seu modelo de negócio, estrutura organizacional, seus produtos e serviços, público-alvo e clientes, missão, visão e valores, mercado de atuação (setor e geográfico) e todos os dados constantes do pré-projeto que não sejam considerados somente para circulação interna (confidenciais, que não desejem ser compartilhados com os concorrentes). Não é recomendada inclusão de orçamento disponível no primeiro momento, pois isso pode limitar a criatividade na entrega de propostas.

3. Cronograma do processo licitatório: uma vez definidas as empresas que serão convidadas, monta-se o cronograma, definindo datas para:

- Envio de e-mail convite a todas as empresas para uma reunião de *briefing*.
- Resposta das convidadas sobre o interesse em participar do processo de licitação e reunião de *briefing*.
- Reunião de *briefing*.
- Período de esclarecimento de dúvidas.
- Reuniões individuais com cada concorrente, para apresentação de suas propostas.
- Comunicação da empresa vencedora.
- Assinatura de contrato e reunião de *kick-off* do projeto.

4. Comitê avaliador: se ainda não existe um comitê avaliador criado para o pré--projeto, esse é o momento para constituir esse comitê. É importante contar com membros de áreas distintas da empresa e, principalmente, com os patrocinadores do projeto, com as áreas que serão diretamente impactadas e com aquelas que darão apoio, tais como RH, TI, compras e financeiro.

5. Critérios de avaliação: desenvolver o modelo que será utilizado para avaliar os concorrentes, compartilhar e explicar ao comitê avaliador, inclusive para obter seus comentários e sugestões a respeito. Sugere-se definir pesos para cada critério, conforme as necessidades do projeto. Se, por exemplo, seu projeto tiver grande restrição de custo e prazo, esses itens deverão ter um peso maior na avaliação das propostas. Algumas sugestões de tópicos a serem considerados na avaliação:

- Adequação do projeto proposto ao solicitado no *briefing*.
- Entendimento do *briefing*: é diferente do tópico anterior, pois a organização pode solicitar determinados itens e a empresa concorrente entender que são necessários itens adicionais, dado o apresentado no *briefing*. Isso demonstra que o entendimento foi além da expectativa.
- Solução sugerida (robustez/adequação) x possiblidade de expansão futura.
- Prazo.
- Custo.
- Viabilidade de operação e gerenciamento.

6. Exigências da proposta: além do *briefing* sobre a organização, é importante deixar claro aos concorrentes outros itens imprescindíveis que devem constar da proposta. Nesse caso, é sugerido que sejam incluídos itens referentes à própria concorrente, tais como experiência no desenvolvimento de soluções similares às solicitadas em seu projeto, história/histórico da empresa, formação de seu corpo técnico, quem serão as pessoas alocadas em seu projeto e seus currículos e a estrutura financeira e de governança da empresa. Além disso, é recomendável solicitar que os funcionários da empresa concorrente, que farão parte diretamente de seu projeto, caso vencedores, participem da reunião em que a empresa apresentará sua proposta. Uma apresentação pessoal da equipe sempre faz diferença, e pode-se aproveitar para solicitar informações adicionais que ajudem o comitê avaliador na tomada de decisão. No caso de produto ou matéria-prima, é válido conhecer o lugar de extração/produção e ter contato com o material ou produto a ser ofertado.

7. Processo de comunicação da fase licitatória: é importante fazer uso de clareza e transparência durante todo o processo junto às empresas concorrentes. Desse modo, faz parte das práticas que todas as dúvidas surgidas após a reunião de *briefing* sejam esclarecidas exclusivamente por e-mail, através de um endereço previamente informado a todos os concorrentes e que quaisquer esclarecimentos de uma empresa sejam respondidos e compartilhados com as demais. Ou seja, todas as comunicações devem ser feitas por escrito, com o conhecimento de todas as empresas participantes do processo de licitação. Deve-se evitar fornecer informações privilegiadas a um ou outro concorrente individualmente.

8. Reunião de *briefing*: o *briefing* deve ser apresentado pelo gerente do projeto a todos os concorrentes, em uma reunião simultânea, onde eles possam inclusive esclarecer dúvidas. É recomendável que o comitê avaliador também esteja presente nessa reunião, assim os membros poderão ter uma melhor visão do que foi solicitado aos concorrentes em termos de proposta. É importante que, ao final da reunião, se forneça material digital ou impresso adicional que contribua para um maior conhecimento de sua organização.

O projeto. Este ponto faz menção especificamente ao que se espera receber como proposta do fornecedor e que, preferencialmente, deve ser apresentado pessoalmente. Outra recomendação é que o fornecedor entregue uma proposta comercial em envelope lacrado e separado da proposta técnica. A empresa concorrente deve apresentar somente a proposta técnica e o comitê avaliador deve, primeiramente, avaliar somente esta. Uma vez finalizada a avaliação da parte técnica, deve-se prosseguir com a abertura das propostas comerciais. Desse modo, a avaliação será mais isenta, ainda que ao final decida-se por eleger a opção financeiramente mais viável.

1. Matriz de *stakeholders*: é importante que ela seja indicada dentro da proposta, ainda que não inclua a lista completa. Ela deve mapear os *stakeholders* durante o pós-projeto, a fim de garantir que a fase de manutenção prossiga da melhor forma possível. A matriz define, além dos papéis e das responsabilidades de cada *stakeholder*, a forma de atuação, abordagem, importância. Alguns dos principais *stakeholders* que devem constar do projeto:

- Dono do projeto.
- Equipe de desenvolvimento.
- Equipe de criação.
- Patrocinadores.
- Clientes internos.
- Fornecedores.
- Área de compras.
- Usuários.

2. Requisitos técnicos: é importante que a área técnica apoie o gerente do projeto neste tópico. Itens mínimos devem estar inclusos e detalhados na proposta, tais como:

- Infraestrutura: atual x requerida.
- Solução proposta: é importante identificar se a solução proposta é usada em larga escala ou se é um recurso proprietário de uma única empresa – exclusivo – e manterá sua organização refém desse desenvolvedor. Deve ser evitado o uso de artifícios que impeçam sua organização de migrar de fornecedor.
- Descrição e histórico dos outros processos, produções, desenvolvimentos ou fornecedores que precisarão interagir com a demanda da negociação.
- *Backlog*, se existente
- Redundância: como será proposta.
- Soluções adicionais que precisam interagir com a solução negociada. Por exemplo, plug-ins que serão considerados para a ferramenta rodar com o *briefing* proposto.
- Integração com outros processos, produções, desenvolvimentos ou fornecedores que precisarão interagir com a demanda. Escalabilidade – a solução pode ser expandida? Quais outras ofertas existem? Com quais objetivos?
- Organização e processos: quais são os processos necessários para o projeto e a justificativa.
- Alternativas: qual o rol de recursos que poderiam ser usados e justificativa de escolha da solução em questão.
- Propriedade física ou intelectual: esclarecimento sobre posse e todos os direitos dos itens fornecidos.

3. Metodologia: a escolha da metodologia a ser utilizada para o acompanhamento do projeto deve ser uma decisão conjunta do fornecedor e do cliente. De nada serve se o fornecedor utilizar uma metodologia moderna e o cliente não puder acompanhar o andamento do projeto. Preste atenção nesse ponto, pois ele é importante para o sucesso do seu projeto. No mínimo, você deve poder acompanhar:

- Uma lista de tarefas.
- Qual o esforço de execução para cada uma delas.
- Quem é o responsável.
- Que ações são predecessoras.
- Qual é (ou quais são) o(s) caminho(s) crítico(s).
- Desenvolver um storyboard também ajuda a visualizar as etapas do projeto.

4. Design: você deve fornecer seu manual da marca para os concorrentes, para que eles possam apresentar uma proposta adequada em termos de design e layout, não só considerando as boas práticas do mercado, mas trazendo o conceito de comunicação de sua empresa para o novo projeto. Um conceito visual e design que privilegiem a leveza, a modernidade e as boas práticas é importante, pois tudo o que queremos é que o usuário se sinta bem ao navegar em nossa ferramenta.

5. Treinamento: a proposta deverá conter, de modo claro, como se dará a operação do sistema e como serão treinados os usuários – quantas horas de treinamento estão propostas, que níveis de treinamentos serão aplicados, que tipos de profissionais são necessários para operar o sistema.

6. Orçamento/Proposta comercial: quanto mais detalhada estiver a proposta, mais fácil será de reduzir e revisar custos e/ou tomar decisões sobre a implementação do sistema. No mínimo, a proposta deverá incluir, separadamente, os custos de:

- Prestação dos serviços.
- Contratação de serviços terceiros.
- Compra de *softwares*.
- *Upgrade* de infraestrutura.
- Mão de obra.
- Forma de pagamento.
- Detalhamento dos pacotes e preços.

7. Fases e prazos: a proposta deve incluir um cronograma claro e detalhado, e suas respectivas entregas. O valor total do projeto deve ser dividido em parcelas, a serem pagas mediante essas entregas ou cumprimento de fases. A escolha de um ou outro formato depende do objetivo do projeto.

- **Processo de contratação:** uma vez que o Comitê Avaliador tenha chegado a uma conclusão quanto à empresa vencedora, sugere-se, antes de prosseguir com a assinatura de contrato:

1. Uma visita às instalações da vencedora, a fim de assegurar que a empresa realmente possui condições de desenvolver o projeto, com equipe e infraestrutura dimensionadas.

2. Uma visita às empresas indicadas como referência de clientes na apresentação do projeto. Você poderá conhecer os projetos implementados e esclarecer dúvidas que lhe serão úteis.

3. Ter a proposta revisada, com todas as dúvidas e detalhes discutidos inseridos, pois ela será parte integrante do contrato

- **Lançamento, acompanhamento e medição:** um erro comum das empresas é planejar o projeto sem engajar públicos importantes e sem pensar, uma vez implementado, como será seu seguimento. Sugerimos o planejamento de algumas fases que consideramos importantes para o sucesso e a perenidade do projeto:

  1. **Reunião de *kick-off*:** reunião de início de projeto onde deve-se envolver o maior número possível de partes interessadas. Deve-se aproveitar para fazer uma apresentação geral da proposta, reforçar papéis e responsabilidades de cada um, apresentar e discutir cronograma.

  2. **Campanha de engajamento e comunicação:** paralelamente, deve-se desenvolver uma campanha que incentive a colaboração e o interesse de todos, que mantenha os públicos informados sobre a evolução do projeto, que compartilhe e reforce a sua importância e seu objetivo.

  3. **Gestão de mudanças:** é importante analisar quais mudanças deverão ser feitas para que o projeto possa ser bem-sucedido. Elas podem ser estruturais, funcionais, culturais ou de outras origens, e seus impactos devem ser avaliados.

  4. **Publicação:** antes de decidir por publicar a nova ferramenta, uma série de testes devem ser realizados, exaustivamente, após os quais passa-se à fase de homologação e publicação. Não podemos nos deixar levar por pressão em atrasos de cronograma e economizar tempo nessa fase, pois uma publicação equivocada poderá custar muito mais tempo e dano.

  5. **Performance e métricas:** todas as ferramentas modernas dispõem de recursos para medição de performance. O acompanhamento constante é fundamental para que se possa repensar a estratégia e reprogramar. Possuir um especialista que saiba analisar essas métricas fará muita diferença na performance da ferramenta.

  6. **Atualização e competitividade:** as ferramentas se modernizam e ganham novas versões com muita frequência, oferecendo novas funcionalidades. Deve-se acompanhar estas evoluções, para que não se mantenha uma distância grande entre a versão em produção na empresa e a versão mais nova disponível.

CAPÍTULO **7**

UM MUNDO ONDE TODOS ESTÃO ARMADOS COM UM *SMARTPHONE*

MOBILIDADE

Guilherme Ravache

O *mobile* tem transformado cada vez mais rapidamente a maneira como vivemos, trabalhamos, viajamos, compramos e nos conectamos com o mundo a nossa volta. Em menos de 15 anos, o 3G e o 4G alcançaram mais de três bilhões de conexões, segundo estudo da Ericsson[64], e devem chegar a oito bilhões em 2020. Nunca uma tecnologia foi tão rapidamente adotada pela humanidade e provocou transformações tão imediatas. E é fundamental lembrar que o *mobile* não é um tamanho de tela, é um ecossistema. Não estamos falando somente de abrir mão de teclados e telas sensíveis, mas de um conjunto de fatores que tornam esse ecossistema dez vezes maior e mais poderoso do que existe hoje. Um ecossistema é como um Lego, onde novas tecnologias podem ser plugadas conforme a imaginação de quem as monta. A revolução *mobile* tornou-se possível graças a uma combinação de fatores que surgiu nas últimas cinco décadas e que, à medida que chega à sua maturidade, criará um oceano azul de oportunidades para novos empreendedores, premiando aqueles que souberem encaixar as peças nesse novo jogo.

Veja o caso do Uber, provavelmente a mais icônica das *startups mobile*, avaliado em mais de US$ 60 bilhões. A indústria dos táxis era gigantesca e pouco eficiente. Os consumidores estavam insatisfeitos, mas não existia outra opção. Entretanto, os criadores do Uber perceberam que por meio do *smartphone* com suas conexões 3G, capacidade de processamento de dados, mapas do Google, GPS e sistemas de pagamento *on-line*, seria possível conectar motoristas diretamente aos passageiros de maneira mais eficiente e barata. O Uber é resultado da combinação de décadas de desenvolvimento de tecnologias que recentemente foram todas

---

[64]MUNDO terá 7,7 bilhões de conexões de banda larga móvel em 2020. **TeleSíntese**, 03 jun. 2015. Disponível em: <http://www.telesintese.com.br/mundo-tera-77-bilhoes-de-conexoes-de-banda-larga-movel-em-2020/>. Acesso em: 30 jan. 2019

embarcadas no *smartphone*. Sem o ecossistema *mobile* o Uber jamais existiria. A exemplo do Uber, que se beneficiou desse "conjunto" de tecnologias, as novas grandes oportunidades de serviços e produtos estarão nessa fronteira *mobile*.

Historicamente, a cada 10 ou 15 anos, uma convergência de fatores técnicos e econômicos tem favorecido o início de uma revolução na tecnologia da informação. Passamos por mudanças culturais, novos hábitos nascem e indústrias multibilionárias aparecem. Vale notar que o início de uma revolução não necessariamente implica no fim de uma revolução anterior. Ao contrário, já que é necessário um período de adaptação para que se façam os ajustes necessários de infraestrutura e cultura organizacional para que uma revolução seja implementada. O natural é que revoluções se interponham, enquanto uma chega à sua maturidade ou inicia seu decaimento, uma nova se instala. Quando o motor elétrico foi inventado, por exemplo, foram necessárias décadas até que os engenheiros que construíam as fábricas se dessem conta de que esses novos propulsores poderiam ser usados de maneira descentralizada na produção, e não concentrados em locais próximos às caldeiras que geravam o vapor, como no caso dos motores a vapor. E mais, do ponto de vista econômico era inviável jogar fora, da noite para o dia, todos os motores a vapor e caldeiras que já estavam implementados e em funcionamento. Some-se ainda o fato dos antigos engenheiros, treinados a projetar usando tecnologias a vapor, gradualmente darem espaço a novos profissionais, já conhecedores do potencial das novas tecnologias elétricas e habilitados a promover ganhos de eficiência com a instalação de motores elétricos dispostos de maneira descentralizada nas fábricas.

Quando pensamos na Era da Informação, vivemos diversas revoluções, mas três delas são determinantes quando pensamos em *mobile* e se encaixam no ciclo de 10 a 15 anos. A primeira delas, a revolução dos PCs, ganha forma nos anos 1980 com os computadores da Apple, seguidos pelo IBM PC e milhares de clones. A IBM saiu como a maior derrotada, mas não foi a única. Todos aqueles que apostaram em estruturas centralizadas perderam. Já a Microsoft foi a grande vencedora ao imaginar um computador em cada mesa.

Depois veio a revolução da internet. Seus primórdios remontam aos anos 1960, quando a Arpanet, um sistema militar americano, já fazia a troca de pacotes por comutação entre máquinas distantes. Mas a *World Wide Web* se torna de fato uma revolução nos anos 1990, com a implementação de protocolos comuns a todas as máquinas, a guerra dos navegadores, a bolha da internet e seu consequente estouro. A Amazon e o Google foram os grandes vitoriosos. Já a indústria da música, os jornais e as revistas nunca se recuperaram completamente do fim do monopólio de distribuição da informação por meios físicos.

Graças a essas duas revoluções, foram lançadas as bases para o surgimento da terceira revolução, a *mobile*. Primeiramente, com a popularização dos PCs, a ideia de um computador para cada pessoa ganhou força, mas, principalmente, se criaram as condições econômicas para que aparelhos portáteis fossem produzidos a custo acessível e com tecnologias miniaturizadas a ponto de caber no bolso. Processadores cada vez menores e mais rápidos. Baterias cada vez mais leves e duráveis tendo seu custo barateado pela escala de produção de componentes para *laptops*. Acrescente a isso a internet e abrem-se as portas para um mundo cada vez mais móvel.

O marco da era *mobile* teve início em 2007, com o lançamento do iPhone. O aparelho era revolucionário. Rompia com todos os paradigmas do setor ao levar o computador para o bolso de cada pessoa. Porém, trocar todos os botões do aparelho por um único botão ou implementar uma tela sensível ao toque não foram as verdadeiras inovações do iPhone. Essas eram características desejáveis, mas não únicas. Poderiam ser facilmente copiáveis. O que a Apple fez foi mudar completamente a relação do usuário com o aparelho, criando uma interface para o uso de qualquer *software*. Era o computador pessoal no bolso de qualquer um que tivesse um iPhone. Se o iPod colocou mil músicas no seu bolso, o iTunes colocou toda a música criada pela humanidade no seu bolso e ainda abriu as portas para um novo modelo de negócio, onde os bens físicos poderiam ser mais bem distribuídos em formato digital. O iTunes abriu caminho para os milhares de *apps* e a digitalização da economia da informação e de serviços. Não por acaso a Microsoft saiu como a grande perdedora desta revolução ao ter seu monopólio da computação pessoal quebrado.

Essas revoluções seguem uma dinâmica na qual produtos de tecnologia criam um círculo virtuoso ao reforçar mutuamente plataformas e aplicações: novas plataformas permitem o surgimento de novas aplicações, que, por sua vez, tornam as novas plataformas mais valiosas. O PC permitiu a empreendedores criarem aplicativos de processamento de texto, planilhas e diversas aplicações para *desktop*. A internet permitiu as ferramentas de busca, *e-commerce*, e-mail, chats de troca de mensagens, redes sociais e diversos serviços. O surgimento do *smartphone* pode ser encarado como uma consequência natural dessa evolução. Além de todas as aplicações do *desktop*, adicionou o uso de novas funções como o GPS (sistemas de posicionamento por satélite) e o giroscópio (sistemas também usados em naves espaciais e foguetes para determinar a direção do dispositivo), duas tecnologias que permitem dizer com exatidão onde o aparelho está.

E por que vale entendermos como chegamos ao ponto atual da tecnologia *mobile* e seus modelos de negócio? Basicamente, porque alguns fenômenos observados até aqui vão começar a desaparecer, dando lugar a novos. E é nesses momentos de transição que as oportunidades de criar negócios disruptivos crescem.

Dois fatores foram fundamentais para o surgimento do ecossistema *mobile*: a Lei de Moore e aquilo que o jornalista Chris Anderson chamou de "o dividendo da paz da guerra dos *smartphones*". A Lei de Moore, criada pelo cofundador da Intel, Gordon Moore, mesmo sem base científica alguma, determina que o poder de um *chip* de microprocessador praticamente dobraria a cada dois anos e o tamanho deles se tornaria cada vez menor à medida que transistores fossem colocados cada vez mais próximos em fatias de silicone, aumentando a performance e reduzindo custos. Em 1971, a Intel lançou o primeiro microprocessador comercial, o 4004. Naquele ano, o carro mais rápido do mundo era a

Startups - **87**

Ferrari Daytona, que chegava a 280 km/h e o edifício mais alto do mundo eram as Torres Gêmeas, em Nova York, com 415 metros. Segundo a revista "The Economist"[65], para efeito de comparação, se os carros e os edifícios tivessem sido aprimorados na mesma proporção exponencial dos *chips*, hoje o carro mais veloz andaria a um décimo da velocidade da luz e o prédio mais alto estaria a meio caminho da Lua.

Já o dividendo da guerra dos *smartphones* foram as tecnologias que restaram dos gigantescos investimentos da indústria de *smartphones*. Como afirma o tecnólogo Chris Dixon[66], "se você desmontar um drone, um capacete de realidade virtual, dispositivos de Internet das Coisas (IoT), você encontrará boa parte dos componentes dos *smartphones*". A grosso modo, um drone é um *smartphone* que voa. Sensores e peças eletrônicas nunca foram tão baratas. "Graças à revolução *mobile* e aos componentes usados em *smartphones* e *tablets*, temos GPS, sensores de movimento, câmeras e microfones custando praticamente nada. O mesmo acontece com partes que enviam informação por conexões sem fio, como *Bluetooth* LTE, *wi-fi*, LTE e afins", acrescenta Chris. À medida que o uso dessas tecnologias ganha cada vez mais escala, elas vão se tornar mais e mais baratas e haverá cada vez mais novos produtos que coletam e mandam informação digitalmente de um ponto para outro.

E com bilhões de usuários comprando um dispositivo *mobile* em média a cada dois anos, o negócio da telefonia torna o negócio de PCs pequeno em comparação. Como aponta o tecnologista Benedict Evans[67], a base instalada de PCs atualmente gira em torno de 1,5 e 1,6 bilhão de máquinas trocadas a cada quatro ou cinco anos. A venda de PCs é algo em torno de 300 milhões de unidades por ano, enquanto as vendas de celulares estão próximas de 2 bilhões – e praticamente a metade disso é de *smartphones*, e crescendo rapidamente. O celular saltou na frente do PC e o *smartphone* realizará o mesmo feito. Isso significa que boa parte da população nem mesmo terá um computador, apenas um dispositivo *mobile*. As consequências dessa mudança não se limitam ao preço dos aparelhos, que já podem ser encontrados por menos de US$ 30. O custo médio por *megabyte* diminuiu 99% entre 2005 e 2013, enquanto o custo de infraestrutura de redes móveis também despencou, com redução de 95% por *megabyte* transmitido das redes 2G em comparação às 3G, e mais 67% de redução das redes 3G em comparação às redes 4G. Por outro lado, a performance disparou: a transmissão *mobile* de dados em redes 4G é até 12 mil vezes mais rápida que nas redes 2G. Além da maciça adoção, redução dos custos e aumento de performance, há outros fatores acelerando essa transformação. À medida

---

[65]CHIPS on their shoulders. **The Economist**, Jan. 23, 2016. Disponível em: <https://www.economist.com/business/2016/01/23/chips-on-their-shoulders>. Acesso em: 31 out. 2018.

[66]NIXON, Chris. What's Next in Computing? **Medium**, Feb. 21, 2016. Disponível em: <https://medium.com/software-is-eating-the-world/what-s-next-in-computing-e54b870b80cc>. Acesso em: 31 out. 2018.

[67]EVANS, Benedict. **The smartphone is the new sun**. Aug. 02, 2015. Disponível em: <https://www.ben-evans.com/benedictevans/2015/5/13/the-smartphone-and-the-sun>. Acesso em: 31 out. 2018.

que globalmente a tecnologia *mobile* se torna um motor de crescimento econômico, estimulando gigantescos investimentos privados em pesquisa, novas legislações e parcerias em busca de soluções técnicas se formam e dão origem a indústrias totalmente novas.

Mas, segundo especialistas, a Lei de Moore está próxima de seu limite. Não só por limitações físicas, mas principalmente porque criar *microchips* cada vez mais velozes deixou de ser efetivo. A tecnologia continuará sendo cada vez mais rápida e barata, mas avançará em ritmo mais lento. E os grandes ganhos de eficiência virão de três áreas distintas e que começam a ganhar cada vez mais relevância.

A primeira delas é a da **Inteligência Artificial** (ou AI de *Artificial Intelligence*). Depois de várias falsas largadas, ela agora realmente decola e em boa parte graças ao *mobile*. Todos os grandes *players* do mercado trabalham no assunto de alguma maneira. A Apple tem a Siri; o Google, o Now; a Amazon, o Echo; o Facebook, o M; e a IBM, o Watson, isso para citar somente as mais conhecidas do grande público, já que existe uma infinidade de pequenas empresas sendo adquiridas pelos gigantes ou recebendo investimentos bilionários. Uma dessas *startups* era a britânica DeepMind, comprada pelo Google e que em 2014 construiu o AlphaGo. Em 2016, o AlphaGo venceu pela primeira vez um humano no jogo chinês *go*. E não um humano qualquer, mas um dos melhores jogadores do mundo, Lee Se-dol. O *go* tem regras simples, mas é altamente intuitivo e complexo na prática. Dominar o jogo tem sido excepcionalmente difícil para os melhores computadores há décadas. Máquinas já venceram humanos em ocasiões anteriores: em 1997 o Deep Blue, da IBM, desbancou o campeão mundial de xadrez, Garry Kasparov. Mas existe uma grande diferença do Deep Blue para o AlphaGo. O primeiro foi criado para executar uma única tarefa: jogar xadrez. Seu propósito era calcular e processar 10^{120} (120 zeros à direita) possíveis movimentos no jogo. Jogadores de *go* colocam alternadamente pedras brancas e pretas em um *grid* de 19x19 quadrados com o objetivo de ocupar o maior território. O tamanho do tabuleiro e a complexidade dos movimentos possíveis torna o jogo impossível de ser vencido apenas com a força bruta de cálculos, como o DeepBlue fazia no xadrez. Demis Hassabis, fundador da DeepMind, afirma, em um estudo publicado na revista Nature[68], que enquanto o go oferece 200 movimentos "legais", o xadrez permite somente 20. E mais: o DeepBlue teve seus movimentos programados por humanos; o AlphaGo usou uma técnica chamada *machine learning* para ensinar a si mesmo como jogar e tomar suas próprias decisões. O AlphaGo também tem um propósito profundamente específico: sua inteligência artificial é projetada para usar diferentes tipos de programas em harmonia para ajudá-la a lidar com os trilhões de trilhões de resultados diferentes envolvidos em jogar *go*. Basicamente, o AlphaGo funciona em duas partes. Na rodada do computador, ele primeiro sugere movimentos baseados em jogadas que jogadores huma-

---

[68] HASSABIS, Demis. Artificial Intelligence: chess match of the century. **Nature**, Apr. 26, 2017. Disponível em: <https://www.nature.com/articles/544413a>. Acesso em: 31 out. 2018.

nos já tenham feito no passado, um sistema similar ao do DeepBlue. Então, a segunda parte do sistema peneira esses movimentos selecionando aqueles que mais provavelmente levariam a uma vitória, novamente baseando suas escolhas em padrões que memorizou ao longo de zilhões de simulações de jogos que criou aleatoriamente. O que é único sobre o AlphaGo é que ele tenha sido o seu próprio professor ao jogar o jogo (contra si mesmo) milhões de vezes para saber onde suas fraquezas estão e rapidamente corrigi-las. Ele ensinou-se como ir de um jogador amador a campeão do mundo em menos de um ano. Ou seja, o AlphaGo treina contra si mesmo até dominar a técnica. Desse modo, o computador demonstra que uma máquina pode executar uma tarefa "intelectual" melhor do que seres humanos. A expectativa é que um feito como esse, vencer um campeão de go, estivesse ao menos dez anos distante em termos de Inteligência Artificial.

O Facebook está trabalhando em um projeto similar ao AlphaGo, usando o mesmo tipo de rede neural e de tecnologia de busca como o Google. Segundo a empresa, seu *software* também tem vencido humanos. Outro *player* no setor, a Microsoft tem investido em projetos de *machine learning* como a Tay, um perfil criado no Twitter que interagia com outros usuários. Mas a iniciativa acabou se tornando uma experiência malsucedida, pois usuários pregaram uma peça na máquina ao ensiná-la a fazer comentários racistas e sexistas. Entretanto, a Microsoft afirma que após a revisão do projeto e a implantação de medidas de segurança, Tay irá retornar às redes sociais. Uma crença da Microsoft e de muitos especialistas é que o mundo gradualmente irá abandonar os *apps*, onde Apple e Google são dominantes, rumo a uma fase dominada por "conversas" ou chats com robôs a exemplo de Tay.

Outro ponto importante das tecnologias de Inteligência Artificial é que muitos dos *papers*, bancos de dados e ferramentas de *software* relacionados com *deep learning* e *machine learning* são de código aberto. Indivíduos e organizações de pequeno e grande porte podem utilizar o conhecimento já acumulado na área, acelerando seu desenvolvimento. Se hoje pequenas equipes de engenheiros podem criar ferramentas disruptivas como o WhatsApp, que com uma equipe de menos de 50 engenheiros se tornou o pesadelo das operadoras de telefonia no mundo todo, imagine uma equipe de 50 engenheiros munida das tecnologias que deram origem ao AlphaGo.

Conforme as máquinas se tornem mais poderosas e capazes de responder às nossas perguntas antes mesmo que pensemos nelas ou atender às nossas necessidades antes de sabermos que a teremos, é natural que aconteça uma mudança de como interagimos com a internet e sua profusão de dados. Atualmente, a web é baseada no conceito de *pull* (puxar), ou seja, visitamos um site e baixamos aplicativos. Mas cada vez mais a web será *push* (empurrar), ela virá até nós. Essa é a tese de Dries Buytaert [69], fundador do Drupal, uma plataforma concorrente do WordPress. Segundo Buytaert, nos próximos dez anos,

---

[69] BUYTAERT, Dries. **The Big Reverse of the Web. Mar.** 10, 2015. Disponível em: <https://dri.es/the-big-reverse-of-the-web>. Acesso em: 31 out. 2018.

migraremos do *pull* para o *push*. Quando o processo estiver completo, a web vai desaparecer no fundo e se tornará imperceptível como a eletricidade ou o abastecimento de água. "No futuro, conteúdos, produtos e serviços irão encontrá-lo, em vez de você ter que encontrá-los. A Puma vai nos avisar quando tivermos que substituir os nossos sapatos, e a Marriott irá apresentar-lhe automaticamente opções de quarto se você perdeu o seu voo de conexão. Em vez de visitar um site, vamos proativamente ser notificados do que é relevante. A função dominante da web será nos avisar sobre o que está acontecendo ou o que é relevante, em vez de termos que descobrir", afirmou Buytaert em entrevista ao AdAge[70], acrescentando: "estamos no início de uma transição conectando dois tipos distintamente diferentes de economias. Em primeiro lugar, a economia de *push*, que tenta antecipar a demanda dos consumidores, cria produtos padronizados ou genéricos em grandes quantidades e 'empurra-os' no mercado através de distribuição global pelos canais de marketing. Agora teremos a economia de *pull*, que, em vez de criar produtos padronizados, vai criar produtos e serviços altamente personalizados produzidos sob demanda e entregues aos consumidores através de relacionamentos um a um, com experiências verdadeiramente pessoais".

Algumas consequências dessas transformações já são notáveis. A consolidação do ecossistema de *apps* como *gateway* para o consumo de mídia, comércio e prestação de serviços é um exemplo. *Apps* estão em toda parte, do telefone ao carro, passando pelo relógio e pela TV. Por sua simplicidade de uso e eficiência, as pessoas passam cada vez mais tempo nos *apps* ou naquilo que eles vão se transformar em sua próxima fase. Afinal, muito se fala sobre existir mais de 1,5 milhão de *apps*, mas o fato relevante é que os usuários em sua grande maioria dificilmente usam mais de 20 deles. E mais, somente uns 50 *apps* têm escala global para ultrapassar os milhões de usuários necessários para ganhos de escala e se tornarem universais, como Facebook, Instagram, YouTube, Google Maps, LinkedIn, Messenger, Twitter e Amazon. Inegável é que os *apps* se tornaram o novo "espaço da prateleira", e é lá que os produtos precisam estar. A própria noção de funil de compra é interrompida, já que quase qualquer contato pode resultar em uma transação instantânea. Existe uma boa chance de assistirmos a uma inversão completa de 30 anos de fragmentação de multicanais e de 15 anos de atomização da mídia. Ou seja, a mídia e os próprios negócios vão girar cada vez mais em torno de um pequeno grupo de empresas quando pensamos em *apps mobile*.

A segunda área de progresso é a "nuvem", as redes de *datacenters* que oferecem serviços através da internet. Quando os computadores eram dispositivos autônomos, sejam *mainframes* ou PCs de mesa, o seu desempenho dependia, acima de tudo, da velocidade de seus *chips* de processamento. Os computadores de hoje se tornam mais poderosos sem

---

[70] ASAY, Matt. The Future of Mobile May Not Look Like Apps. **AdAge**, July 08, 2015. Disponível em: <https://adage.com/article/adobe-marketing-cloud/future-mobile-apps/299366/>. Acesso em: 31 out. 2018.

alterações de *hardware*, basta que usem o vasto (e flexível) poder de armazenamento e processamento das nuvens. Seja consultando um mapa no Waze, com sua ampla capacidade de emprego de *big data* ou pesquisando e-mails. E à nuvem podem ser acrescentadas camadas de interconectividade dos recursos do *smartphone*, tais como posicionamento por satélite, sensores de movimento e suporte sem fio de pagamento.

A terceira área de melhoria está nos novos *chips* de computação com arquiteturas especializadas otimizadas para tarefas específicas, e até mesmo técnicas exóticas que exploram peculiaridades como o quantum-mecânico para processar os dados em vários conjuntos simultaneamente. Havia menos necessidade de pesquisas nesse sentido quando os microprocessadores genéricos estavam melhorando tão rapidamente, mas essas técnicas agora estão sendo projetadas especificamente para computação em nuvem, processamento de redes neurais, realidade virtual e outras tarefas. Esses *hardwares* especializados serão incorporados à nuvem e usados quando demandados.

Mas mudanças tecnológicas também são mudanças sociais. E, de certo modo, uma alimenta a outra. Teremos uma geração de consumidores que, graças ao *mobile*, nasceu digital. Consumidores que cresceram em uma cultura de conexão contínua e perpétua, acostumados com a informação ao alcance das pontas dos dedos e exigindo cada vez mais conveniência em cada aspecto de suas vidas. Uma geração crescente que busca experiências diferentes como nunca na história. Uma geração que, graças às redes sociais, está mais aberta a se relacionar com diferentes culturas e países. As pessoas estão usando plataformas digitais globais para aprender, encontrar trabalho, mostrar seu talento e construir redes de relacionamento. Cerca de 900 milhões de pessoas têm conexões nas redes sociais. Mais de 360 milhões de pessoas participam de transações de *e-commerce* entre diferentes países, novas plataformas digitais estão surgindo para melhorar a produtividade do trabalho profissional, mas também para integrar de maneira cada vez mais efetiva quem busca trabalhos de *freelance*, colaborando de modo pontual em uma tarefa, mas elevando a escala de conhecimento a um nível global, como aponta o relatório "Digital globalization: The new era of global flows", da McKinsey[71].

Mudanças tecnológicas são, antes de tudo, mudanças culturais. Tecnologias só crescem quando o mercado está suficientemente maduro para adotá-las. Em seu livro "Diffusion of Innovations"[72], de 1962, Everett M. Rogers foi o primeiro autor a descrever formalmente como as inovações se espalham pela sociedade. Três décadas depois, Geoffrey Moore expandiu as ideias de Rogers no livro "Crossing the Chasm"[73].

---

[71]MCKINSEY GLOBAL INSTITUTE. **Digital Globalization**: the new era of global flows. McKinsey & Company, Feb. 2016. Disponível em: <https://www.mckinsey.com/business-functions/digital-mckinsey/our-insights/digital-globalization-the-new-era-of-global-flows>. Acesso em: 31 out. 2018.

[72]ROGERS, Everett M. **Diffusion of Innovations**. Glencoe, IL: Free Press, 1962.

[73]MOORE, Geoffrey A. **Crossing the Chasm:** marketing and selling disruptive products to mainstream customers. 3rd. ed. New York, NY: Harper Business, 2014.

A teoria divide a população em cinco segmentos que formam uma curva de sino: inovadores, adeptos iniciais, maioria inicial, maioria final e retardatários. Conforme a lei de Moore, 2,5% da população são inovadores, 13,5% adeptos iniciais, 34% maioria inicial, 34% maioria final e 16% retardatários.

Os inovadores são os primeiros a adotar as novidades, são fascinados por qualquer avanço; os adeptos iniciais também estão dispostos a correr riscos e apreciam novidades, mas não são geradores de ideias como os inovadores; a maioria inicial é mais prática, espera ter benefícios concretos. O mesmo se pode dizer da maioria final, que rejeita o risco. Por fim, os retardatários adotam a tecnologia por absoluta falta de opção. Se aplicarmos o padrão dos períodos de revoluções na Era da Informação, 10 a 15 anos (aproximadamente o tempo de crescimento do 3G e 4G), e colocarmos os usuários de *mobile* na curva de sino de Moore, temos fortes indícios de uma nova revolução a caminho. Atualmente, existem cerca de 2 bilhões de *smartphones* em uso no planeta e algo em torno de 3,5 e 4 bilhões de telefones celulares nas mãos dos 5 bilhões de habitantes adultos na Terra. Ou seja, em matéria de celular, estamos no aproximando dos retardatários, onde o valor comercial é cada vez menor. Para os *smartphones* ainda não cruzamos a maioria inicial, existe mercado a ser conquistado, mas em um curto espaço de tempo é provável que praticamente toda a população global tenha acesso a um *smartphone*. Nos Estados Unidos, a penetração dos celulares já é de 91% e os *smartphones* somam 65% dos usuários, segundo estudo da Kantar Worldpanel ComTech[74]. Empresas como Apple e Samsung certamente intensificarão seus esforços de marketing para converter os usuários de *feature phones* (celulares básicos) para *smartphones*, além de convencer os donos de *smartphones* de que eles precisam da próxima "grande novidade". Entretanto, há cada vez menos usuários de celulares básicos a serem convertidos e o avanço dos novos *smartphones* tem sido apenas incremental, sem os grandes saltos tecnológicos que marcaram os primeiros anos das guerras de sistemas operacionais, capitaneadas pelo iOS (Apple) e Android (Google e Samsung). A realidade é que rapidamente os *smartphones* estão se tornando uma *commodity* e devem seguir caminho semelhante ao dos PCs. Ou seja, preços cada vez menores e produtos mais especializados, atendendo a demandas específicas. Mas isso não significa o fim da Apple e da Samsung; ainda existe um campo fértil a ser explorado em *wearables*, internet das coisas, casas conectadas, realidade virtual e uma série de produtos em que essas empresas vêm investindo.

Se a revolução do PC permitiu o surgimento dos *smartphones*, a popularização dos *smartphones* permitirá o crescimento de uma série de novas indústrias, de robôs construídos com Lego, passando por drones, roupas inteligentes, sensores, carros e tudo que possa se aproveitar de dispositivos que consumam pouca energia, possuam capacidade de

---

[74] KANTAR WORLD PANEL. **Double Digit Smartphone Market Growth is over.** Feb. 23, 2016. Disponível em: <https://www.kantarworldpanel.com/global/News/Double-Digit-Smartphone-Market-Growth-is-over>. Acesso em: 31 out. 2018.

processamento e estejam conectados à internet. O futuro do *mobile* vai muito além do *smartphone*, ele passa pela internet das coisas (IoT – *Internet of Things*) e pelo crescente uso da inteligência artificial, da computação em nuvem e de novas arquiteturas de sistemas e elevará esse conjunto de informações a novas proporções. Em 2020, é esperado que a internet das coisas rivalize com a indústria de *smartphones* com receita na casa dos trilhões. Equipados com sensores, os objetos podem interagir de forma autônoma com o seu ambiente ou ser controlados remotamente pelo usuário. Carros podem se comunicar com outros veículos, oleodutos podem monitorar sua própria segurança, embalagens podem ser rastreadas de um local para o outro e fábricas vão controlar cada etapa de seus processos. O número de dispositivos conectados está crescendo rapidamente. De acordo com a Cisco[75], havia 500 milhões de dispositivos conectados em 2003 e 12,5 bilhões em 2010, e esses números devem subir para 50 bilhões em 2020. Fogões, geladeiras, lojas, telefones, carros, sensores, relógios e roupas, tudo conectado, enviando e recebendo informações que são processadas e armazenadas para serem destrinchadas e recombinadas por computadores como o AlphaGo, gerando zilhões de infinitas alternativas.

O desafio para novos empreendedores, seja um grande conglomerado industrial ou uma empresa de fundo de quintal, é pensar o mundo *mobile*, rever seu modelo de negócio dentro desse novo contexto onde testar é a constante e a escala global uma possibilidade ao alcance de qualquer um. Antes dos PCs o trabalho nas organizações girava em torno do papel. Com o advento do PC, veio a planilha de Excel e o PowerPoint, permitindo se fazer mais com menos. Agora, entramos na era do Slack e de ferramentas compartilhadas de produtividade multiplataforma. Dez vezes mais resultados com dez vezes menos trabalho. As ferramentas são cada vez mais *standard*, padronizadas; o diferencial está na ideia e no investimento intelectual. A mudança não é somente nas ferramentas, é de *mindset*.

Observe a indústria automobilística, por exemplo. Carros vão se tornar *smartphones* com rodas. O barateamento de uma série de tecnologias permitiu a ascensão do carro elétrico da Tesla, um veículo com mais linhas de código do que um jato Boeing. Os diversos sensores do carro permitem ao fabricante monitorar o funcionamento de cada unidade, identificar problemas, avisar sobre manutenções e até fazer updates no sistema operacional do veículo, corrigindo problemas, durante a noite. Mas à Tesla vai além. Elon Musk, fundador da empresa, também quer reinventar a indústria de postos de gasolina, já que os usuários da Tesla podem reabastecer as baterias de seus carros em uma rede de postos de recarga sem pagar nada se esperarem 40 minutos ou pagam uma taxa se trocarem a bateria imediatamente por uma nova. Administra-se todo o sistema, com apps para orientar sobre distância a percorrer e indicando nos mapas onde estão os pos-

---

[75] EVANS, Dave. **The Internet of Things:** how the next evolution of the internet is changing everything. White paper. Cisco, Apr. 2011. Disponível em: <https://www.cisco.com/c/dam/en_us/about/ac79/docs/innov/IoT_IBSG_0411FINAL.pdf>. Acesso em: 31 out. 2018.

tos para a troca. Carros elétricos também são mais simples de manter: como não há um complexo sistema de engrenagens transmitindo a potência do motor para as rodas, esqueça revisões a cada 10 mil quilômetros. A Tesla inclusive quer acabar com a necessidade de revisões. Vale lembrar que os modelos da Tesla já vêm com computadores capazes de dirigir o automóvel. Não por acaso, Larry Page e Sergei Brin, fundadores do Google e que desenvolvem há anos carros autômatos, estão entre os investidores da Tesla. Some a isso os serviços de carros *on-demand*, seja com a propriedade do carro coletiva ou utilizando serviços como o Uber, e nascem novas indústrias dentro de uma indústria tradicional. Redução de custos de manutenção, motoristas, espaço de estacionamento, seguros, a lista é interminável. E cada um desses campos abertos ao uso do *mobile* para conectar toda essa rede de novos produtos, serviços e sistemas. Os céticos podem lembrar que a Tesla ainda não fabrica milhões de carros por ano como suas concorrentes, mas a maneira como utiliza a tecnologia *mobile* já aponta um caminho sem volta para a indústria estabelecida. Quando o carro surgiu, era possível prever sua massificação nas cidades, mas era difícil prever fenômenos como o Walmart, que só pôde existir graças aos carros disponíveis de maneira massificada.

Pense nisso estendido a todos os eletrodomésticos e eletroportáteis do planeta. E se a sua empresa, por exemplo, fosse especialista em melhorar a performance de geladeiras ou em reduzir o consumo de energia de lares e indústrias? Sua *startup* poderia também ser especializada em fazer *data mining* sobre padrão de consumo para criar anúncios de publicidade.

Em um primeiro momento você talvez imagine que entrar nesse jogo é caro demais. Mas a realidade mostra o contrário. A computação em nuvem permitiu que pequenos *players* contratassem a capacidade de armazenagem e processamento que precisam, como o Dropbox fez por anos até ter escala e dinheiro suficiente para ter seus próprios servidores. A Tesla se aproveitou de uma cadeia de produção espalhada pelo mundo todo e levou ao limite as novas possibilidades oferecidas pelas impressoras 3D. Mesmo o sistema de teleatendimento para suporte de usuários, um dos maiores custos de qualquer indústria, passará por uma revolução graças à inteligência artificial. Os *chatbots*, robôs que atendem os consumidores e resolvem seus problemas por meio de mensagens e texto, estão cada vez mais eficientes e baratos. O Twitter já demonstrou a capacidade que os robôs têm para o bem e para o mal ao se passarem por humanos, como no caso de Tay. Mas, problemas à parte, há quem diga que os *chatbots* são a próxima indústria multibilionária em uma trajetória similar à dos *apps*. Atualmente, mais de 2,5 bilhões de pessoas possuem ao menos um *app* de mensagens instalado em seu *device*, com o Messenger e WhatsApp, ambos do Facebook, liderando. Em poucos anos, segundo a Activate, serão mais de 3,6 bilhões de pessoas, ou metade da humanidade, com um *app* de mensagem instalado. Não por acaso, o Facebook anunciou uma "loja" com ferramentas para desenvolvedores de *chatbots*. Provavelmente, Mark Zuckerberg fará pelos *chatbots* o que Steve Jobs fez pelos *apps* em 2008 ao lançar uma loja da Apple com ferramentas para desenvolvedores

Startups - **95**

de apps para iOS, o que permitiu a um número inimaginável de empresas e pessoas desenvolver *apps* de maneira rápida e barata. Zuckerberg, como Jobs, não é o pioneiro, mas oferece a escala. A primeira loja de *chatbots* foi criada em junho de 2015 pelo app russo de mensagens Telegram. Hoje já são milhares de chatbots na plataforma interagindo com os usuários sobre notícias, filmes e até pornografia. Também existem *startups* como a Digit, especializada em criar *chatbots* vinculadas a contas bancárias que encontram meios de economizar dinheiro, e a Pana, uma agência de viagens via chat capaz de fazer reservas e roteiros via mensagens de texto. Gigantes como KLM e Sephora também desenvolvem seus *chatbots*: na aérea holandesa os passageiros já recebem seus bilhetes de embarque via Messenger, enquanto a empresa de cosméticos desenvolve tutoriais de maquiagem personalizados via *chat*. Somente no último ano, mais de 80 anunciantes trabalharam em parceria com o *app* de mensagens Kik para desenvolver *chatbots* para os mais de 240 milhões de usuários da plataforma. Para o crescimento da *bot economy*, como vem sendo chamada a tendência, pesa ainda o fato de o universo dos *smartphones* ser dominado por Google e Apple, enquanto o território dos *bots* por ora não tem um líder claro. Isso aumenta o interesse de empresas como Facebook e Microsoft, que não pouparão recursos para dominar esse mercado.

O marketing como o conhecemos também abre portas para um novo jogo. Antigamente era caro construir uma marca; hoje, boa parte delas é construída fora dos meios tradicionais de mídia, notoriamente caros para se investir. Se na TV aberta se buscava a massa, nas redes sociais se busca a afinidade; o marqueteiro ia para a TV e soltava uma bomba atômica, agora ele caça com um fuzil de *sniper* até criar massa crítica para sua marca. Red Bull, Tesla e outras menos conhecidas como Bonobos (roupas) e Wearby Parker (óculos) tiveram suas imagens construídas, principalmente, digitalmente. Todas essas novas plataformas (Facebook, Instagram, Snapchat, WeChat, Baidu, Messenger, WhatsApp, iOS e Android, entre tantas outras) são novas rotas para o consumidor. E cada uma dessas rotas possui uma proposição diferente de modelo de negócio. Novas ferramentas surgem dentro de cada uma dessas plataformas. Por exemplo, um serviço do Facebook chamado *Automatic Alternative Text* foi construído para "explicar" imagens para cegos.

Toda informação que a rede social coleta ajuda a refinar o *target* para anúncios, ou seja, torna mais efetivo para quem um determinado anúncio será mostrado. Mas o Facebook é uma plataforma predominantemente de imagens e não tinha uma maneira de medir o impacto do conteúdo das imagens. Até o início de 2016 a rede analisava somente as legendas das imagens. Com alguns ajustes, o *Automatic Alternative Text* passou a avaliar também os componentes das fotos por meio de inteligência artificial. Gradualmente a plataforma se torna cada vez mais efetiva e reduz ainda mais o custo para se chegar ao público certo. E esse é apenas o começo. O Watson, computador da IBM que em 2011 venceu o jogo *jeopardy*, continua sendo aprimorado. Agora, seus desenvolvedores estão trilhando territórios menos racionais, dando à máquina a capacidade de entender sentimentos humanos e reconhecer imagens. Watson seria capaz de reconhecer até mesmo quando as pessoas estão mentindo.

Não se engane: uma *startup* não precisa necessariamente estar ligada ao *mobile*, mas as melhores empresas usarão suas possibilidades ao máximo para serem mais eficientes.

Mais e mais plataformas de experimentação. Estamos diante de gigantescas escalas de oportunidade com custos de entrada extremamente baixos. Vale a pena tentar coisas diferentes e arriscar novos modelos. São tempos em que um jovem no Vietnã como Nguyễn Hà Đông pode desenvolver um game como *Flappy Bird*. Nguyễn não gastou nada além de seu trabalho intelectual e de programador, mas, ao atingir um número gigantesco de pessoas, ganhou milhares de dólares com os anúncios que apareciam enquanto o irritante passarinho subia e descia na tela do *smartphone*.

Há algumas décadas, quando se imaginava o futuro, ele envolvia robôs tão perfeitos que seria quase impossível diferenciá-los de humanos, como no filme "Blade Runner", de 1982. Era o ápice da inteligência artificial, onde humano e virtual seriam indistinguíveis. Um pouco mais tarde, já no final dos anos 90, os computadores seriam poderosos a ponto de controlar todo o planeta, como em "Matrix". As máquinas controlavam o mundo e os humanos eram apenas combustível descartável. Sua capacidade iria muito além das limitações humanas. Tão além que seríamos descartáveis. Mas, na verdade, nosso futuro provavelmente será bem menos apocalíptico e se assemelhará cada vez mais ao filme "Ela", de 2013. Na obra do diretor Spike Jonze, Theodore (Joaquin Phoenix) é um escritor solitário que se apaixona pelo sistema operacional de seu computador. Samantha (Scarlett Johansson), a inteligência artificial que dá vida ao sistema, tem acesso a todo e qualquer detalhe digital da vida de Theodore e, como o AlphaGo, tomava decisões, aprendia e evoluía à medida que funcionava. E-mail, fotos, reservas de restaurantes e toda espécie de dados que os milhares de sensores e computadores captavam e armazenavam, Samantha usava para evoluir. Samantha estava sempre disponível, a postos para tornar esse mundo, cada vez mais complexo, mais fácil para Theodore. Um sistema operacional que entendia seu usuário como ninguém na face da Terra o entendia, sabia até o que ele desejava antes mesmo que ele desejasse. Hollywood é notoriamente hábil em capturar as angústias da sociedade e transformá-las em histórias. O que o filme "Ela" captura brilhantemente são os ecos da revolução *mobile* que vivemos. Samantha, como um Blade Runner, é indistinguível de um humano. E, como na Matrix, sua conexão à rede permite um poder e inteligência tão vastos que a tornam incompreensível para um humano.

Nesse momento, todo esse emaranhado de informações orbita cada vez mais em torno do *smartphone*, mas, a exemplo do filme "Ela", onde Samantha se torna somente uma voz que fala diretamente ao ouvido de Theodore, o *mobile* será cada vez menos perceptivo para seus usuários. Hoje, um usuário do Uber vai do ponto A ao ponto B sem grandes preocupações, somente digita o endereço de destino. Em breve, isso acontecerá em um carro inteligente, onde provavelmente não haverá nem mesmo um motorista. O usuário cada vez se dará menos conta de toda a tecnologia (dezenas de sensores controlados por uma inteligência artificial) nos bastidores dessas jornadas, calculando milhões de possibilidades e respostas em microssegundos. E, como Theodore, não conseguiremos resistir aos encantos e às facilidades dessas novas tecnologias, mas aprenderemos a lidar com os desafios e a explorar as possibilidades que essas novas tecnologias e relações irão exigir.

CAPÍTULO **8**

COMO CONTAR HISTÓRIAS QUE ATRAEM PESSOAS

CONCEITOS DE *INBOUND MARKETING*: CRIANDO CONTEÚDOS RELEVANTES

Daniel O. Salvador

UM POUCO SOBRE *BRANDING*

Antes de criar conteúdo estratégico adequado para a sua marca, é necessário dar um passo atrás e pensar: o que é essa marca? O que ela significa? O que ela gostaria de transmitir? Quando uma pessoa pensar na sua marca, ela deve pensar em quê? Se a sua marca fosse uma pessoa, quem ela seria? Como ela seria? Antes de criar conteúdo estratégico adequado para a sua marca, faça o *branding* da sua marca.

Gestão de marca ou *branding* é difícil de definir, e aqui será usado o conceito de Kotler e Keller em seu livro "Administração de Marketing": "*Branding* significa dotar produtos e serviços com o poder de uma marca" – marca e produto são indissociáveis.

É um trabalho árduo e sutil que exige a constante entrega da promessa de marca, mantendo a coerência do discurso em todos os pontos de contato com o consumidor, promovendo a identificação da empresa, produto ou serviço. Uma marca consistente imprime sua assinatura nas mais sutis características de tudo em que esteja envolvida, seja em um comercial, um *flyer*, um jingle, uma intervenção urbana, um flash mob ou na comunicação interna.

A identidade de uma marca é o que vai representar uma empresa e diferenciá-la das demais. Através dela a companhia transmite seus valores e cria empatia no relacionamento com seus *stakeholders*. Quando pensamos em marcas como a Apple, é fácil imaginar como seriam novos produtos lançados por ela ou olhar para algum elemento e coligá-lo à empresa só por possuir características semelhantes.

O objetivo deste capítulo não é ensinar como fazer *branding* ou posicionar a sua empresa, mas conscientizar os gestores de *startups* da existência e da importância desse passo inicial.

Startups - **99**

Tudo o que será construído nesse novo serviço, produto ou marca será construído em cima da marca, seus atributos e valores. Uma base sólida, consistente e relevante pode garantir um futuro igualmente seguro; já construir seus alicerces em cima de uma marca mal delimitada, contraditória ou que vá de encontro aos valores do público é certeza de fracasso.

Possuir valores, uma história e um conceito alinhado com todas as iniciativas da empresa – por consequência, deve estar alinhado com todos o que fazem parte da equipe – norteará como a sua marca fala, assina, as expressões e o tom que usa.

INBOUND MARKETING

A frase clichê, reproduzida incessantemente na internet e atribuída a diferentes autores, é um excelente conceito de *inbound marketing* ou marketing de atração. *Inbound marketing* consiste no conjunto de técnicas que, em vez de "correr atrás do consumidor" – como em anúncios de TV, jornal ou uma intervenção urbana, por exemplo – a marca produz material a fim de ser encontrada *on-line* pelo consumidor, atraindo-o no momento da procura por algo que seja relevante para ele, seja por meio de buscadores, mídias sociais ou conteúdo.

O Content Marketing Institute, referência internacional em ensino corporativo sobre o assunto – uma excelente fonte de estudo para *startups* que estão iniciando ou querem iniciar a sua produção de conteúdo –, define como as estratégias atuam sobre o público até o momento de conversão, onde a estratégia segue através do marketing de conteúdo, que transcenderia o *inbound*. Sendo assim, o marketing de conteúdo é uma das partes do *inbound marketing*, mas não se limita a ele.

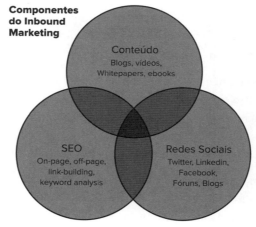

Fonte: GABRIEL, 2014.[76]

---

[76]GABRIEL, Martha. **Marketing de Conteúdo:** orquestrando a convergência e transmedia digitais (Fórum de Marketing HSM). SlideShare, 14 set. 2014. Disponível em: <https://pt.slideshare.net/marthagabriel/marketing-de-contedo-orquestrando-a-convergncia-e-transmedia-digitais-forum-de-marketing-hsm>. Acesso em: 31 out. 2018.

Já a HubSpot amplia o sentido adotado pelo Content Marketing Institute, como simples antagonista do outbound marketing, incluindo todo o processo pós-venda também:

Inbound marketing pode ser considerado qualquer tática de marketing que se baseia em ganhar o interesse das pessoas em vez de comprá-lo.

O QUE É MARKETING DE CONTEÚDO

De acordo com o CMI, a definição de marketing de conteúdo é:

Content marketing is a strategic marketing approach focused on creating and distributing valuable, relevant, and consistent content to attract and retain a clearly-defined audience — and, ultimately, to drive profitable customer action.

Em tradução livre: "marketing de conteúdo é uma abordagem estratégica de marketing focada na criação e distribuição de conteúdo valioso, relevante e consistente para atrair e reter um público claramente definido – e, por fim, dirigir o cliente a ações rentáveis".

O QUE É CONTEÚDO

A essência conceitual de algo (ideia, obra, pensamento, situação, etc.)

- Pode estar contido em qualquer tipo de:
  - » Linguagem:
    - Textos, imagens, vídeos, áudio-fala, olfato.
      - ➤ Quando se entra em uma unidade do McDonald's e sente-se o mesmo cheiro que sente em outras franquias, imediatamente o consumidor é remetido às experiências anteriores e começa a sentir fome (ou não) – isso é um conteúdo. Fazendo analogia com o conceito de *branding* que usamos neste capítulo, *branding* significa dotar um cheiro com o poder de uma marca e dotar uma marca com o poder de um cheiro. Um item passa a estar ligado a outro. Se o consumidor entra em uma unidade da rede *fast-food* e não sente esse odor, ele estranha – e outra forma de estranhamento seria sentir esse cheiro em outro ambiente.
      - ➤ No que diz respeito à identidade auditiva, a Coca-Cola e a Dell são bons exemplos de marcas que fizeram bom uso dos recursos. Por anos, a Dell encerrou seus comerciais com uma assinatura musical. Mesmo que o consumidor não estivesse no mesmo cômodo que a TV, poderia identificar de quem é o comercial ao ouvir o nome da marca. A identidade fez tanto sucesso que alguns comerciais encerravam com um grupo de pessoas cantando as notas da empresa.
      - ➤ Um pouco antes da Copa do Mundo do Brasil de 2014, a Coca-Cola havia lançado uma assinatura musical para as suas peças multimídias que continham o encerramento com algumas notas simples. Na época, o posicionamento da marca girava em torno do slogan "Abra a Felicidade". As notas simples se desdobraram mais para frente em uma música dedicada à Copa do Mundo, onde

Startups - **101**

um coro cantarolava as notas durante o refrão. Esse coro cantarolado foi aplicado nas peças da marca durante a campanha e também introduziam e encerravam as transmissões dos jogos, sem que fizesse outra alusão ou menção à marca. Mesmo assim, os espectadores eram remetidos à marca. A música oficial é interpretada por Gaby Amarantos e Monobloco e pode ser ouvida no YouTube oficial da marca em: <https://www.youtube.com/watch?v=MUGOsFPgVP0>.

- Suporte/Mídia
  - » Mural, TV, rádio, web, celular, camisetas, ambientação.
    - Como disse o sociólogo Marshall McLuhan, "o meio é a mensagem", fazendo referência ao fato de que o canal por onde o espectador consome o conteúdo também altera a mensagem, tornando-se parte essencial do conteúdo a ser transmitido e, por consequência, deveria ter igual importância na hora de pensar a transmissão da ideia.
      - ➤ Em 2012, Snoop Dogg, um dos rappers mais irreverentes do mundo, conhecido também pelo seu posicionamento a favor da causa da cannabis sativa (maconha), lançou um livro chamado "Rolling Words". Tratava-se de um *songbook* que tinha tudo para ser mais uma publicação nas prateleiras, não fosse por uma peculiaridade: o livro é feito de seda – o tipo de papel usado para enrolar cigarros. A lateral do livro também é uma lixa de riscar fósforos, tudo para propiciar ao leitor uma experiência única, transmitindo as "crenças" do seu publicador. Nada mais adequado.
      - ➤ Na hora em que uma agência precisa imprimir algum material, as gráficas são tratadas como *commodities*, sendo convocadas para um orçamento e, normalmente, vencendo sempre quem tem o melhor preço, prazo ou alguma outra boa condição de pagamento. Não se faz distinção entre as marcas e não se cria empatia com uma ou outra, mas, em 2011, isso foi um pouco diferente. Naquele ano, a gráfica Art Center (conhecendo bem o hábito dos publicitários) mandou entregar mais de 400 pizzas nas maiores agências de publicidade de São Paulo. Na hora de comer a pizza, uma surpresa: a massa era de verdade, mas o recheio era impresso. Na caixa constava ainda a seguinte mensagem: "também imprimimos em papel" – além de ser realmente comestível, a pizza ainda vinha com um cupom para uma pizza de verdade. Esse é um exemplo de como o meio e a mensagem podem se complementar tornando um dependente do outro para que o conteúdo faça sentido, virando um diferencial.
- Ferramentas mais comuns de marketing de conteúdo:
  - » Páginas (sites, blogs, *hotsites*, etc.).
  - » Mapas.
  - » E-books.

- » Aplicativos.
- » Ferramentas.
- » Apresentações.
- » Vídeos.
- » Notícias.
- » Imagens (gráficos, fotos, infográficos, etc.).
- » *Podcasts*.
- » Perfis sociais.
- » Jogos.
- » Eventos.
- » Transmissões ao vivo.
- Estratégia de conteúdo: de lead a embaixador (ferramentas para cada etapa).

As estratégias de marketing de conteúdo visam transformar um completo desconhecido em um embaixador da marca. A seguir, o fluxo percorrido por um potencial consumidor desde seu primeiro contato com a marca até uma relação de fidelização, na interpretação de duas grandes norteadoras do marketing de conteúdo: o Content Marketing Institute e a HubSpot.

Fonte: CMI, 2013.[77]

---

[77] CONTENT MARKETING INSTITUTE. **CMI Winning Drive. SlideShare**, Jun. 18, 2013. Disponível em: <https://www.slideshare.net/CMI/cmi-winning-drive>. Acesso em: 31 out. 2018.

Fonte: HUBSPOT, s.d.[78]

Além de possuir muitas similaridades, as duas abordagens são adequadas e fica a critério do profissional se pretende seguir alguma das duas instituições, ambas ou, até mesmo, criar a sua própria a partir das duas. Ambas foram apresentadas a fim de mostrar mais possibilidades ao leitor e ilustrar algumas características complementares.

O gráfico do Content Marketing Institute se inicia quando o potencial consumidor já é um visitante e deixa bem claro em seu gráfico quais etapas dizem respeito ao *inbound marketing*. O instituto foca muito em mostrar o quanto tem-se que percorrer após converter o consumidor, ou seja, para demonstrar o quanto o marketing de conteúdo não se contenta até a parte da atratividade, mas perdura até o momento da fidelização – etapas que destrincha mais detalhadamente.

O gráfico da HubSpot inicia um passo antes do potencial consumidor se tornar um visitante e acrescenta uma gama inicial de atrativos, além de detalhar quais ferramentas a empresa entende que atua sobre cada uma das etapas. Como a abordagem da HubSpot é mais ampla, será interpretada com maior profundidade, pois entende-se que os itens abordados pelo Content Marketing Institute estão contidos em suas metodologias.

Ao longo do todo são as quatro ações (Atração, Conversão, Fechamento, Encantamento) que devem ser tomadas a fim de obter visitantes, *leads*, clientes e promotores.

Ao publicar o conteúdo certo no lugar certo, no momento certo, o marketing torna-se relevante e útil para os seus clientes, não intrusivo. O espectador pode consumir o conteúdo desejado, na hora e no lugar que quiser.

---

[78] HUBSPOT. **What Is Inbound Marketing?** Disponível em: <https://www.hubspot.com/inbound-marketing>. Acesso em: 31 out. 2018.

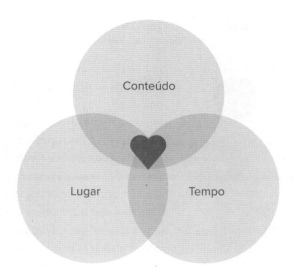

Conceitos macro abordados pela HubSpot:

Criação de conteúdo + distribuição: criar conteúdo segmentado que responda às perguntas e necessidades dos prospects e consumidores e, então, compartilhá-lo adequadamente por todos os canais relevantes. Para esta etapa é importante conhecer o consumidor e ter um posicionamento de marca bem definido.

Ciclo de vida do marketing: eles começam como estranhos, visitantes, contatos e clientes. Ações de marketing específicas e ferramentas ajudam a transformar esses estranhos em promotores. Saber identificar as ações que a marca tem colocado em prática e em que nível de relacionamento os indivíduos estão é essencial para saber quais são as metodologias necessárias para convencê-lo a dar um passo a mais na relação com a marca.

Personalização: quanto mais uma empresa conhece seu público, mais ela se torna apta a interagir com o tempo e o meio da forma adequada, aumentando a efetividade das ações e gerando um grande grau de identificação com a marca.

Multicanal: *inbound marketing* é multicanal por natureza, pois se aproxima das pessoas onde elas estão, no canal onde elas querem interagir com você – ainda mais em uma era onde os usuários estão ligados em múltiplas telas. Mais do que estar presente em todos os canais, é necessário ter certeza de que o canal é condizente com o posicionamento da marca e o consumo do público. Além disso, é de suma importância que o conteúdo esteja adequado e otimizado para os canais em questão.

Integração: criação de conteúdo, edição e ferramentas de análise devem trabalhar todos juntos como um perfeito organismo – o que lhe permite concentrar-se em publicar o conteúdo certo no lugar certo no momento certo.

QUATRO NÍVEIS DO MARKETING DE ATRAÇÃO
Atração

Não se deseja apenas *qualquer* tráfego para o site, o que se deseja é o tráfego certo. As pessoas que são mais propensas a se tornar *leads* precisam, por fim, virar consumidores satisfeitos. Quem são essas pessoas certas? É necessário conhecer o público e criar alguns perfizes capazes de resumir como eles se sentem em relação ao mundo, em relação ao consumo e em relação ao que a *startup* se compromete a fazer. Se o produto ou o serviço é novo, cabe uma pesquisa com o público desejado para, então, extrair essas percepções.

Algumas das ferramentas mais importantes nessa primeira fase de atrair os usuários certos para o seu site são:

Blog: a forma mais comum adotada no *inbound marketing* para iniciar a produção de conteúdo. De acordo com a HubSpot, um blog é a maneira mais adequada de atrair novos visitantes ao seu site. A fim de ser encontrado pelos potenciais clientes, é necessário criar conteúdos educativos que falem a eles e respondam às suas perguntas.

- Se o produto ou serviço lançado por uma *startup* for completamente novo, um bom conteúdo a ser produzido são explicações de como usar o novo recurso, as diversas aplicações, demonstrar os problemas que ele solucionará, além de depoimentos e principais dúvidas.

SEO (*Search Engine Optimization*): é o conjunto de práticas que visam melhorar o posicionamento de uma página nos resultados de buscas com as quais se quer estar relacionado. Seus clientes começam o seu processo de compra *on-line* geralmente usando um motor de busca para encontrar algo sobre o qual têm dúvidas. Então, você precisa ter certeza de que você está aparecendo com destaque. Para isso, é preciso cuidado, analiticamente escolher palavras-chave, otimizar suas páginas, criar conteúdo e construir as ligações em torno dos termos que seus compradores ideais estão procurando. Essas ferramentas não se separam: SEO, ASO (*App Store Optimization*, otimização da busca para aplicativos) e SMO (*Social Media Optimization*, otimização da busca em redes sociais) devem ser pensados no momento de construção de todo o material que ficará disponível *on-line*, inclusive no momento da construção de um blog. Algumas das técnicas mais relevantes para otimizar a busca são melhoradas através de blog, por exemplo:

- Uso de palavras-chave.

» Uso de *tags*, *title tag* (descrição que aparecerá no topo do navegador).
» *Meta description* (descrição que aparecerá no resultado das buscas).
- Ter o volume de páginas em constante crescimento.
- Ter páginas internas com *links* entre si.
- Possuir bastante *links* de portais externos.

Páginas: as páginas de um site representam a marca, como uma vitrine virtual. Então coloque o melhor da empresa para a frente! Otimize o site para apelar a seus compradores ideais, transforme-o em um atrativo de conteúdo útil para chamar os usuários certos para visitar.

Mídias sociais: as redes sociais podem ser uma boa porta de entrada porque permitem acesso a um número grande de usuários e permitem que a marca se envolva com seus clientes potenciais, colocando um rosto humano sobre a sua marca. Interaja onde o seu público estiver.

Conversão

Uma vez que você atraiu visitantes ao site, o próximo passo é converter esses visitantes em *leads*, reunindo suas informações de contato. No mínimo, você vai precisar de seus endereços de e-mail. As informações de contato são a moeda mais valiosa que existe para o comerciante *on-line*. Portanto, para que seus visitantes ofereçam essa moeda de boa vontade, é preciso oferecer-lhes algo em troca! O "pagamento" pode vir na forma de conteúdo, como livros, white papers ou planilhas – qualquer informação que seria interessante e valiosa para cada uma de suas personas.

Algumas das ferramentas mais importantes na conversão de visitantes para clientes potenciais incluem:

Formulários: para transformar esse visitante desconhecido num lead é necessário coletar alguns dados essenciais desse usuário. Criar situações que estimulem o internauta a ceder essas informações em troca de algum benefício é a melhor prática do mercado atual. Os principais motivadores são acessos a conteúdos exclusivos, de qualidade e específicos. Por exemplo: *e-books*, planilhas, cartilhas, *templates*, coletânea de matérias, concurso ou para receber *newsletters* com vantagens ou conteúdos atuais. Em condições gerais, quanto mais informações se detém de cada lead, melhor uma empresa fica munida para segmentar a comunicação e tratar cada contato. Entretanto, é preciso ponderar essa captação de dados na hora da criação de dados. Formulários muito grandes estimulam a evasão de *leads* e desestimulam a inscrição de novos usuários. Para contornar essa situação é preciso mediar o que está sendo ofertado em troca do volume de dados. Além disso, outra técnica para poder conhecer melhor esses potenciais consumidores é a produção de materiais específicos. Por exemplo, em vez da criação de um *e-book* sobre "marketing de conteúdo", pode criar um *e-book* de "SEO para empresas de *e-commerce*". Esse conteúdo vai tornar ainda mais específico o público que chega ao portal e torna mais fácil abordá-lo, tendo em vista que o próprio conteúdo pelo qual ele está interessado explicita sua necessidade. Em paralelo a isso, é bom ter um CRM para cruzar os dados desse lead com outras interações, como marca, a avaliação do próprio Google Analytics ou, ainda, o uso de BI e big data. Dessa forma, é possível coletar dados e usá-los com inteligência sem gerar uma nova camada de obrigações para o lead.

Call-to-action (CTA): em tradução livre, "chamada para a ação" são os textos que normalmente ficam expostos: os botões, headers de *landing pages* ou ao final de vídeos e comerciais. Esse texto é uma ordem para que o usuário execute a ação que a empresa deseja com determinada comunicação, dessa forma fica claro o objetivo da página, do botão ou da propaganda e o usuário é estimulado a seguir conforme ordenado. Existem vários estudos e pesquisas que mostram não só a eficiência do *call-to-action* como também as melhores práticas. "Compre agora", "baixe o *e-book*", "quero receber descontos por e-mail", "acesse o site e compare", etc.

Landing pages (LP): as *landing pages* são as "páginas de aterrissagem". Quando um usuário clica em uma rede social ou em um site mesmo para baixar algum material, normalmente ele é encaminhado para uma LP. Essa página tem como caraterística ser toda desenhada apenas para a conversão de um lead, ou seja, ela toda é voltada para conquistar uma inscrição completa dos dados de um usuário. Ela é composta normalmente por muita informação em destaque sobre as vantagens do material pelo qual o usuário se interessou, um formulário e um botão com um CTA. Outra caraterística da LP é a ausência de distrações. Normalmente, a LP não oferece ao usuário que troque de página, acesse outro *link* ou outra área. Ela se propõe a ser livre de distrações.

Fechamento

Você está no caminho certo. Você atraiu os visitantes direito e adquiriu os *leads* desejados, mas agora você precisa transformar esses *leads* em clientes. Como você pode mais efetivamente realizar essa façanha?

Ferramentas de fechamento incluem:

Customer Relationship Managment (CRM): são soluções de Gestão de Relacionamento com o Cliente. Existem diversas ferramentas prontas e customizáveis de mercado que permitem acompanhar detalhes de todos os clientes e potenciais clientes. Nele é possível ver o estágio de relacionamento com cada público em um *pipeline*, desde um prospect até um comprador recorrente. O CRM fornece informações para uma comunicação mais adequada, tornando a conversão de cada público para um próximo nível de relacionamento maior. Um CRM pode ser uma ferramenta cara para uma empresa que está começando, mas existem ferramentas intermediárias ou básicas no mercado que visam pequenas empresas. No caso do pedido de investimento, deve-se levar em consideração prever um CRM no orçamento de investimento.

Relatórios: analisar as métricas de todo o esforço feito é essencial para saber quais iniciativas trazem maior retorno e quais são ineficientes. Esse é um ponto em que muitas empresas pecam: não investir na medição de seus resultados. Sem isso é impossível correlacionar qualquer desempenho da empresa com as ações feitas. Um relatório inteligente deve avaliar dados óbvios, como faturamento, lucro, *ticket* médio, número de clientes, etc., mas também deve avaliar acessos ao portal, inscrição de *leads*, *leads* que viraram clientes, acesso à área de contato do portal, envio de *newsletters*, interações em redes sociais ou qualquer outra avaliação que capte os indicadores-chave para ditar o caminho do negócio. Para uma *startup* que está começando, o conceito de "fail fast" ("falhe rápido" em português) deve ser levado em consideração para que não sejam gastos os poucos recursos disponíveis com algo cujo retorno sobre o investimento seja muito pequeno. Por isso, ter relatório e medir esses desempenhos é essencial.

E-mail: os campos mais comuns e mais valiosos de um formulário são o e-mail e o telefone. Mais do que o próprio nome. O nome pode ser usado para customizar um e-mail que é, sim, algo valioso, mas sem o e-mail nenhum contato será feito. Após coletar esse lead com o formulário, CTO e a LP, esses contatos devem ser acionados, começando por uma mensagem inicial de confirmação do e-mail para o recebimento do material e garantir que o e-mail seja válido. Na sequência, cada lista pode ser tratada individualmente com uma régua de comunicação, que traz soluções para as dores do cliente no momento em que ele se encontra. Essas soluções podem ser abordadas de diferentes de formas, além de mandar também conteúdo que passa o senso de autoridade para a empresa. Dessa forma, por exemplo, a marca pode ser lembrada no momento da compra, mesmo que demore. Atualmente o número de telefone é outro ativo muito valioso. Ele sempre foi para algumas marcas como bancos e telecons, mas com a ascensão do WhatsApp essa provavelmente será a próxima onda da comunicação entre a marca e o público.

Encantamento

Ainda de acordo com a HubSpot, a forma de entrada é tudo sobre o fornecimento de conteúdo notável para nossos usuários, quer sejam visitantes, *leads* ou clientes existentes. Mas só porque alguém já adquiriu o seu produto, ideia, serviço, não significa que você deve abandonar a construção desse relacionamento. Empresas focadas em *inbound* devem continuar se envolvendo com os consumidores, em um constante processo de pós-venda. Melhor que um cliente é um cliente que indica, é um cliente que indica e compra mais vezes.

Ferramentas usadas para encantar os clientes incluem:

Pesquisas: a melhor maneira de descobrir o que os usuários querem é perguntando a eles. Use o *feedback* e as pesquisas para garantir que você está oferecendo aos clientes o que eles estão procurando. Torne os resultados públicos, caso vá fazer as alterações necessárias identificadas. Faça o público se sentir importante, mostre que a opinião dele foi efetivamente usada.

Conteúdo inteligente: produza conteúdo sob medida para a empresa. É essencial ter mapeado quais são suas principais dores, qual o conteúdo que gostam de consumir, os tons e a abordagem. Formular títulos e estimular o SEO para chegar à frase exata que o público de interesse fala. Buscar em redes sociais ou procurar no Google vai gerar uma segmentação muito mais precisa.

Monitoramento de redes sociais: monitorar o que está sendo falado sobre uma marca, um concorrente, monitorar o público ou, ainda, monitorar os problemas que a *startup* visa atender pode munir uma empresa de conhecimento para não só produzir conteúdo e se relacionar com o cliente, como para mudar o produto ou o serviço em si.

PRODUÇÃO X CURADORIA DE CONTEÚDO
Quando uma *startup* com pouco recurso decide se iniciar no *inbound marketing*, o primeiro dilema que surge é: como conseguir esse conteúdo? Construí-lo ou replicá-lo? Para facilitar a compreensão dos prós e contras de cada um, veja a tabela a seguir.

PRODUÇÃO	
Produzir um vídeo, artigo ou infográfico do zero, para disponibilizar nos canais da *startup*.	

PRÓS	CONTRAS
Conteúdo exclusivo.	Produção lenta, em comparação à curadoria.
Torna o produtor referência no tema que aborda. Profundidade.	Exige equipe e investimento.
Gera acesso e *links* para o portal.	Pode exigir que você mantenha uma frequência alta para não ficar defasado.
Permite que a *startup* fale de seu caso específico, sem restrições.	

CURADORIA

Usar conteúdo de terceiros, republicar, replicar ou adaptar em uma estrutura cujo consumo faça sentido para parte do seu público.

PRÓS	CONTRAS
Mais rápido em comparação à produção.	Conteúdo replicado.
Exige menos investimento, equipe e tempo.	Não consegue fazer um conteúdo específico sob medida para um produto ou serviço completamente inovador.
Abrangência maior de temas.	Dependendo de quão exclusivas são as adversidades em que a *startup* se encontra, pode não existir conteúdo que trate da temática.
Permite utilizar conteúdo de profissionais estabelecidos no mercado, qualificando o texto.	Costuma gerar *links* e acessos para sites de terceiros.

Para empresas frente a questões que vão desde produtos/serviços muito diferentes até a falta de investimentos (ou ambos!), a solução tende a ser a curadoria, mas usar as duas metodologias pode ser um diferencial para obter o melhor de cada uma. Por exemplo, é possível publicar conteúdo de terceiros para não perder o ritmo das publicações, enquanto, em paralelo, pode-se construir um conteúdo exclusivo sem urgência.

Outras soluções práticas para otimizar a curadoria de conteúdo:

Republicação autorizada: pedir autorização para autores do mercado, que já escrevem artigos, para replicar seus materiais no site da *startup*. Dessa forma, a *startup*, com a chancela do autor, consegue publicar um *link* para seu próprio site, enquanto o autor original tem seu conteúdo e nome difundidos por outros canais.

Fazer um *post* de curadoria: às vezes, replicar um conteúdo pode tornar uma empresa repetitiva. Em vez disso, é possível auxiliar o espectador a filtrar o conteúdo que realmente importa e encontrar fontes confiáveis. Por exemplo, um post de título "10 livros realmente confiáveis quando o assunto é marketing de conteúdo".

O gráfico a seguir, da curata.com, representa bem os custos e os tipos de conteúdos produzidos, ilustrando também o quanto essas características influenciam na frequência em que são produzidos.

Fonte: Curata. www.curata.com

Mas a pirâmide anterior também passa um outro dado: quais subtipos podem se desdobrar de um conteúdo mais complexo que exigiu um esforço maior. Por exemplo, a produção de um livro impresso pode ser usada como fonte para alguns *e-books* a serem disponibilizados no site, que podem ser desdobrados em *posts* e releases e assim seguindo por infográficos, vídeos, etc.

É uma forma de otimizar um conteúdo já produzido, criar mais páginas em seu site/blog falando sobre esse tema e, por consequência, tornando-se referência quando a temática for buscada.

SELEÇÃO DO CONTEÚDO

Agora, talvez, uma das perguntas mais difíceis de se responder: o que falar com o seu público? Não existe uma resposta certa que se aplique a todos os casos, mas para auxiliar *startups* a chegar a uma conclusão do que melhor lhes atendem, deixaremos aqui algumas técnicas de como encontrar os assuntos a serem debatidos e como produzir um conteúdo que traga resultado.

O mais recomendado nesse caso é: pesquisa! É necessário mapear o comportamento do potencial público – público que a *startup* tem em mente. Pesquisar comportamentos que transcendem a relação dele com aquele produto/serviço. Entender o cotidiano do usuário, quem ele é (idade, sexo, religião, gostos), em que ocasião ele usaria, como ele consome outros itens e itens similares, que programas assiste na TV, o que curte nas redes sociais, que conteúdos consome e como ele interage com o dispositivo através do qual faz a compra, etc.

Mas pesquisas de mercado podem sair caras e nem sempre refletem a verdade. Por isso, é uma prática de mercado na consagrada metodologia do lean *startup* o desenvolvimento de uma versão mínima do benefício de um produto ou serviço em um produto mínimo viável (MVP) e testá-lo na prática. Mesmo que não seja possível desenvolver uma primeira versão para aplicação desse teste, é necessário conhecer o público. Entreviste-os, entenda-os o máximo que puder e tente acoplar todas a características dos indivíduos estudados em alguns arquétipos, em personas.

Diferentemente de uma descrição de público-alvo, personas resultam em documentos que parecem perfis e não se prendem a descrever a região onde mora e o salário: mostram seus objetivos, suas frustrações, seus *hobbies* e outras qualificações.

Se a pesquisa de mercado e a entrevista pessoal não forem possibilidades, é possível ainda tentar chegar nessas personas através de um forte trabalho de empatia e especulação – e, se já existirem produtos/serviços análogos, conhecer alguns benhcmarks pode ser um bom ponto de partida.

Algumas abordagens que podem funcionar:

- Trabalhe com as dúvidas e inquietudes de seus clientes e forme uma estratégia de produção de conteúdo que responda a esses dilemas.
- SWOT: engrandeça os pontos fortes da *startup*, combata as fraquezas, fale com as oportunidades e desmistifique as ameaças.
- Fale de assuntos relacionados ao negócio sem falar do produto/serviço da empresa. Por exemplo, um artigo de um site de booking que traz os dez melhores lugares para comer em Buenos Aires.

Independentemente da forma como a *startup* iniciará sua produção ou curadoria, uma coisa é certa: são as métricas que ditarão por onde essa estratégia seguirá. Os conteúdos mais acessados, os menos acessados, as maiores taxas de rejeição e os conteúdos que mais levaram à conversão, ou seja, que trouxeram maior número de público qualificado.

CONTEÚDO INTERESSANTE X CONTEÚDO RELEVANTE

Conteúdos interessantes são aqueles que levam as pessoas a compartilhar, a curtir e co-mentar, mas não necessariamente o teor desse material somou conhecimento ou é algo que as façam voltar sempre à mesma fonte para consumi-lo. Por exemplo, o viral de 2013, o Harlem Shake[79]: milhões de compartilhamentos, mas o conteúdo, em geral, não acrescenta novidade ao porfólio de conhecimentos do espectador. Pode-se até fazer um Harlem Shake para uma marca – uma *startup* –, mas não se pode "viver disso".

No geral, conteúdos apenas interessantes são excelentes para *social media*, mas não são efetivos em SEO.

Conteúdos relevantes são aqueles que regarão o portal da *startup* com palavras-chave de interesse do usuário e o atrairão para o consumo do material, mas nem sempre é apre-

---

[79] CIRIACO, Douglas. Harlem Shake: um meme com história. **Tecmundo**, 20 fev. 2013. Disponível em: <https://www.tecmundo.com.br/memes/36790-harlem-shake-um-meme-com-historia.htm>.

Startups - **113**

sentado de uma forma interessante que estimule o compartilhamento e, quando compartilhado, talvez não seja tão interessante a ponto de atrair o clique.

No geral, conteúdos apenas relevantes são excelentes para SEO, mas não são efetivos em *social media*.

COMO TORNAR UM CONTEÚDO INTERESSANTE?

A seguir, algumas características que podem vir juntas ou separadas e que permitem tornar um conteúdo encantador:

Perspectiva única: fazer o espectador ter um olhar diferente sobre o mesmo objeto do assunto. Pode ser desde ilustrar um conteúdo simples de forma muito bonita e atraente ou pode ser como o The National Autistic Society fez em um vídeo lançado em abril de 2016, onde mostra como uma criança autista vê o mundo[80]. No vídeo, todos os mínimos detalhes do ambiente são exacerbados de forma que o espectador se sinta incomodado com um ambiente corriqueiro para quem possui uma percepção normal.

Surpresa: "Clube da Luta", "O Sexto Sentido" e "Os Outros" são filmes de grande sucesso que têm sua história repercutida sempre que um assunto vem em pauta: *plot twist*. Em 2012 e 2013, a campanha "Pagar com Visa é muito melhor" apresentava uma série de filmes em que o protagonista possuía ou uma característica caricata ou estava comprando algo inadequado e o atendente perguntava se podia falar algo, como se fosse pontuar algum problema. Por fim, é isso mesmo que eles faziam, mas frisavam que pagar com Visa era melhor do que com dinheiro. O exemplo em questão traz o *plot twist* com humor, mas emoção também é um recurso muito usado em surpresas.

Humor: os principais virais do mundo são dotados dessa característica. Alguns têm *storytelling*, são emocionais e possuem surpresas, mas os principais têm humor. Fazer o espectador rir é quase sempre uma boa opção. Diz-se quase porque alguns temas são muito delicados para tratar dessa forma, apesar do que mostra o case da Sinafi: uma das maiores empresas de seguro de vida do mundo brinca com esse tema delicado com peças como "Um dia você não acorda e está rico", "Se dirigir, não beba. Se beber, Sinafi" Ou "De duro, já basta você no caixão".

***Storytelling*:** uma das técnicas mais antigas de propagar uma ideia, o *storytelling* está em alta, pela sua imensa capacidade de convencimento e criação de empatia. Existem diversas técnicas para dar ritmo a uma história persuasiva e personagens carismáticos. Um dos livros mais recomendados por delimitar bem os tipos de personagens que pessoas, profissionais e marcas podem ser é "O Herói e o Fora-da-lei" de Margaret Mark e Carol S. Pearson. O maior exemplo de persuasão por intermédio de stoytelling são os contos de fadas: fábulas criadas para ensinar as crianças alguns princípios (amor, altruísmo, etc.) e inibir maus comportamentos (mentir, roubar, etc.).

---

[80] <https://www.youtube.com/watch?v=Lr4_dOorquQ>

Como tornar esse conteúdo útil:

Relevância: os temas abordados devem ser de importância para o público-alvo.

Precisão: vivemos na era em que disputamos o tempo do consumidor, seja direto, seja específico. Se seu texto não tiver as informações de que o usuário precisa, ele não hesitará em deixar o portal da companhia.

Evidência: os temas devem estar em destaque no cotidiano das pessoas ou em mídias.

Exemplo de conteúdo relevante e interessante? Infográficos. É uma forma de abordar temas bem técnicos com textos em tópicos e ilustrados que ajudam na absorção do conteúdo através da ludificação.

MELHORES PRÁTICAS DE CONTEÚDO
Imagens

O cérebro processa imagens 60 mil vezes mais rápido do que texto e recebe 90% das informações por meio da visão. A retina envia para o cérebro o equivalente a 10 milhões de *bits* por segundo.

40% das pessoas reagem melhor a imagens do que a textos. Nas mídias sociais, esse número sobre para 44%. Sessenta por cento dos consumidores estão mais inclinados a clicar em páginas de empresas cujas imagens aparecem nos sites de busca.

Uma pesquisa lançada pelo Massachusetts Institute of Technology (MIT) em 2014, pelo candidato a PhD Aditya Khosla[81], avalia o potencial das fotos em redes sociais a partir de um algoritmo que analisa diversas variáveis. É possível fazer um cálculo para saber, sem mesmo postar a imagem, sua possível popularidade simulando fatores sociais (título, *tags* e número de seguidores) e de composição (textura, cor, tema do objeto retratado).

Mas não é necessária a leitura completa do artigo para poder avaliar sua foto – o estudo deu origem a uma ferramenta *on-line*[82] onde é possível fazer o *upload* da imagem para testar a popularidade. A resposta resulta em uma medida relativa que vai de 1 a 10.

Vídeos

É 50% mais fácil fazer com que um vídeo fique na primeira página do Google. O YouTube é o segundo maior buscador do mundo. 90% dos compradores dizem que acham vídeos úteis na hora de tomar a decisão (um bom exemplo disso é o case Polishop). Em 2017, vídeo representará 69% de todo o tráfego do consumidor na internet.

---

[81]JEFFRIES, Adrianne. MIT algorithm predicts how popular your Instagram photo will be. **The Verge**, Apr. 24, 2014. Disponível em: <https://www.theverge.com/2014/4/24/5647270/mit-algorithm-predicts-how-popular-your-instagram-photo-will-be>. Acesso em: 30 jan. 2019.

[82]KHOSLA, Aditya; SARMA, Atish Das; HAMID, Raffay. **What makes an image popular?** Disponível em: <http://popularity.csail.mit.edu/>. Acesso em: 27 jul. 2018.

Métricas

Medir dia a dia os resultados dos esforços de uma *startup* não é apenas uma forma de reconhecer os frutos de seus esforços, mas, também, de identificar as iniciativas que mais estão trazendo retorno. Algumas medidas que são excelentes para avaliar o conteúdo e serão apresentadas no capítulo de métricas são:

- Site
  - » Visitas ao portal, blog, site.
  - » Tráfego de referência.
  - » Tempo gasto no site.
  - » Vendas do *e-commerce*.
  - » Taxa de rejeição.
  - » Página mais acessada.
- Banco de contato.
  - » Contatos qualificados.
- Vendas virtuais.
- Redes sociais.
  - » Número de seguidores em redes sociais.
  - » Números de engajamento.
- Curtidas.
- Compartilhamentos.
- Comentários.
- Menção da marca.
  - » Cupons e suas origens.
  - » Taxa de conversão.
  - » Receita mensal recorrente.

FONTES

BURKE, Matthew. How to Use Data to Create more Relevant Content. **HubSpot**, Dec. 11, 2015. Updated Feb. 14, 2018. Disponível em: <http://blog.hubspot.com/marketing/data-relevant-content#sm.0012n61nl1e5leghw4y1boal1464m>. Acesso em: 20 jul. 2018.

CHAPDELAINE, Rachel. 12 Valuable Inbound Marketing Metrics You Need to be Analyzing. **Inbound Marketing Blog**, May 28, 2014. Disponível em: <http://www.inboundmarketingagents.com/inbound-marketing-agents-blog/bid/346807/12-Valuable-Inbound-Marketing-Metrics-You-Need-to-be-Analyzing>. Acesso em: 20 jul. 2018.

CONTENT MARKETING INSTITUTE. **What Is Content Marketing?** Disponível em: <http://contentmarketinginstitute.com/what-is-content-marketing/>. Acesso em: 20 jul. 2018.

GABRIEL, Martha. **Marketing na Era Digital:** conceitos, plataformas e estratégias. São Paulo: Novatec, 2010.

GRÁFICA imprime recheio em pizzas para chamar a atenção de publicitários. **Pequenas Empresas & Grandes Negócios**, 09 maio, 2011. Disponível em: <http://revistapegn.globo.com/Revista/Common/0,,EMI231842-17180,00-GRAFICA+IMPRIME+RECHEIO+EM+PIZZAS+PARA+CHAMAR+A+ATENCAO+DE+PUBLICITARIOS.html>. Acesso em: 20 jul. 2018.

HALVORSON, Kristina. Content Marketing For The Web. Berkeley: New Riders, 2010.

HSM EDUCAÇÃO. Mídias Sociais – Curadoria ou Produção de Conteúdo? **YouTube**, 04 mar. 2013. Disponível em: <https://www.youtube.com/watch?v=L1m_lJROQtM>. Acesso em: 20 jul. 2018.

HUBSPOT. **What is Inbound Marketing?** Disponível em: <http://www.hubspot.com/inbound-marketing>. Acesso em: 20 jul. 2018.

KNIGHT, Kristina. Study: Shoppers want more video. **BizReport**, May 07, 2015. Dispoível em: <http://www.bizreport.com/2015/05/study-shoppers-want-more-video.html>. Acesso em: 20 jul. 2018.

KOTLER, Philip; KELLER, Kevin. **Administração de Marketing.** 12. ed. São Paulo: Pearson Prentice Hall, 2006.

LENKEFI, Peter. Types of Curation. **CurationSoft**, Nov. 9, 2011. Disponível em: <http://curationsoft.com/types-of-curation/>. Acesso em: 20 jul. 2018.

LIMA-CARDOSO, André; SALVADOR, Daniel O.; SIMONIADES, Roberto. **Planejamento de Marketing Digital:** como posicionar sua empresa em mídias sociais, blogs, aplicativos móveis e sites. Rio de Janeiro: Brasport, 2015.

MEIRINHO, Juliana. Infográfico – O sentido da visão: a importância das imagens na comunicação online. **Iinterativa**, 21 out. 2014. Disponível em: <http://www.iinterativa.com.br/infografico-sentido-da-visao-importancia-das-imagens-na-comunicacao-online/>. Acesso em: 20 jul. 2018.

PEARSON, Carol S.; MARK, Margaret. **O Herói e o Fora-da-lei:** como construir marcas extraordinárias usando o poder dos arquétipos. 2. ed. São Paulo: Cultrix, 2010.

ROBERTSON, Mark R. Videos are 50 times more likely to rank on the first page of Google? **Tubular Insights**, Jan. 19, 2009. Disponível em: <http://tubularinsights.com/video-50-rank/>. Acesso em: 20 jul. 2018.

SPELLMAN, Tiana. Rolling Words: Snoop Dogg's Smokable Book. **The Dieline**, Apr. 03, 2012. Disponível em: <http://www.thedieline.com/blog/2012/4/3/rolling-words-snoop-doggs-smokable-book.html>. Acesso em: 20 jul. 2018.

TRADITIONAL Publicity VS Content Marketing. **Visually**, July 20, 2012. Disponível em: <http://visual.ly/traditional-publicity-vs-content-marketing>. Acesso em: 20 jul. 2018.

TRIMBLE, Chris. Why online video is the future of content marketing. **The Guardian**, July 30, 2015. Disponível em: <http://www.theguardian.com/small-business-network/2014/jan/14/video-content-marketing-media-online>. Acesso em: 20 jul. 2018.

YOUNG ENTREPRENEUR COUNCIL. 12 Key Marketing Metrics You Should Already Be Tracking. **HubSpot**, Apr. 27, 2015. Updated Aug. 29, 2017. Disponível em: <http://blog.hubspot.com/agency/marketing-metrics-tracking#sm.0012n61nl1e5leghw4y1boal1464m>. Acesso em: 20 jul. 2018.

CAPÍTULO 9

COMO SER ENCONTRADO NO MAR EM QUE NAVEGA

SEM E SEO: COMO FUNCIONAM OS MECANISMOS DE BUSCA

Adriano de Almeida

MECANISMOS DE BUSCA

Sem dúvida nenhuma, uma das maiores molas propulsoras do comércio e dos negócios na internet advém dos mecanismos de busca. Mas afinal o que é um mecanismo de busca?

DEFINIÇÃO

Segundo a Wikipédia[83], **mecanismo de busca, motor de pesquisa, motor de busca** ou **ferramenta de busca** (em inglês, *search engine*) é um programa desenhado para procurar palavras-chave fornecidas pelo usuário em documentos, páginas, arquivos e bases de dados disponíveis e publicadas. No contexto da internet, um mecanismo de busca permite procurar palavras-chave em documentos e páginas armazenados na internet, como aqueles que se encontram em websites. Ele permite que uma pessoa solicite um conteúdo de acordo com um critério específico (normalmente uma palavra ou uma frase) e responde com uma lista de referências que combinam com o critério desejado, normalmente uma lista de *links* de sites que contêm o conteúdo solicitado.

HISTÓRICO

Os mecanismos de busca surgiram logo após o aparecimento da internet, com a necessidade de buscar e apresentar, de forma organizada, rápida e eficiente, milhões de informações armazenadas em páginas e documentos na internet. Os primeiros mecanismos de busca surgiram na década de 90 e se baseavam na indexação de páginas através da categorização (como a do Yahoo). A mais recente geração de mecanismos de busca (como a

---

[83]WIKIPÉDIA. **Motor de busca.** Disponível em: <https://pt.wikipedia.org/wiki/Motor_de_busca>. Acesso em: 20 jul. 2018.

do Google) utiliza tecnologias diversas, como a procura por palavras-chave diretamente nas páginas e o uso de referências externas espalhadas pela web.

Para entender como funcionam os mecanismos de busca é necessário analisar um pouco a sua evolução. O Archie foi a primeira ferramenta de busca, criada em 1990 por Alan Emtage. Basicamente o programa baixava as listas de diretório de todos os arquivos localizados em sites públicos de FTP (*File Transfer Protocol*)[84], criando uma base de dados que permitia busca por nome de arquivos, ou seja, ele indexava arquivos de computador. A busca então era genérica, uma vez que um arquivo poderia ter diversos conteúdos além daquele especificamente procurado pelo usuário. Em 1991 Mark McCahill criou o Gopher, que indexava documentos de texto e que foi talvez o primeiro passo para a criação de websites na internet. A maioria dos documentos de texto do Gopher tornou-se sites com a criação da internet. Dois outros programas (Veronica e Jughead) surgiram indexando não somente os documentos de texto, mas palavras dos títulos de menu nas listas do Gopher. Logo depois, em 1993, surgiu o Wandex, um *crawler* (programa automatizado que acessa todos os sites públicos e percorre os *links* das suas páginas) desenvolvido por Mattew Gray, no MIT, que foi considerado o primeiro *search engine web*. Mas a grande evolução ocorreu em 1994, com a criação do WebCrawler, considerado o primeiro sistema "full-text" baseado em *crawler*. Ao contrário de seus antecessores, ele permite aos usuários buscar por qualquer palavra em qualquer página, o que se tornou padrão de todos os serviços de busca.

SURGIMENTO DO GOOGLE

Google como ferramenta nasceu no final dos anos 90, desenvolvido por Sergey Brin e Larry Page. O objetivo era criar um mecanismo de busca diferente do que já havia sido feito no mercado. O foco do algoritomo criado era na relevância da informação para o usuário, mudando completamente o conceito dos mecanismos atuais, que buscavam palavras-chave, mas, talvez, em páginas com conteúdos não relevantes às necessidades pesquisadas.

COMO FUNCIONA O MECANISMO DE BUSCA

A busca se inicia através de um *software robot* chamado *spider* (também conhecido como *crawler* ou "rastejador"). O *spider* captura a palavra-chave ou frase pesquisada no *browser* e inicia o processo de varredura entre a lista dos servidores muito usados e das páginas muito procuradas. São aquelas que possuem conteúdos mais relevantes aos usuários que realizam buscas na internet. O *spider* começará por um site popular, indexando as palavras em suas páginas e seguindo cada *link* encontrado no site. De forma rápida e eficiente, ele varre todos os *links* e constrói um índice baseado em seus critérios próprios de importância em relação ao conteúdo procurado. Após isso, ele cria uma lista de palavras e anota onde estas foram encontradas (site, página), codifica os dados de forma a

---

[84]WIKIPÉDIA. **File Transfer Protocol.** Disponível em: <https://pt.wikipedia.org/wiki/File_Transfer_Protocol>. Acesso em: 24 jul. 2018.

Startups - **119**

economizar espaço de armazenamento e, por fim, armazena os dados para acesso dos usuários. O conteúdo de cada página é analisado para determinar como será indexado (palavras-chave são comumente extraídas de títulos, cabeçalhos, imagens ou campos especiais chamados *meta tags*).

As *meta tags* permitem aos proprietários de uma página especificar palavras-chave e determinar sobre quais delas a página será indexada. Muitas vezes as páginas possuem palavras-chave com diversos significados. Essa especificação ajuda o *spider* a escolher qual desses possíveis significados é o correto e assim trazer as páginas.

Para se ter uma ideia da revolução gerada pelo Google no sistema de buscas, o Google construiu seu mecanismo de busca inicial para usar múltiplas aranhas, cada uma podendo manter cerca de 300 conexões com páginas web abertas simultaneamente. Em seu desempenho máximo, o sistema criado poderia "rastejar" sobre 100 páginas por segundo, uma performance muito superior aos mecanismos até então criados.

Depois que as informações são encontradas nas páginas web, o mecanismo de busca precisa armazená-las de uma forma útil e que possa ser usada com facilidade. Aparecem aí dois componentes básicos: as informações armazenadas com os dados e o método de indexação.

Entretanto, esse formato mais simples da ferramenta não permitiria técnicas como:

- Listar a classificação das palavras usadas mais encontradas no domínio.
- Avaliar os termos usados nas páginas mais relevantes para o usuário.
- Classificar a importância de cada termo dentro do portal.
- A quantidade de vezes que a expressão foi usada no site.
- Avaliar se a página em análise contém *link* para outras páginas ligadas ao termo.
- Atribuir o peso ao componente palavra-URL.

Nos métodos tradicionais e mais avançados, o mecanismo de busca armazena mais do que palavra-URL. Pode armazenar o número de vezes que a palavra aparece na página e pode atribuir um peso à medida que a palavra aparece no topo ou nas partes principais da página como títulos, subtítulos, fotos, imagens ou outros *links*.

Os mecanismos de busca usam formas diferentes de classificar as palavras e as páginas encontradas. Por isso uma busca por diferentes mecanismos pode trazer diferentes resultados.

O método de indexação serve para atribuir um valor numérico à palavra e facilitar a busca o mais rapidamente possível. A combinação de indexação eficiente e armazenamento eficaz possibilita a obtenção de dados e da lista de resultados mais rapidamente, mesmo quando o usuário cria uma busca complexa.

COMO PROCURAM OS CONSUMIDORES

Os consumidores procuram diversas coisas por diversos motivos, seja para estudos acadêmicos, seja por curiosidade, seja para realizar compras ou mesmo para comparar produtos. E a busca é feita, também, de diversas formas, pois o consumidor pode saber exatamente o que está procurando, criando uma palavra-chave de busca específica no mecanismo de busca, ou ele pode nem ter ideia do que buscar e por onde começar. Nesse processo, ele cria uma palavra-chave genérica relativa a um assunto ou a uma categoria e vai refinando a busca dentro dos resultados obtidos.

Quando o consumidor sabe exatamente o que está procurando, ele normalmente usa uma palavra-chave de cauda longa na busca.

CAUDA LONGA

A teoria da cauda longa (*long tail*) foi popularizada por Chris Anderson em um artigo da revista Wired em 2004[85]. A teoria ganhou atenção por evidenciar empresas que conquistaram grande parte de seus lucros vendendo produtos de nicho, bem específicos e para um público específico, diferentemente daqueles outros produtos mais populares e que vendem em maiores quantidades, mas onde a margem de lucro é bem menor.

Tomemos como exemplo uma comparação entre uma livraria física e uma virtual. A loja física coloca em destaque as obras mais populares, as que estão em alta no mercado, e que serão as mais procuradas e as mais vendidas. Os outros livros menos populares estão em menor quantidade, pois são pouco vendidos. O lucro virá da venda em quantidade das obras mais populares.

Na loja virtual não há a necessidade de ter grandes quantidades de um livro popular, pois há uma infinidade de livros (populares ou não) e todos são oferecidos da mesma forma. Na teoria da cauda longa, o que importa é a quantidade de livros oferecidos. Assim, uma livraria virtual que oferece grande variedade de livros acaba faturando muitas vezes mais do que uma livraria física que vende mais as obras em destaque.

O efeito principal da cauda longa é direcionar ou distribuir a preferência do consumidor para o mercado de nichos. Assim, quanto mais satisfeito com os produtos, mais o consumo aumenta, aumentando também o tamanho do mercado. No processo de busca, um dos efeitos da cauda longa é o tempo. Um dos mecanismos que prioriza o resultado das buscas é a quantidade de *links* que direcionam a uma determinada página que contém uma palavra-chave buscada. Isso mostra o quão popular é essa palavra-chave e quão relevantes são os conteúdos relativos a essa página nos *links* encontrados na página de resultados. Quanto mais popular, maior será a ordem mostrada no resultado de busca. E o tempo é que faz a página se tornar popular.

---

[85] ANDERSON, Chris. The Long Tail. **Wired**, Oct. 01, 2004. Disponível em: <https://www.wired.com/2004/10/tail/>. Acesso em: 31 out. 2018.

SEO E SEM
Definição de SEM

SEM é o acrônimo de *Search Engine Marketing* (marketing nos mecanismos de busca) e é o conjunto de estratégias de marketing para busca. Isso inclui o próprio SEO, *links* patrocinados (PPC – *pay-per-click*) e outras formas de otimização de busca.

Muitos associam o SEM à estratégia de *links* patrocinados, ou seja, compra de palavras-chave no Google, mas, academicamente, SEM é o conjunto de estratégias de marketing para busca.

SEM é dividido em duas categorias:

- SEO, ou *Search Engine Optimization* (otimização do sistema de busca, em português), é o conjunto de técnicas que combinam a criação de conteúdo e tecnologia para melhorar o posicionamento de um site nas páginas de resultado de buscadores, como Google, para palavras e expressões que têm relação com o negócio. O SEO ganha muito espaço dentro das técnicas de marketing digital, por trazer para o portal pessoas que estão potencialmente buscando soluções para suas necessidades e dores.
- *Links* patrocinados são anúncios pagos que buscam promover determinado conteúdo dentro de portais e redes sociais. O formato mais conhecido de *links* patrocinados é o Google Adwords, que destaca determinados resultados na busca do Google para termos comprados. Tanto o Google como as redes sociais se diferenciam pelo alto nível de segmentação e controle dos resultados. Diferentemente de TV, revistas e jornais, em que a cobrança era feita com base em uma estimativa de audiência, nesses canais a cobrança pode ser feita precisamente por determinados resultados, como, por exemplo, o CPC (custo por clique) e o CPA (custo por aquisição).

Definição de SEO

SEO é o acrônimo de *Search Engine Optimization* (otimização de mecanismos de busca) e é o processo para implementar ações de modo a prover volume ou qualidade no tráfego para um website através de mecanismos de busca via resultados de search. SEO visa melhorar o *ranking* das palavras relevantes do website nos resutados de busca.

SEO é um dos recursos mais importantes para o tráfego do site. Maior tráfego significa mais visitantes e mais visitantes podem significar mais clientes e mais lucro.

Existem dois tipos de SEO: otimização *on-page* e otimização *off-page*.

Otimização *on-page* (*on-page* SEO) são técnicas e métodos que podem ser feitos nas páginas do site para maximizar sua performance nos mecanismos de busca focando nas palavras-chave relacionadas com o conteúdo das páginas (*on-page* content) e afetando diretamente o seu website listado nos resultados de buscas naturais (orgânicas). Normalmente são técnicas implementadas pela própria equipe de desenvolvimento da empresa ou da agência que gerencia o site.

Elementos do *on-page* SEO

São elementos da otimização *on-page*:

- *Title tags.*
- *Meta tags.*
- *ALT tags.*
- *Header* (H1, H2,...) *tags.*
- Estrutura de URL (domínio).
- *Links* internos.
- Palavras-chave relevantes próximas ao seu *inbound link*.
- Conteúdo.
- Densidade de palavra-chave.
- Mapa do site.
- Usabilidade.

Segundo a Wikipédia, "*tags* são estruturas de linguagem de marcação contendo instruções, tendo uma marca de início e outra de fim para que o navegador possa renderizar uma página. Há uma tendência nos dias atuais para usar as *tags* apenas como delimitadores de estilo e/ou conteúdo, tanto em HTML quanto em XML"[86].

Exemplo de um trecho de código em HTML[87]:

```
<!DOCTYPE html>
 <html>
  <head>
   <title>Título da Página</title>
  </head>
  <body>

  Conteúdo de modo a identificar um parágrafo

  </body>
 </html>
```

---

[86] WIKIPÉDIA. **Tag (linguagens de marcação).** Disponível em: <https://pt.wikipedia.org/wiki/Tag_(linguagens_de_marca%C3%A7%C3%A3o)>. Acesso em: 27 jul. 2018.
[87] Ibid.

As marcações anteriores são algumas *tags*.

> *O nome "head", por exemplo, indica o início do cabeçalho e é fechada pela tag*
> *</head>, que contém o título "title"; sendo assim, quando abrimos uma tag, a*
> *fechamos com "/". As exceções são
 , <hr> e <img>[88].*

Isso quer dizer que palavras-chaves, conteúdos relevantes do site, *links* internos, imagens, todos esses itens devem ser codificados, elaborados e inseridos dentro dos elementos de *on-page* mencionados anteriormente.

Tudo isso é muito importante e vital para que seu site tenha uma boa performance em buscas orgânicas, mas o item principal de sua otimização são as palavras-chave.

Palavras-chave

Não há dúvida de que as palavras-chave são muito importantes para a otimização de busca orgânica de seus ativos digitais, mas existem duas correntes no mercado de SEO em relação à criação de estratégias de pesquisa focadas nas palavras-chave.

Uma corrente mais tradicional sustenta que as palavras-chave são o coração da estratégia de SEO na busca de uma melhor performance nos resultados orgânicos. Criar uma estratégia de palavras-chave seria crucial para o sucesso – obviamente, não deixando de lado os outros elementos de otimização *on-page* listados anteriormente.

Alguns pontos levantados sobre o uso de palavras-chave:

1. A maioria do tráfego de websites vem de palavras-chave que não foram otimizadas.

2. Obter #1 em *ranking* de uma palavra-chave não garante milhares de visitas.

3. Os mecanismos de busca de palavras-chave não vão trazer o seu site para o seu melhor potencial de *ranking*.

4. Mecanismos de busca vendem palavras-chave agrupadas por conceitos e temas.

Essa corrente afirma que o uso indiscriminado de palavras-chave nos elementos de SEO *on-page*, como *Title, Meta Tags, Alt Tags, Meta Description*, além do próprio conteúdo, por exemplo, faz com que o site pareça carregado e se torne mais um spam do que um website de conteúdo, e isso o Google abomina.

Com a frequente mudança nos algoritmos de busca realizados por diversos mecanismos de busca, estratégias de palavras-chave e "link building" não são mais garantia de sucesso em resultados de busca.

---

[88] Ibid.

É claro que as palavras-chave são importantes na otimização, afinal é disso que o Goggle vive – é da venda de palavras-chave que se chega a 96% da receita do Google e são elas que os consumidores colocam nos campos de busca.

Mas já foi o tempo em que páginas recheadas de palavras-chave "ranqueavam" muito bem nas buscas independentemente de seus conteúdos estarem alinhados ou não com as necessidades de busca dos consumidores.

Estratégia de palavras-chave

Se você optar pela corrente tradicional de elaboração de estratégia de palavras-chave, existem diversas ferramentas que podem ajudá-lo a criar palavras-chave para seu site de modo a otimizar sua performance nas buscas orgânicas. São elas: SEMRush, Google Keyword Planner, WordPot, Keyword Eye, Keyword Spy, KGen, Ubbersuggest, Wordstream, entre outras.

Mas algumas boas práticas feitas manualmente podem criar uma lista de palavras-chave mais próximas do seu negócio.

1. Faça uma lista de tópicos importantes e relevantes com base em tudo o que você sabe sobre seu negócio ou o conteúdo do seu site. Para começar esse processo, pense sobre tópicos que você quer "ranquear" ou classificar agrupando em cestos de tópicos genéricos. Você provavelmente vai chegar em 5-10 cestos de tópicos que você acredita serem importantes para o seu negócio, então você vai usar esses tópicos para chegar a algumas palavras-chave específicas mais adiante no processo.

2. Preencha esses cestos de tópicos genéricos com palavras-chave. Agora que você tem os seus cestos de tópicos genéricos em que você vai focar, é hora de identificar algumas palavras-chave que se enquadram nesses cestos. Essas são palavras-chave que você acredita que são importantes para a classificação nos mecanismos de busca porque o seu cliente-alvo está provavelmente realizando pesquisas e buscas usando esses termos específicos. Por exemplo: se você estivesse criando tópicos para uma empresa de automação de marketing, a sua palavra-chave seria "automação de marketing". Outras palavras-chave que poderiam ser obtidas de seu *brainstorm*: para procurar sua empresa ou serviço, as pessoas poderiam usar "ferramentas de automação de marketing", "como usar *software* de automação de marketing", "o que é automação de marketing", "como saber se eu preciso de um *software* de automação de marketing", "automação de e-mail marketing", "ferramentas de automação", etc.

3. Pesquise termos de busca relacionados. Essa é a parte criativa do processo que você já deve ter pensado enquanto fazia a pesquisa de palavras-chave no passo anterior. Se você ainda está com dificuldades de encontrar novas palavras-chave, talvez as pessoas estejam procurando por tópicos específicos. Vá ao Google e dê uma olhada nos termos de pesquisa relacionados quando você conecta uma palavra-chave. Quando você digitar a sua palavra-chave e for ao final da página de resultados do Google, você verá algumas

Startups - **125**

sugestões de pesquisas relacionadas com a sua palavra-chave escolhida. Podem ser ideias para outras palavras que você queira considerar em sua busca.

4. Verifique se há uma mistura de termos-chave e palavras-chave de cauda longa em cada cesto. Sabe qual é a diferença entre os termos-chave e palavras-chave de cauda longa? Termos-chave são frases de palavras-chave que são geralmente mais curtas e mais genéricas – eles são normalmente de uma a três palavras de comprimento, dependendo de com quem você fala. Palavras-chave de cauda longa, por outro lado, são mais frases de palavra-chave que contêm três ou mais palavras. São mais específicas e geram resultados de nicho. É importante verificar se você tem uma mistura de termos-chave e palavras-chave de cauda longa, porque isso vai lhe dar uma estratégia de palavras-chave que é mais bem equilibrada, com metas de longo prazo e resultados a curto prazo. Isso porque termos-chave são geralmente procurados com mais frequência, tornando-os muitas vezes muito mais competitivos e mais difíceis de classificar do que os termos de cauda longa onde a procura é bem menor. Exemplo: entre os termos "Como escrever um bom post em um blog" e "Blog", esta última palavra é muito mais difícil de se conseguir um excelente resultado de ranqueamento. Embora os termos-chave possuam maior volume de pesquisa, o que significa maior potencial de tráfego para o seu site, o tráfego que você vai criar a partir do termo de cauda longa "Como escrever um bom post em um blog" é geralmente mais desejável. Por quê? Porque alguém que está procurando por algo mais específico é muito mais qualificado para o seu produto ou serviço na conversão do que alguém que procura algo mais genérico. Alguém que procura pela palavra-chave "blog" pode não estar procurando especificamente algo em seu negócio.

5. Veja como seus competidores estão ranqueando com essas palavras-chave escolhidas. Isso não significa que todas as palavras-chave que eles estão usando servem para o seu negócio. No entanto, a compreensão de quais palavras-chave seus concorrentes estão tentando classificar é uma ótima maneira de ajudá-lo a reavaliar a sua lista de palavras-chave. Se o seu concorrente está ranqueando para determinadas palavras-chave que também estão na sua lista, definitivamente faz sentido trabalhar para melhorar seu *ranking* para essas palavras-chave. No entanto, não ignore as palavras-chave que os seus concorrentes parecem ignorar. Essa poderia ser uma grande oportunidade para se adquirir uma maior participação nesses termos ou palavras-chave também importantes para o seu negócio. Lembre-se, o objetivo é criar com uma lista de palavras-chave que forneçam alguns resultados rápidos, mas também ajudar a fazer progresso em direção a objetivos maiores de SEO, mais desafiadores. Como descobrir quais palavras-chave seus competidores estão ranqueando? Além de pesquisar manualmente por palavras-chave em um navegador anônimo e ver em que posição seus concorrentes estão, a ferramenta SEMRush, por exemplo, permite que você execute uma série de relatórios grátis que mostram as principais palavras-chave para o domínio que você informou. Essa é uma maneira rápida para ter uma noção dos tipos de termos ou palavras-chave que seus concorrentes estão ranqueando.

6. Use o Google Adwords Keyword Planner para reduzir a sua lista de palavras-chave. Agora que você tem a combinação certa de palavras-chave, é hora de diminuir as suas listas com alguns dados mais quantitativos. Existem no mercado inúmeras ferramentas à sua disposição para fazer isso. Se você não tiver um *software*, você pode usar uma combinação do Google AdWords Keyword Planner (você precisa configurar uma conta do AdWords para isso, mas não significa que você tenha que criar um anúncio) e do Google Trends. Em Keyword Planner, anteriormente conhecido como o Keyword Tool, você pode obter o volume de pesquisa e as estimativas de tráfego para as palavras-chave que você está considerando. Infelizmente, quando o Google migrou do Keyword Tool para o Keyword Planner, foram retiradas várias funcionalidades. É possível usar o Keyword Planner para sinalizar todos os termos da sua lista que têm pouco (ou muito) volume de pesquisa e que não ajudam a manter uma combinação saudável de termos-chave e palavras-chave de cauda longa, como falado anteriormente. Porém, antes de excluir qualquer coisa, é importante verificar o histórico de tendências e projeções das palavras-chave que você irá excluir no Google Trends. É possível ver, por exemplo, se alguns termos de baixo volume podem realmente ser algo em que se deva investir agora e colher os benefícios mais tarde. Ou talvez você esteja apenas olhando uma lista de termos que é muito extensa e complexa, e você tem que reduzi-la de alguma forma... o Google Trends pode ajudar a determinar quais termos estão tendendo para cima (alto volume) e, portanto, valem mais seu foco.

Estratégia de conteúdo

Se a opção for a corrente moderna no processo de otimização de buscas, é necessário repensar e reconstruir a estratégia de palavras-chave.

1. Esquecer palavras-chave. Focar em conceito. É preciso abandonar a colocação de palavras-chave. Isso torna um site difícil de ler e serve apenas para os robôs dos motores de busca. Quando se concentra no conceito e no tema que se está escrevendo e, honestamente, se oferece conteúdo útil, as palavras-chave naturalmente serão ranqueadas. O resultado é um website com conteúdo que os consumidores vão querer ler.

2. Conteúdo é rei, mas a distribuição é fundamental. O conteúdo ainda é rei, mas precisamos dar um passo mais longe, como mostrado no capítulo anterior. Devemos entregar aos usuários/consumidores um conteúdo de qualidade que eles vão querer ler e em seguida vão compartilhar e espalhar nas redes sociais. Enriqueça a experiêcia do usuário com imagens, infográficos e *links* úteis para os tópicos relacionados.

3. Considerar pessoas e temas. Crie conteúdos focados nos tipos específicos de pessoas e nos temas em que estão interessados. Como você está construindo um conteúdo de qualidade atestado pelos seus usuários /consumidores, o Google vai reconhecer seus esforços de estratégia honesta de SEO e vai considerar o tal site como um recurso fantástico e de autoridade no conteúdo a que se destina. As palavras-chave necessárias virão naturalmente.

Startups - **127**

4. Ser específico. Os usuários da internet são, atualmente, mais espertos. Eles sabem exatamente o que estão procurando, especialmente desde que o Google tem dado respostas mais precisas e relevantes nos resultados de suas buscas. Então seja específico em suas palavras-chave porque os usuários digitam agora "queries" específicas de busca, e até mesmo frases inteiras de cauda longa, como, por exemplo, "como contratar uma empresa de SEO barata". Em vez de uma estratégia de palavra-chave muito ampla, adicione modificadores como localização, data/hora, preço, qualidade, sexo ou até mesmo a marca. Isso é chamado de palavra-chave de cauda longa que possui menos competição no leilão de compra para PPC (*pay-per-click*) e as quais os usuários estão mais propensos a digitar em buscas reais.

5. Busque ajuda no Google. Por fim, busque ajuda no Google Adwords Keyword Planner na sugestão de palavras-chave que tenham um bom volume de busca e um bom agrupamento por temas.

6. Em última análise, a melhor estratégia de palavras-chave é aquela que se concentra em conteúdo útil, de qualidade, relevante e compartilhável por seus usuários/consumidores, sem se preocupar única e exclusivamente com as palavras-chave.

Elementos do *off-page* SEO

Muito mais do que otimização *on-page*, a otimização *off-page* é que realmente faz a diferença no ranqueamento do seu site.

Em resumo, a otimização *off-page* consiste no ranqueamento de todos os fatores que NÃO estão localizados no website sob controle da empresa, mas que os mecanismos de busca olham quando estão ranqueando um website.

São elementos da otimização *off-page*:

- Quais websites se conectam à empresa.
- Quantos websites se conectam à empresa.
- O "pagerank" dos websites que se conectam à empresa.
- O título das páginas dos websites que se conectam à empresa.
- O texto-âncora usado no *link* que se conecta à empresa.
- O número e o tipo de *link* se conectando no website que se conecta à empresa.
- O número de *links* externos no website que se conecta à empresa.
- O número total de *links* do website que se conecta à empresa.
- Se os sites que se conectam à empresa são considerados pelo Google como sites de autoridade no conteúdo a que se destinam.
- O endereço IP dos websites que se conectam à empresa.

Este trabalho de otimização *off-page* é muito mais complexo, pois exige que o website se relacione com outros sites de conteúdos similares ou complementares de modo que esses outros possam considerar seu website uma autoridade no conteúdo que está apresentando. Com isso, eles visam se conectar à *startup*, pois irão trazer mais conteúdos e informações aos seus usuários/consumidores. Dessa forma, se tornará uma referência no assunto por outros websites e será mais bem ranqueado.

Muitas das técnicas de otimização *off-page* podem ser feitas via comandos do Google e análise dos resultados de modo a criar a melhor estratégia. Como o resultado dessas pesquisas podem trazer vários itens, é recomendado o uso de uma planilha para coletar e armazenar os dados de forma a organizar as ações que serão tomadas para cada elemento a ser implementado.

Esse processo podia ser feito automaticamente por uma ferramenta chamada SEO Elite, mas ela foi descontinuada em 2016.

Black Hat SEO

Black Hat SEO é o termo utilizado para caracterizar técnicas de SEO consideradas "ilícitas" ou abusivas, ou seja, técnicas que aproveitam uma possível brecha nos algoritmos de classificação de resultados ou exageram no uso de alguma técnica "*White Hat* SEO" que é considerada válida pelos mecanismos de busca. Isso aumenta a performance de posicionamento nas páginas de resultado utilizando técnicas "sujas".

As técnicas de *Black Hat* SEO não são recomendadas pelos mecanismos de busca, com o risco de banimento do seu website desses mecanismos.

- Os buscadores podem tomar diversas ações, dentre elas:
- Desconsiderar de seu algoritmo o que considera irregular, sem penalizar o site.
- Penalizar o site com a perda de posições na tela de resultados.
- Desindexar (apagar) o site de seu índice.

O Google oferece um endereço para que *webmasters* denunciem sites que possam ser considerados spam ou que tenham inflado artificialmente os seus posicionamentos para determinadas palavras-chave. É preciso ter pelo menos um site cadastrado no Google Webmaster Tools para poder acessar essa ferramenta: <https://www.google.com/webmasters/tools/spamreport?hl=pt_br>.

Técnicas de Black Hat SEO

Para cada técnica de White Hat quase sempre tem uma técnica de Black Hat não permitida. Conheça algumas técnicas de Black Hat para você não as utilizar por acidente, muito menos intencionalmente:

- *Keyword stuffing*.
- Texto escondido.
- *Links* escondidos.

- *Doorway pages.*
- *Cloaked pages.*
- *Link farming.*
- Spam em comentários de blog.
- Comprar *links*.
- Troca de *links*.

Links pagos

A cada termo procurado no Google, é oferecido ao usuário que fez a busca resultados orgânicos (gratuitos) e anúncios pagos, também chamados de *links* patrocinados. Os *links* patrocinados são exibidos geralmente nas três primeiras posições da tela de resultados do Google, de forma destacada, e também na coluna da direita.

A cada busca realizada por um usuário do Google, este verifica todos os anunciantes elegíveis a aparecer em sua tela de resultados. O anunciante só paga a cada vez que um de seus anúncios é clicado. Anunciantes elegíveis são pessoas ou empresas cadastradas no Google AdWords, a plataforma de *links* patrocinados do Google, e que possuam conta válida, saldo suficiente, "comprando" palavras iguais ou similares às digitadas no Google, além de uma série de outras condições. O Google realiza então um leilão instantâneo, determinando a posição de cada anúncio com base no preço máximo oferecido por clique por cada anunciante e um histórico de qualidade do anunciante (Índice de Qualidade da palavra-chave).

O importante é você saber que simplesmente pagar mais pelo clique não basta para o seu anúncio aparecer bem posicionado. Você deve trabalhar a "qualidade" de seu anúncio.

A fórmula de posicionamento de um anúncio no Google Adwords é igual ao preço máximo por clique x índice da qualidade da palavra-chave que disparou o anúncio.

> POSIÇÃO DE UM ANÚNCIO = (preço máximo por clique) x (índice de qualidade da palavra-chave quer disparou o anúncio).

O índice de qualidade é um valor calculado pelo Google para cada palavra-chave participante em leilões do Google Adwords e procura determinar algoritmicamente a relevância de anúncios Google em relação às palavras-chave digitadas na busca. O Google favorece, dessa forma, com CPC (custo por clique) mais baixo, anúncios mais bem escritos, mais atrativos e que com isso tenham uma probabilidade maior de ser clicados. Assim, o usuário do Google tem uma maior probabilidade de encontrar o que busca e, mesmo recebendo menos receita por clique, o Google acaba aumentando o seu faturamento.

O índice de qualidade é calculado a cada vez que uma busca é realizada, mas o seu valor é atualizado para os anunciantes uma vez ao dia. Para descobrir o Índice de Qualidade de suas palavras-chave é só incluir o índice de qualidade nas colunas de métricas personalizadas no Google Adwords.

CTR – Click-Through Rate

Para calcular o índice de qualidade, o Google avalia principalmente o CTR (Click-Through Rate) da palavra-chave que disparou o anúncio, ou seja, o número de vezes em que o anúncio foi clicado (cliques) dividido pelo número de vezes que o anúncio apareceu (impressões). O conceito por trás disso é o de que, se um anúncio é muito clicado em relação a outros similares, provavelmente está mais bem escrito e/ou é o mais relevante em relação à palavra-chave digitada por quem fez a busca no Google. Assim, ao escrever um anúncio, tenha a certeza de que ele é relevante para as palavras que você cadastrou em seu grupo de anúncios Adwords.

Acredita-se que o CTR represente 70% do valor do índice de qualidade de uma palavra-chave.

Outros fatores que influenciam o índice de qualidade:

Experiência do usuário na página de destino dos anúncios.

Relevância do anúncio de texto em relação à palavra-chave cadastrada.

Histórico do índice de qualidade do anunciante.

Notas:

O Índice de Qualidade nas buscas é calculado apenas usando-se as buscas do Google, e não de seus parceiros de busca como Terra e UOL.

O índice de qualidade é calculado pela correspondência exata da palavra-chave participante do leilão. Termos de pesquisa com variações não são utilizados no cálculo.[89]

O QUE VEM POR AÍ: QUAL O "FUTURO" DO SEARCH?
Semantic search (busca semântica)

Cada vez mais os mecanismos de buscas procuram aproximar seus algoritmos com os modos de busca semânticos das pessoas.

O Google inovou com essa tecnologia ao embarcar o Google Hummingbird em setembro de 2013. Com a criação do Hummingbird, Google mudou a velha maneira de busca com a simples combinação de palavras-chave (strings) para coisas e, no processo de busca, mudou de um mecanismo de busca (ou motor de busca) para um mecanismo de conhecimento (ou motor de conhecimento).

---

[89] Texto extraído de SEO MARKETING. **Índice de Qualidade Google Adwords.** Disponível em: <https://www.seomarketing.com.br/indice-de-qualidade.php>. Acesso em: 30 jan. 2019.

Todos os motores de busca competem entre si para manter as suas palavras-chave de pesquisa mais relevantes e em sintonia com a intenção real dos usuários.

Para qualquer motor de busca, seu verdadeiro teste começa com a intenção do usuário, quando o mecanismo tenta entender a própria consulta e não apenas as palavras-chave na consulta, ao passo que um motor de busca semântica compreende o contexto e a relevância. Ele vai disponibilizar os mesmos resultados e significados de suas palavras exatamente como os humanos fariam a pesquisa.

Por exemplo, em uma consulta de pesquisa "qual é a altura de Barack Obama", os motores de busca convencionais iriam tentar abrir páginas que podem ter "histórias sobre Obama, altura de algo, que pode ou não ter qualquer ligação com Obama, notícias sobre presidentes americanos". Esse é um típico método de aprendizagem máquina-máquina. No entanto, trazendo ao elemento humano, quando um usuário pergunta ao outro "qual é a altura de Barack Obama", está claro que ele está interessado em saber qual é a altura do presidente americano. Essa conversa está agora mais próxima da semântica.

Em termos de pesquisa semântica, a atualização do Google Hummingbird dá um pequeno, mas significante e importante passo para unir a lacuna existente entre a aprendizagem de máquina e a linguagem natural humana (NLP – Natural Language Processing).

Busca semântica trabalha nos princípios da linguagem semântica. Ao contrário de algoritmos de busca convencionais, busca semântica é baseada no contexto, na substância, na intenção e no conceito da frase procurada. Busca semântica também incorpora localização, sinônimos de um termo, as tendências atuais, as variações de palavras e outros elementos de linguagem natural como parte da pesquisa. Conceitos de busca semântica são derivadas de vários algoritmos de pesquisa e metodologias, incluindo mapeamento de palavra-chave-a-conceito, padrões gráficos e lógica fuzzy.

Voice search

Google Voice Search ou busca por voz é um produto do Google que permite aos usuários utilizarem o Google Search falando sobre um telefone móvel ou computador, ou seja, as informações sobre o que procurar são feitas pelo dispositivo através da fala.

Voice Search foi inicialmente disponibilizado para telefone Android e somente para a localidade EUA – os comandos foram posteriormente replicados para inglês americano, britânico e indiano, francês, italiano, alemão e espanhol.

Com a possibilidade tecnológica da busca por voz, os estrategistas de SEO vão precisar ajustar suas práticas olhando essa nova possibilidade. É interessante refletir sobre o que uma atualização feita pelo Google ou outro mecanismo de busca poderia parecer: poderia um algoritmo de mecanismos de busca levar em conta o tom de voz, a nacionalidade ou o sexo dos usuários na busca por voz? Provavelmente. Como os grandes compradores *on-line* sabem, os anúncios direcionados têm aumentado ano após ano. O recurso de busca por voz em seu telefone já contempla localização geográfica quando você faz perguntas do tipo "onde está o posto de gasolina mais próximo?".

O conteúdo pode ser construído de tal forma a responder frequentemente solicitações de busca e focar em outros elementos de SEO como consultas específicas de localização (*geographically-specific queries*).

Especialistas em SEO destacam algumas formas de capitalizar o aumento da busca por voz no website:

1. Maximizar as oportunidades de Marcação Schema (markup). *Schema* é uma linguagem de marcação – um add-on para o código HTML em uma página da web que fornece informações adicionais para o motor de busca de modo a ajudá-lo a compreender o conteúdo por trás de uma página web. Quanto mais contexto apresentado aos motores de busca, mais capaz ele será de compreender o conteúdo.

2. *Feeds* legíveis (dados de localização, preços, etc.). *Sitemaps* XML, dados de localização e outros microdados são componentes vitais que os motores de busca usam para fornecer respostas rápidas para as solicitações de buscadores. 40% dos adultos usam a pesquisa de voz para obter direções, fazendo com que os dados de localização específica possam ser lidos na página web, a fim de ser encontrada através de pesquisa ativada por voz.

3. Humanizar o conteúdo, usar frases de conversação. Como a tecnologia NLP (*Natural Language Processing*) avança, ela estará em linha com as consultas de busca dos usuários focando no significado por trás da consulta, em vez de um conjunto de palavras-chave. Reavaliar o conteúdo mudando o tom para ser mais coloquial, concentrando-se em frases naturais e estruturas de frases, em vez de palavras-chave, vai ajudar a visibilidade na busca ativada por voz. Usar advérbios como "quem", "o que", "onde" e "por que", que são termos comuns utilizados no início de consultas de pesquisa de voz, vai ajudar a humanizar o tom do conteúdo.

4. Tornar a experiência de pesquisa mais rápida. Usuários de pesquisa ativada por voz estão procurando respostas diretas a perguntas simples. Isso faz com que o conteúdo FAQ seja fundamental, no sentido de ajudar os motores de busca a identificar respostas rápidas para as solicitações populares ou perguntas.

CONCLUSÃO

Search engine, além de ciência, é uma arte. Exige criatividade nas estratégias de otimização e *links* patrocinados, exige dedicação na concepção de conteúdos relevantes, na elaboração de *link building*, exige conhecimento das técnicas permitidas e não permitidas, exige conhecimento de todas as ferramentas que podem ajudar a otimizar o seu processo, que muitas vezes se torna manual.

Os algoritmos dos mecanismos de busca têm mudado constantemente para atender às novas formas de busca dos consumidores, seja por palavras-chave simples, seja por palavras de cauda longa.

O importante é que o profissional tenha a visão de todo o processo e possa, com isso, elaborar estratégias de busca para atender às necessidades das empresas de encontrar novos clientes, de melhorar sua performance em vendas e de aprimorar o conteúdo de seus ativos digitais.

A necessidade das organizações em encontrar novos clientes não diminuirá, tampouco a necessidade de clientes encontrarem o produto mais adequado às suas necessidades.

Portanto, o profissional que compreende bem esses dois mundos e consegue aplicar ferramentas, táticas, abordagens, processos e tecnologia voltados à otimização dos mecanismos de busca será diferenciado.

FONTES

AHMED, Asim. How to capitalize on Voice Search and the death of the keyboard. **Search Engine Watch**, Feb. 10, 2016. Disponível em: <https://searchenginewatch.com/2016/02/10/voice-search-the-death-of-the-keyboard/>.

BEAL, Vangie. What Is Black Hat SEO (search engine optimization). **Webopedia**, s.d. Disponível em: <http://www.webopedia.com/TERM/B/Black_Hat_SEO.html>. Acesso em: 20 jul. 2018.

CALLEN, Brad. **Search Engine Optimization Made Easy.** E-book. 2015.

DEFINIÇÃO de SEM e SEO – Você tem certeza que sabe? **Marketing de Busca**, s.d. Disponível em: <http://www.marketingdebusca.com.br/definicao-de-sem-seo/>. Acesso em: 20 jul. 2018.

ENGE, Eric; SPENCER, Stephan; FISHKIN, Rand; STRICCHIOLA, Jessie C. A **Arte de SEO**: dominando a otimização dos mecanismos de busca. São Paulo: Novatec, 2010.

FARRIS, Paul W.; BENDLE, Neil T.; PFEIFER, Phillip E.; REIBSTEIN, David J. **Marketing Metrics**: the definitive guide to measuring marketing performance. 2nd. ed. Philadelphia, PA: Wharton School Publishing, 2010.

FURNIVAL, Ariadne Chlöe Mary; ABE, Veridiana. Comportamento de Busca na Internet: um estudo exploratório em salas comunitárias. **Enc. Bibli: R. Eletr. Bibliotecon. Ci. Inf.**, Florianópolis, n. 25, 1º sem. 2008. Disponível em: <https://periodicos.ufsc.br/index.php/eb/article/download/1518-2924.2008v13n25p156/887>. Acesso em: 20 jul. 2018.

GOOGLE ADWORDS. Site. Disponível em: <https://www.google.com.br/adwords/>. Acesso em: 20 jul. 2018.

JONES, Ron. 7 Tips for Developing a Killer Keyword Strategy. **Click Z**, Mar. 05. 2012. Disponível em: <https://www.clickz.com/clickz/column/2156607/tips-developing-killer-keyword-strategy>. Acesso em: 20 jul. 2018.

134 - Startups

KONG, Jingwei. How to Make Your SEO Keyword Strategy Work. **ITConsultis**, May 20, 2014. Disponível em: <https://it-consultis.com/blog/how-make-your-seo-keyword-strategy-work>. Acesso em: 20 jul. 2018.

LEIST, Rachel. How to Do the Keyword Research for SEO: A Beginner's Guide. **HubSpot**, Feb. 25, 2015. Updated Feb. 14, 2018. Disponível em: <http://blog.hubspot.com/marketing/how-to-do-keyword-research-ht>. Acesso em: 20 jul. 2018.

MARCEL, Frank. Black Hat SEO – Histórico e Informações. **Agência Mestre**, 20 maio 2009. Disponível em: <http://www.agenciamestre.com/seo/black-hat-seo-historico-informacao/>. Acesso em: 20 jul. 2018.

MARIKO. Voice Search Technology and the future of SEO. **Huckleberry Branding**, Feb. 9, 2016. Disponível em: <https://www.huckleberrybranding.com/voice-search-tech-and-future-of-seo/>. Acesso em: 20 jul. 2018.

MARKETING DE BUSCA. Site. Disponível em: <http://www.marketingdebusca.com.br/>. Acesso em: 20 jul. 2018.

MELO, Renato. Como Funciona o Ranking dos Mecanismos de Busca. **Slideshare**, 21 out. 2014. Disponível em: <http://pt.slideshare.net/RenatoMelo1/o-seo-e-como-funcionam-os-mecanismos-de-busca>. Acesso em: 20 jul. 2018.

NAKAMURA, Rodolfo. **Como fazer um planejamento de mídia na prática.** São Paulo: Farol do Forte, 2009.

O QUE é SEO? **Marketing de Busca**, s.d. Disponível em: <http://www.marketingdebusca.com.br/seo/>. Acesso em: 20 jul. 2018.

POZZEBOM, Rafaela. O que é Cauda Longa nas buscas? **Oficina da Net**, 17 abr. 2011. Disponível em: <https://www.oficinadanet.com.br/artigo/otimizacao__seo/o_que_e_cauda_longa_nas_buscas>. Acesso em: 20 jul. 2018.

RICOTTA, Fábio. O que é SEM? **Agência Mestre**, 08 jan. 2008. Disponível em: <http://www.agenciamestre.com/marketing-digital/o-que-e-sem/>. Acesso em: 20 jul. 2018.

ROY, Sumit. How Google Hummingbird was the Precursor of the Semantic Search Revolution. **Online Marketing Trends**, Mar. 24 2016. Disponível em: <http://www.onlinemarketing-trends.com/2016/03/how-google-hummingbird-was-precursor-to.html?utm_source=feedburner&utm_medium=email&utm_campaign=Feed%3A+onlinemarketing-trends%2FgnCO+%28Online+Marketing+Trends%29>. Acesso em: 20 jul. 2018.

SALVADOR, Maurício. **Gerente de E-Commerce.** São Paulo: E-Commerce School, 2013.

SENNE, Clara. Gray Hat SEO. **Agência Mestre**, 17 abr. 2008. Disponível em: <http://www.agenciamestre.com/seo/gray-hat-seo/>. Acesso em: 20 jul. 2018.

SEO MARKETING. **Black Hat SEO e White Hat SEO.** Disponível em: <http://www.seomarketing.com.br/black-hat-SEO.php>. Acesso em: 20 jul. 2018.

SEO MARKETING. **Índice de Qualidade Google Adwords.** Disponível em: <http://www.seomarketing.com.br/indice-de-qualidade.php>. Acesso em: 20 jul. 2018.

SEO MARKETING. **Tutorial Google Adwords.** Disponível em: <http://www.seomarketing.com.br/google-adwords.php>. Acesso em: 20 jul. 2018.

Startups - **135**

SMITH, Oren. How to Create & Implement a Keyword Strategy that Actually Works! **Precision Marketing Group**, Dec. 16, 2014. Disponível em: <https://www.precisionmarketinggroup.com/blog/keyword-strategy-that-actually-works>. Acesso em: 20 jul. 2018.

STARR, Barbara. How Search & Social Engines Are Using Semantic Search. **Search Engine Land**, Sep. 26, 2012. Disponível em: <http://searchengineland.com/semantic-search-what-is-it-how-are-major-search-and-social-engines-use-it-part-1-133160>. Acesso em: 20 jul. 2018.

STERNE, Jim. **Métricas em Mídias Sociais**: como medir e otimizar os seus investimentos em marketing. São Paulo: Nobel, 2011.

Techopedia. **Semantic Search.** Disponível em: <https://www.techopedia.com/definition/23731/semantic-search>. Acesso em: 20 jul. 2018.

TEIXEIRA, Paulo Rodrigo. Apostila MBA em Marketing Digital. Fundação Getulio Vargas, 2014.

TELLES, André. **A Revolução das Mídias Sociais.** São Paulo: MBooks, 2010.

TORRES, Cláudio. **A Bíblia do Marketing Digital.** São Paulo: Novatec, 2009.

WEB ESTRATÉGICA. **SEM – Search Engine Marketing.** Disponível em: <http://www.webestrategica.com.br/servicos/sem/>. Acesso em: 20 jul. 2018.

WIKIPÉDIA. **Cauda Longa.** Disponível em: <https://pt.wikipedia.org/wiki/Cauda_longa>. Acesso em: 20 jul. 2018.

WIKIPÉDIA. **Google Voice Search.** Disponível em: <https://en.wikipedia.org/wiki/Google_Voice_Search>. Acesso em: 20 jul. 2018.

WIKIPÉDIA. **Motor de busca.** Disponível em: <https://pt.wikipedia.org/wiki/Motor_de_busca>. Acesso em: 20 jul. 2018.

WIKIPÉDIA. **Search Engine Marketing.** Disponível em: <https://en.wikipedia.org/wiki/Search_engine_marketing>. Acesso em: 20 jul. 2018.

WIKIPÉDIA. **Tag (linguagens de marcação).** Disponível em: <https://pt.wikipedia.org/wiki/Tag_(linguagens_de_marca%C3%A7%C3%A3o)>. Acesso em: 20 jul. 2018.

CAPÍTULO **10**

COMO ACHAR MAIS TESOUROS USANDO AS NOVAS TECNOLOGIAS

OTIMIZAÇÃO DE CONVERSÃO

Julia Simek e Rodrigo Bernardes

O QUE É OTIMIZAÇÃO DE CONVERSÃO

Otimização de Conversão ou CRO (do inglês Conversion Rate Optimization) é uma metodologia usada para aumentar as conversões de um site. Conversões podem ser entendidas como qualquer tipo de objetivo mensurável que o site possa ter e queira melhorar, como compra, inscrições em formulários, download, redução da taxa de saída do site, aumento do tempo de permanência, entre outros.

Diferentemente de estratégias de aquisição de tráfego que visam aumentar o número de clientes/leitores/usuários que acessam um site, como SEM (SEO e PPC) e *inbound marketing* (capítulos 8 e 9, respectivamente), o CRO concentra seus esforços na experiência do cliente e na melhora dos resultados objetivados. À primeira vista, o CRO pode ser confundido com outras metodologias de marketing digital, como a de UX (User Experience), inclusive porque se apropria de algumas técnicas, porém o enfoque do CRO não é na melhora da experiência do usuário pela experiência, mas sim no aumento de faturamento e no constante aprendizado do que funciona e do que não funciona com o seu público-alvo.

O CRO é uma ferramenta de marketing digital importante para todos os tipos de organizações, especialmente para as *startups*, que são empreendimentos novos formados em ambientes de extrema incerteza. A criação de um site com técnicas de Otimização de Conversão pode ajudar e muito no resultado inicial de um negócio, além de evitar custos futuros com alterações no site. Começar um negócio já com uma taxa de conversão maior do que a empresa teria sem um trabalho de CRO ajuda a acelerar o crescimento de uma *startup* e incentiva a equipe a pensar em métricas, indicadores de performance (KPIs) e na experiência do cliente – conceitos presentes em qualquer empreendimento de sucesso.

Um ponto importante para ressaltar ao se falar de CRO é entender a natureza da conversão e o verdadeiro enfoque que um profissional de Otimização de Conversão deve ter. Aumentar conversões é fácil. Se uma empresa abaixar seus preços para 1 centavo, as conversões iriam explodir. O verdadeiro objetivo que um profissional de conversão deve buscar é o aumento do faturamento da empresa e não somente o aumento das conversões.

Como será visto a seguir, a Otimização de Conversão utiliza várias técnicas de disciplinas complementares para criar sua metodologia e melhorar o resultado de um site. Em um processo de Otimização de Conversão são utilizadas técnicas como teste A/B, pesquisa qualitativa, pesquisa quantitativa, testes com usuários, análise de dados, psicologia, neuromarketing, comportamento do consumidor, escrita persuasiva, técnicas de vendas, conceitos de design e UX (User Experience).

Depois de identificar juntamente com a empresa qual ou quais conversões precisam ser melhoradas, o profissional de Otimização de Conversão, embasado nas técnicas citadas anteriormente, irá gerar uma série de hipóteses sobre o site ou uma *landing page*, por exemplo, que devem ser testadas para comprovar se a hipótese está correta ou não. Esses testes podem necessitar de modificações no design e conteúdo do site, como mudar a cor do botão de compra, remover textos que confundam o cliente, inserir comentários de clientes passados, entre outros exemplos.

Talvez a Otimização de Conversão tenha sido a metodologia de marketing digital que mais se apropriou da metodologia da Startup Enxuta (Lean Startup) de Eric Ries, que por sua vez bebeu na fonte da Manufatura Enxuta (ou Kaizen) da Toyota. Em resumo, todas essas metodologias visam um processo cíclico de melhoria contínua do negócio/produto no qual devem-se analisar dados e conversar com os clientes, aprender através dessas conversas, modificar o produto/serviço de acordo com o aprendizado, testar as hipóteses levantadas com clientes reais e voltar ao ponto inicial. A cada ciclo desse processo são gerados aprendizados em busca de entender cada vez mais o seu cliente e alcançar melhores resultados.

Deve-se ter muito cuidado ao analisar táticas de CRO usadas por concorrentes e tentar aplicar no seu negócio. Mesmo que você possua o mesmo mercado como alvo e até o mesmo tipo de produto ou serviço, websites são meios altamente contextuais. O que funciona em um site não necessariamente funciona em outros, pois diversos fatores influenciam a sua conversão, como: o tipo de tráfego (proveniente de busca paga ou orgânica no Google, redes sociais, blogs, entre outros); a plataforma usada; e até mesmo critérios únicos do seu negócio, como o conhecimento do usuário sobre a sua marca e o valor atribuído a ela.

Não é porque o concorrente retira a maior parte das informações do site e reformula toda a abordagem de vendas que você deve fazer o mesmo. Talvez o cliente dele tenha mais conhecimento sobre a marca e procedimentos do que o seu e não precise de tanto texto para realizar uma compra ou talvez o seu concorrente nem saiba de fato o que está fazendo, mesmo achando que sabe – o que é algo mais comum de acontecer do que você imagina –, e você estará copiando uma prática errada.

É bom saber o que os concorrentes estão fazendo, mas conhecer seus clientes a fundo e saber como o seu negócio e website se relacionam com eles é mais importante. Concentre-se na sua empresa, nas suas hipóteses, nos seus dados. Esse é o caminho para você alcançar resultados significativos.

POR QUE VALE A PENA VOCÊ UTILIZAR OTIMIZAÇÃO DE CONVERSÃO

Independentemente da forma como você trabalha na internet, estará sempre pagando por mais tráfego, seja com dinheiro em anúncios ou com tempo produzindo conteúdo, e tudo isso pode ser visto como um investimento. A Otimização de Conversão tem o objetivo de aumentar o seu faturamento, o que impacta diretamente no aumento do seu ROI ou ROMI (Retorno Sobre Investimento de Marketing). Essa métrica é especialmente importante para *startups* que começam com investimentos reduzidos e que precisam otimizar ainda mais seus resultados com os recursos disponíveis para que possam sobreviver no mercado. O mesmo se aplica às *startups* que recebem capital de terceiros e necessitam mostrar bons resultado e crescimento rápido.

No momento em que a Otimização de Conversão consegue aumentar o faturamento e consequentemente o ROI, você terá mais dinheiro para investir em tráfego. Se o seu negócio fosse um carro e o tráfego que você compra atualmente fosse a gasolina, o CRO agiria como um tanque extra que possibilita colocar mais gasolina para o carro ir mais longe. Quanto mais você aumentar suas conversões, mais pode pagar para atrair clientes e potencialmente mais chances você terá de aumentar o seu faturamento.

Em uma simulação hipotética (ver figura a seguir), na qual uma empresa fatura em média 100 mil reais por mês e 1,2 milhão por ano, é possível ver que, se a conversão aumentar 10% a cada três meses, ao final de um ano o montante alcançado a partir desse aumento trimestral fará com que a empresa passe de 1,2 milhão de receita anual para 1,38 milhão, o que representa um aumento 180 mil reais por ano ou 15% do faturamento atual.

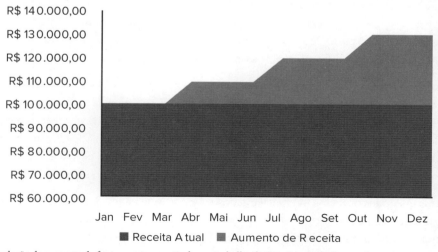

Simulação de aumento de faturamento a partir de um trabalho de Otimização de Conversão.

Em empresas que lidam com grandes montantes de dinheiro, o mínimo de aumento de conversão alcançado a partir de um trabalho de Otimização de Conversão pode significar grandes resultados.

COMO UTILIZAR OTIMIZAÇÃO DE CONVERSÃO NO SEU NEGÓCIO

É importante salientar que o sucesso em Otimização de Conversão se dá em adequar as mudanças do site aos clientes que você atrai. Não adianta fazer uma excelente otimização no site para um tipo de cliente e começar a trazer outro tipo de usuário completamente diferente. Por isso é importante sempre estar atento às práticas de marketing de aquisição de tráfego utilizadas, como SEM (SEO e PPC) e *inbound marketing*. Uma estratégia de marketing digital vencedora atua de forma global, levando em consideração quem você atrai para o seu site e como se relaciona com essas pessoas. Essa forma de trabalho é chamada de alinhamento ao mercado (*Market Fit*).

Estar alinhado ao mercado é produzir algo que os seus clientes queiram realmente comprar, ou seja, quando há de fato uma demanda. Muitas vezes se está buscando atender a essa demanda, mas não se consegue comunicar bem o produto ou serviço. Nesse caso, cabe a você rever o discurso a explicar claramente a sua oferta. Quanto mais alinhamento ao mercado-alvo se tiver, maior a probabilidade de obter altas taxas de conversões. Não venda gelo para esquimós; procure os beduínos.

Um exemplo de manter o *Market Fit* seria uma empresa que vende serviços de suporte para desenvolvedores de sites possuindo um discurso extremamente técnico que funciona com o seu público atual, mas recentemente resolveu anunciar no Facebook e está trazendo um tráfego diferente do usual, que não entende o discurso técnico utilizado. Naturalmente, a conversão abaixará e a taxa de rejeição do site aumentará. A solução mais rápida para o problema seria avaliar se o tráfego que está trazendo a partir dos novos anúncios é realmente relevante para o negócio e, caso seja, deve ser criada uma *landing page* específica para esse público – uma *landing page* com uma linguagem acessível e designada para o perfil do novo tráfego. Dessa maneira, será possível manter o *Market Fit* com dois tráfegos diferentes, pois a linguagem está adaptada para cada público.

O objetivo da Otimização de Conversão é buscar o máximo possível de alinhamento ao mercado através do conteúdo do site em questão. Para isso, um processo de Otimização de Conversão correto deve analisar os dados que o site já possui através de ferramentas como programas de *analytics*, mapa de calor e outros para levantar supostos problemas no site. Com os problemas levantados, é necessário descobrir como eles impactam o público através de testes com usuários, pesquisas e conversas com os clientes.

Depois que todos os dados forem levantados, é importante pensar sobre os reais problemas do site e como resolvê-los. Os ajustes no site que podem gerar um maior aumento da receita e maior diminuição de despesas serão os primeiros a ser feitos.

Será necessário aplicar testes A/B, nos quais uma nova versão do site é mostrada para 50% do público e a versão anterior para os 50% restantes. Caso a nova versão seja a vencedora, a hipótese estará correta e a empresa terá conseguido aumentar sua conversão. Caso o experimento falhe, deve-se revisar os dados e fazer um novo teste. A lição levada em muitos casos é ter descoberto o que não funciona com o público – algo tão importante quanto descobrir o que funciona.

Esse é um processo contínuo para que cada vez mais melhore o conhecimento sobre os clientes, melhorem as hipóteses e aumentem as conversões.

EXEMPLO DE UM PROCESSO DE OTIMIZAÇÃO DE CONVERSÃO

1. Foi identificado através do Google Analytics que a *landing page* da categoria de anéis de um *e-commerce* de joias está com a taxa de conversão muito baixa em relação às outras categorias de produtos.

2. Foi feita uma pesquisa com clientes recentes que passaram por essa *landing page* sobre como foi a experiência de compra do anel e foi feito um teste de usabilidade com cinco pessoas que representavam o público-alvo da *landing page*.

3. Analisando os dados das pesquisas com os clientes, foi identificado que muitos se sentiam inseguros ao realizar a compra, pois, apesar da página apresentar fotos dos anéis em vários ângulos e informar as dimensões da peça, não havia como saber a real proporção do anel em um dedo.

4. Com o problema identificado, foi criada a hipótese de que é necessário passar segurança na compra do anel através da inserção de mais uma imagem com uma modelo usando o anel.

5. Criou-se então uma nova página com a foto do anel no dedo de uma modelo e uma ferramenta de testes A/B foi usada para comparar a versão antiga com a nova.

6. O teste A/B foi executado por um mês até atingir uma confiança estatística de 95%, na qual a nova versão com foto no dedo alcançou 20% a mais de conversões.

Resultado final: a categoria de anéis obteve um aumento de 20% de conversões e a nova página foi implementada, substituindo a versão anterior.

CONCEITOS E TÉCNICAS QUE PODEM SER APLICADOS NO SEU SITE

A Otimização de Conversão trabalha com vários campos de conhecimento, como psicologia, estatística, análise de dados, design e escrita para vendas (copywriting). Como este livro não se dedica a tratar inteiramente de Otimização de Conversão e muitas empresas, incluindo as *startups*, têm menos acessos do que o necessário para começar a fazer testes A/B que sejam estatisticamente confiáveis, serão abordadas estratégias de aumento de conversão para sites com pouco tráfego.

Testes A/B estatisticamente confiáveis (95% ou mais de confiança estatística) podem demandar muito tráfego e tempo para dar certo. Por isso iremos focar em conceitos que podem ser usados mais facilmente por diversas empresas dos mais variados setores.

Os pontos a seguir são um conjunto de teorias de boas práticas em CRO. Não necessariamente essas técnicas funcionarão para todos as empresas. É recomendado sempre testar e ver o que funciona ou não para o seu negócio.

Conteúdo e psicologia

Conteúdo é um dos aspectos mais importantes de um site. Como não há um vendedor para explicar sobre o seu produto ou serviço, é necessário que o texto, as imagens, o design e até mesmo os vídeos utilizados estejam em comunhão com o que sua empresa quer comunicar e o seu cliente quer ouvir. Se às vezes é difícil a empresa saber o que quer comunicar, é ainda mais difícil descobrir o que o cliente quer ouvir. Apesar de um site não possuir o contato pessoal de um negócio físico, que permite o ajuste do discurso de um bom vendedor dependendo da reação do cliente, os sites possuem outras ferramentas que permitem alcançar um resultado próximo e em alguns casos até superior. Uma dessas ferramentas são os programas de captura e análise de dados (*analytics*) que darão boas pistas sobre o possível comportamento dos seus usuários com base nos resultados passados.

A seguir, veremos alguns pontos importantes de conteúdo e psicologia que podem ser aplicados em trabalhos de Otimização de Conversão.

O que o cliente realmente procura?

Refrigerador ou geladeira? Pode parecer uma pergunta boba, mas usar a correta linguagem que o seu cliente usualmente utiliza faz com que o conteúdo seja achado com mais facilidade e o discurso tenha mais impacto. Você não precisa de palavras pomposas ou difíceis para impressionar. Você precisa, sim, de um discurso simples, claro e que transmita credibilidade.

Para descobrir como melhorar o seu conteúdo você pode utilizar chats de venda e analisar quais são as dúvidas mais recorrentes e como são perguntadas, além das melhores respostas dadas por sua equipe de venda e aproveitar no seu conteúdo. Se alguém está ligando para fazer uma pergunta ou usando um chat quer dizer, na maioria das vezes, que está faltando informação no seu site – ou está difícil de encontrá-la – e você deve agradecer que essa pessoa se deu ao trabalho de perguntar, pois a maioria dos clientes vai embora sem compartilhar essa pista tão valiosa.

Outro método para descobrir possíveis melhoras no conteúdo é mandar formulários para clientes que converteram recentemente perguntando o que o eles tiveram de dúvidas e por que escolheram esse produto/empresa em relação aos concorrentes.

142 - Startups

Proposição de Valor

A partir dessa conversa com os clientes, não só é possível reescrever grande parte do conteúdo do seu site, agora de maneira embasada, como é essencial para criar a sua Proposição de Valor (*Value Proposition*).

A Proposição de Valor serve para transmitir de maneira rápida e direta o que é o seu negócio e por que o usuário deve escolher você. Para uma *startup* que está iniciando seus negócios, é essencial criar uma Proposição de Valor que alinhe o propósito e o diferencial da empresa entre os clientes internos (colaboradores) e os clientes externos (consumidores), de forma a ter um discurso único de vendas. A Proposição de Valor para uma empresa que está começando ajuda também a pensar no seu foco e a transmiti-lo da maneira mais clara possível para os seus públicos de interesse.

Visto que a maioria dos clientes sai em menos de cinco segundos de um site se não entender do que se trata ou se não enxergar relevância, ter uma boa Proposição de Valor é imperativo para manter a permanência do usuário no site e gerar interesse.

A Proposição de Valor não é um slogan ou uma frase criativa, mas um texto curto, de geralmente um parágrafo, que pode ser acompanhado de um texto auxiliar, e/ou de uma lista em pontos objetivos dos benefícios e características-chave, e de uma imagem que passe de forma visual a mensagem principal, além de reforçá-la.

Uma Proposição de Valor exemplar deve explicar como o seu produto ou serviço ajuda a resolver o problema (a "dor") do seu cliente ou melhorar sua situação; que benefícios o cliente pode obter através da sua empresa; e dizer ao consumidor por que ele deveria comprar de você e não da concorrência.

A seguir mostraremos dois exemplos de Proposições de Valor aplicados em sites.

PSafe

Home Page do site PSafe – <https://www.psafe.com/pt-br/>

O PSafe, *software* de proteção contra vírus e outras ameaças no celular, possui uma boa Proposição de Valor. É simples, direta e possui um texto auxiliar que ajuda a explicar melhor a mensagem principal e explicar para o usuário por que é relevante para ele. Já a imagem traz a ideia de que é um serviço digital que funciona no *mobile*, mas só através da imagem não é possível entender o que é o PSafe.

De fato, transmitir a mensagem principal através de uma imagem nem sempre é fácil, mas é importante buscar esse objetivo e sempre parar para pensar se a solução é específica para o seu produto ou serviço ou é algo que serviria para qualquer empresa. Como já levantado anteriormente, o nosso cérebro processa informações visuais 60.000 vezes[90] mais rápido do que processa textos. Por isso é importante explicar a Proposição de Valor através de uma imagem.

iCasei

Home Page do site iCasei – <https://www.icasei.com.br/>

A plataforma de criação de sites e listas de casamento iCasei possui um discurso simples e objetivo que mostra os produtos que o site oferece sem gerar dúvidas. O texto complementar serve para minimizar possíveis receios que o cliente poderia ter em relação à segurança e ainda gera valor dizendo que é o líder de mercado no segmento.

Voltando à Proposição de Valor do iCasei, a foto também faz com que o usuário instantaneamente saiba antes mesmo de ler o texto que se trata de um produto ou serviço relacionado a casamento e ainda associa a um dos momentos mais significativos da cerimônia, gerando uma resposta emocional de sucesso, realização.

---

[90] SIBLEY, Amanda. 19 Reasons You Should Include Visual Content in Your Marketing [Data]. **Hubspot**, Aug. 06, 2012. Updated July 28, 2017. Disponível em: <http://blog.hubspot.com/blog/tabid/6307/bid/33423/19-Reasons-You-Should-Include-Visual-Content-in-Your-Marketing-Data.aspx>. Acesso em: 20 jul. 2018.

Identificar e eliminar MIDs (medos, incertezas e dúvidas)

A pesquisa com clientes e a criação de uma Proposição de Valor são algumas das técnicas que servem para um grande objetivo em Otimização de Conversão: eliminar medos, incertezas e dúvidas dos clientes (MIDs).

Qualquer pedido que você faça ao seu cliente, como comprar um produto ou se cadastrar na lista de e-mails, gera medos, incertezas e dúvidas na mente do usuário antes de realizar essa ação. Esses MIDs devem ser reduzidos pelo conteúdo e design aplicados no site.

O cliente vai gostar do produto? Inserir comentários de clientes anteriores, mais conteúdo através de texto, imagens com ângulos diferentes e até mesmo vídeos que expliquem o produto ou serviço para minimizar a dúvida sobre a satisfação. A busca por provas de que o cliente vai gostar do produto é algo que as pessoas já fazem naturalmente – vide a grande busca por vídeos de *unboxing* no YouTube, que são vídeos de pessoas abrindo e testando os produtos. Porém, infelizmente, nem todas as empresas procuram atender a essa demanda e facilitar a vida do cliente, o que muitas vezes resulta em perda de vendas para a concorrência.

E se ele não gostar do produto? Insira uma política de troca grátis ou de reembolso simples. No Brasil, o Código de Direito do Consumidor já prevê o Direito de Arrependimento (Artigo 49 da Lei nº 8.078/9). Esse direito permite que o cliente desista do contrato em um prazo de sete dias a contar da assinatura ou ato de recebimento do produto ou serviço em casos de compra fora do estabelecimento comercial, como ocorre na internet. Se isso já é uma lei, tire proveito do fato e comunique abertamente no seu site. Você sai ganhando ao diminuir essa insegurança do seu cliente e ele ganha em ser informado sobre esse benefício de compra, já que nem todo mundo tem conhecimento sobre o Direito de Arrependimento.

O cartão do cliente estará seguro? Contrate um sistema de verificação de segurança e insira um selo de segurança perto da transação e no rodapé do site. Oferecer a opção de pagar por boleto também pode ajudar.

Essa empresa é confiável? Insira comentários de clientes anteriores sobre sua empresa, nota de resposta do Reclame Aqui ou sua nota de atendimento medida internamente (pela equipe da própria empresa).

E se der algum problema, com quem falar? Deixe seu telefone ou e-mail para contato bastante aparente ou utilize um sistema de chat *on-line* que, além de uma ótima ferramenta de contato, possibilita consultar depois as conversas e identificar as dúvidas mais frequentes.

Nem todas as táticas de MIDs citadas funcionam para todas as empresas. É necessário consultar os clientes para conhecer seus MIDs reais e ver se essas táticas surtem efeito para o seu público e seus respectivos questionamentos. Trabalhando em uma *startup* que ainda não possui uma base para consulta, é possível tentar projetar os MIDs que acredita que os clientes potenciais terão (ou, ainda, talvez fazer uma pesquisa qualitativa) e depois fazer uma pesquisa com usuários reais para validar suas hipóteses.

DESIGN E TECNOLOGIA
Performance e usabilidade

Tão importante quanto o conteúdo feito é o design utilizado e a usabilidade. O peso do design sobre o negócio vai depender do ramo de atuação, mas a usabilidade não. Um site de moda "feio" poderá ter problemas de conversão, mas qualquer site terá um impacto negativo nas conversões se demorar para carregar e o usuário não conseguir fazer o que deseja ou até mesmo se houver um problema técnico que impossibilite o cliente de comprar um produto ou serviço.

Um exemplo de site com design "feio", mas que funciona muito bem para o que foi designado, é o Craigslist, site estrangeiro de classificados. O design é antigo e pouco atraente, mas sua usabilidade funciona, tanto que é um dos maiores classificados do mundo.

Resultado de busca no site Craigslist para o termo "Rio de Janeiro".

Pirâmide de hierarquia das conversões dos sites

Com o exemplo anterior, é possível perceber que, apesar de usabilidade e design serem importantes, em se tratando de conversão, o peso de cada fator não é o mesmo. Por isso que existe uma pirâmide que ajuda a guiar seus esforços de otimização quando pensar em melhorar as conversões de um site.

A pirâmide funciona como a pirâmide de Maslow da hierarquia das necessidades humanas, em cuja base estão as necessidades que devem ser atendidas antes das próximas até chegar ao topo. A pirâmide das hierarquias de conversão foi apresentada inicialmente por Bryan Eisenberg[91].

---

[91] EISENBERG, Bryan. Conversion Rate Optimization, Upside Down. **ClickZ**, Mar. 30, 2007. Disponível em: <https://www.clickz.com/clickz/column/1695595/conversion-rate-optimization-upside-down>. Acesso em: 20 jul. 2018.

Pirâmide de Maslow:

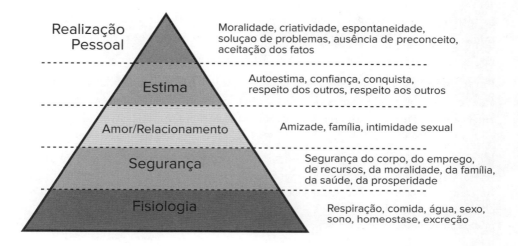

Pirâmide da hierarquia de conversão:

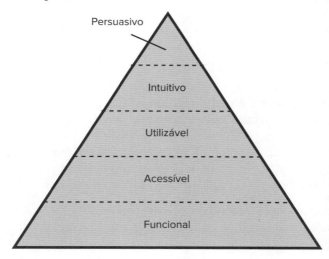

Funcional: o site funciona para o que foi planejado? Ele não pode ter erros de programação e precisa funcionar em todos os navegadores. Se ele não funciona corretamente em um navegador a empresa pode estar perdendo todas as conversões de usuários que usam esse navegador.

Acessível: pessoas de diferentes níveis de conhecimento podem usar o site? Idosos, uma pessoa com pouco conhecimento técnico ou uma pessoa deficiente poderiam utilizar o site sem problemas?

Utilizável: é um site amigável, fácil de navegar? Ou o cliente tem que ficar esperando muito tempo para o site carregar e tem dificuldade de explorar?

Intuitivo: as dúvidas que o cliente tem em mente e sua sequência de pensamento são traduzidas em um bom layout e um bom conteúdo? Os MIDs que o cliente possui são abordados e resolvidos enquanto o cliente navega pelo site?

Persuasivo: o seu cliente entende que a sua solução é perfeita para ele, melhor do que a de seus concorrentes e que vários outros clientes já saíram satisfeitos em negociações anteriores? Deixe isso claro no layout, conteúdos e nas mídias (imagens e vídeos).

Assim como na pirâmide de Maslow, ao desenvolver ou melhorar um site devemos resolver primeiro os problemas na base da pirâmide para então, de etapa em etapa, chegar até o topo. Apesar de parecer óbvio, na maioria dos projetos de reestruturação de um site é muito comum ver equipes preocupadas em alterar o design para um mais "novo" ou mais "bonito" e fazer alterações no conteúdo escrito. Muitas vezes um problema estrutural importante aparece para grande parte dos usuários e a empresa não tem noção desse fato – e em muitos casos nem há o esforço em tentar encontrar eventuais problemas para tentar aumentar as conversões.

CONCLUSÃO: O QUE SE PODE LEVAR DE TUDO O QUE FOI DITO?

O CRO é uma poderosa ferramenta para conhecer mais sobre os clientes e o próprio negócio e, aí sim, conseguir aumentar as suas conversões. Pode parecer uma metodologia um pouco complicada de início, pois trabalha com diversas áreas do conhecimento, mas os resultados são expressivos se for executada corretamente.

Nos esforços como profissional de marketing digital, é importante não trazer um tráfego de forma indiscriminada para o portal; procure um tráfego qualificado e prepare o seu site para receber bem esse público. Buscar "abarrotar" um site sem levar em consideração quem está acessando é como encher uma loja física de clientes, onde eles entram e saem quase que de imediato sem comprar nada. Não é necessário gastar mais recursos para trazer mais clientes para um site em busca de aumentar as vendas, mas, sim, melhorar o site para converter os usuários que já se tem. E o CRO é a ferramenta que ajuda a conseguir isso.

Conheça o site profundamente. Muitas pessoas acham que um site é uma casa onde as pessoas entram pela porta da frente (home do site), mas a verdade é que as pessoas entram pela janela, pelas portas do fundo, pela garagem e qualquer outro local de acesso à casa (qualquer página do site). Saiba por onde as pessoas estão entrando e faça com que elas percorram a casa, conhecendo cada cômodo e objeto que você queira apresentar, até a porta de saída (o check-out).

Clientes buscam produtos e serviços para resolver os seus problemas; empresas buscam clientes para fazer negócios. Ter um produto que solucione as "dores" do cliente e saber transmitir que se tem a melhor solução para ele. Dessa transação nasce um potencial relacionamento de longo prazo e, acima de tudo, clientes e empresas sairão satisfeitos, com seus objetivos alcançados.

CAPÍTULO 11

OMNICHANNEL, A LENDA

ESTRATÉGIAS DE ACESSO: *MOBILE*, REDES LOCAIS, NUVEM E *OMNICHANNEL*

Ricardo Souza

De forma objetiva, para as *startups* em fase de início (*early stage startups*) as maiores preocupações são: **o acesso aos clientes ou mercado, o acesso a financiamento ou incentivos e a equipe.** Alcançar o equilíbrio entre essas variáveis não é trivial, pois, como mostra a pesquisa patrocinada por Berkeley e Standford (WASSERMAN, 2012), em torno de 95% das *startups* não têm sucesso e, das que falham, 74% sucumbem devido a problemas com a escala incorreta ou prematura do negócio.

Dado esse cenário, pode-se então definir as *startups* como organizações temporárias desenhadas para escalar em grandes organizações que possuem, porém, enorme fragilidade às pressões ambientais durante seus estágios iniciais. Mitigar os enormes riscos das pressões ambientais dos estágios iniciais é o caminho crítico do empreendedor (e sua principal missão como líder) – e para diminuir essas pressões, ao contrário do senso comum, a ideia não é o maior asset do empreendedor, e sim suas habilidades de implementação da ideia (RIES, 2011). A ideia tem seu valor, mas como testá-la e implementá-la de forma eficaz é o principal trunfo do empreendedor. Em suma, uma boa estratégia de acesso facilita a implementação da ideia e permite ao empreendedor navegar no mar de dragões (ambiente complexo).

Como o acesso aos clientes ou mercado possui uma relação direta com o acesso ao financiamento, uma vez que quanto maior for o primeiro, o segundo será mais acessível, pode-se então assumir a definição de **estratégias de acesso** como as ações tomadas para "alcançar" e manter "a satisfação e o engajamento" do maior número possível de clientes, consumidores ou usuários.

Sob esse aspecto, a tecnologia e as inovações tornam-se os principais aliados dos empreendedores, pois permitem escalar o acesso, inclusive escalar em ordem exponencial. Um bom exemplo de estratégia de acesso (com característica exponencial) é a do aplicativo de jogo Pokémon Go. A seguir, um gráfico do crescimento exponencial de usuários ativos que ocorreu em 2016 logo após o lançamento do aplicativo:

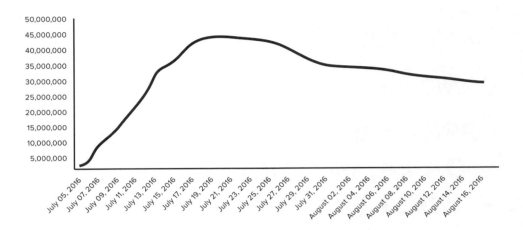

Fonte: BOYER, Jake. Pokémon Go Is Officially Dying According to a New Study. **Highsnobiety**, Aug. 25, 2016. Disponível em: <https://www.highsnobiety.com/2016/08/25/pokemon-go-dying/>. Acesso em: 20 jul. 2018.

O gráfico corrobora com a apresentação de Vidia Mooneegan na conferência TEDx em 2016, sobre tecnologias disruptivas, em que disse:

> O Facebook levou três anos e meio para adquirir 50 milhões de usuários, WhatsApp levou 15 meses e Angry Birds levou 15 dias.

Complementando Mooneegan, no mesmo período de sua apresentação, Pokémon Go batia o recorde de Angry Birds, conseguindo 50 milhões de usuários em apenas 10 dias.

O estrondoso sucesso inicial do Pokémon Go tem associação direta com a estratégia de acesso idealizada pelos criadores do aplicativo do jogo, que pode ser dividida em quatro características principais:

1. A primeira característica da estratégia de acesso foi o uso inovador de todo o potencial das tecnologias móveis para o segmento de jogos em aplicativos, em especial as tecnologias de geolocalização e realidade aumentada, que permitem, através do uso de GPS, identificar e localizar os "pokémons" no planeta inteiro.

2. Outro ponto importante foi a infraestrutura de servidores de banco de dados e *back--end* de processamento do aplicativo do Pokémon Go, que, para evitar o risco de gargalo, foi baseada em armazenamento e processamento de dados na nuvem, em especial nas soluções da Google Cloud (STONE, 2016).

3. A terceira característica inovadora foi que, durante o auge ou a febre (ou "hype"), os caçadores de Pokémon montavam redes ou comunidades locais que escolhiam lugares ou marcos especiais físicos como em praças, parques e shoppings para suas caçadas. Essa foi uma característica marcante do modelo de negócio do Pokémon Go, que a cada encontro ou caçada promovia o negócio local através do consumo dos caçadores, o que promoveu parcerias com os segmentos de alimentação e entretenimento. Essa característica foi chamada por alguns de "Ultimate Omnichannel" (BOXMAN STUDIOS, 2016), ou seja, um aplicativo desenhado desde o início já pensando nas oportunidades de múltiplos canais, físicos ou virtuais.

4. Segundo Souza (2014), uma das características da viralidade em vídeos corporativos é a presença de celebridades, o uso do humor e o profissionalismo na produção e edição dos vídeos. Com o aplicativo Pokémon Go surge outro atributo importante e ponto-chave para a viralidade ou exponencialidade de crescimento para o mercado de aplicativos, no caso o "despertar da curiosidade" (VEGA-OLIVEROS; BERTON; VAZQUEZ; RODRIGUES, 2017). O período inicial do Pokémon Go foi caracterizado como disruptivo, principalmente devido às características 1, 2 e 3 descritas antes, porém outro elemento-chave foi o despertar da curiosidade, que atraiu demografias que não são típicas dos jogos de dispositivos móveis.

Logo, Pokémon Go nos ensina que é importante buscar a disrupção para estar na frente da competição e mesmo para criar novas indústrias e mercados. Procurar se beneficiar das inovações abertas de ponta dentro do parque de tecnologias que apoiam o negócio e os processos. Cortar custos com o uso de uma infraestrutura de computadores e *softwares* virtualizada (*cloud*), pronta para o crescimento escalar. Também modelar o negócio da *startup* em seu início integrando múltiplos canais (*Omnichannel*), sejam eles físicos ou virtuais, abrangendo o maior número possível de dispositivos móveis ou redes locais com o propósito de facilitar e consolidar novas parcerias e o próprio modelo de negócio da *startup*.

O ponto de atenção é que depois da febre ou "hype", a partir de meados de 2017, o Pokémon Go começou a entrar no esquecimento. Logo, utilizar com **sucesso** as últimas tecnologias disponíveis, sejam elas móveis ou de virtualização, modelar o negócio com foco na integração entre múltiplos canais e promover a curiosidade como instrumento de promoção não são garantias para a sustentação do negócio a médio e longo prazos.

Sobre esse risco, o da efemeridade e também o da baixa taxa de sobrevivência das *startups* (WASSERMAN, 2012), a estratégia de acesso recomendada é bem mais custosa, pois não envolve somente a adoção de novas tecnologias, mas a constante monitoração do ambiente. Para esse cenário, em que a estratégia de acesso precisa ser revista em tempo de voo, um método viável é a utilização da técnica das três caixas de Vijay Govindarajan (2016).

As três caixas defendem a premissa de não linearidade do ecossistema em que as organizações atuam para sobreviver, e que, mesmo sendo mais custoso, não se deve tratar somente dos processos do negócio vigentes, mas também de outros processos que não são core business, mas que podem vir a ser ou que podem se tornar uma necessidade importante para o negócio no futuro.

Para Vijay, em um ambiente de constante disrupção tecnológica, a organização deve melhorar os processos presentes (caixa 1), se livrar gradativamente dos processos antigos ou do passado (caixa 2) e em **"paralelo"** (daí o fato de ser custoso) também se preocupar com os processos do futuro ou processos disruptivos com potencial de impactar o negócio (caixa 3).

Na prática, o que Vijay recomenda é um processo para lidar com a complexidade da não linearidade e emergência de inovações, tecnologias e processos disruptivos. O método das três caixas facilita a tomada de decisão sobre uma mudança ou melhoria das estratégias de acesso.

De forma mais objetiva e simplificada, o que Vijay recomenda é que, mesmo que sua estratégia de acesso esteja bem definida, seu parque tecnológico e de processo estejam em dia. Mesmo à frente da concorrência, com o ecossistema atual um negócio não pode deixar de olhar para o futuro e se reinventar se necessário.

Se hoje uma boa prática é utilizar os recursos tecnológicos da nuvem e *mobile* dentro de um ambiente de múltiplos canais, por mais abrangente e eficaz que seja esse *blueprint* tecnológico, em um breve futuro pode ser um modelo de referência e de negócio completamente defasado. A única certeza para Vijay é a mudança, e as organizações precisam estar preparadas.

A caixa 3 é um caminho processual preventivo para lidar com o impacto da não linearidade para o negócio. Ao lidar com a não linearidade, a caixa 3 lida essencialmente com o excesso de informação do ecossistema – e para essa abordagem a principal referência que temos é a própria natureza, que montou uma serie de estratégias de sobrevivência no tecido complexo da realidade (MORIN, 2005).

A não linearidade é o tema central da teoria da complexidade (MORIN, 2005), considerada ciência revolucionária (KUHN, 1975), que, sob aspecto qualitativo, defende conceitos como a emergência, auto-organização e fractalidade da realidade. Em suma, atributos de como interpretamos cientificamente o excesso de informação que nos cerca.

Sob o aspecto sistêmico, o excesso não é benéfico, seja para uma *startup* lidando com as pressões ambientais ou um organismo lidando com as intempéries da natureza. Saber o caminho (ou o melhor caminho) a trilhar é bem diferente de conhecer todos os caminhos possíveis.

Para aumentar a objetividade e o foco do negócio ampliando ao máximo o conhecimento ambiental sem distorções ou ruídos causados pelo excesso de informação, um bom caminho é também apoiar sua estratégia de acesso em um processo e tecnologia de CRM/*Omni-Channel*. Para corroborar uma evidência:

Triângulo de Kanizsa.

A figura anterior é conhecida como o triângulo de Kanizsa, criado (ou descoberto) em 1955 pelo psicólogo italiano Gaetano Kanizsa. A imagem se popularizou como uma simples ilusão, mas ela possui uma evidência sutil e avassaladora: se na Idade Média achávamos que a terra era o centro do universo, com a figura criada pelo psicólogo italiano derrubou-se o último mito egocêntrico restante que ainda tínhamos na era moderna, o que afirma que a nossa inteligência e consciência seriam especiais e que ambas nos tornam únicos em relação à natureza e ao universo.

A figura evidencia que nossa inteligência é um processo completamente adequado e preconizado pela teoria da evolução das espécies de Darwin, sem nada de especial, somente mais um processo moldado por milhões de anos de seleção natural. O que também transforma o triângulo de Kanizsa em uma das evidências de maior valor científico da era moderna é o fato de mostrar de maneira simples que a inteligência é um processo da natureza, pois o *homo sapiens* em sua evolução como coletor e caçador precisava provavelmente antecipar ou prever possíveis ataques de predadores camuflados, e como a realidade é *hipercomplexa* (MORIN, 2005) e é impossível prever todas as situações e cenários de ameaça predatória, uma das soluções da natureza para o excesso de informação foi a de criar mecanismos de antecipação, onde o cérebro em evolução montava a todo momento dentro da confusão de imagens na selva uma série de possíveis predadores virtuais, pois, mesmo que a maioria dessas pré-visualizações ou interpretações fosse falsa, elas garantiam um estado de alerta para as situações de verdadeiro risco. Esse processo mental é o mesmo que leva as pessoas a visualizar figuras e rostos nas nuvens.

Em resumo, para um problema evolutivo o nosso cérebro pré-concebe uma série de realidades, processo natural este baseado acima de tudo em um *trade-off* que assume que é melhor prevenir do que remediar mesmo que isso crie um processo falho no cérebro. É isso mesmo, temos um "bug" em nosso cérebro que foi fundamental para nossa sobrevivência como espécie – e não adianta discutir contra esse "bug", ele está evidenciado na figura anterior: o triângulo branco que aparece na imagem **não existe**, ele sequer foi desenhado, **só existe em sua mente**. A imagem anterior é revolucionária, pois estende discussões sérias sobre o nosso poder de entendimento sobre o que é real ou não.

O triângulo de Kanizsa é também um suporte teórico para o Dilema do Fundador de Wasserman (2012), que afirma que o excesso de otimismo do empreendedor não condiz com a realidade da baixa taxa de sobrevivência das *startups*. Simplesmente não somos capazes de lidar com a realidade, uma vez que nosso cérebro está constantemente nos bombardeando com falsas informações preconcebidas, tanto de **ordem emotiva como racional**, e tendemos a achar que tudo vai dar certo, seja em uma caçada ou na construção de um novo negócio.

É por isso que obter o equilíbrio da resposta adequada à pergunta do Dilema do Fundador é tão complicado. E por isso também que uma boa estratégia de entrada no mercado faz parte da resposta adequada, por orientar e alinhar o negócio com as expectativas do cliente através de processos e tecnologias usados para prover informação tácita que permitirá a mudança de decisões no negócio no decorrer da operacionalização da *startup* através do uso estratégico de fontes de dados mais amplas obtidas com o uso de técnicas de escuta constante do cliente nos mais diversos canais e redes de computadores.

A importância da orientação do modelo de negócio para o cliente é inegável, porém, por mais incrível que pareça, mesmo que a proposta de valor da *startup* inclua o cliente no centro das atenções, ele geralmente será um dos mais negligenciados na implementação do plano de negócio, e isso se deve geralmente a uma fraca estratégia de acesso. Para resolver esse problema, e acima de tudo para afastar a sombra do dilema do fundador, um caminho de valor a ser seguido como estratégia de acesso é centralizar a obtenção de informações do negócio em um processo como o CRM (*Customer Relashionship Management* ou Gestão de Relacionamento com Cliente).

Historicamente, o CRM surge por volta de 1980 como uma ferramenta de marketing baseada em banco de dados. A partir dos anos 90, Tom Siebel, após sair da Oracle, cria um pacote fechado de *software* de relacionamento com cliente (o Siebel) capaz de automatizar a força de venda de várias frentes de atuação nas indústrias, desde a aeroespacial até a farmacêutica. O CRM do Siebel inova ao centralizar as informações ou o histórico de vendas do cliente, cruzando e automatizando o suporte à força de vendas das corporações, além de reunir essencialmente todo o histórico de requisições e interações com clientes, com respectivas oportunidades e fluxos de negócios. Apesar de inovador, o Siebel se isolou no mercado corporativo, impactando sua disseminação para as pequenas e médias empresas.

Em 2007 a indústria de CRM vira de cabeça para baixo com outro ex-funcionário da Oracle, Mark Bernioff, que apresenta para o mercado o conceito de CRM de baixo custo com o modelo de negócio de *software* como serviço rodando na *cloud*, no caso a Sales-Force, tornando-se em um curto período de tempo uma das maiores empresas norte-americanas e o maior *player* do mercado de CRM.

O ponto de atenção crítico em relação ao CRM é que implica em um conceito e também em um processo que deve ser implantado ou planejado antes da parte tecnológica do CRM, pois o *software*, seja qual for, é apenas um facilitador para um processo de negócio (e estratégia de acesso) que permitirá obter informações de valor dos mais diversos canais e processá-las para a decisão gerencial.

Nesse sentido, sugere-se que o processo de CRM na *cloud* com uma estratégia *Omnichannel* esteja no coração da estratégia de acesso, pois o sistema de CRM será o facilitador do tráfego de informações de valor para o negócio, informações estas das mais diversas fontes, origens e canais, permitindo que a gestão executiva atue estrategicamente como o cérebro humano para cenários como o do **Triângulo de Kanizsa**, filtrando o excesso, permitindo exercício de simulações para ameaças e lidando com informações

154 - Startups

estritamente essenciais. É o CRM também quem deve ser o centralizador das informações multichannel provindas dos clientes de lojas físicas, lojas virtuais e do *mobile*, assim como o sistema/processo que fará o cruzamento dessas informações.

Como vimos, o excesso de otimismo faz parte da nossa natureza falha ao começarmos uma nova empreitada, mas o CRM com automação *Omnichannel* pode colaborar para minimizar esse ato falho através de um desenho processual em que os problemas de atendimento ou satisfação dos clientes possam ser mapeados para assim criar um histórico e uma base de conhecimento que permitam estratégias de retenção, recuperação de confiança e mesmo de promoções.

As riquezas de canais existentes exigem que a estratégia de acesso seja quase que essencialmente *omnichannel*, uma vez que o processo de negócio ocorre através de múltiplos canais, sejam eles físicos, virtuais ou móveis. O desenho a seguir mostra a estratégia de acesso sob o aspecto tecnológico centrada em **CRM (na *cloud* ou *mobile*) + automação *omnichannel*:**

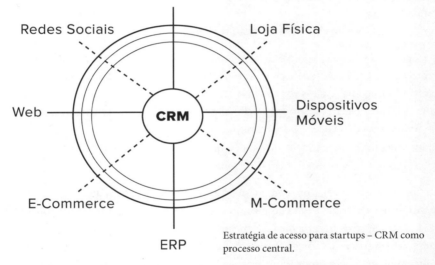

Estratégia de acesso para startups – CRM como processo central.

O que a figura mostra é que podemos receber uma requisição de compra ou de serviço, ou mesmo uma reclamação, dos mais diversos canais: seja por telefone via SAC, via dispositivos móveis, por um post no Facebook da empresa, através de um tweet, do *e-commerce* ou do m-commerce da *startup*, do Fale Conosco do site corporativo, do WhatsApp, entre outros canais, porém é crucial que essas informações sejam cruzadas por um sistema de CRM centralizado que permita rastrear essas interações. Este sistema pode estar na nuvem, conforme mostra a figura, por questões de redução de custo de infraestrutura em tecnologia, ou não, caso a informação seja sensível e o negócio exija uma infraestrutura proprietária. O ponto fundamental aqui é que os canais de acesso e de interação com o cliente guardem as informações de valor e permitam retroalimentar a estratégia global da *startup* e a própria estratégia de acesso. A seguir, um exemplo prático de uma estratégia de acesso centralizada em CRM:

Uma *startup* do segmento de moda lança uma campanha de marketing para uma coleção que promove um evento de um nicho específico de mercado, no caso, os skatistas. A *startup* monta uma rampa gigante em Santos e no Rio de Janeiro e divulga o evento e o batiza de "Top Sk8ers", patrocinando e utilizando a imagem, por exemplo, do americano Tony Hawk e do brasileiro Bob Burnquist, ambos na lista dos melhores skatistas mundiais de todos os tempos. Para avaliar o retorno de investimento na campanha, a promoção inclui um QRCode em todas as camisetas brinde, em todos os outdoors com a promoção do evento e em todas as vitrines (virtuais e físicas). O QRCode, após ser fotografado por um *smartphone*, leva o (provável) cliente para o site de *e-commerce* ou m-commerce, conforme a origem do acesso, e abre a seção específica do evento "Top Sk8ters", contendo descontos e promoções direcionados para os participantes do evento.

Durante o processo de elaboração e execução dessa campanha o CRM deve ser configurado para registrar as informações referentes ao canal de origem – o sexo do cliente, a idade, o aniversário e principalmente o tipo ou classe do cliente, se ele é VIP ou um novo cliente, e propor imediatamente uma promoção adequada ou um plano de fidelidade de acordo com as informações de interação realizadas.

Outro poder dessa interação seria oferecer nas lojas físicas da *startup* de moda, dentro dos provadores, telas de touchscreen que apresentariam uma interface visual aos clientes, permitindo informar a satisfação com o atendimento do vendedor, ou mesmo digitar sugestões ou incluir um código promocional exclusivo. Essa tecnologia, uma vez aplicada, seria uma forma de rastrear e comparar o comportamento desse cliente na loja física com os dados de seu comportamento virtual, o que oferece a vantagem competitiva de montar campanhas específicas e mais bem direcionadas.

O m-commerce poderia, por exemplo, ter duas versões: uma na rede aberta (ou internet) e outra exclusiva desenhada para acesso somente na rede local ou intranet da *startup*. A vantagem dessa abordagem seria oferecer preços diferenciados e promoções relâmpago para os clientes próximos às lojas físicas. Por exemplo, para um cliente potencial o vendedor informaria que uma vitrine virtual de uma coleção exclusiva do evento "Top Sk8ter" estava liberada para apreciação de clientes especiais através do "wi-fi" da loja, onde um endereço QRCode daria acesso ao m-commerce exclusivo da rede local (intranet) da *startup*. Se o cliente não tiver um dispositivo móvel, o vendedor apresentaria a vitrine virtual através de um *tablet*.

Seguindo ainda o mesmo exemplo, porém com uma situação de negócio envolvendo risco com a satisfação de um cliente VIP:

Após comprar pelo m-commerce duas camisetas com as estampas desenhadas pelos mundialmente renomados grafiteiros, o inglês Banksy e brasileiro Eduardo Kobra, e ambas as camisetas com a assinatura exclusiva de Bob Burnquist, ocorreu um problema com o operador logístico e as camisetas não chegaram na data acordada com o cliente pela *startup*. Este fez um post de reclamação no Facebook da *startup* e abriu um chamado no Fale Conosco do site da *startup* no dia seguinte ao atraso. Diariamente a página da loja é rastreada pelo CRM por palavras-chave negativas e, assim que o post negativo no Facebook é identificado pelo sistema de CRM, é criado um *ticket* que é direcionado para um departamento de relacionamento nas redes sociais. Também é criado um segundo *ticket* no CRM pela integração do sistema web do Fale Conosco do site corporativo. Ambos os *tickets* (ou service requests) são sinalizados como urgentes pela importância e fidelidade do cliente para o negócio, e em seguida são disparados e-mails para a gestão da *startup* e para os gestores diretos da área de tecnologia. A configuração do CRM para problemas de processo e entrega envia automaticamente um e-mail para o cliente com pedidos de desculpa, informando que o problema será resolvido, e oferece um *voucher* com desconto de 15% na compra de qualquer produto da loja durante os próximos três meses.

Os exemplos anteriores mostram o poder do CRM na *cloud* com *omnichannel* como processo e tecnologia central da estratégia de acesso, por possuir a verdadeira inteligência de negócio relacionada ao cliente e por permitir monitorar e prover informações de relacionamento com o cliente através de múltiplos canais.

Um exemplo de produto acessível nesse novo segmento tecnológico é o Braze (<https://www.braze.com/>), que tem se especializado em personalização para múltiplos canais e engajamento.

A seguir, uma tela do Braze que mostra um recurso tradicional do CRM lançado pelo Siebel nos anos 90, a tela ou view central do cliente, que permite a visão histórica simplificada do relacionamento e do engajamento:

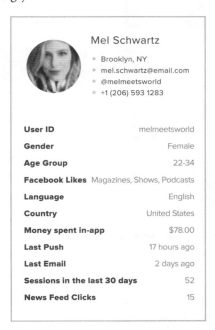

User profile no Braze

Startups - **157**

Com as informações anteriores, como os contatos, a demografia e o engajamento *online* e *mobile*, Braze faz um **Kanizsa** da informação, permitindo elaborar campanhas de marketing mais direcionadas e consequentemente mais efetivas, removendo todo o ruído desnecessário.

O Brazer é uma proposta de automação de baixo custo acessível para as *startups* em fase inicial que fornece um pacote de CRM/*Omnichannel* capaz de montar campanhas em múltiplos dispositivos/telas. É um conjunto de ferramentas que lida também com os 4 Vs, que são volume, variedade, velocidade e veracidade dos dados tratados em campanhas, caracterizando-se conceitualmente também como uma ferramenta de big data.

Entrando na fronteira disruptiva, o Braze inclui serviços de MMA (ou *Mobile Marketing Automation*), que são serviços de CRM com uso de algoritmos de inteligência artificial (IA) que permitem escalar a interação com os clientes via múltiplos canais e permitem também o marketing entre múltiplas telas/dispositivos (de relógios digitais a automóveis), conforme as sugestões dos algoritmos de IA. A seguir, um exemplo de uma tela que trata MMA no Braze:

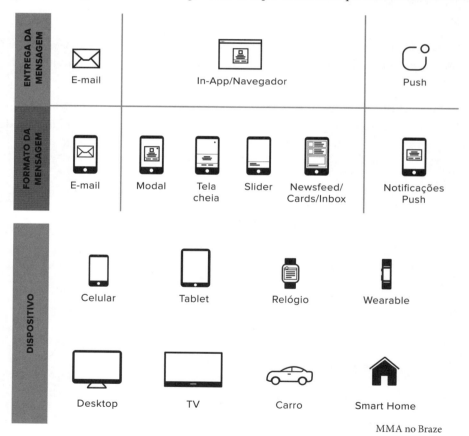

MMA no Braze

Com ferramentas acessíveis como o Braze (ou mesmo o pacote da concorrente gigante SalesForce), podemos montar um segundo cenário estratégico para os acessos de uma *star-*

tup, que seria agregar o que temos de melhor no processamento e na filtragem do grande volume de dados da realidade (mercado), incluindo big data/IA junto com o CRM/multichannel, pois o ferramental de processamento e filtragem de dados do big data com IA, associado a uma estratégia de CRM/*omnichannel* voltada para o negócio, tanto sob o aspecto tecnológico como o processual, consegue propiciar, ou senão minimizar, o ruído do excesso de informações desnecessárias para o negócio.

É crucial que uma estratégia de acesso seja decidida e guiada evolutivamente por uma solução de CRM/*omnichannel* (social ou tradicional), onde estas soluções estejam preferencialmente embasadas em uma visão holística dos 4 Vs do big data e pelas necessidades e demandas do negócio. Capturar, processar e entender os dados de clientes fiéis, potenciais ou insatisfeitos são pilares tradicionais do CRM, e essa escuta **TEM** que ser precisa, principalmente para os adotantes iniciais da *startup*.

Resumindo: usar o CRM/*omnichannel* (em nuvem ou *mobile*) em conjunto com o big data e IA como a coluna vertebral de sua estratégia de acesso pode aumentar sensivelmente seu poder de escuta em relação aos clientes, concorrentes, mercado e fornecedores, assim como a efetividade dessa escuta e diminuir o risco de percepção distorcida da realidade e do mercado, aumentando as chances ou propiciando maior competitividade e resiliência da *startup* em relação ao Dilema do Fundador.

FONTES

DARWIN, Charles; BYNUM, W. F. **On the origin of species by means of natural selection:** or the preservation of favored races in the struggle for life. (Penguin Classics). London: Penguin, 2009.

GOVINDARAJAN, Vijay. **The Three-Box Solution:** a strategy for leading innovation. Boston, MA: Harvard Business Review Press, 2016.

KUHN, Thomas S. **A estrutura das revoluções científicas.** São Paulo: Perspectiva, 1975.

MARMER, Max; HERRMANN, Bjoern Lasse; DOGRULTAN, Ertan; BERMAN, Ron. **Startup Genome Report Extra on Premature Scaling:** A deep dive into why most high growth startups fail. Aug. 29, 2011, v. 1.1.

MOONEEGAN, Vidia. Technology Disruption. **YouTube**, Jun. 16, 2016. Disponível em: <https://www.youtube.com/watch?v=pk9RVBwiFbM>. Acesso em: 23 jul. 2018.

MORGAN, Gareth. **Imagens da Organização.** São Paulo: Atlas, 1999.

MORIN, Edgar. Desafios da transdisciplinaridade e da complexidade. In: AUDY, Jorge Luis Nicolas; MOROSINI, Marília Costa. **Inovação e Interdisciplinaridade na Universidade.** Porto Alegre: EDIPUCRS,2007, p. 22-28.

MORIN, Edgar. **Introdução ao pensamento complexo.** Porto Alegre: Sulina, 2005.

RIES, Eric. **The Lean Startup:** how constant innovation creates radically successful businesses. New York: Crown Business, 2011.

SOUZA, Ricardo Araujo. **Uma análise dos vídeos publicitários virais mais vistos no site youtube.com no Brasil e no mundo:** um olhar crítico do papel do marketing com enfâse no hipeconsumismo. Dissertação de Mestrado em Administração pela PUC-SP, São Paulo, 2014. Disponível em: <https://tede2.pucsp.br/bitstream/handle/1103/1/Ricardo%20Araujo%20de%20Souza.pdf>. Acesso em: 23 jul. 2018.

STONE, Luke. Bringing Pokémon GO to life on Google Cloud. **Google Cloud Platform Blog,** Sep. 29, 2016. Disponível em: <https://cloudplatform.googleblog.com/2016/09/bringing-Pokemon-GO-to-life-on-Google-Cloud.html>. Acesso em: 20 jul. 2018.

VEGA-OLIVEROS, Didier; BERTON, Lilian; VAZQUEZ, Federico; RODRIGUES, Francisco A. The Impact of Social Curiosity on Information Spreading on Networks. **Proceedings of the 2017 IEEE/ACM International Conference on Advances in Social Networks Analysis and Mining,** Sydney, Australia, 2017, p-459-466.

WASSERMAN, Noam. **The Founder's Dilemmas:** anticipating and avoiding the pitfalls that can sink a startup. Princeton, NJ: Princeton University Press, 2012.

WHY Pokemon Go is the Ultimate Omnichannel Experience. **Boxman Studios,** July 14, 2016. Disponível em: <http://boxmanstudios.com/blog/marketing-and-advertising/why-pokemon-go-is-the-ultimate-omnichannel-experience/>. Acesso em: 23 jul. 2018.

CAPÍTULO **12**

O DIÁRIO DE BORDO E COMO ESCREVER HISTÓRIAS QUE ECOAM

ESTRATÉGIAS DE ENGAJAMENTO: CURADORIA E CRIAÇÃO DE CONTEÚDO COMO FERRAMENTAS DE MARKETING

Elis Monteiro

No dia a dia, trabalhar com curadoria de conteúdo é ouvir histórias, apurar, peneirar, selecionar o que há de melhor, tendo a certeza de que um material de qualidade já é um grande passo rumo à conquista de seguidores, fãs e de conversões. Mas como gerar conteúdo bom o tempo todo? Será que tudo o que se imagina que seja legal rende boas matérias, *posts* arrebatadores, vídeos divertidos e tweets certeiros? Sendo você um jovem empresário, como criar conteúdo para cada negócio? É possível fazer por conta própria? Como funciona a criação de conteúdo, para quais empresas cabem?

Não há apenas uma resposta, mas várias. No melhor dos mundos, seja pequena ou grande, para começar a investir em conteúdo uma empresa precisa iniciar de algum lugar – criando as bases para a sua comunicação no universo, cada vez mais virtual.

O primeiro passo, que vale para qualquer tamanho de empresa, pode ser a criação de uma equipe multidisciplinar que seja capaz de cavar, apurar, produzir e formatar boas histórias – desde que estas existam –, dotada de ferramentas atualizadas e eficientes e usando os canais adequados para publicação de sua produção.

Em plena era do *branded content* (conteúdo de marca, uma estratégia de construção e consolidação de imagem), apostar na qualidade do conteúdo faz todo o sentido, já que é ele que conta a história, desenvolve a narrativa, ele é a verdadeira joia da coroa. No momento em que os consumidores passam a recusar propaganda, usam ad blockers em seus browsers e rejeitam táticas de venda tradicionais, produzir material que faça sentido ao público, que seja útil, passa a ser de suma importância. Não estamos mais falando de conteúdo patrocinado por marcas, mas produzido por estas.

Em um cenário não tão ideal – no qual a matéria-prima básica, que são as histórias, não rende tanto – mesmo assim é possível lançar mão de estratégias que permitam a manutenção de canais interessantes que garantam uma (boa) frequência de visitação e (bons) índices de engajamento.

Um apontamento importante sobre engajamento: no geral, a maioria das pessoas demonstra interesses por listas, colecionar coisas, e esse traço humano leva a enxergar o sucesso no mundo digital de forma enviesada. Não necessariamente mais seguidores/fãs é sinônimo de trabalho bem feito. O que se deve perseguir é o engajamento, o envolvimento das nossas publicações (nosso conteúdo) com o público que desejamos alcançar. Dependendo do nicho profissional, poucos e motivados seguidores podem ser mais que suficientes.

Chegada a hora de colocar a mão na massa. O que fazer? Para onde ir? Deseja usar marketing digital para abrir novos horizontes? Ou é uma empresa já estabelecida que precisa estreitar os laços com o público-alvo? Visando promover uma estratégia adequada de *inbound marketing*, criar conteúdo de qualidade demanda uma série de insumos que passam, em nossa opinião, por dez itens essenciais, um não mais importante que o outro:

1. Pela escolha da equipe ideal para criação e acompanhamento do conteúdo.

2. Pela criação de uma linha editorial focada no público-alvo.

3. Pelo conhecimento da linguagem usada pelo público e sua exploração na medida certa.

4. Pelo uso de ferramentas de automação que facilitem o dia a dia.

5. Pela utilização de elementos acessórios – editoriais e gráficos – que permitam uma interação mais efetiva com o público.

6. Pela contextualização das mensagens.

7. Pela adequação do conteúdo às estratégias de marketing.

8. Pela compreensão dos canais adequados – e suas devidas dinâmicas – para cada conteúdo.

9. Pela medição da performance.

10. Por *feedbacks* frequentes, lições aprendidas e busca por melhorias.

Conteúdo bom é aquele que se adequa ao canal certo na hora certa para o público certo com a mensagem certa. Tudo isso cumprindo objetivos específicos. Acabou a era do "achômetro", aquela época em que conteúdo bom era conteúdo farto, ou seja, o disparo

162 - Startups

aleatório de *posts* e matérias, sem estratégia alguma, mais ou menos como tentar pescar em um rio caudaloso com uma rede pequena e sem domínio da técnica da pescaria.

Que fique bem claro: o que interessa, agora, é o conteúdo certeiro. O público está exposto a tanto conteúdo o tempo todo que exige maior qualidade, principalmente se está comprando produtos de sua empresa. Tem mais: até poucos anos atrás, o digital era visto como acessório, e supunha-se que qualquer amador poderia fazê-lo. Acabou essa fantasia: o digital, hoje, é feito por equipes profissionais, focadas em resultados. E essa constatação vale para empresas pequenas, médias e grandes.

Em uma realidade que mescla canais como blogs, mídias sociais, redes sociais diversas, buscadores, canais de vídeo e de foto, dentre outras novidades frequentes, as possibilidades de escolhas por parte do cliente tornam-se infinitas. Como se destacar nesse cenário?

EQUIPE

O parente ou um conhecido já não resolve mais, já que a época do conteúdo amador acabou. O primeiro passo para um bom trabalho de curadoria é a montagem de um time formado por profissionais multidisciplinares que possam manipular o material bruto e transformá-lo em massa de engajamento.

De forma geral, uma equipe perfeita seria composta por:

1. um jornalista com talento para contar boas histórias e alinhavá-las com o conteúdo institucional, de forma a conquistar o leitor/visitante pela identificação com a mensagem.

2. um publicitário com boas sacadas de título, que saiba "vender" a ideia e casá-la com as estratégias de marketing.

3. um bom infografista/webdesigner que possa ilustrar o conteúdo de forma a torná-lo mais palatável e amigável.

4. um bom coordenador/editor que possa casar tudo isso com o canal certo.

5. um analista que possa medir o impacto e transformar os dados coletados em inteligência.

É claro que nem sempre a equipe estará formatada assim. Os recursos costumam ser escassos, principalmente quando falamos de pequenas empresas, como as *startups*. E, também, existem casos em que a equipe será maior. Pode ser com a progressão e o crescimento da empresa, ou porque o conteúdo é muito importante para a *startup* em questão ou, ainda, ser o *core* da empresa. Mesmo com equipes pequenas, no entanto, é preciso levar em consideração o conteúdo, sua edição e também sua formatação. É inquestionável: não há nada melhor que uma boa história casada com uma apresentação de qualidade.

Um fluxo bem enquadrado de trabalhar passa por alguns comportamentos: é preciso avaliar o conteúdo com o olhar jornalístico (jornalista) e também "vendedor" (marketing/publicidade), pensar em sua formatação (design) e adequação aos canais (editor) e monitorar seu impacto para melhor adequação aos futuros conteúdos (analista). Mesmo quando tudo isso é feito pela mesma pessoa, o que não pode faltar é o olhar multidisciplinar.

> **Lembrete:** mesmo equipes pequenas precisam olhar o conteúdo de forma multidisciplinar.

LINHA EDITORIAL

Definida a equipe – ainda que de uma pessoa só –, é chegada a hora de definir alguns elementos para organizar suas postagens e fazer o conteúdo entrar em um fluxo. Aqui, elimina-se a ideia de que se deve postar quando se especula ser a melhor hora. O timing do criador nem sempre é o timing da criatura. A dica é a criação de uma linha editorial que servirá de guia para as postagens e os textos. Quais serão os temas a serem explorados? Em que momento o conteúdo será publicado, com que frequência, para qual público, com que objetivo primordial?

A vantagem de estabelecer uma linha editorial inicial é que ela pode acompanhar o crescimento da equipe e pode ser adaptada conforme a empresa vá adquirindo lições aprendidas. O post no LinkedIn não deu certo na quarta-feira à tarde? É hora de estudar os melhores horários de publicação de cada rede e incorporar essa informação à linha editorial. Esta deve conter a definição simplificada das mensagens que se deseja passar, a que público, a que horas e de que forma.

Uma informação prática: os meios digitais movem cada vez mais audiências e consumo, então, cada vez mais empresas estão investindo mais em levantar o máximo de informações possíveis, aproveitando que essa possibilidade é mais eminente do que em qualquer outro tempo anterior, e essa medição fica cada vez mais acessível e profunda. Sendo assim, pode-se fazer uso desses dados secundários para dar os primeiros passos em direção ao planejamento de publicação de conteúdos, e, conforme a progressão dos trabalhos, cada empresa será capaz de ter mapeado os dados comportamentais de seus próprios usuários. A exemplo de pesquisas secundárias, o Scup, ferramenta de monitoramento de marca, faz anualmente um estudo chamado "o horário nobre das redes sociais", com base em todos os dados de menção que captam de todos os seus clientes ao longo do ano.

> **Lembrete:** a linha editorial muda a todo instante, ela se adequa aos resultados.

LINGUAGEM

Quem trabalha com internet – ou acompanha com afinco – deve se lembrar do "Manifesto Cluetrain", uma lista de 95 teses que acabou gerando um livro escrito por Rick Levine, Christopher Locke, Doc Searls e David Weinberge, por volta de 1999. Pois qual era um dos recados mais importantes do Manifesto? Que as empresas deveriam acordar e começar a conversar com seus clientes usando a linguagem destes, em meio digital.

Ao afirmar que "os mercados são conversações" (primeira tese do manifesto), os autores deixavam claro que seria preciso rever tudo para inaugurar, a partir dos canais digitais, uma nova forma de contato entre cliente e empresa.

Falar a linguagem do cliente não significa, é claro, manter diálogos em tom vulgar ou abusar da utilização de elementos como *hashtags* ou memes. O próprio Cluetrain já previa isso: está lá, nos itens 21 e 22: "as empresas precisam ser mais leves e encarar-se menos seriamente. Elas precisam ter um senso de humor" e "ter um senso de humor não significa colocar algumas piadas no website corporativo. Ao contrário, isso requer grandes valores, um pouco de humildade, honestidade e um ponto de vista genuíno". Vale a pena considerar o uso do humor nas postagens justamente porque o humor é uma das formas mais eficazes de engajamento. Mas usar o humor como elemento de engajamento é diferente de "ser engraçadinho e parecer moderno e antenado".

É preciso conhecer o público, aquele com o qual deseja abrir canais de comunicação, conversar com ele e, sobretudo, ouvi-lo. Mais do que isso, é necessário manter contato frequente e estar presente nas dinâmicas das redes, aderindo aos seus contextos e às suas evoluções. Mais ou menos como fez o McDonald's ao lançar uma campanha chamada "sambando na cara da sociedade" (fevereiro de 2014).

A própria publicidade já tira partido disso há muito tempo, seja adotando bordões ou quaisquer outros estímulos fonéticos e visuais que promovam a fixação do conteúdo na memória do público. Como elementos muito próprios do universo cultural da web, os memes mostram que a empresa está antenada, que é criativa e que faz parte do coletivo – se está todo mundo rindo de algo, ela pode entrar na brincadeira também. Mas sempre com bom senso, uma vez que sua imagem está exposta e reputação é a maior das moedas.

Assim como o uso do humor, causas costumam dar certo. Mas é preciso todo cuidado com o discurso vazio. Se a empresa não tem um compromisso real, explícito em sua missão, com causas institucionais, é melhor amadurecer a ideia e partir para outro plano. De bobo o público nada tem.

Lembrete: falar o "idioma das redes" não é vulgarizar o conteúdo.

FERRAMENTAS

Quando se trabalha com conteúdo corporativo e dinâmico (como tudo no mundo virtual), a tarefa mais complexa parece ser a de buscar insumos promissores, boas pautas que possam gerar conteúdos de qualidade, atraentes e que promovam grande engajamento. Antes de sair buscando e atirando a esmo, vale lançar mão de ferramentas de monitoria que vão desde a tradicional reunião presencial até a criação de canais específicos para o recebimento de informações (como o *briefing*, por e-mail).

Equipes de conteúdo precisam se guiar pelo "faro", tendo em vista que há muito conteúdo sendo produzido que não é aproveitado pura e simplesmente porque profissionais que não são de comunicação não têm a visão "jornalística", aquela que reconhece boas histórias quando estas se apresentam.

Profissionais de comunicação precisam estabelecer rotinas de monitoria de conteúdo – reuniões, estudo de planos de trabalho de áreas de produtos, leitura de clipping, monitoramento de redes sociais e uma série de outras possibilidades de "descoberta" de pautas. Um bom jornalista sabe quando uma história tem potencial, pode ser um furo ou repercurtir positivamente.

Na hora da operação, também é importante adotar ferramentas de agendamento de postagens, que podem ajudar consideravelmente nas publicações noturnas e naquelas de fins de semana – a internet não para e demanda atenção e conteúdo aos fins de semana também. Exemplos básicos desse tipo de utilitário são o Hootsuite, o Tweetdeck, o Postcron, o Post Planner e o Sprout Social, que ainda dão uma ajuda na análise dos resultados alcançados. O Facebook já oferece essa ferramenta nativa, por meio do agendamento de publicações.

Uma dica aparentemente simples – mas muito eficaz – é a criação de "alertas" usando ferramentas como o Google Alerts para que você fique antenado com o que anda sendo dito sobre a empresa, o segmento no qual atua ou qualquer outro insumo que possa fornecer uma boa pauta. Mas essa abordagem é uma forma muito simplificada sobre a questão do monitoramento, que é muito maior que um alerta. A ideia é indicar que monitorar o que se fala da marca pode render boas pautas e abordagens inusitadas.

Quando se trabalha com *inbound marketing*, cabe salientar que a ideia é vender a imagem de uma empresa lançando mão de ferramentas e canais que possam transmitir conteúdo selecionado pelo profissional. A meta é conquistar o público, seduzi-lo, criar um vínculo emocional com ele. E não há nada mais eficaz para criar vínculos entre pessoas do que histórias em comum, elos emocionais, coisas em comum. E para que isso se torne eficaz no dia a dia, você precisa entender o que as pessoas estão falando e como tirar proveito dessa "conversa" em prol de seu objetivo.

É assim que a gente descobre como trabalham empresas que produzem cases como a Prefeitura de Curitiba, o Bradesco, o Itaú e muitas outras empresas que utilizam o monitoramento para entender do que se fala, como se fala e quando se fala.

ELEMENTOS ACESSÓRIOS

Como o público, reage-se aos conteúdos de forma diferente dependendo dos elementos presentes em uma narrativa. Tende-se a compartilhar causas; nos envolvemos mais facilmente com histórias tristes, alegres, inspiradoras; cria-se empatia com marcas que tiram partido dos nossos instintos mais básicos. Somos impactados a todo instante por conteúdos variados e reagimos a cada um deles de forma variada.

Nada disso é à toa: o marketing, principalmente o *inbound*, sabe tirar partido do fato de os consumidores serem humanos e, portanto, dotados de sentimentos. Na criação de conteúdo, o elemento "emoção" deve ser levado em consideração o tempo todo e não pode ser diferente.

Cientes disso, curar conteúdo é, antes de qualquer coisa, avaliar que tipo de história pode passar a mensagem que buscamos emplacar junto ao público. E isso só será possível conhecendo muito bem o público que desejamos impactar e o comportamento que a gente espera deste. A que tipo de conteúdo o público de interesse de uma empresa costuma reagir melhor? O que ele não tolera?

O que deve ficar claro é que curadoria de conteúdo não é um jogo de azar. Não é seguro espalhar *posts* em redes sociais nem matérias em sites que não tenham por trás um estudo minucioso de público-alvo. Há todo um universo de ferramentas que podem ser usadas para compreender que tipo de conteúdo casa com que tipo de público e em que momento.

Quando falamos em tipos de conteúdo, não falamos apenas do conteúdo de texto, mas também queremos ressaltar a importância da formatação desse conteúdo e de elementos adicionais que podem fazer a maior diferença na hora da aceitação por parte do público – e do consequente compartilhamento, curtida, comentário. De novo, permitindo uma projeção para a pele do público, só se compartilha um conteúdo quando este afeta de alguma forma a audiência – se traz uma mensagem, um dado ou um acessório que desperte o interesse.

Infográficos, imagens impactantes, elementos curiosos, há toda uma sorte de tipos de acessórios dos quais podemos lançar mão na hora de passar uma mensagem. Mesmo quando o conteúdo não é o mais "interessante", há formas de passá-lo de forma "agradável".

Usar elementos "acessórios" aos *posts* não significa, no entanto, que só se pode produzir *posts* com imagens e/ou vídeos e/ou infográficos. Essa é, aliás, uma velha discussão do marketing. Afinal, imagens garantem maior engajamento? Entre 2013 e 2014, 54% de todos os *posts* do Facebook eram imagens, o que nos leva a crer que o mercado adotou os "acessórios" com força total. A verdade, no entanto, é que sempre haverá quem defenda os *posts* com e sem imagens/vídeos.

Usar imagens acompanhando os *posts* é garantia de sucesso (significa maior engajamento)? Depende. Depende, inclusive, em primeiro lugar, do conteúdo que se tem nas mãos. Em segundo lugar, do público para o qual se escreve. No final do dia, o melhor indício será o resultado alcançado quando se compara um post "só de texto" e outro acompanhado de imagens e outros acessórios.

Pensando mais como público, parece claro que *posts* curiosos com infográficos úteis tendem a chamar mais a atenção do que os "textões" institucionais. Afinal, em sua maioria,

Startups - **167**

o público não se importa com a marca e nem se interessa pelo seu conteúdo e anseia para consumi-lo. O público não vai até você a não ser que tenha um interesse muito específico. Atraí-lo é sua obrigação!

> **Lembrete:** criatividade, sim; teste às cegas, não.

CONTEXTUALIZAÇÃO

Uma armadilha comum para quem trabalha com conteúdo frequente e variado é perder o fio da meada, descontextualizar o que se publica. Equipes "autômatas" acabam se desconectando da realidade e passam a desovar *posts* e matérias nos canais sem objetivos preestabelecidos. Tudo vira assunto, ainda que não se tenha o menor indício da possibilidade de sucesso com aquela publicação.

Um exemplo bem comum da "perda de controle" sobre o conteúdo de uma empresa é no caso de franquias. Quando uma empresa não oferece suporte ao conteúdo dos seus franqueados ou o franqueado sente que poderia fazer mais, se pudesse estimular o consumo em sua loja, se tivesse maior controle sobre o seu próprio canal digital, ele cria uma página no Facebook, por exemplo, específico da sua unidade. Não é raro ver páginas com esse formato, que citam sua localidade específica já no nome do perfil.

Postar conteúdos a esmo, descontextualizados – ou até mesmo que vão de encontro com a marca –, pode ser prejudicial para o engajamento. O ideal é usar contextos – e muitos deles estão nas próprias redes nos quais serão publicados. Tirar partido dos contextos pode fazer com que sua empresa pareça "antenada", conectada com a realidade. Há um mundo de diálogo lá fora, em plena efervescência, e sua empresa não pode ficar de fora. Acabou a era dos monólogos institucionais, ninguém quer saber o que você está fazendo, o que está desenvolvendo. Ninguém valoriza o incrível potencial de uma empresa, a não ser... que faça sentido para o consumidor de alguma forma. Ou que o capture em alguma rede, por meio de um anúncio, uma ferramenta de retargeting ou um conteúdo bem escrito e interessante.

E acredite: o conteúdo interessante gera conversões. Bons exemplos do que estamos falando são os memes "corporativos", ferramentas amplamente exploradas por máquinas de comunicação e marketing como Coca-Cola, Nike, McDonald's, Itaú etc. Manter essa comunicação bem azeitada exige que as equipes de conteúdo não só pensem fora da caixa como estejam conectadas aos contextos. Ao que se fala nas redes e também fora delas. É preciso ter um mantra interno: não mais separação possível entre o mundo *off-line* e o *on-line*.

Para entender o que dá certo, uma dica é avaliar o conteúdo postado pelas principais no mundo de conteúdo e da presença *on-line* – BMW, Coca-Cola, Disney, Heineken, Facebook, Nike, Starbucks, YouTube, McDonald's, todas elas têm bons cases de sucesso que podem servir de exemplo.

Note que a maior parte das postagens contém imagens cotidianas, de fácil reconhecimento, mais próximas do cidadão comum: uma partida de futebol, uma roda de amigos, elementos essenciais a quaisquer culturas. O que isso quer dizer? Muita coisa. De acordo com um estudo divulgado pela empresa de conteúdo Taggs, em 2013, a presença ou ausência de pessoas nas fotos pode ser decisiva para o engajamento[92].

Exemplos: imagens em que aparecem apenas detalhes de corpos – pernas e braços, basicamente – foram responsáveis pela maior concentração de engajamento e audiência, de acordo com o estudo da Taggs. Porém, o levantamento também constatou que fotos nas quais o rosto de uma pessoa aparece possuem bem menos engajamento. Outra constatação curiosa: paisagens costumam fazer sucesso. Isso sem falar nos animais de estimação, campeões da cativação.

No final das contas, o que fica é: antes de decidir adotar elementos visuais, uma boa pesquisa é fundamental. Entender do que o seu público gosta é o segredo para um bom planejamento e uma boa execução.

> **Lembrete:** avalie todas as possibilidades de conteúdo, todos têm sua vez e sua hora.

ADEQUAÇÃO DO CONTEÚDO ÀS ESTRATÉGIAS DE MARKETING

Parece óbvio, mas nem sempre o conteúdo acompanha as estratégias básicas do marketing – não se pensa em produto, preço, praça e promoção e nem em nenhum outro "P". Na maior parte das vezes, definem-se produto e promoção (no entendimento do que seja promover um produto ou serviço), mas sem levar em conta onde será vendido o produto (ou a ideia dele) e sem analisar os melhores momentos para se promover tal ideia.

O marketing digital não é um apêndice do marketing, é hoje uma das partes mais importantes de qualquer estratégia – inclusive há de chegar o momento em que não haverá separação entre os dois. Por mais que ainda existam empresas com mentalidade "*off-line*", para o público o mundo já é digital há muito tempo.

Marketing "tradicional" não se descola mais do digital e vice-versa. Sendo assim, planos de mídia (no nosso caso, *on-line*) e análises de audiência deverão ser considerados e são importantes para uma campanha satisfatória.

A sorte é que o digital é um aliado e tanto para os pequenos empreendimentos. É mais fácil – e acessível – fazer um lance de palavra-chave no Google Adwords do que comprar um horário nobre na TV. Tem mais: dependendo do seu negócio, o digital é bem mais efetivo, já que permite o "taggeamento" da audiência. Em vez de focar no todo para alcançar a parte, focamos no nosso e ponto.

---

[92] KELLEY, Mark. New Research: Do Pictures of People Increase Facebook Engagement? **Convince & Convert**, s.d. Disponível em: <http://www.convinceandconvert.com/social-media-research/new-research-do-pictures-of-people-increase-facebook-engagement/>. Acesso em: 23 jul. 2018.

Mas, assim como faz o marketing tradicional, o digital também precisa adotar "call to actions" em suas mensagens. O público precisa ser estimulado e deve-se decidir que ação quer que ele execute. A ideia é buscar a interação do público com o conteúdo, de forma a levá-lo a tomar uma atitude, nem que seja curtir e compartilhar a mensagem.

O relacionamento com o cliente também não pode ser esquecido durante o planejamento de campanhas e ações de conteúdo em meio virtual. Aqui estamos, sim, falando de CRM (*Customer Relationship Management*, ou gerenciamento de relacionamento com o cliente). Que fique claro: abrir canais digitais implica obrigatoriamente em atendimento ao cliente (SAC 2.0.). Ainda que de forma tímida, é fundamental estabelecer um diálogo, correndo-se o risco de deixar de alcançar importantes insumos advindos do cliente. Afinal, ele é o grande dono da marca e não o contrário. É necessário agir muito para gerar aceitação, consumo, engajamento e, por fim, fãs.

> **Lembrete:** Marketing digital é marketing.

COMPREENSÃO DOS CANAIS ADEQUADOS

Uma das principais características do *inbound marketing* é ser multicanais. Assim, as estratégias de conteúdo precisam ser definidas para diferentes plataformas, que podem ter características muito diferentes umas das outras. Foi-se o tempo em que um mesmo post era replicado em redes diferentes, apenas mudando o tamanho da publicação. Para cada canal, deve-se avaliar e criar um perfil de conteúdo, que deve ser adequado ao universo daquele canal. No Twitter a mensagem pode ser mais objetiva, com o intuito de atrair; no Facebook, o post deve ser mais sedutor e com narrativa mais próxima do seguidor, visando o compartilhamento e a consequente difusão da mensagem; no YouTube, a mensagem precisa ser direta, objetiva mas curiosa. E por aí vai. Para cada plataforma, um estilo.

Os canais podem ter públicos diferentes, funcionar em horários diferentes e podem até não ser eficazes para qualquer perfil de cliente/produto. Outra dica importante: nivele expectativas com o cliente, ainda que este seja você mesmo. O dono do produto pode considerar fundamental marcar presença em todos os canais, mas nem todos os canais funcionam para todos os produtos. Porque não é apenas uma questão de estar presente; a presença precisa ser efetiva. Mais do que selecionar o canal, é preciso pensar no formato da distribuição de conteúdo que você fará, lembrando sempre que os canais têm dinâmicas, linguagens, comportamento e, em alguns casos, públicos diferentes.

Um dos melhores exemplos quando se fala em canais é a eterna dúvida blog x site. Afinal, qual é a plataforma mais indicada para um negócio? Depende do público que se deseja atingir e principalmente do tipo de conteúdo que se pretende publicar. Material mais institucional – aquela formalidade corporativa – pode ter mais a ver com sites e portais. No blog, a ideia é publicar textos mais soltos, menos sisudos.

Outra dúvida frequente diz respeito ao YouTube. Visto como o mais importante repositório de vídeos da internet, ele ainda é uma curiosa rede social e um ótimo canal de conteúdo, e assim deve ser tratado. Para ações de *branded content*, o YouTube pode ser um excelente aliado, uma vez que o vídeo tem, comprovadamente, um poder muito grande de engajamento.

Há qualidades inerentes ao canal – além de engajarem mais, os vídeos duram mais tempo e podem ser usados em outros canais, em estratégias cross media. Um indicador que demonstra bastante isso é o fato de que um post no Facebook alcança o máximo de seu potencial trinta minutos depois de publicado; já no YouTube, a maior parte dos views é conquistada três semanas após o *upload*. Outra coisa: o número de inscritos não serve apenas como ostentação. Cada pessoa que se dispõe a assinar uma página é um potencial ávido receptor do seu conteúdo. Caprichar no que vai oferecer para eles é essencial, afinal, nos tempos de competição acirrada, uma assinatura é uma permissão para que uma marca adentre no mais nobre dos territórios – a vida pessoal do cliente.

É preciso deixar claro que usar YouTube nas campanhas de marketing não quer dizer apenas publicar um vídeo e usar *links* para ele em outras redes; envolve um objetivo (conversões, awareness, mais fãs?) e como alcançá-lo. O YouTube também precisa ser considerado em todas as ações de mídia *on-line*, uma vez que é uma poderosa ferramenta de vendas.

Aqui, mais uma vez o criador de conteúdo deve se colocar no papel do receptor. A pergunta é: realmente é tolerável por mais de um minuto? O que se toleraria assistir por "infinitos" três minutos? Que tipo de anúncio não se correria para pular?

Lembrete: canal bom é o canal certo para o meu negócio.

ANÁLISE DE PERFORMANCE

Um dos péssimos hábitos de quem trabalha com comunicação e que deve ser combatido a todo instante é o desprezo pelos dados e pelas métricas. Quando não se avaliam a performance e os impactos do trabalho, o remédio acaba sendo o "achômetro", a percepção pessoal do publicador. Não funciona. O que essa pessoa acha importante pode não representar um universo interessante para o seu público.

Para um jovem empreendedor, sugere-se começar avaliando as possibilidades de divulgação do seu produto. Comprar palavras-chave no Google Adwords? Anunciar em Facebook Ads? Qual será a taxa de retorno do investimento? Como descobrir qual é a alternativa mais interessante – e certeira – para o seu negócio? Mais: como casar os anúncios com o conteúdo ideal? Porque até para pagar caro por um anúncio é preciso entregar a mensagem certa. Imagine um anúncio em horário nobre da mais cara emissora: se o conteúdo for ruim, a experiência do público provavelmente será desastrosa.

Startups - **171**

Na hora de criar um anúncio Google, o conteúdo é que salvará a sua colheita. Como saber o que dá certo? Metrificando os seus resultados e estudando os resultados alheios. O Google Analytics é tão incrível que é bom demais para ser de graça.

Comece avaliando o Google Analytics de seu site e os dados de sua fan page, oferecidos mastigadinhos pelo próprio Facebook. É o começo.

Mas evoluir é uma possibilidade e um fluxo natural conforme o crescimento. Em determinado momento deve-ser considerar a assinatura de um *software* profissional como o Scup[93] ou o Social Bakers[94]. Junto com o Analytics, tais ferramentas podem trazer dados imprescindíveis para a compreensão do seu negócio e de sua aceitação por parte do público. Dentre outros insumos, análises de engajamento das publicações, reflexos da audiência e comportamento do público quanto ao conteúdo (resposta).

A dica maior é: adquira a cultura da métrica, que não é acessória, é obrigação. Quanto mais você analisar, melhor vai conhecer o seu público e mais acertada será sua interação com ele.

Lembrete: metrificar é garantir conteúdo de qualidade.

FEEDBACKS E BUSCA POR MELHORIAS

Trabalhar produzindo conteúdo para internet exige que o profissional vá muito além do material publicado. Uma vez compartilhado e avaliado – as ferramentas de monitoramento ajudam um bocado para detectar menções, mas aqui o olho do dono é que engorda o rebanho –, o conteúdo ganha o mundo e passa a acumular lições aprendidas para quem produziu (e aprovou). Para quem é dono do próprio conteúdo – caso das empresas pequenas – o aprendizado pode ser riquíssimo.

Das lições aprendidas, a mais importante é a avaliação de impacto. Há conteúdos que surpreendem de verdade a quem os produziu. Muitos azarões "performam" superbem e outros nos quais apostamos todas as fichas simplesmente não decolam. Seja porque não se publicou na hora certa, não se usaram os elementos certos ou simplesmente porque o público não reagiu. Tem mais: todo conteúdo digital compete com milhares, milhões, de outros pela atenção do público. É tanta oportunidade que a audiência pode não responder igual a todos os estímulos. Por isso, o trabalho de avaliação é permanente e nunca se esgota.

O importante é lembrar que nem todas as regras valem para todos os produtos. O que funciona para uma marca pode não dar certo para outra. Por isso é importante avaliar e dar *feedback* para o cliente, ainda que este cliente seja o próprio produtor do conteúdo.

Lembrete: *feedback* nunca é demais. Até quando é ruim.

---

[93]SCUP. Site. Disponível em: <https://www.scup.com/pt/>. Acesso em: 01 ago. 2018.

[94]SOCIAL BAKERS. Site. Disponível em: <https://www.socialbakers.com/>. Acesso em: 01 ago. 2018.

CONCLUSÕES

Foi avaliado como o conteúdo, uma peça essencial das estratégias de marketing e de comunicação, pode ser o maior aliado de um negócio. Como ele pode ser tratado e peneirado, automatizado, avaliado, analisado, distribuído e metrificado. Ressaltou-se a necessidade de dar um fim ao conteúdo publicado e republicado a esmo. O público é bombardeado sem parar por todo tipo de informação, útil e inútil. Ele só vai prestar atenção àquilo que as empresas oferecem se for de qualidade e se casar com o timing e o interesse dele.

Todo o tempo que for gasto estudando o comportamento do seu público – antes e depois das postagens – não será em vão. Definir os canais ideais, analisar a audiência, usar e abusar da criatividade e usar elementos acessórios pertinentes permitirão que a companhia fique a um passo de conquistar mais uma conversão, uma venda e um cliente fiel.

Enquanto público potencial de produtos, todos adoram receber informações pertinentes no momento certo. Gosta-se daquilo que fala a linguagem adequada e que apareça nos locais certos. Mais não necessariamente é melhor.

Estudar o público constantemente é uma forma de se manter sempre ciente das tendências e mudanças. O pior cenário é aquele em que se acata uma percepção pessoal como representativa da realidade. Também é necessário ter sobriedade para driblar as bolhas das redes sociais para buscar o público onde ele está e não onde acredita-se que ele deve estar.

Valorizar o conteúdo será sempre a melhor decisão. O público consumidor agradece.

CAPÍTULO **13**

O QUE DIZEM AS MÁS LÍNGUAS?

ESTRATÉGIAS DE CONEXÃO: *INSIGHTS* E INFLUÊNCIA ATRAVÉS DE MONITORAMENTO

Ricardo Fachini

INTRODUÇÃO

O ambiente digital oferece ao profissional de marketing todas as ferramentas para tornar suas ações mais dirigidas e mensuráveis. As oportunidades e os recursos disponíveis para que os responsáveis pelas ações digitais possam conhecer melhor o seu público, extrair conhecimento e influenciar o consumidor são inúmeras.

Ao empreender, um empresário terá altos, baixos e curvas inesperadas, como em uma montanha russa. Não importa quantas vezes ele já andou nessa montanha russa ou quantas pessoas já andaram nela, cada volta é diferente.

Essas mudanças imprevisíveis e o risco associado a elas fazem parte da vida de muitas empresas, sejam elas novas ou já consolidadas no mercado. Felizmente, o ambiente digital proporciona algum conforto através do monitoramento, auxiliando as empresas a tomarem as decisões de maneira mais adequada.

Neste capítulo serão tratadas algumas estratégias de monitoramento que ajudarão a entender melhor o público dos seus ambientes digitais e a traçar ações de engajamento/influência no ambiente. Para possibilitar o melhor entendimento dessas ações, o capítulo está subdividido em seis tópicos: o primeiro irá tratar da fase mais crítica do monitoramento, que é identificar os seus objetivos – o que o profissional de marketing espera obter com o monitoramento? O segundo tópico apresentará algumas ferramentas que irão auxiliar o processo de monitoramento; e os seguintes discorrerão sobre como monitorar e obter resultados nos principais canais de comunicação *on-line*: "monitoramento de ambientes controlados por uma empresa",

174 - Startups

"monitoramento das mídias sociais" e "monitoramento de ambientes externos". Por fim, serão discorridos os erros mais comuns na análise dos dados.

Nos tópicos sobre os canais de comunicação *on-line* são recomendadas análises de estatísticas disponíveis em algumas ferramentas de monitoração que proporcionarão a uma companhia obter *insights* sobre o seu público e técnicas que podem ser utilizadas para atingir seus objetivos.

O QUE MONITORAR?

Antes de iniciar qualquer processo de monitoramento é importante definir claramente o que se pretende medir. Quais são os objetivos, qual a conversão desejada (o que se espera que o cliente realize no ambiente que será mensurado), qual a abrangência do monitoramento (global/regional), dentre outros.

Deve-se sempre relacionar aos indicadores as ações que serão tomadas caso ocorra alguma mudança de cenário. Indicadores que não conduzem a uma ação apenas irão tomar tempo e não agregam valor ao negócio.

Um exemplo de indicador que pode não agregar muito valor para o seu negócio é o número de visitantes da sua página. Para um site que se propõe a oferecer um serviço *on-line* para a gestão de projetos, por exemplo, o qual recebe cerca de dez mil visitas por mês, isso não representa muita informação de maneira isolada. Agora, considerando que, dessas dez mil visitas, duas mil acessaram a página de cadastro e duzentas efetivamente se registraram, o monitoramento começa a trazer mais resultados e o mapeamento das ações para esses indicadores fica muito mais fácil.

Os objetivos do monitoramento devem estar claros para que sejam observadas as ferramentas adequadas a atender às necessidades apresentadas. Deve-se observar que o monitoramento é muito mais eficaz quando tratamos de um ambiente *on-line* totalmente controlado por seu empreendimento – por exemplo, o seu site corporativo ou a página de seu produto *on-line*; ambientes externos, como o Facebook, permitem capturar diversas informações que o nortearão na tomada de decisões, entretanto não oferecerão a mesma riqueza de dados encontrada nos ambientes controlados por sua empresa.

Muitas vezes o processo de monitoramento exige algum apoio técnico para a correta aplicação dos códigos das ferramentas necessárias para a captura das informações. Esses códigos devem ser adicionados nos ambientes e locais que efetivamente fazem parte do escopo do plano de monitoramento.

Uma vez definidos o que se deseja medir e os códigos necessários de monitoramento adequados para a captura das informações, é necessário aguardar algum tempo (um dia, uma semana, um mês – dependendo da sua necessidade e do volume de interações que o seu ambiente oferece) para então iniciar a atividade de obtenção de *insights*.

Note a importância de um bom planejamento do processo de monitoramento. Caso os objetivos não estejam claros e adequados, as configurações realizadas deverão ser revisadas, ocasionando postergação na efetiva captura de dados e, em alguns casos, até a perda de *insights* importantes no início de uma campanha, por exemplo.

QUE FERRAMENTA UTILIZAR?

Existem inúmeras ferramentas disponíveis para realizar a coleta de informações. Muitas delas são gratuitas ou, quando pagas, permitem a coleta de informações com algumas limitações, seja por quantidade de informações capturadas ou por um período de avaliação. A seguir serão apresentadas algumas das principais ferramentas utilizadas para o monitoramento, que serão tratadas com mais detalhes no decorrer deste capítulo.

GOOGLE ANALYTICS

A principal ferramenta para monitoramento utilizada pelo mercado é o Google Analytics[95] (também conhecido pela sigla GA). Trata-se de uma ferramenta gratuita oferecida pelo Google que permite realizar o monitoramento do tráfego e pode ser instalada em qualquer site, sistema *on-line* ou aplicativo móvel. Esta ferramenta apresentará o que está acontecendo nos ambientes *on-line* controlados por sua empresa e não irá apenas responder quais pessoas acessaram o site da marca, mas sim de que forma elas se comportam ao interagir nas diversas páginas e seções do ambiente. Através desta ferramenta é possível obter informações detalhadas sobre eventos, metas e outras métricas básicas dos ambientes.

O Google Analytics também possui uma versão paga (*Premium*), entretanto a versão gratuita do Google Analytics, mesmo com suas restrições[96], atende à maioria dos sites disponíveis.

Visão geral do público-alvo no Google Analytics

---

[95] GOOGLE ANALYTICS. Site. Disponível em: <http://www.google.com/analytics>. Acesso em: 23 jul. 2018.

[96] GOOGLE DEVELOPERS. Cotas e limites de coleta do Google Analytics. Disponível em: <https://developers.google.com/analytics/devguides/collection/analyticsjs/limits-quotas>. Última atualização: 22 abr. 2018. Acesso em: 23 jul. 2018.

HOTJAR

O Hotjar[97] oferece a possibilidade de identificar com maior clareza o comportamento do cliente no ambiente. Através de mapa de calor (heatmap) é possível identificar os locais mais acessados ou menos acessados do site, também permite gravar toda a interação do usuário (anônimo) no ambiente; além de agregar função de pesquisas rápidas (enquetes) que podem trazer *insights* bem interessantes para o produto. A ferramenta possui uma versão gratuita com limitações na quantidade de informações capturadas, porém já possibilita obter bons dados para melhor entender o comportamento do usuário da sua aplicação.

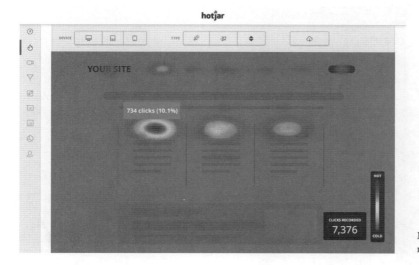

Mapa de calor no Hotjar

SCUP

A ferramenta Scup[98] permite monitorar mais de dez redes sociais distintas em tempo real (dentre elas Twitter, Facebook, YouTube, Instagram), possibilitando descobrir oportunidades, identificar perfis influenciadores, ajustar o produto às necessidades reais dos clientes e tomar ações rápidas quando identificado o início de uma possível crise. É um forte aliado na gestão de campanhas, direcionando as postagens aos reais públicos de interesse.

Também é possível utilizar a solução para monitoramento e comparar uma marca com a de seus concorrentes, conhecendo a frequência de citações e as críticas ou elogios feitos a ela em relação ao restante do mercado.

O Scup é uma solução paga, mas oferece um período de testes gratuito para conhecer a ferramenta.

---

[97] HOTJAR. Site. Disponível em: <http://www.hotjar.com>. Acesso em: 23 jul. 2018.
[98] SCUP. Site. Disponível em: <https://www.scup.com/pt/>. Acesso em: 23 jul. 2018.

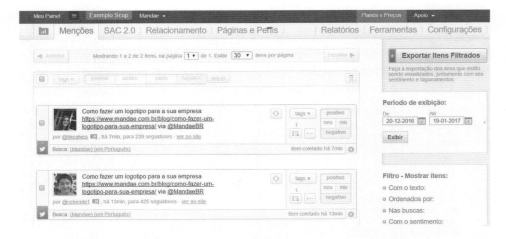

Menções capturadas pelo Scup

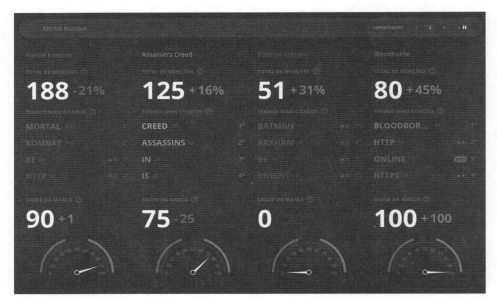

Dashboard de exemplo do Scup

GOOGLE TRENDS

É uma ferramenta gratuita que permite identificar as pesquisas que as pessoas realizam no Google e saber se essas buscas vêm em um crescente. O Google Trends[99] apresenta a tendência em relação aos últimos anos das palavras de qualquer assunto que for pesquisado.

---

[99] GOOGLE TRENDS. Site. Disponível em: <http://www.google.com.br/trends>. Acesso em: 23 jul. 2018.

Essa avaliação dos termos pesquisados pode ser segmentada por região, período ou categorias de pesquisa. Esta ferramenta pode auxiliar na descoberta das melhores palavras-chave a serem utilizadas no seu ambiente *on-line* e nas suas campanhas de *links* patrocinados, além de entender melhor como o consumidor procura os assuntos relacionados ao seu empreendimento e identificar nichos de mercado emergentes.

Esta ferramenta é gratuita e não exige cadastro para utilizá-la.

Exemplo de análise realizada no Google Trends

MONITORAMENTO DE AMBIENTES CONTROLADOS DE UMA EMPRESA

Quando se pensa em monitorar um site/aplicação web/*e-commerce*, a primeira necessidade que vem em mente é identificar o volume de acesso ao site. Para obter essa e muitas outras informações utiliza-se uma solução de web *analytics*. Neste tópico será abordado o Google Analytics, que entrega esta e muitas outras informações que veremos a seguir. No Google Analytics as métricas estão agrupadas em quatro blocos principais: "Público-alvo",

"Aquisição", "Comportamento" e "Conversões" – esses blocos serão explorados com mais detalhes em seguida.

O Google Analytics é uma ferramenta muito ampla e atualmente é considerada uma das principais ferramentas de gerenciamento de decisões na web. Nenhum profissional de marketing digital pode trabalhar sem ferramentas como esta que norteiem as suas ações.

Deve-se observar que os dados coletados são armazenados pelo Google por pelo menos 25 meses, tempo suficiente para a tomada de decisões no seu ambiente. Ao acessar a ferramenta é possível definir o intervalo de tempo desejado para a análise.

A seguir, serão relatadas as principais informações que estão disponíveis no Google Analytics.

"Público-alvo" – Pode-se identificar o perfil do público visitante do seu ambiente. Tais como:

Número de sessões – Uma sessão é o período de tempo em que um usuário realiza interações em sua aplicação. Uma única sessão pode conter várias visualizações de página, eventos e outras transações no ambiente. Um único usuário pode abrir várias sessões, e elas podem ocorrer no mesmo dia, vários dias, semanas ou meses. Uma sessão pode ser encerrada de duas maneiras:

- Vencimento com base no tempo (quando o usuário está inativo por mais de trinta minutos ou à meia-noite – o Google passa a considerar uma nova sessão após este horário).
- Alteração de campanha (quando o usuário entra por uma campanha de marketing e retorna ao seu ambiente por outro *link* de outra campanha).

Usuários – Um usuário é o registro do número de pessoas que acessaram um determinado portal, que podem ser ou novos ou recorrentes, identificados através de um IP. Sabe-se que, majoritariamente, os usuários acessam através de mais de um dispositivo, por isso não se pode considerar este número como sendo o número real de pesssoas físicas que entram em determinado site.

Visualização de página – Número total de páginas visualizadas. Visualizações repetidas da mesma página também são contabilizadas.

Taxa de rejeição – O próprio Google a define como uma sessão de página única em um site. No Google Analytics, a rejeição é calculada especificamente como uma sessão que aciona uma solicitação única ao servidor. Isso ocorre, por exemplo, quando um usuário abre uma única página do seu website e, em seguida, sai sem acionar outras solicitações ao servidor do Google Analytics durante essa sessão. O cálculo da taxa de rejeição é feito com a divisão das sessões de página única por todas as sessões. Ou seja, ela é a porcentagem de todas as sessões do seu site nas quais os usuários visualizaram somente uma página e acionaram apenas uma solicitação ao servidor do Google Analytics. Essas sessões de página única são contabilizadas com uma duração de zero segundo, pois não há hits subsequentes para que o Google Analytics calcule a duração da sessão[100]. Deve-se tomar cuidado na interpretação desse número, pois em alguns casos esse número pode assustar caso o Google Analytics não esteja bem configurado ou o usuário não souber interpretar. Exemplo: uma empresa que tenha um site de notícias e um usuário chegou ao seu site por um *link* da notícia que fora divulgada no Facebook e efetivamente leu a notícia, atingindo o seu objetivo – logo em seguida este mesmo usuário saiu do site. O Google Analytics poderá considerar esse acesso como rejeição. Para tratar esse "problema", recomenda-se atribuir um evento no Google Analytics para apresentar a interação do usuário – exemplo: utilizar a barra de rolagem, efetuar o zoom em uma imagem da notícia ou, como em muitos outros sites, apresentar parte do conteúdo e solicitar que o usuário clique em determinada área para visualizar o conteúdo completo.

Informações demográficas – País, região, cidade de acesso; idioma; idade/sexo (apenas dos usuários que permitem que essa informação seja capturada – existem três fontes de dados que o Google utiliza: campanhas que utilizam o DoubleClick, publicidade em dispositivos com o sistema operacional Android e publicidade em dispositivos com o sistema operacional iOS). Essa métrica pode ser usada para conhecer o público real e pensar em novos mercados de expansão, além de conseguir mapear possíveis atipicidades.

Informações técnicas – Browser utilizado, sistema operacional, provedor de serviço de internet, dispositivo utilizado (*desktop*, *smartphone*, *tablet* etc.) e resolução de tela. Esses dados podem trazer *insights* sobre a adequação da resolução de um site ou, ainda, a necessidade de um aplicativo.

Fluxo de usuários – Visualização gráfica dos caminhos que o usuário seguiu no seu ambiente. Neste relatório é possível identificar padrões de navegação e solucionar problemas de eficácia.

"Aquisição" – São apresentadas informações associadas à origem dos acessos. Dentre os dados apresentados, temos:

Canais – Apresenta a categoria do canal de origem como acesso direto (um acesso digitado pelo usuário, um *link* recebido por e-mail de um amigo, por exemplo), pesquisa orgânica[101] (quais as palavras-chave utilizadas para encontrar o seu ambiente nos mecanismos de busca), redes sociais (quais mídias foram utilizadas para chegar até o seu ambiente), referências (quais os sites que trouxeram o usuário até o seu ambiente), outros (campanhas de marketing configuradas).

---

[100] AJUDA DO GOOGLE ANALYTICS. Taxa de rejeição. Disponível em: <https://support.google.com/analytics/answer/1009409?hl=pt-BR>. Acesso em: 23 jul. 2018.

[101] Busca orgânica é o processo de pesquisa que os mecanismos de busca realizam para apresentar os melhores resultados ao usuário sem incentivo financeiro. Ou seja, resultado da busca sem patrocínio.

- Palavras-chave – O Google também apresenta uma lista de palavras buscadas que levaram até o seu portal. Esse recurso já foi muito importante para entender o raciocínio do consumidor que chegava até determinado portal, mesmo os que chegavam por engano, e saber direcionar os conteúdos e o SEO da página para otimizar os resultados. Entretando, essas informações foram bloqueadas ao público geral e hoje não é mais possível ter acesso irrestrito às principais *keywords*. O recurso só está disponível para quem faz uso de outras ferramentas de Anaytics ou, ainda, quem trabalha com Adwords.

Google Adwords[102] – Caso a empresa realize anúncios no Google através de Adwords, é possível vincular as contas do Adwords com o Analytics para obter informações complementares e entender o fluxo de ponta a ponta da experiência do cliente. Possibilita mensurar o retorno sobre o investimento realizado no Adwords de maneira muito precisa.

Social – Além de identificar as redes sociais de origem de tráfego para o seu ambiente, é possível estabelecer metas de conversão e avaliar o engajamento dos usuários nas redes direcionando as ações para os ambientes que efetivamente trazem melhores resultados.

Campanhas – Possibilita o acompanhamento detalhado das campanhas realizadas, disponibilizando informações precisas e rápidas para uma eventual necessidade de ajuste da ação. É possível identificar facilmente quais campanhas proporcionam melhor resultado.

"Comportamento" – Apresenta informações relativas às páginas acessadas e possibilita conhecer a experiência do ambiente vivenciada pelo usuário. Dentre os relatórios disponíveis temos:

Todas as páginas – Lista de todas as páginas do site acessadas no período informado. Há possibilidade (assim como em todos os outros relatórios do Google Analytics) de relacionar uma determinada informação com outra para obter *insights* mais interessantes. Exemplo: na área "páginas acessadas" pretendemos identificar pelo *link* da página de cadastro quais as cidades que chegaram até o cadastro e não efetuaram a inscrição.

Página de saída – Apresenta a última página acessada pelo usuário no período que a sua sessão estava ativa. Esse tipo de informação facilita o mapeamento das páginas onde há maior abandono do ambiente e a tomada de ações corretivas no ambiente.

Tempo na página – Análise do tempo de permanência em uma página antes da execução de uma outra ação, no mesmo portal.

Pesquisa interna – Muitos sites ou aplicações maiores possuem um campo de busca genérico onde, uma vez configurado no Google Analytics, as palavras-chave utilizadas serão apresentadas nos relatórios. Com essa informação é possível realizar ações de melhoria nos mecanismos de busca.

---

[102]Ferramenta do Google para compra de palavras-chave, permitindo que o seu site apareça em destaque na área dos links patrocinados das soluções do Google.

Eventos – Um dos itens mais importantes no Google Analytics é a possibilidade de mensurar tudo em seu ambiente. Por padrão, o Google Analytics não realiza a captura de determinadas ações que o usuário realiza no ambiente. Isso se deve a como o Google Analytics se comporta. As estatísticas dos seus acessos são contabilizadas na abertura das páginas como consequência das interações que o seu ambiente irá sofrer. Exemplo: quantos usuários clicaram no botão *play*, quantos visualizaram o conteúdo da sua página utilizando a barra de rolagem até o fim, dentre outros.

Experimentos – Neste local é possível estabelecer testes A/B para identificar qual a melhor forma de atender ao usuário. Por mais que o seu ambiente esteja bem construído, melhorias sempre serão possíveis. Com essa ação é possível atingir determinado número de acessos com o teste A e outro pelo teste B, o que possibilita identificar qual o melhor caminho a ser seguido.

Análise de página – Através da análise de páginas oferecido pelo Google, é possível identificar o percentual de uso dos componentes na página do seu ambiente – muito semelhante ao mapa de calor que será apresentado adiante por outra ferramenta (Hotjar). Apesar de ser possível visualizar o percentual de uso dos componentes da página, o Google não apresenta informações tão relevantes nessa área comparado ao Hotjar; isso porque a ferramenta não diferencia os acessos ao mesmo *link* quando ele está explícito em mais de um local na página avaliada.

"Conversões" – Possibilita a configuração de metas e o monitoramento da performance de um *e-commerce*, além de resultados de campanhas. Nesses relatórios é que efetivamente comprovamos os resultados das ações de marketing digital. Neles é possível identificar se os objetivos traçados foram alcançados. O Google Analytics não visa substituir os relatórios que efetivamente são gerados em seu ERP[103], por exemplo, mas oferece uma rápida visualização de informações extremamente úteis para uma rápida tomada de decisão em um único local.

Ainda em "Conversões", na área de *e-commerce*, é possível identificar o desempenho dos produtos, taxas de conversão, quantidade de transações, média de compras no período, quantidade de produtos adquiridos, faturamento, análise do comportamento no momento de fechamento dos pedidos, enfim, o fluxo completo do processo.

É importante lembrar que essas informações podem não representar com exatidão as vendas reais, visto que as ações para salvar os dados no Google Analytics dependem muito da máquina do cliente, podendo ter uma leve variação em relação à realidade. Por isso a recomendação em utilizar as informações contidas nos relatórios do Google Analytics apenas como *insights* e direcionadores de ações de marketing – não se recomenda utilizar essas informações para controle de estoque (com base na quantidade de produtos vendidos), por exemplo.

---

[103] Enterprise Resource Planning – sistema que integra todos os dados e processos de uma organização

Apesar do Google Analytics ser uma ótima ferramenta, ele carece de alguns recursos que permitem entender melhor o comportamento do consumidor na web. Uma ferramenta que oferece um detalhamento mais apurado desse comportamento é o Hotjar. A ferramenta dispõe de acesso gratuito e permite seu uso por completo, mas com algumas limitações referentes ao número de eventos mensurados. Dentre os recursos da ferramenta destacam-se:

Heatmap – O mapa de calor do Hotjar é bem detalhado. Nele é possível identificar os locais mais clicados – não apenas *links*, mas sim qualquer área do site; mapa de calor de movimentação do mouse; e mapa de calor de rolagem da página. Isso tudo separado por tipo de dispositivo (*desktop*, *tablet* e *smartphone*).

Gravação de acessos – Através desta área é possível definir em quais páginas será gravada a navegação do usuário. Aqui é possível realizar um teste de usabilidade da sua solução sem custo. Todos os testes são anônimos, mas é possível definir quando esses testes são executados. Exemplo: gravar a interação apenas de clientes que acessaram determinada página.

Análise de formulários – É muito comum um site ou sistema possuir um formulário para contato ou uma tela de cadastro para assinatura de um serviço. Através do Hotjar é possível identificar o comportamento do usuário ao preencher os campos. Quais os campos que levam mais tempo para serem preenchidos, em que pontos do formulário o usuário desiste do preenchimento e estatísticas de envio do formulário.

Pesquisa rápidas – Outro recurso muito útil na solução é a possibilidade de obter *feedback* rápido dos usuários da sua solução. As pesquisas rápidas também podem ser ativadas em determinadas páginas, ações do usuário ou inatividade no acesso. O módulo de cadastro de pesquisa é muito prático e oferece boas opções para deixar a pesquisa mais próxima do visual do site.

MONITORAMENTO DAS MÍDIAS SOCIAIS

Não é necessário demonstrar o quanto a internet é utilizada para a comunicação, principalmente através das mídias sociais. Falar sobre marcas, empresas e experiências através da internet é tão comum quanto fazer uma refeição. Diante desse cenário promissor de informações, existem diversas ferramentas que podem auxiliar as suas ações através do monitoramento para obtenção de *insights* importantíssimos para o direcionamento dos negócios.

O trabalho de inteligência em mídias sociais pode gerar estudos de diagnóstico de marca, opinião, oportunidades de negócio, inovação, acompanhamento da concorrência e do mercado, estudos etnográficos, entre várias outras oportunidades.

O monitoramento das mídias sociais é altamente relevante em todo o ciclo de vida do negócio de qualquer empresa, desde sua concepção, lançamento, aprimoramento e reciclagem.

Ao utilizar uma ferramenta de monitoramento estilo Scup, o processo mais complexo é identificar quais palavras-chave monitorar. Conforme mencionado por Baio et al (2016)[104], recomenda-se levantar o máximo de palavras e combinações delas sobre o assunto a ser pesquisado nas mídias sociais, como:

- O nome da marca e seus produtos e serviços, assim como dos concorrentes.
- As abreviações e os apelidos que as pessoas usam para se referenciar às marcas e aos assuntos em torno delas.
- Erros de digitação.
- Eventos patrocinados.
- Palavras relacionadas a campanhas.
- Nome de produtos, serviços, termos técnicos de produtos que envolvam o segmento de atuação.

É importante ter uma lista extensa de palavras e moldar a pesquisa conforme as necessidades.

Recomenda-se também classificar as palavras-chave por categorias para possibilitar a geração de relatórios mais ricos de informações. Exemplos: produtos ("produto A", "produto B", "produto C"), público ("clientes", "ex-clientes", "prospects", "outros"), assunto ("suporte", "compra", "institucional", "evento"), produto A ("preço", "qualidade", "embalagem").

Normalmente as ferramentas de monitoramento de mídias sociais possuem certa inteligência para classificar automaticamente os assuntos encontrados em três níveis: "positivo", "negativo" e "neutro". Caso a ferramenta não consiga classificar o conteúdo automaticamente, a informação ficará classificada como "neutra", sendo necessária intervenção manual no ajuste do sentimento do conteúdo.

Além de uma ferramenta especializada, grande parte das redes sociais possui recursos de análises próprios, como, por exemplo, o YouTube[105], o Facebook Insights[106], o Facebook Analytics for Apps[107], LinkedIn[108] e alguns fóruns de discussões; através dessas próprias ferramentas é possível realizar gratuitamente um monitoramento focado na rede utilizada.

Pelas características das mídias sociais, da comunicação fluir naturalmente de maneira muito rápida e global, as empresas podem obter informações praticamente em tempo real, possibilitando um melhor direcionamento de suas decisões.

---

[104]BAIO, L. et al. **Como monitorar as mídias sociais e ter insights para o seu negócio:** aprenda a estruturar uma operação de monitoramento de mídias sociais, analisar os dados e gerar insights e recomendações que vão beneficiar seu negócio. SCUP, s.d. Disponível em: <http://cdn2.hubspot.net/hubfs/204068/Ebooks/2016/Ebooks_Ideas/Como-monitorar-ter-insights-negocio/Scup_Ebook_Monitoramento_e_Diagnostico.pdf>. Acesso em: 23 jul. 2018.

[105]YOUTUBE. **Overview.** Disponível em: <https://www.youtube.com/analytics>. Acesso em: 23 jul. 2018.

[106] Acesse "Insights" na página da sua startup no Facebook.

[107]FACEBOOK. **Analytics.** Disponível em: <https://www.facebook.com/analytics>. Acesso em: 23 jul. 2018.

[108] Acesse "Analytics" na página da sua startup no LinkedIn.

MONITORAMENTO DE AMBIENTES EXTERNOS

No decorrer deste capítulo foram relatadas algumas formas de monitorar o uso de nossas aplicações na web, nosso site/*e-commerce*, além das mídias sociais; entretanto, a internet é muito mais ampla do que esses canais. Existem diversas outras fontes de informação que não são capturadas pelas ferramentas vistas até o momento.

Sabe-se que o Google é uma grande potência, e sua fonte de receita é a informação. Felizmente ele também apresenta diversas ferramentas gratuitas que auxiliam os profissionais de marketing a compreender o cliente e obter melhores resultados em suas ações.

Uma ferramenta bastante útil que o Google oferece gratuitamente é o Google Alerts[109]. Com essa solução é possível receber por e-mail as atualizações de páginas encontradas pelo Google com os termos configurados em seu alerta.

Assim, é possível manter-se atualizado, monitorando opinião do mercado, concorrentes, variação de preços de insumos ou serviços, entre outras informações relevantes para o segmento de mercado do negócio.

Para melhor resultado do monitoramento do Google Alerts, recomenda-se utilizar as dicas de pesquisa no Google apresentadas por Joseph Hindy[110] no site Lifehack na definição dos termos a serem monitorados. Ao configurar um termo é possível também delimitar a fonte de consulta (notícias, vídeos, blogs, livros etc.), o idioma a ser pesquisado, a região de abrangência e a quantidade de resultados desejados.

Outra ferramenta já comentada e que auxilia os profissionais de marketing digital principalmente no planejamento de campanhas *on-line*, mas também pode trazer *insights* importantes no direcionamento dos negócios, é o Google Trends. Com essa ferramenta é possível comparar o histórico e as tendências de pesquisas em até cinco termos distintos, identificando seu uso por região (países, estados, cidades), período, termos relacionados, categorias e tipo de mídia. Em alguns casos, a ferramenta também apresenta uma previsão de volume de consulta para os próximos meses.

O monitoramento de fatores externos à sua empresa e que não estão sob o seu domínio amplia o conhecimento sobre o mercado e oferece subsídios para a sua empresa se tornar mais competitiva.

ERROS MAIS COMUNS NA ANÁLISE DOS DADOS

Como visto até agora, a internet oferece uma infinidade de informações para o direcionamento e a tomada de decisões de uma empresa; porém, devem ser tomadas algumas

---

[109] GOOGLE. **Alertas.** Disponível em: <https://www.google.com.br/alerts>. Acesso em: 23 jul. 2018.

[110] HINDY, Joseph. 20 Tips to Use Google Search Efficiently. **Lifehack**, s.d. Disponível em: <http://www.lifehack.org/articles/technology/20-tips-use-google-search-efficiently.html>. Acesso em: 23 jul. 2018.

186 - Startups

precauções na análise dessas informações para não gerar falsas percepções e deixar de aproveitar os benefícios que a rede oferece. A seguir são relacionados os principais erros cometidos na análise dos dados.

Cuidado com as métricas de vaidade: conforme exposto por Eric Ries em seu livro e site "The Lean Startup"[111]. Um erro comum das empresas e principalmente das *startups* é medir o que é fácil e rápido de ser medido e tomar essas informações como termômetro de sucesso da empresa. Reportar que os números de seguidores do Twitter ou fãs do Facebook indicam que as ações de mídia social estão trazendo resultado ou que o aumento de visitantes únicos no site é sinônimo de rentabilidade para a empresa são deduções equivocadas que não representam muita coisa se não forem confrontadas com outras informações.

Ter demasiado foco no longo prazo ou no curto prazo: um dos problemas mais comuns nos negócios é tomar ações de maneira precipitada ou com muito atraso, o que, em alguns casos, não há possibilidade de correções para um novo direcionamento. Exemplificando: caso uma empresa tenha como meta ampliar em 25% o número de assinaturas em seu produto *on-line* mês a mês por três meses consecutivos, iria realizar o acompanhamento 10 horas por dia ou a cada 15 dias? O mais recomendado é encontrar uma boa relação entre o curto e o longo período. É comum que seus números caiam por um, dois, três ou quatro dias por mês, flutuações no curto prazo são normais. Quando ações são tomadas no curto prazo, julgamentos precipitados podem ocorrer. Nesse caso, o ideal seria realizar o acompanhamento diário, entendendo o que mudou e por quê. Aguarde para que determinada tendência ocorra e tenha um plano de ação imediato para realizar quando ela apareça.

Coletar dados e negligenciar ações: coletar dados é importantíssimo em qualquer fase de uma empresa. Mas coletar dados e não possuir ações para lidar com eles é desperdício de tempo e dinheiro. Desde a popularidade do termo big data, muitas empresas acreditam que quanto mais dados melhor. Além dessa informação não ser verdadeira, ela não se torna prática para os negócios. É importante ter sempre em mente que se a informação que está sendo capturada não está sendo usada é melhor removê-la. Coletar dados que não serão utilizados somente irá tirar a atenção das informações que efetivamente trazem resultados para a empresa. O foco deve ser em métricas e dados que realmente impactam o negócio.

Monitorar e ter ações bem definidas é essencial para todos os portes de empresas, desde uma *startup* que está começando até uma multinacional já estabelecida no mercado. Entretanto, apesar de ser indispensável para todas as empresas, a disponibilidade de recursos para atuar sobre o monitoramento diverge bastante entre as empresas. O importante é não ignorar a atividade e alocar os recursos de forma que ofereçam o melhor retorno possível.

---

[111] THE LEAN STARTUP. Site. Disponível em: <http://theleanstartup.com/>. Acesso em: 23 jul. 2018.

CAPÍTULO **14**

PÉROLA NEGRA: COMO DEIXAR SUA MARCA EM UMA SOCIEDADE DE REDES SOCIAIS

BRANDING EM REDES SOCIAIS

Adriano Ueda

O marketing digital tem possibilitado uma sinergia entre diversas áreas de formação e, consequentemente, gerado convergência entre elas, como marketing, tecnologia da informação, comunicação, design, estatística, matemática, relações públicas, entre outras. Esse fato, por sua vez, tem exigido dos profissionais que atuam no setor a necessidade de possuir múltiplas habilidades e aptidões. Por exemplo, para um profissional com graduação em Jornalismo, com especialização em Marketing, Gestão de Negócios e Digital, entender de *branding* é tão importante quanto ter conhecimento em produção de conteúdos, análises de métricas *on-line* e performance de campanhas pagas, estratégia de buscas (search), projetos *mobile* e sites, e-mail marketing, anúncios *on-line* e *e-commerce*.

Neste capítulo, para embasá-lo, é interessante explicar o conceito de "branding".

É a percepção de clientes, fornecedores, acionistas e demais *stakeholders* em relação a um produto ou um serviço de determinada empresa. Ou seja, como a imagem da organização é percebida pelo mercado e, sobretudo, pelo seu público-alvo. Portanto, ao considerar a construção e o posicionamento da marca nas mídias sociais, é fundamental identificar por que e como os clientes e demais públicos de interesse se atrairiam por uma marca e qual a opinião deles. Ao responder essas perguntas, profissionais podem realizar uma gestão de relacionamento com seus consumidores ao considerar o atendimento de uma necessidade, estímulo e satisfação de um desejo, gerando uma experiência dentro de valores que resultam em engajamento e lealdade.

Para desenvolver seu *ranking* anual das marcas mais poderosas do mundo, a consultoria global Brand Finance considera a marca como um ativo intangível de marketing, o que inclui nomes, termos, sinais, símbolos, logotipos e desenhos, criando imagens e associações distintas na mente dos consumidores e, consequentemente, gerando valor intrínseco para as organizações.

188 - Startups

A partir desse conceito, o papel atual das mídias sociais vai ser abordado para difundir a marca na internet e impactar diretamente seu público-alvo. Primeiramente, é interessante ter ciência de que são mais do que simplesmente divertidas e "sociais". Ao considerar que as capacidades tecnológicas e os algoritmos dessas plataformas se sofisticam constantemente, os gestores e profissionais precisam acompanhar os avanços e as atualizações para que possam extrair todo o seu potencial. Em segundo lugar, há o desafio de mensurar resultados e integrar canais digitais a partir da estratégia de marketing e do próprio negócio. Por exemplo, métricas de redes sociais, como "likes" e "shares", devem estar dentro de um contexto mais amplo, em sinergia com o CRM (sigla em inglês para o termo *Customer Relationship Management* ou gestão de relacionamento com clientes), se houver, seja um sistema mais robusto ou simples, visitas ao site, métricas de campanhas *on-line* via anúncios, dados de disparo de e-mail marketing, entre outras ações de marketing digital.

Antes de detalhar "*branding* em redes sociais", é necessário contextualizar primeiro o mercado brasileiro atual e apresentar como as empresas podem aproveitar os atuais comportamentos dos usuários nas mídias sociais. Com base nesse cenário, será apresentada uma visão holística e estratégica de marketing e comunicação digital para que então se possa pensar em ações concretas de execução. Dessa forma, será abordada a representatividade da marca em si para o negócio e, posteriormente, será feito um aprofundamento em outras vertentes, como planejamento e implementação.

Os empreendedores que, a partir de inovações, iniciam suas jornadas em *startups* – seja em um estágio inicial, quando pretendem tirar as ideias do papel, ou em uma fase de crescimento –, podem aplicar os conteúdos deste capítulo à realidade de suas companhias. Eric Ries, em seu livro "The Lean Startup", afirma que empreendedorismo é uma forma de gestão e que o sucesso é resultado de processos bem definidos, assim como ocorre em organizações consolidadas.

BRANDING NA SOCIEDADE ATUAL
A importância das mídias sociais para as marcas e o mercado brasileiro atual

Pesquisas do Ibope e da Deloitte já apontavam, em 2010, que o uso de mídias sociais no âmbito pessoal e, principalmente, corporativo era difundido, embora ainda houvesse receio, por parte de alguns profissionais e mesmo empresas, de que poderiam ser apenas um modismo e, com o tempo, desaparecer, mas, apesar de muitas ascenderem, equanto outras sumiram, elas seguem em alta. Ainda no mesmo ano, Philip Kotler afirmava que eram de baixo custo e pouco tendenciosas e, por isso, seriam o "futuro das comunicações e do marketing". Evidentemente, não são os únicos meios digitais de comunicação hoje em dia. Porém, pelo fato de o capítulo tratar sobre esse tema, o escopo do texto é focado nessas plataformas e em seus conceitos.

Uma das perguntas que pode ocorrer para os empreendedores é: "será que os clientes ou potenciais compradores estão, de fato, nas mídias sociais?" Apenas no Brasil, mais de 71 milhões de pessoas usam o Facebook todos os dias. No LinkedIn, nove de cada dez executivos brasileiros possuem um perfil profissional, segundo estudo realizado com 100 tomadores de decisão pela IdeaFix.

A pesquisa "Digital Future Focus Brazil" ("Futuro Digital em Foco Brasil"), divulgada pela comScore, aponta que a população brasileira é a que mais passa tempo nas redes sociais. Cada indivíduo com acesso à internet dedica, em média, 650 horas por mês lá. Em comparação com o restante do mundo, a média do país é 60% maior.

De acordo com a Mobile Time and Opinion Box, a maioria dos usuários brasileiros no Instagram possui menos de 30 anos, dos quais dois terços dos que acessam essa mídia social pelo *smartphone* são mulheres. Aliás, elas são majoritárias no Twitter também, com 57% de representatividade. Já no Snapchat, 82% dos brasileiros com o aplicativo instalado em seus celulares possuem entre 16 e 29 anos.

Esses dados revelam oportunidades e comprovam a necessidade de as marcas terem presença e atuarem solidamente nesses canais, de acordo com seus objetivos e públicos de interesse.

Neste tópico, aprofundo no tema "branding" ao retratar cinco mudanças no comportamento da sociedade que impactam diretamente na forma como as empresas se relacionam com os seus clientes:

1. Boa experiência: exigência dos consumidores em serem rapidamente e bem atendidos.

2. Movimentos da sociedade: conceitos de marca cultural e crowdculture.

3. *Mobile* o tempo inteiro: uso intenso e constante de celulares no dia a dia.

4. Disputa por atenção: cada vez mais escassa, diante de enormes quantidades de informações disponíveis a todo o momento e em qualquer lugar.

5. Reconhecimento: desejo de se sentir parte de um grupo ou uma comunidade.

A proposta é evidenciar essas novas condutas sociais e, paralelamente, refletir sobre como transformar essas mudanças em oportunidades para as marcas. Para cada caso, me refiro a ações rápidas, simples e efetivas, como monitoramento, anúncios pagos, atendimento, conteúdos e *storytelling*.

BOA EXPERIÊNCIA
O mundo mudou. E as expectativas dos clientes também.

Os avanços tecnológicos têm contribuído para mudanças em hábitos de consumo e formas de interação dos consumidores com as organizações. As pessoas têm à disposição, cada vez mais, fácil e rápido acesso às informações devido ao fato, por exemplo, de possuírem um *smartphone* ao pronto alcance.

Consequentemente, a experiência de cada indivíduo é cada vez mais valorizada. No cenário atual, é simples pesquisar e comparar preços na internet no momento em que um produto é avaliado e considerado para compra em uma loja física. Nesse mesmo sentido, um cliente pode facilmente expor pelo seu celular o nível de insatisfação em relação a um serviço prestado em um restaurante ou durante uma viagem. E espera que seja ouvido e atendido pelas empresas. Se a experiência não for minimamente satisfatória, mais indignações são expressadas rapidamente e de forma amplificada. Além de instantâneas, as reclamações são exponenciais e se transformam em uma bola de neve se continuarem inadequadamente endereçadas. Por esses motivos, as marcas não podem simplesmente ignorar os anseios e as reivindicações de seus consumidores. Pelo contrário. Precisam se adaptar a essa realidade e, sobretudo, ao perfil atual do comprador.

No setor varejista, por exemplo, o estudo "Os Poderosos do Varejo Global" (Global Powers of Retailing), conduzido pela Deloitte, ressalta o impacto da tecnologia em compras nas lojas físicas. O comportamento digital e a expectativa dos compradores evoluem mais rápido do que as lojas *on-line* e *e-commerce* são capazes de atender. Mais do que isso, os consumidores exigem ferramentas digitais melhores, pois se sentem insatisfeitos com as atuais ofertas digitais disponíveis, de acordo com o relatório. O fato é que, no Brasil, muitas organizações e gestores ainda enxergam a atuação no ambiente *on-line* como mais um custo operacional, enquanto deveriam tratar como um dos pilares de sua estratégia.

Outro ponto que deve ser considerado é o fato de os consumidores darem mais valor e relevância às recomendações de amigos e mesmo desconhecidos em relação a um produto e/ou serviço do que à própria empresa. Isso se torna viável em um ambiente *on-line* cercado de mídias sociais, blogs, portais e aplicativos que permitem classificações de usuários. Essa cultura colaborativa tem possibilitado aos clientes um "empowerment" (termo em inglês que se refere a mais poder para o comprador) para se munir de informações e conhecimento diante das marcas durante uma decisão de escolha e compra.

RECOMENDAÇÕES E OPORTUNIDADES

Monitoramento: o primeiro passo é monitorar o sentimento e o diálogo dos usuários na web em relação à sua marca e aos seus concorrentes. Dessa maneira, será possível extrair *feedbacks* em tempo real de seus clientes e, consequentemente, endereçar suas necessidades. Para os profissionais que não operam diariamente ou nunca fizeram esse processo, monitorar tudo que já foi escrito, comentado e elaborado sobre você e concorrentes pode ser o norte de partida. No caso de *startups* que estejam iniciando uma jornada nesse ambiente, é válido mapear palavras-chave que remetam ao seu portfólio de soluções ou produtos e, inclusive, quem publicou e quando. Por exemplo, se sua empresa de tecnologia vende produtos de bebês em um *e-commerce*, é plausível buscar por "chupeta", "fralda", "pomada" e bebê".

Atendimento SAC 2.0: a partir do momento em que você começa a atuar em mídias sociais, com uma base de seguidores e *posts* recorrentes, é recomendável

Startups - **191**

acompanhar diariamente possíveis interações, como comentários positivos e mesmo reclamações sobre seus produtos e serviços. No mesmo passo, é interessante posicionar rapidamente os insatisfeitos.

Experiência do usuário (UX): ao direcionar seus seguidores das plataformas sociais para o site institucional ou *e-commerce*, é estritamente importante que estes funcionem corretamente, com rápido carregamento de informações, design simples e amigável, usabilidade fácil, tanto em computadores quanto em dispositivos móveis.

Conteúdos: se for difícil entender uma informação ou mesmo de encontrá-la, há grandes chances de o usuário não retornar mais à sua página. Textos muito grandes, comerciais ou pouco informativos também podem desestimular os leitores. Entro em mais detalhes sobre este assunto no tópico "A força dos conteúdos – content marketing".

MOVIMENTOS DA SOCIEDADE
"Cultural branding", um novo caminho para construir uma marca

Devido ao fato de os consumidores estarem mais diversificados, esclarecidos, influentes e com informações à disposição, é perceptível uma transformação considerável no mercado e no modo de trabalhar com marketing nas últimas duas décadas, de acordo com Kevin Lane Keller, em seu artigo "The New Branding Imperatives". Além das transições de tecnologia – que têm alterado como os consumidores vivem e compram e, consequentemente, como os profissionais de marketing gerenciam as marcas, a partir de um entendimento mais amplo das necessidades e dos desejos dos próprios clientes –, há evidentes preocupações das sociedades ao redor do mundo em relação ao meio ambiente e às questões sociais.

Ao verificar aumento de maturidade das pessoas para temas como sustentabilidade, ações sociais, entre outras, é interessante analisar, do ponto de vista do marketing, a influência e as oportunidades para as *startups*. Douglas Holt, na matéria "Branding in the age of social media", publicada na *Harvard Business Review*, aborda o conceito "marca cultural" (*cultural branding*), que surge com a popularização do *crowd culture*. As inovações culturais saem das margens da sociedade para serem difundidas por instituições, meios de comunicação e, sobretudo, nas redes sociais. Antes isolados, agora os indivíduos com interesses similares podem desenvolver ideias, produtos e serviços, de forma colaborativa, sobre qualquer tema ou segmento.

Ross Clark, no artigo "The rise of crowd culture – a generation scared to do anything alone" ("A ascensão do *crowd culture* – uma geração assustada em fazer qualquer coisa sozinha", em uma tradução livre), fala sobre o declínio do individualismo. Para ele, há uma parte da população mundial que deseja estar conectada a um grupo e compartilhar espaços públicos como forma de aderir a valores coletivos. Esse crescimento de experiências massivas compartilhadas é mais nítido entre os jovens. Entretanto, vale ressaltar que isso não significa que os consumidores abram mão de receber serviços personalizados. Enfim, criatividade e inovação são resultados de conexões de um grande número de pessoas no mesmo lugar como o Vale do Silício, na Califórnia, nos Estados Unidos. Enquanto grandes cidades globais prosperam ao atrair uma massa crítica de cérebros, melhores talentos e negócios por meio de "soft power", as pequenas cidades tornam-se culturalmente menos favoráveis. As mídias sociais, por sua vez, são um "hub" ou ponto central que liga as ideias dessa nova "multidão".

Na mesma linha, Eric Ries diz que os empreendedores têm formado grupos presenciais e locais para discutir e implementar ideias de "startup enxuta" (lean startup), cuja abordagem é gerar continuamente inovação, baseada em gestão e desenvolvimento de produtos anteriores. Já existem comunidades organizadas que seguem essa prática em centenas de cidades ao redor do mundo.

No âmbito corporativo, a rede de *fast food* de comida mexicana Chipotle, mais conhecida nos Estados Unidos, viu a ascensão de um *crowd culture* como uma oportunidade de negócio para sua marca. Ao identificar um movimento cultural na sociedade, pelas mídias sociais, contra redes de comida que vendiam alimentos prejudiciais à saúde nos EUA, a cadeia se posicionou como defensora de uma indústria alimentícia saudável, episódio que a tornou uma das marcas norte-americanas mais comentadas positivamente na web entre 2011 e 2013.

RECOMENDAÇÕES E OPORTUNIDADES

Monitoramento: no caso da Chipotle, foi essencial para identificar uma oportunidade cultural nas redes sociais.

Conteúdos: como parte da promoção de uma ideologia inovadora, realizou dois filmes cômicos que criticavam a indústria de lanches industrializados e com alto teor calórico, que desde a década de 20 é um dos principais símbolos do capitalismo nos EUA.

Anúncios pagos: a campanha foi veiculada rapidamente e ganhou eminência exponencial na internet por meio de mídia paga ("paid media").

MOBILE O TEMPO INTEIRO
Consolidação dos dispositivos móveis

Um dos mercados que mais cresce, mas ainda pouco explorado pelas marcas, é o de dispositivos móveis. Cada vez mais os brasileiros acessam sites, aplicativos, jogos, notícias, serviços, e-mails e mensagens instantâneas por meio de seus celulares. No Brasil são 103 milhões de usuários ativos de mídias sociais, dos quais 88 milhões acessam via celulares ou *tablets*. Conexões *mobile* já equivalem a 267 milhões, ou seja, mais do que o total da população no país.

O estudo "Digital Future Focus Brazil", da consultoria comScore, afirma que publicações de fotos e vídeos representam 68% do total de postagens no Facebook, das quais resultam em 83% de engajamento.

Se comparado com ingleses, coreanos, japoneses, norte-americanos, finlandeses e outras nacionalidades, a parcela de brasileiros com acesso a celular e à internet de banda larga ainda é relativamente baixa. Contudo, há um aumento gradual de usuários que realizam transações comerciais *mobile*, de acordo com o e-Bit. Na mesma intensidade, também cresce o número de compras de celulares no país.

Quando uma pessoa está entediada em uma fila de uma loja, no trânsito ou em um restaurante à espera do namorado ou da esposa, esse momento pode ser denominado como microtédio. E é exatamente nesse instante que as empresas podem se valer para realizar uma ação de *branding* ou mesmo estimular uma ação ("call to action") para gerar um potencial lead com seu público-alvo. Outra situação que pode se tornar uma oportunidade é no momento em que uma pessoa utiliza seu *smartphone* para economizar tempo, também chamado de "time saver". Por exemplo, aplicativos que mostram as coordenadas do caminho mais rápido para chegar a um determinado local viabilizam compra de ingressos para o cinema ou facilitam realização de *check-in* de um voo de avião.

De acordo com a pesquisa "Mobile Consumer Survey", da consultoria Deloitte, 57% dos dois mil brasileiros entrevistados, de 18 a 55 anos, de cinco regiões do país, acessam os seus *smartphones* menos de cinco minutos depois de acordar. Destes, 35% o fazem imediatamente. Ainda para 55%, o celular é o meio preferido para utilizar as redes sociais. Soma-se a esses dados a indicação da e-Bit de que as vendas via dispositivos móveis, como celulares e *tablets*, equivalem a 20% de toda receita do *e-commerce* no Brasil, cujo faturamento é estimado em R$ 44,6 bilhões em 2016. Ou seja, a previsão é de R$ 10 bilhões de receita no comércio *mobile*. Você está preparado para atender a essa demanda?

RECOMENDAÇÕES E OPORTUNIDADES

Conteúdos: ao considerar o crescente uso de redes sociais em celulares no Brasil, é fundamental desenvolver *posts*, o que inclui textos, imagens, artes, vídeos, infográficos, pensando na experiência de "usuários *mobile*", ou seja, aqueles que passam a maior parte do tempo na internet via *smartphone*. Por exemplo, 57% dos usuários acessam o LinkedIn por dispositivos móveis.

Anúncios pagos: além de campanhas de mídia com anúncios para computador, é um diferencial contemplar também em formatos para celulares. De acordo com estimativas da consultoria Gartner, os investimentos em anúncios *mobile* devem alcançar cerca de US$ 42 bilhões em 2017.

E-commerce: para o comércio eletrônico, é interessante prever uma versão de seu comércio eletrônico no ambiente *mobile* ("mobile first").

DISPUTA POR ATENÇÃO
Olhem para mim. Estou aqui!

A quantidade de volume de informações que recebemos diariamente, consciente ou inconscientemente, cresce exponencialmente em nossas vidas. A consequência de estarmos conectados o tempo todo à internet em nossos celulares e computadores é um número enorme de informações que nosso cérebro precisa (e não consegue) processar a todo momento.

Kotler diz que, conforme as vidas das pessoas se tornam corridas, especialmente em grandes centros urbanos, é natural que ocorra uma lembrança seletiva de marcas no momento de decisões de compra. Dessa forma, chamar a atenção dos consumidores pode ser um fator decisivo para ser escolhido em vez de seus concorrentes.

Similarmente, Keller afirma em seu livro "Gestão Estratégica de Marcas" que a experiência com a marca é fator determinante em um processo de escolha do consumidor, à frente de qualidade e preço de um serviço ou produto. Dessa forma, ressalto novamente a importância de *social media* na construção da marca com o público de interesse por meio de interação, atendimento e suporte em tempo real com o objetivo de ser a marca "top of mind", a mais lembrada pelo mercado.

> ### RECOMENDAÇÕES E OPORTUNIDADES
> **Conteúdos:** relevantes para seu público-alvo, como infográficos e relatórios de pesquisas, são passos interessantes que podem contribuir para que sua marca seja lembrada pelos usuários. Em um cenário onde qualquer indivíduo é produtor de conteúdos, seja em blogs, *posts* ou mesmo portais, o "content marketing" torna-se cada vez mais relevante para as organizações conseguirem atenção de seus targets. Esse tema também é aprofundado ao longo do capítulo.
>
> **Anúncios pagos:** possibilidade de segmentar os conteúdos para o perfil de usuários mais adequados aos objetivos de sua marca (exemplos: recrutamento ou interessados em esportes).

RECONHECIMENTO
"Embaixadores" e "advogados" da marca

O quinto e último comportamento social que abordo é o percebido nas próprias mídias sociais. Se você reparar, grande parte das pessoas publica postagens para ser reconhecida pela sua rede de contatos. O ser humano gosta de ver seus *posts* curtidos, compartilhados, comentados, "retuitados", com "pins" e como favoritos. Em outras palavras, quer se sentir parte e aceito em seus círculos sociais, seja pessoal ou de trabalho.

Essa conduta também pode ser comparada à vida real, fora do ambiente *on-line*, desde o adolescente que deseja fazer parte de um grupo de amigos no colégio até as tribos que se formam

Startups - **195**

na sociedade, a partir de ideais e valores semelhantes. Ao trazer essa questão para dentro das *startups*, é possível extrair enorme valor para sua marca. Para que isso ocorra, valores, missão e ética da empresa devem estar bastante alinhados com os de seus fundadores.

Independentemente se há dois ou duzentos colaboradores, o capital humano pode se tornar a força motora e vital para disseminar positivamente a marca nas redes. Se os profissionais se sentem pertencidos, acolhidos e realmente vestem a camisa da companhia, é muito provável que compartilhem *posts* institucionais que evidenciem o lugar onde trabalham, as soluções e a própria instituição. Mais do que isso, podem comentar, defender e mesmo publicar espontaneamente em seus respectivos perfis os motivos e o orgulho de seus empregos. Quando isso ocorre, é interessante prever na linha editorial, por exemplo, conteúdos que remetam a reconhecimentos e prêmios da empresa, além de ações internas que ressaltam os pontos fortes, como voluntariado, plano de carreira e incentivo à educação.

Os benefícios de utilizar os próprios colaboradores como "advogados da marca" é aumento de engajamento em seus *posts* e, consequentemente, mais eminência ao *brand*. Do ponto de vista dos participantes, são movidos e engajados pelo *status* e pela possibilidade de serem reconhecidos onde trabalham e pela própria liderança. Este pessoal também acaba sendo o alicerce para atração de talentos e candidatos que desejam conhecer e ter referências sobre a empresa, conceito denominado como "Marca empregadora" ("*Employer Branding*").

ANÚNCIOS PAGOS COMO UMA BOA OPÇÃO DE *BRANDING*

A pesquisa "Social? That's for consumers. For travel companies, *social media* means business" ("Mídias sociais? São para consumidores. Para companhias de viagens significam negócios", em uma tradução livre), desenvolvida entre Facebook e Deloitte, indica que os norte-americanos passaram mais tempo em mídia digitais do que na televisão em 2013 e em 2017 o investimento em publicidade digital ultrapassou os investimentos em televisão. Até então, a grande mudança na preferência da audiência nos meios de comunicação tinha ocorrido há mais de sessenta anos, quando a TV tinha ultrapassado o rádio. Esse marco evidencia o valor de realizar *branding* no ambiente *on-line*.

O uso de laços sociais para fomentar um modelo de negócio é, na verdade, anterior à era digital. Para isso, basta pensar no programa "Vigilantes do Peso", onde os relacionamentos ajudam a atingir as metas de redução de peso de cada participante. O fato é que os primeiros anúncios *on-line* apareceram no início dos anos 90. De lá para cá, as práticas de *branding* em marketing digital têm evoluído consideravelmente.

Se, em 2010, 80% de uma amostra de 8.561 brasileiros, de 11 estados do país, entrevistados pelo Ibope, afirmaram que não se incomodavam em receber anúncios pagos ou serem acionados pelas marcas enquanto navegavam nas mídias sociais, esse panorama tem mudado globalmente. Boa parcela dos usuários norte-americanos de internet ativa o "ad blocker", funcionalidade que bloqueia a veiculação de anúncios em seus computado-

196 - Startups

res. Mesmo assim, os gigantes Google e Facebook têm investido fortemente, nos últimos anos, em suas próprias Ad Networks e em anúncios em navegadores *mobile*, segundo a eMarketer. Segundo pesquisa feita pela Ipsos Public Affairs, 75% das pessoas dizem que os anúncios são irrelevantes. No Brasil, o percentual ficou em 65%. Oito entre dez pessoas consultadas no mundo, assim como no Brasil, disseram acreditar que a publicidade deixa sua navegação mais lenta. E para não se expor à propaganda, 57% dos usuários no mundo disseram usar bloqueadores de anúncios. O número foi ainda mais alto no Brasil, 64%, o que coloca o país como o sexto maior no uso desse tipo de ferramenta.

O primeiro ponto a ser destacado é o fato de os social ads permitirem que as organizações segmentem seu mercado, ao contrário de outros meios de comunicação, com o objetivo de direcionar as mensagens certas para as pessoas com os perfis mais adequados (imagem a seguir). Essa é uma forma de personalizar cada conteúdo para cada audiência, o que traz mais chances de conseguir uma venda ou uma interação.

Em segundo lugar, além de disseminar a marca, as campanhas em mídias sociais também geram engajamento e conversões para uma *landing page* (página em site), ambiente destinado para geração de *leads* ou simplesmente mais vendas.

Um caso interessante é o da Lego, marca no topo do *ranking* da Brand Finance em 2015, que segmenta seus produtos para crianças, mas não por gênero, o que maximiza o tamanho de seu mercado, evitando definir se o brinquedo é somente para meninos ou meninas. Essa abordagem também ajuda os pais, em geral, que se preocupam com a influência dos brinquedos na perspectiva futura e na ambição das crianças, em especial das meninas.

E, finalmente, ao contrário de anúncios em televisão, jornais e revistas, os *on-line* permitem mensuração de resultados em tempo real, conforme imagem a seguir.

CAPACIDADE DE SEGMENTAÇÃO			
Categoria/Meio	Impresso	Rádio	TV	Digital
Demografia	Amplamente	Amplamente	Amplamente	Nível Individual
Interesses	Amplamente	Não	Às vezes	Categoricamente
Renda	Amplamente	Amplamente	Amplamente	Sim
Comportamento	Não	Não	Às vezes	Categoricamente
Localização	Por região	Por região	Por região	Por GPS
Dispositivo	Não importa	Não importa	Não importa	Conduz a interação
Padrões de Compra	Não	Não	Não	Categoricamente

Fonte: estudo da Deloitte e do Facebook: "Social? That's for consumers. For travel companies, social media means business"

A FORÇA DOS CONTEÚDOS – CONTENT MARKETING

Conforme já apresentado neste livro, o Content Marketing Institute (CMI) define esse conceito como uma técnica de marketing para criar e distribuir conteúdos consistentes, relevantes e valiosos para atrair e reter um público claramente definido, com o objetivo de estimular a ação de clientes rentáveis.

Josh Steimle, CEO da agência norte-americana MWI, cita "valiosos" como a palavra-chave dentro desse contexto, pois é o que diferencia essa definição de qualquer outra forma de publicidade.

Para Cassio Politi, autor do livro "Content Marketing: o conteúdo que gera resultados", é importante também pensar nas seguintes questões ao trabalhar com conteúdos:

- Como estabelecer os objetivos?
- Como produzir conteúdo relevante para o público-alvo?
- Por quais canais e ferramentas distribuir o conteúdo para que tenha alcance?
- Como mensurar os resultados obtidos?

Mais uma vez, os anúncios pagos nas redes sociais, como *posts* patrocinados, são ferramentas altamente eficazes para amplificar e entregar, de forma segmentada, suas informações e textos ao perfil mais adequado de leitores. Ao ser impactado por textos estruturados, úteis e pertinentes, sem nenhum viés comercial, seu público passa a acompanhar com interesse o que sua empresa tem a dizer. Naturalmente, uma *fanpage* na rede social é seguida e seus *posts* interagidos por aqueles que realmente se interessam pelos seus conteúdos.

No caso de Josh Steimle, em seu artigo "What Is Content Marketing?", publicado na Forbes.com, a sua agência cresceu mais de 1.000% de um ano para o seguinte. Potenciais clientes que encontravam seus conteúdos na internet e enxergavam valor neles se convenciam de que queriam trabalhar lá mesmo antes de entrar em contato. A confiança que, geralmente, é construída durante um certo período já tinha sido criada com a marca antes mesmo de a empresa saber sobre o potencial cliente.

VISÃO ESTRATÉGICA PARA CONSTRUÇÃO DE MARCA EM MÍDIAS SOCIAIS
Análise SWOT em marketing digital

Os profissionais de marketing (no qual está incluído o marketing digital) e empreendedores de *startups* devem ter uma visão do macro do ambiente de suas respectivas empresas. Ou seja, precisam avaliar o ambiente externo, o mercado e as variáveis que podem impactar o negócio e a marca. A análise SWOT, tradicional no marketing, também pode ser aplicada nesse contexto. No quadro a seguir, o Digital SWOT – uma análise de uma estratégia, especificamente voltada para os recursos digitais – possibilita estratégias de defesa e ataque.

198 - Startups

Empresa	Forças Marca Base de clientes Distribuição atual	Fraquezas Percepção de Marca Tecnologias Canais
Oportunidades Cross-selling Novos mercados Novos serviços Alianças/co-*branding*	Estratégias (força/ oportunidades) Utilizar as forças para maximizar oportunidades = estratégia de ataque	Estratégias (fraqueza/ oportunidades) Contra fraquezas por meio de oportunidades = construção de forças para uma estratégia de ataque
Ameaças Escolha do cliente Novos entrantes Novos produtos ou serviços competitivos Conflito de canais	Estratégias (força/ ameaça) Utilizar forças para minimizar ameaças = estratégia defensiva	Estratégias (fraquezas/ ameaças) Contra fraquezas e ameaças = construção de forças para uma estratégia defensiva

FORÇAS

Marca: construção de marca na internet (*branding*).

Base de clientes: criação de uma base inicial e sólida de dados de clientes (*Customer Relationship Management* – CRM).

Distribuição atual: logística de produtos adequada.

FRAQUEZAS

Percepção de marca: a marca já é conhecida no mercado?

Tecnologias: há dependência de terceiros? Há riscos de plataforma, infraestrutura, servidor e segurança?

Canais: a distribuição do produto ou serviço é adequada? Há riscos inerentes?

AMEAÇAS

Escolha do cliente: por que a empresa em análise é a escolha número um?

Novos entrantes: a solução, tecnologia e/ou inovação são fáceis de ser copiadas?

Novos produtos ou serviços competitivos: há chances de outras soluções semelhantes entrarem no mercado?

Conflitos de canais: o app concorre com o site? O preço no site sabota o ponto de venda ou vice-versa?

OPORTUNIDADES

Cross-selling: é possível vender outros produtos para os clientes atuais?

Novos mercados: existe algum novo público que possa consumir o seu produto?

Novos serviços: com o know-how dentro da empresa é possível oferecer novos serviços para os clientes atuais?

Alianças/co-branding: existem marcas já estabelecidades que tenham penetração no seu mercado de interesse e possam fazer uma parceria?

Diagnóstico de sua marca no digital

Eric Ries define as *startups* como empresas que operam em mercados incipientes, incertos ou que ainda sequer foram desenhadas, ao mesmo tempo em que as tradicionais trabalham em condições de relativa estabilidade. Em ambos os casos, no entanto, é necessário gerenciamento e, principalmente, uma mudança de mindset sobre o marketing digital.

A figura a seguir representa um tripé de diretrizes para avaliar e identificar o real impacto da marca de sua empresa no mercado, com o intuito de apoiar na transformação digital.

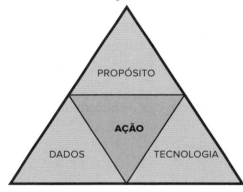

Já a próxima figura traz o "triângulo do propósito de marca", composto por três vertentes relacionadas à marca: crença, verdade e comportamento. A primeira pode ser retratada como uma forte opinião da marca pelos consumidores, setor ou concorrentes. A segunda é a verdade sobre a qual a marca é construída. E a terceira é como atua e comunica.

Fonte: Institute of Direct and Digital Marketing (IDM), Londres.

Qual seu objetivo e sua missão?

O lado superior do triângulo representa o propósito da marca. No caso de uma *startup*, pode ser eminência de marca e do produto ou serviço no mercado. Por muitas vezes ser uma empresa embrionária, o público ainda não conhece seu portfólio de soluções. Se for um *e-commerce* ou marketplace, a aspiração pode ser oferta de uma experiência fantástica por meio de uma plataforma digital, a partir de uma ampla cadeia logística e de transações via internet e dispositivos móveis, permitindo agilidade e comodidade para os clientes.

Onde e por que o seu público-alvo interagiria com sua empresa e com seus concorrentes?

O segundo pilar visa o planejamento para a construção da marca. Com base em monitoramento de dados e informações, podemos responder às seguintes questões: sua audiência está em quais mídias sociais?

Essa resposta pode variar de acordo com o público-alvo e objetivo de cada perfil de empresa. Se for uma loja *on-line* de roupas ou joias, por exemplo, o Instagram possibilita rápido engajamento de seguidores e publicação de imagens com boa qualidade. Se for uma *startup* com uma tecnologia inovadora que queira atrair atenção de investidores da Europa e dos Estados Unidos, o Twitter possui forte adesão nessas regiões. Facebook ainda continua uma opção para as marcas, embora o alcance de seus conteúdos orgânicos esteja reduzindo cada vez mais.

Ressalto que, em todos os casos, é fundamental saber onde seu público-alvo está presente. Portanto, os profissionais de marketing digital devem identificar, antes de mais nada, seu público e mercado por meio de pesquisas e monitoramento de informações na web.

Por fim, o terceiro pilar, evidenciado no lado direito do triângulo, diz respeito à tecnologia que será utilizada para a marca criar interações e manter relacionamento.

CONCLUSÃO
Seis perguntas para iniciar uma jornada nas mídias sociais

Primeiramente, as páginas de mídias sociais devem estar alinhadas aos objetivos e ao público-alvo da marca. Para isso, é preciso tentar responder a seis perguntas iniciais.

O quê?

Quais objetivos de marca deseja alcançar? Exemplos: engajamento de fãs, *brand awareness* (alcance e conhecimento da marca), relacionamento com o público de interesse, endereçamento adequado das necessidades de clientes (SAC 2.0), relevância nas buscas na web, buzz, geração de *leads* e monitoramento de riscos.

Onde?

Em quais canais e páginas prioritárias pretende atuar? Para isso, é interessante identificar qual o perfil de seu potencial cliente para que possa elaborar conteúdos e se comunicar adequadamente.

Quem?

Com qual público quer se comunicar? A seguir, alguns exemplos:

Localização: Salvador, Bahia.

Idade: 18, 25 ou 46 anos.

Gênero: homem ou mulher.

Interesses: gostam de futebol, carros, eletrônicos, moda, acessórios, pets, gastronomia.

Cargo: estudantes, recém-formados em universidades, executivos, profissionais de TI, da área financeira, gerentes de RH.

Como?

Prever escopo de trabalho e periodicidade de atuação, como pautas, produção de *posts*, interações e respostas aos fãs, identidade visual, imagens, linha editorial, tom de voz, quais ferramentas de monitoramento, gestão de páginas, anúncios pagos, formatos dos textos.

Por quê?

Métricas: a partir das respostas anteriores, definimos quais KPIs (Key Performance Indicators) serão atingidos em curto, médio e longo prazos.

Quando?

Tempo estimado para verificar e alcançar os objetivos. Por fim, o que pretende alcançar em um determinado tempo estabelecido.

FONTES

CLARK, Ross. The rise of crowd culture – a generation scared to do anything alone. **The Spectator**, Aug. 02, 2014. Disponível em: <http://www.spectator.co.uk/2014/08/individualism-is-dead/>. Acesso em: 23 jul. 2018.

DÂMASO, Lívia. Brasileiros gastam mais de 650 horas por mês navegando em redes sociais. **TechTudo**, 10 jun. 2015. Disponível em: <https://www.techtudo.com.br/noticias/noticia/2015/06/brasileiros-gastam-mais-de-650-horas-por-mes-navegando-em-redes-sociais.html>. Acesso em: 31 out. 2018.

DELOITTE. **Os Poderosos do Varejo Global 2018:** transformações significativas, comércio revigorado. Disponível em: <https://www2.deloitte.com/br/pt/pages/consumer-business/articles/poderosos-do-varejo-global.html>. Acesso em: 23 jul. 2018.

DILL, Kathryn. Lego Tops Global Ranking Of The Most Powerful Brands in 2015. **Forbes**, Feb. 19, 2015. Disponível em: <https://www.forbes.com/sites/kathryndill/2015/02/19/lego-tops-global-ranking-of-the-most-powerful-brands-in-2015/#3b58d9db26f0>. Acesso em: 23 jul. 2018.

HOLT, Douglas. Branding na era da mídia social. **Harvard Business Review**, 08 mar. 2016. Disponível em: <http://hbrbr.uol.com.br/branding-na-era-da-midia-social/>. Acesso em: 23 jul. 2018.

INSTITUTE OF DIRECT AND DIGITAL MARKETING (IDM). Site. Disponível em: <https://www.theidm.com/>. Acesso em: 23 jul. 2018.

KELLER, Kevin Lane. **The New Branding Imperatives:** insights for the new marketing realities. (Marketing Science Institute Fast Forward Series) Cambridge, ma: Marketing Science Institute, 2010.

KELLER, Kevin Lane; MACHADO, Marcos. **Gestão Estratégica de Marcas.** São Paulo: Pearson, 2005.

KOTLER, Philip. **Marketing 3.0:** as forças que estão definindo o novo marketing centrado no ser humano. Rio de Janeiro: Elsevier, 2010.

MAROSTICA, Eduardo. **E-commerce.** Apostila do curso de MBA em Marketing Digital da FGV, 2016.

MCCABE, Lee; JENNINGS, Steve; WEISSENBERG, Adam; MURALI, Ramya. **Social? That's for consumers. For travel companies, social media means business.** Deloitte/Facebook, 2015 Disponível em: <http://www2.deloitte.com/content/dam/Deloitte/global/Documents/Consumer-Business/gx-cb-thl-facebook-digital-channels-travel.pdf>. Acesso em: 23 jul. 2018.

PEDREIRA, Eduardo Rosa. **Gestão da marca e da reputação corporativa.** Apostila do curso de MBA em Marketing Digital da FGV, 2016.

POLITI, Cassio. **Content Marketing:** o conteúdo que gera resultados. São Paulo: Bookess: 2013.

RIES, Eric. **The Lean Startup:** how constant innovation creates radically successful businesses. New York: Crown Business, 2011.

SILVA, José. O ano do mobile. **IAB Brasil**, 25 nov. 2014. Disponível em: <https://iabbrasil.com.br/o-ano-do-mobile/>. Acesso em: 23 jul. 2018.

STEIMLE, Josh. What Is Content Marketing? **Forbes**, Sep. 19, 2014. Disponível em: <https://www.forbes.com/sites/joshsteimle/2014/09/19/what-is-content-marketing/#1de5bd0b10b9>. Acesso em: 24 jul. 2018.

CAPÍTULO **15**

CRISE EM ALTO MAR

GESTÃO DE CRISES EM MÍDIAS DIGITAIS

Alexandre Castilho

Crises de comunicação social são como quedas de motocicleta. Na melhor das hipóteses, sai-se com arranhões.

Imagine que a empresa é um motociclista responsável. Tem uma moto moderna, pilota com habilidade, investe em equipamentos de segurança. Comprou um capacete feito com liga especial, jaqueta importada com proteção para a coluna, botas de cano alto. Reconhece que o trânsito brasileiro é impiedoso com motociclistas e dirige prestando atenção.

Sendo precavido, apostando em segurança e estando atento a tudo que está à sua volta, ele reduzirá bastante as chances de acidente. Mas é possível zerar essa probabilidade? Certamente não.

A comparação vale exatamente para as crises de comunicação social. Quanto mais treinamento, processos, rotinas e conhecimento a empresa reunir, maiores serão as chances de uma crise provocar somente arranhões superficiais. Mas pensar que está imune às crises pode levá-lo ao chão de forma irremediável.

Startups têm enorme potencial para se envolver em crises de comunicação. Carregam o sobrenome "risco" em seus registros de nascimento e tentam vender produtos e serviços, geralmente de forma prototipada. O excesso de expectativa dos clientes, somado à comercialização de produtos não finalizados, à falta de validação do mercado e à ideia de que falhas podem ser úteis servem como combustíveis potenciais para vários tipos de ruídos.

Mas é o impacto social que diversas *startups* provocam que atrai polêmicas. Ideias novas, por vezes extremamente simples, geram revoluções com pouco investimento. O rompimento dos modelos tradicionais de negócios incomoda o senso comum, altera rotinas, inflama debates e exige que vários segmentos da sociedade, mesmo o de não consumidores, adotem posturas críticas em relação à sua empresa.

Não raro, empresas que inovam também desafiam a ordem e as normas. Em 1996, uma dupla de 26 anos iniciou a implosão do onipresente e onipotente serviço postal quando criou o Hotmail, primeiro correio eletrônico gratuito. Em 2001, dois irmãos da Estônia revolucionaram a indústria fonográfica com uma plataforma para troca de arquivos chamada Kazaa. Órgãos reguladores e gravadoras entraram na justiça contra a empresa, e os irmãos foram considerados contraventores nos Estados Unidos.

WhatsApp contra companhias de telefonia, Airbnb contra a rede hoteleira, ZipCar contra locadoras de veículos... quem busca criar novos modelos de negócios precisa se equilibrar sobre a tênue linha da legalidade. Pouco importa se a sociedade caminha mais rápido que as instituições. À luz do direito público, só é permitido fazer o que a lei prevê. Do contrário, estará confrontando o Estado. E se essa é sua escolha, prepare-se para muitas e duradouras crises de comunicação.

CAIU NA REDE

De forma simples, e sob definição bem teórica, crise é a repercussão de um fato negativo, e não o fato em si. Afeta a reputação da marca e expõe a questionamentos a credibilidade da empresa. São acontecimentos negativos que podem atrair a atenção da mídia, que produzirão pautas negativas, que por sua vez vão alimentar ainda mais a crise, alongando o período crítico ou de instabilidade.

Crises de comunicação são fenômenos sociais rápidos e têm como grande característica o fator surpresa. Exigem volume de pessoas, trocas de informações e interação entre diversos públicos, e favorecem a construção de um senso coletivo sobre qualquer tema.

As redes sociais representam um divisor de águas na história das crises. Dados se disseminam na internet em questão de segundos, desprezando fronteiras físicas e estratificação social. Tal capacidade e velocidade em compartilhar informações transformaram radicalmente a origem das crises corporativas e, também, como passaram a ser gerenciadas. Reputações estão expostas em uma vitrine mundial e são avaliadas a cada instante. Empresas e governos influenciam e são influenciados pela web.

No caso das *startups*, a relevância das redes sociais é ainda maior, porque seu modelo de negócios depende do contato contínuo com os clientes e da correta gestão das mídias digitais. É geralmente por meio delas que as empresas reúnem o *feedback* dos consumidores para adaptar seus produtos e serviços às necessidades do mercado.

Até pouco mais de uma década atrás, a importância das redes sociais era limitada. Na maior parte das vezes, eram usadas como diversão. Informação relevante enfrentava resistência dos próprios usuários para circular naqueles *playgrounds* virtuais. Mas as redes encontraram na convergência, mobilidade e integração de aplicativos o ambiente ideal para se aperfeiçoar e conquistar protagonismo.

Em um passado não muito distante, o principal canal de comunicação entre empresa e consumidor era o carteiro. Clientes precisavam escrever uma carta, comprar selo, ir aos correios, enviar o envelope e esperar pelo dia em que, talvez, fossem respondidos. As

Startups - **205**

maiores corporações disponibilizavam centrais telefônicas burocráticas para atendimento ao cliente. Com a internet, surgiram contas de e-mail específicas que recebiam toda sorte de manifestações do mercado. De elogios a críticas, passando por sugestões e dúvidas, as mensagens se acumulavam ou recebiam de volta meras respostas automáticas.

Com as redes sociais, o cliente ouviu sua voz ecoar no mercado e percebeu que não estava só. A reclamação, antes solitária, agora é de muitos. Todos exigem posições imediatas sobre qualquer tipo de problema. E, de forma quase compulsória, as empresas estão transformando mídias digitais em braços do SAC. Extensões orgânicas dos serviços de atendimento ao cliente.

As novas tecnologias incentivam a interação ininterrupta. Em alguns poucos dias, uma denúncia negativa pode implodir uma reputação construída ao longo de décadas, sem se valer de uma única página impressa ou minuto de TV aberta. Dentro de um novo paradigma de comunicação, todos viraram potenciais formadores de opinião. Por isso, é essencial que as corporações estejam preparadas para lidar com crises em ambientes virtuais, não importando tamanho ou tipo de negócio que operem.

Orillia é uma pequena cidade canadense, conhecida como a Cidade dos Tomates, a 135 quilômetros de Toronto. Com pouco mais de 32 mil habitantes, não pode ser considerada um polo de desenvolvimento regional. Em uma década, sua população aumentou em mil pessoas. Brian Fernandez, 49 anos, operário da construção civil, é o retrato do cidadão local. Classe média, esposa, filhos, TV a cabo e acesso à internet. Mas em fevereiro de 2016, após postagem despretensiosa em seu perfil no Facebook, à época com 423 amigos, Fernandez causou reviravolta no mercado alimentício de uma nação onde o catchup está presente em mais de 80% dos lares.

Fernandez fazia compras no supermercado quando notou quatro embalagens de catchup French's, quase escondidas na prateleira de baixo, rodeadas por similares da marca Heinz. Sua família adora a mostarda French's, mas nunca havia experimentado o catchup. Sacou o telefone do bolso e resolveu fazer rápida comparação entre produtos, mas o primeiro resultado da busca foi uma notícia do caderno de Economia. A fábrica da Heinz, no município de Leamington, havia fechado, causando a demissão de 740 empregados e gerando apreensão em centenas de produtores de tomate. Nas notícias relacionadas, Fernandez também descobriu que a marca French's assumiu a operação da antiga fábrica Heinz e assinou compromisso de só utilizar tomates da região para manufatura de catchup. Isso foi suficiente para que o operário decidisse levar o tempero French's, que foi aprovado pela família inteira no lanche de domingo.

Horas depois, Fernandez postou no Facebook a foto de um pote de catchup French's. Elogiou o sabor e comentou que o produto continha açúcares naturais e era livre de conservantes. No entanto, como mais importante, destacou que se tratava de um produto

206 - Startups

fabricado com matérias-primas canadenses, ao contrário do similar Heinz, que havia demitido trabalhadores e usava extrato de tomate importado. Para encerrar, escreveu:

Simplesmente amamos o catchup French's. Bye bye Heinz.

Para alguém que possuía rede inexpressiva de contatos, o relato ganhou rumos impressionantes: em três dias, a postagem foi compartilhada no Facebook mais de 115 mil vezes, inspirou diversas campanhas *on-line* de boicote aos produtos Heinz e uma verdadeira onda de orgulho patriótico. A repercussão também chamou a atenção da mídia: mais de duzentos jornais, sites e blogs disseminaram a história. O resultado foi um impacto imediato nas vendas da French's: os estoques de catchup simplesmente acabaram em diversos supermercados canadenses.

Em pronunciamento, o prefeito de Leamington confirmou que o depoimento de Fernandez fez muito bem à economia do município e aos agricultores locais. Já um executivo da French's anunciou que, devido ao incrível aumento de vendas, a produção de tomates em Leamington deveria triplicar no ano seguinte.

É difícil compreender, mas a gigante Heinz demorou para reagir. Por mais de um mês, a empresa sangrou no mercado canadense sem que *fanpage* ou site se pronunciassem. Aliás, antes da primeira nota oficial, a prefeitura de Leamington saiu em defesa da Heinz, explicando que a empresa ainda conservava quatrocentos postos de trabalho na cidade, através da fabricação de vinagre, suco de tomate e molho de macarrão.

Os executivos da Heinz subestimaram a força das redes sociais. Ainda que contassem com um programa para gerenciamento de crises, não treinaram nem se prepararam para colocá-lo em prática. Buscaram os melhores fornecedores, desenvolveram um produto de qualidade, pensaram na linha de produção, construíram logística eficiente, investiram em publicidade de peso. Mas esqueceram de planejar uma resposta para cenários de crise. A explicação para essa lacuna certamente não foi falta de tempo. A Heinz operava em Leamington há 106 anos.

PLANEJAR PARA SOBREVIVER

Na paz, prepare-se para a guerra.
— Sun Tzu

Nem todas as crises nas redes sociais são mortais. Até porque elas acontecem com enorme frequência. Se fossem incontornáveis, já não haveria vida nos ambientes virtuais. Mas os prejuízos, que poderiam ser evitados, são incalculáveis. Os investimentos, sejam de tempo ou financeiro, para sanar os danos provocados em cada crise abocanham enorme parcela de faturamento. E, ainda assim, grande parte das instituições não está preparada para lidar com esses cenários. Agem por impulso, não têm plano B, querem crescer a

Startups - **207**

qualquer custo, não pensam em longo prazo, subestimam a opinião pública. Em resumo: crises de comunicação se instalam ou são agravadas por absoluta falta de planejamento das empresas.

Planejar proporciona visão mais clara dos cenários e contribui para reduzir o grau de ansiedade e insegurança geradas por situações novas e desconhecidas. A organização prévia das ações permite canalizar energias de intensidade e natureza adequadas, poupando desgaste desnecessário.

A construção de um programa de gerenciamento de crises de comunicação está sustentada em três formas de intervenção. A primeira, mais óbvia (e inteligente), é impedir que a crise ocorra, ou ao menos mantê-la dentro de limites. O pior momento para gerenciar uma crise é enquanto a crise acontece. A segunda envolve ações durante o episódio crítico, e não mudanças nas condições antecedentes. A terceira é uma abordagem mista, espinhosa, de longo prazo, que requer razoável incursão no campo das percepções, emoções e sentimentos.

Independentemente da forma de intervenção, o objetivo geral da comunicação em crise é projetar imagem positiva da organização para o público, minimizando danos à reputação, auxiliando na abreviação e desaceleração do período crítico, a fim de restabelecer a ordem e a normalidade.

Em primeiro lugar, o plano de gerenciamento de crises deve ser escrito. A empresa que tem um programa prévio de ações, que preveja cenários, defina atividades e consiga mobilizar rapidamente uma equipe que conheça redes sociais dará solução mais rapidamente ao problema. Inclusive, não custa repetir: é indispensável que o time de intervenção em crises seja definido com antecedência.

Testar e avaliar o plano também são medidas absolutamente necessárias, devido ao aspecto dinâmico dos cenários. Planos devem estar sob constante revisão. Porque contextos mudam, o mercado muda e os riscos também. A Blockbuster era um colosso empresarial até o aparecimento da Netflix. Seu império assistiu ao crescimento do mercado de *streaming* sem preocupações, por julgar que o processo de expansão e a evolução tecnológica seriam lentos. A história mostrou o contrário, e a Netflix se transformou rapidamente em uma potência mundial, sem concorrentes de envergadura no horizonte. Tranquilidade vitalícia? É claro que não. Diversas *startups* já causam impacto no mercado de *streaming* pago oferecendo gratuitamente filmes e séries.

O Dropbox, que surgiu em 2007 oferecendo inovadora proposta de armazenamento em nuvem, está sendo obrigado a diversificar seu portfólio, já que salvar dados *on-line* se tornou uma espécie de commodity. A grande ameaça ao negócio, no entanto, veio após Edward Snowden, o analista de segurança mais polêmico da atualidade, em entrevista ao jornal The Guardian, classificar o Dropbox como "inimigo da privacidade" e denunciar uma série de vazamentos de informações. No rastro dos escândalos, cresceu outra *startup*, a SpiderOak, que assegura recursos diferenciados de criptografia, em que o próprio usuário perde acesso aos seus arquivos caso esqueça sua senha individual, já que não existe forma de recuperá-la ou resetá-la.

Cada vez mais a comunicação corporativa exige observação ininterrupta da sociedade. Olhar para o mercado somente sob a dimensão do consumo é deixar de entender o todo. Empresas devem identificar interesses, fazer propostas que tenham significado, desenvolver relacionamento, oferecer serviços e proporcionar experiências. Não devem conversar com consumidores, mas com pessoas de carne e osso. Saber o que elas querem e o que temem. Revisar constantemente as estratégias comerciais e de *branding* se tornou muito pouco; é preciso compreender a dinâmica das relações sociais.

Fundada no final de 2012, a Lote 42 é uma pequena editora independente de São Paulo. Durante a Copa do Mundo de 2014, resolveu inovar com uma campanha de vendas pouco usual. Anunciou nas redes sociais que, nos dias de jogos do Brasil, daria 10% de desconto para cada gol que a seleção brasileira sofresse. Custos, margens de lucro, tudo devidamente calculado. Exceto a goleada da Alemanha.

Já no primeiro tempo, sites de humor começaram a divulgar a editora e fazer piadas sobre o prejuízo. Os perfis da empresa nas redes sociais acumulavam centenas de comentários, e, só na página do Facebook, os fãs saltaram de seis mil para 36 mil. Diante da inusitada situação, uma verdadeira força-tarefa foi montada pela editora para acompanhar o que os usuários estavam falando e esclarecer eventuais questionamentos. Quando o pico de acessos derrubou o servidor, tirando do ar a loja virtual e provocando enxurrada de reclamações, a empresa logo reativou um antigo endereço eletrônico onde explicou o problema técnico.

No fim das contas, a Lote 42 vendeu aproximadamente dois mil livros, esgotou os estoques e somou algum prejuízo, devidamente compensado pelo marketing positivo, na avaliação dos sócios. A marca alcançou cerca de dois milhões de pessoas no Facebook, dando enorme visibilidade à editora. Após a partida, a empresa garantiu o desconto, respondeu centenas de elogios e tratou de forma bem-humorada o episódio. Postou que o hipotético diretor de marketing já havia sido demitido.

O ALARME DISPAROU

O ano de 2014 foi especialmente bom para o Uber. A empresa, fundada em 2009, se expandiu de forma meteórica, faturando centenas de milhões de dólares e se tornando fenômeno mundial de crítica e público. Apesar das polêmicas pontuais que sempre orbitaram ao redor da *startup*, nada parecia frear o negócio. Até que, durante um jantar informal, um alto executivo afirmou que a companhia iria rastrear cada passo de uma jornalista que escrevera críticas contra a *startup*. Como não podia ser diferente, a declaração veio a público e gerou enorme repercussão. A repórter foi ouvida por diversos veículos de comunicação e defendeu que clientes, sobretudo mulheres, deviam "fugir do Uber".

O CEO da empresa rapidamente ofereceu desculpas públicas por meio das redes sociais, considerando "terríveis" as declarações do executivo e explicando que elas não representavam a companhia. Mas o estrago estava feito. O episódio obrigou a *startup* a divulgar, pela primeira vez, sua política de privacidade. Debates inflamaram os Estados Unidos, e muitos usuários do serviço confessaram preocupação com a forma como o Uber poderia utilizar suas informações pessoais. Um influente especialista em tecnologia do site Daring Fireball foi mais longe e ironizou: "Tem alguma coisa muito errada com essa empresa. É como se Richard Nixon tivesse voltado da tumba e criado uma *startup*".

O revolucionário serviço de transporte urbano segue ambiciosa escalada, ao mesmo tempo em que coleciona atritos com a opinião pública. Não são poucos os casos de clientes que encaminharam reclamações ao aplicativo e receberam resposta padrão, claramente gerada por tradutor automático. Motoristas que questionam eventuais cláusulas contratuais são gentilmente convidados a se descredenciar, sem qualquer margem de negociação.

O resultado mais recente da postura inflexível da empresa veio de Austin, capital do estado norte-americano do Texas. Os eleitores da cidade que mais cresce nos Estados Unidos foram às urnas e exigiram que Uber e aplicativos similares fossem submetidos a legislação similar à dos serviços de táxi. Ainda que os aplicativos tenham investido mais de 8 milhões de dólares em campanhas de convencimento e oferecido viagens gratuitas para os locais de votação, 56% dos eleitores pediram o endurecimento das leis para o segmento.

Crises de comunicação surgem das mais diversas formas. Às vezes, com uma declaração atrapalhada de um executivo, noutras com um relato testemunhal de um cliente insatisfeito, e quando não por influência de uma normativa inesperada, que passa a questionar a própria legalidade da empresa. A pronta-resposta deve ser proporcional ao tamanho do problema e será absolutamente necessária para redução de danos.

Bastou um ex-funcionário do Facebook afirmar ao site Gizmodo que a empresa usa critérios políticos na seleção das notícias em destaque para que o próprio Mark Zuckerberg publicasse explicações no mesmo dia da denúncia. Defendeu que não há evidências sobre a veracidade da notícia, mas anunciou investigações internas e um encontro, na semana seguinte, com líderes políticos e formadores de opinião. A InterActive Corp (IAC), proprietária de *startups* como o Vimeo, foi obrigada a se desculpar e anunciar a demissão de sua diretora de comunicação após postagem racista no Twitter. O comentário da relações públicas, que chegou aos *trending topics* em poucas horas, provocou a ira de milhares de internautas, inclusive de Donald Trump, que pediram seu desligamento imediato sob ameaça de boicote.

AO ATAQUE

Os canais disponíveis para comunicação com a sociedade são os mais diversos. Mas as características de negócio das *startups*, combinadas às limitações orçamentárias para publicidade, praticamente estabelecem que as ações iniciais para gestão da crise devem ocorrer nas mídias sociais. A primeira resposta, inclusive, deve ser na mesma rede onde o problema começou. E só então a empresa deverá agir em outras plataformas, se necessário.

A manutenção de perfis corporativos é trabalhosa e gerar marketing de conteúdo relevante pode não ser algo tão intuitivo. Ao contrário do que se pensa, um negócio não precisa ter mil contas oficiais em todas as redes sociais. Por exemplo, uma *startup* que atua no segmento B2B, com alto *ticket* médio de venda, deve explorar o LinkedIn. Já aquelas B2C podem gerar engajamento de clientes por meio do Facebook e do Instagram.

Uma boa estratégia para gerenciamento de crises em redes sociais é eleger a plataforma com mais seguidores como canal oficial. E direcionar, temporariamente, os demais perfis para essa conta.

Autores têm suas listas de princípios, algumas extensas, outras resumidas. Mas quase todos concordam que a comunicação em cenários de crise deve seguir cinco preceitos:

1. Agilidade. A empresa deve intervir com rapidez para assumir de forma inquestionável o papel de fonte principal de informações, reduzindo especulações, monitorando boatos e fomentando a credibilidade da marca. Todos sabem a importância do fator velocidade nas mídias sociais. Portanto, anunciar que "reconhece o erro e que providências urgentes estão sendo tomadas" é uma maneira de se posicionar rapidamente perante o mercado. Apenas é importante tomar cuidado com o dilema do tempo: a "resposta rápida" é inimiga da "resposta rápida demais". Não agir por impulso e obedecer ao planejamento escrito. Abrigue-se e avalie minimamente a situação antes de revidar.

2. Informação. Durante crises, a empresa deve disponibilizar conteúdo sempre atualizado, interessante e relevante, que contribua para a discussão do problema, e não fazer publicidade autoelogiosa de produtos e valores. Fugir de termos técnicos ou jurídicos, por mais claros que possam parecer, é muito, muito importante. E quando estiver elaborando mensagens, definir um ou dois temas principais. Eles serão a âncora para toda a atividade de gerenciamento, ajudando a manter a consistência na comunicação.

3. Honestidade. Responda com a verdade. A empresa deve ser sempre transparente, sobretudo em momentos de crise. Na maioria das vezes, quando a corporação reconhece que cometeu um erro evidente, os clientes e a sociedade respondem de forma positiva. Muitas crises nas mídias sociais ganham enorme envergadura por causa da irritação dos consumidores com a teimosia da marca em negar o problema.

4. Empatia. Crise não é momento para ser bem-humorado, agressivo ou soberbo. Demonstre preocupação, seja sempre educado e leve a sério cada comentário ou questionamento de seus clientes.

5. Abertura. As corporações devem entender que redes sociais não são veículos de mão única, onde só elas falam. Cada ação provoca *feedbacks* instantâneos, gerando diálogo com seguidores. O caminho para solução de uma crise não está relacionado unicamente ao volume de conteúdo postado nas mídias sociais, mas à quantidade de respostas oferecidas à sociedade.

Quem gerencia crises de comunicação também deve definir quem são seus *stakeholders*. Habitualmente, os esforços de comunicação anticrise devem atingir clientes/consumidores, público interno, investidores, comunidade, imprensa e poder público. Todos esses segmentos devem dispor de fluxo constante de informação, de preferência usando código e conteúdo customizados às diferentes necessidades.

No entanto, à medida que a empresa prospera e aumenta sua envergadura e rede de colaboradores, o correto diálogo com o público interno assume enorme relevância. Estudos da Ogilvy chegam a apontar que 75% das crises corporativas surgem dentro das empresas, quando funcionários prestam maus serviços, revelam o que não devem ou simplesmente não conseguem separar a pessoa física da representação corporativa, sobretudo nas mídias digitais. Daí a necessidade de treinamentos constantes na área, desde o momento em que o novo membro da equipe é admitido. Nas crises, funcionários podem se transformar em um exército de porta-vozes da empresa.

Criada em 1999, a Zappos é a maior varejista virtual de calçados do mundo. Em 2010, a *startup* com sede num subúrbio de Las Vegas foi negociada com a Amazon por cifras que chegaram a 1,2 bilhão de dólares. A adoção de um modelo de administração totalmente atípico, em que as rotinas do mercado foram substituídas por práticas revolucionárias, proporciona resultados impressionantes. Na empresa que fatura 2 bilhões de dólares anuais, funcionários costumam usar sua meia hora de almoço para comer na própria mesa de trabalho. Ou entre as máquinas de energético, café espresso e estações com chocolates, bolos e pipoca espalhadas pelos corredores.

A Zappos consagrou-se no mercado com a filosofia de "entregar felicidade". A repetida necessidade de criar empatia com o consumidor é perseguida à exaustão por todos os integrantes da equipe. Quando a mercadoria precisa de troca, uma nova é enviada antes mesmo que ocorra a devolução do produto. Em caso de desistência de compra, devido a um falecimento inesperado, por exemplo, não só providenciam o estorno, como também as flores de condolências. Para conquistar corações, a empresa não mede esforços: ouve seus clientes por tempo ilimitado. Atendentes passam por treinamentos e são orientados a deixar a conversa fluir na central de relacionamento. O telefonema mais longo já registrado pela Zappos durou nove horas.

Foi justamente a excelência no trato com o mercado, talvez seu maior ativo, que livrou a empresa de uma crise com consequências devastadoras. Em 2012, o servidor da *startup* foi hackeado e as fichas cadastrais de 24 milhões de clientes acabaram violadas. Assim que tomou conhecimento sobre o furto de dados, o CEO da Zappos enviou e-mail para todos os funcionários explicando o ocorrido e frisando que, a partir daquele momento, o único foco deveria ser o atendimento ao consumidor. Em seguida, foram disparados e-mails para milhões de clientes, além da publicação de comunicados em todas as contas oficiais da empresa.

Com todos devidamente informados, a Zappos retirou a loja virtual do ar para evitar que consumidores desavisados fizessem novas compras. E para facilitar a unificação do discurso, o atendimento foi todo centralizado na internet, através de correio eletrônico e mídias digitais. Telefones foram desligados e as dúvidas passaram a ser esclarecidas em tempo real nos meios virtuais. À medida que o tempo avançava, eram divulgados internamente os números de pessoas atendidas, e a diminuição gradativa era comemorada pelos funcionários. Grupos de trabalho foram organizados para que o serviço não sofresse interrupções, mesmo de madrugada, e diariamente todos tinham acesso ao balanço das atividades da véspera. A empresa venceu a crise com planejamento, estratégia e transparência.

Apesar de obrigatória a migração para o ciberespaço, muitas empresas se instalam nas redes sociais de forma pouco amigável, previsível, apenas com peças publicitárias e ações pontuais de marketing. É importante lembrar que, quanto menor o grau de relacionamento entre cliente e empresa no ambiente virtual, mais dificuldades aparecerão durante um cenário de crise.

E por mais que a aposta nas redes sociais seja uma opção relativamente econômica, isso não significa que seja gratuita. Contratar agências de geração de conteúdo, pagar por licenças de *softwares* de monitoramento ou mesmo manter um funcionário dedicado à gestão de mídias digitais certamente farão diferença em períodos conturbados. E ajudarão não só na identificação prévia da crise, mas também indicarão que as labaredas foram efetivamente debeladas.

Crises de comunicação provocam estragos e, na melhor das hipóteses, a reputação da empresa sairá chamuscada. Esse é justamente o primeiro nível entre as consequências de uma crise corporativa: o desgaste da imagem. Em seguida, vêm as mudanças nas rotinas e processos internos. Tudo isso consome tempo e esforço humano. Por fim, o pior e indesejado estágio de uma crise são as perdas financeiras. Caem as vendas, parte do orçamento é realocada na gestão do problema, e os prejuízos se tornam inevitáveis.

No mundo dos negócios, ninguém pode se dar ao luxo de perder dinheiro. Mas, para as *startups*, prejuízos inesperados podem encerrar precocemente grandes histórias promissoras. Planejar e construir estratégias para gerenciamento de crises de comunicação significa bem mais que preciosismo ou capricho empresarial. É questão de sobrevivência.

> *Você pode não decidir tudo que acontece contigo, mas pode controlar como vai lidar com isso. No final, é só isso que importa.*
> — Kurt P. Stocker

FONTES

AGHBALI, Arman. Facebook post about Canada-made ketchup inspires Canadian pride. **CBC News**, Feb, 26, 2016. Disponível em: <http://www.cbc.ca/news/trending/ketchup-ontario-facebook-post-1.3466932>. Acesso em: 24 jul. 2018.

BEKHOR, Michel. O crucial plano de comunicação para uma startup. **Startupi**, 07 out. 2013. Disponível em: <http://startupi.com.br/2013/10/artigo-o-crucial-plano-de-comunicacao-para-uma-startup/>. Acesso em: 24 jul. 2018.

GOODYEAR, Sheena. Loblaws' French's ketchup snub sparks patriotic backlash. **CBC News**, Mar. 16, 2016. Disponível em: <http://www.cbc.ca/news/business/frenchs-ketchup-canadiana-1.3491952>. Acesso em: 24 jul. 2018.

NOVAES, Rafael. Apps fora da lei que estão causando polêmica ao redor do mundo. **PSafeBlog**, 03 jul. 2014. Disponível em: <http://www.psafe.com/blog/apps-fora-da-lei/>. Acesso em: 24 jul. 2018.

PEÇANHA, Vitor. **Marketing de conteúdo para startups.** Rock Content, s.d. Disponível em: <http://www.mettodo.com.br/ebooks/Marketing_de_conteudo_para_startups.pdf>. Acesso em: 24 jul. 2018.

PERIN, Bruno. **A Revolução das Startups:** o novo mundo do empreendedorismo de alto impacto. Rio de Janeiro: AltaBooks, 2015.

TEIXEIRA, Rafael Farias. Editora aprende lições de gerenciamento de crise com vexame da seleção. **Pequenas Empresas, Grandes Negócios**, 10 jul. 2014. Disponível em: <http://revistapegn.globo.com/Colunistas/Rafael-Teixeira/noticia/2014/07/editora-aprende-licoes-de-gerenciamento-de-crise-com-vexame-da-selecao.html>. Acesso em: 24 jul. 2018.

TUDO que você precisa é de uma boa ideia. **Endeavor Brasil**, 31 mar. 2016. Disponível em: <https://endeavor.org.br/desenvolvimento-pessoal/tudo-precisa-ter-boa-ideia/>. Acesso em: 24 jul. 2018.

ZAPPOS. **Mundo das Marcas**, 19 abr. 2016. Disponível em: <http://mundodasmarcas.blogspot.com.br/2016/04/zappos.html>. Acesso em: 24 jul. 2018.

CAPÍTULO **16**

COMO UM BOM PIRATA DEVE SE COMPORTAR NAS REDES SOCIAIS

MELHORES PRÁTICAS PARA REDES SOCIAIS

Marcello Perongini

NEGÓCIOS E REDES SOCIAIS

Todo mundo conhece um dentista. Pode acontecer que ele não seja propriamente um amigo para sair aos fins de semana, assim como é possível que alguns não saibam com exatidão o endereço de seu consultório, mas decerto todos sabem como procurá-lo ou a quem perguntar quando um dente começa a doer.

Isso acontece porque, como consumidores, procuramos atalhos contínuos para satisfazer as próprias necessidades e isso se aplica a tudo aquilo que se adquire, seja um pacote de viagem comprado *on-line* ou o filtro do purificador de água.

O fato é que somos membros de um contexto social e um turbilhão de informações nos alcança diariamente, distribuídas em um universo fragmentado de canais de comunicação, que ameaça nos confundir a todo momento. Nesse sentido, é famoso o comentário de Richard Wurman de que uma edição do "The New York Times" em um dia da semana contém mais informações do que o comum dos mortais poderia receber durante toda a vida na Inglaterra do século XVII.[112]

Torna-se então compreensível por que, ao precisar de um produto, quase sem perceber (e, aliás, na maioria dos casos sem que a gente precise perceber), o cérebro vasculha a imensa quantidade de informações armazenadas em busca daquela que determinará nossa escolha.

Na verdade, vários mecanismos intervêm para garantir que seja escolhida a solução mais apropriada para cada momento de compra, e todos eles, em diversos graus, são

---

[112] WURMAN, Richard Saul. **Ansiedade de Informação**. São Paulo: Cultura Editores Associados, 1991. 380p. Tradução de Information Anxiety, New York, USA: Doubleday, 1989. 356 p.

o resultado da importância que atribuímos a uma informação, no momento em que a resgatamos da memória e a utilizamos como métrica de comparação com as demais variáveis à disposição.

A recomendação de amigos e conhecidos (o boca a boca), por exemplo, é um mecanismo decisivo que participa do percurso de amadurecimento da compra por parte de um usuário. Para se ter uma ideia do poder de persuasão desse tipo de comunicação, basta observar os resultados da pesquisa conjunta que Google, Ogilvy & Mathers e TNS Global conduziram em 2014 sobre os hábitos de consumo de mais de 2.400 compradores *on-line*[113]. Segundo a pesquisa, 74% dos entrevistados determinaram sua intenção de compra após ter feito contato com o parecer de amigos, parentes e com as resenhas *on-line* de outros compradores.

Vale ressaltar desde já que, nesse mesmo cenário, as principais redes e mídias sociais digitais (YouTube, Twitter, Facebook e Pinterest) tiveram todas uma avaliação de importância superior a 50%, com um pico de 64% para os vídeos do YouTube.

Seguindo com os exemplos, a propaganda é outro mecanismo poderoso, que atende a pelo menos duas funções mercadológicas todas as vezes que um produto é apresentado em qualquer meio de comunicação: a primeira é estreitamente informativa, já que, por razões intuíveis – que não cabe aprofundar aqui –, é no mínimo antieconômico fazer propaganda sem ter um produto para vender. A segunda função, depois, almeja lembrar ao consumidor sobre a existência de uma marca, mesmo que o produto ofertado não esteja no topo de suas prioridades no momento em que o indivíduo é atingido pela mensagem comercial.

Já somente esses dois exemplos nos instigam a refletir sobre o fato de que, mesmo que não se perceba, as escolhas feitas são quase sempre o resultado de uma montanha de informações organizadas e comparadas, no espaço de algumas frações de segundo, com um grande gasto de energia.

Mas então qual é o escopo de se investirem recursos na divulgação de uma informação que poderia ter pouquíssimas chances de ser realmente determinante na criação de uma troca de valor? A resposta é simples: porque, além de tentar convencer o segmento de público que corresponde ao seu comprador potencial, a mensagem também pode conquistar a memória da parte de público que não precisa de um produto naquele momento, mas provavelmente conhece alguém que possa precisar. Eis então que, quando a informação não consegue persuadir um novo cliente, ela ganha veículos extraordinariamente capilares, que espalharão a informação em seu círculo social de forma, em parte, gratuita.

---

[113]WHEN the Path to Purchase Becomes the Path to Purpose. **Think with Google**, July 2015. Disponível em: <https://www.thinkwithgoogle.com/intl/en-gb/consumer-insights/when-the-path-to-purchase-becomes-the-path-to-purpose/>. Acesso em: 24 jul. 2018.

Está, portanto, explicado por que todos nós conhecemos um dentista: para cuidar de nossa saúde bucal e, sobretudo, para recomendá-lo aos nossos pares quando eles precisarem desse profissional.

CAPITAL SOCIAL: AS MARCAS NAS MÍDIAS *ON-LINE*

Longe de ser um mero artifício dialético, a reflexão apresentada explica um aspecto importante daquilo que, na teoria à base do funcionamento das redes de conexões sociais, é chamado de **capital social**.

Decompondo a reflexão de Raquel Recuero[114], pioneira no Brasil na investigação dos comportamentos e das estruturas sociais na internet, interpreta-se que o capital social é o valor abstrato resultante da conexão e das interações entre membros de uma rede. Em outras palavras (e de um ponto de vista que é imprescindível aprofundar nas inúmeras fontes disponíveis), ao estabelecer laços com outros indivíduos, uma pessoa disponibiliza seus recursos para os demais membros de uma rede de conexões, contribuindo assim para a construção de um ambiente de troca em que tudo, em tese, pode vir a ser compartilhado em benefício de todos.

Ao se aventurar em um ambiente em que cada participante é um facilitador da troca de informações, isto é, de atalhos mentais que direcionarão um consumidor para esta ou aquela marca, é possível vislumbrar o quão complexo pode se tornar, para uma empresa, estabelecer sua presença ativa nas redes sociais como referente de um sistema de significados úteis à rede como um todo e aos seus integrantes de forma individual.

Isso vale para qualquer realidade do mercado, seja ela uma grande corporação internacional ou uma pequena empresa na luta pela sobrevivência, pois, ainda mudando o grau de especificidade de seu produto, toda e qualquer troca de valor acaba por acontecer na interação entre dois indivíduos, um que compra e o outro que vende.

Mesmo havendo diferenças de tamanho e poder de barganha, que enviesariam uma comparação direta, vale apontar ao menos duas características niveladoras entre uma multinacional e uma *startup* que equilibram e democratizam a forma como cada organização pode enfrentar seu mercado com foco nos resultados.

Na maioria das ocasiões, as *startups* são empresas que não têm uma visão histórica de seu ambiente de negócios, o que incrementa a insegurança média de todo o investimento; em muitos casos, no entanto, elas são também as que se apresentam ao mercado com um diferencial que é raro encontrar nas empresas já estabelecidas, com processos consolidados e às vezes rígidos: uma confiança no futuro fortemente carregada com as crenças de seus fundadores. Quando canalizado na forma correta,

---

[114]RECUERO, Raquel da Cunha. Um estudo do Capital Social gerado a partir de Redes Sociais no Orkut e nos Weblogs. **Revista FAMECOS: mídia, cultura e tecnologia**, vol. 1, n. 28, Porto Alegre, 2006. Disponível em: <http://www.ufrgs.br/limc/PDFs/recuerocompos.pdf>. Acesso em: 24 jul. 2018.

o entusiasmo empresarial que caracteriza essas companhias faz com que sua comunicação seja menos engessada e, consequentemente, mais pessoal, quando chega o momento de se relacionar com o público.

O segundo elemento são os três pilares da sobrevivência de qualquer empresa: aumentar o lucro, reduzir os custos e satisfazer o cliente. Por mais que possa parecer grosseiro, a verdade é que não há nada de mais importante que esses três itens para a sobrevivência de uma empresa, e basta esquecer de um deles na equação de gestão, para que todo sonho de sucesso afunde, sem chance de resgate. Parafraseando o pensamento de Paul Godfrey no seu artigo sobre a relação entre filantropia corporativa e a prosperidade dos acionistas[115], até mesmo a caridade é uma estratégia a serviço da reputação de uma companhia.

Uma vez esclarecidas as "regras do jogo", permanece a questão importante de quais instrumentos podem ajudar a empresa a se posicionar no mercado, para que sua comunicação, seu entusiasmo, seus diferenciais e – sobretudo – seus produtos façam realmente a diferença.

As ferramentas que uma empresa pode ter à sua disposição para alcançar esses objetivos são inúmeras, mas entre elas há algumas que, por uma série de razões, é no mínimo aconselhável avaliar: as mídias sociais.

De um ponto de vista estreitamente conceitual, as mídias sociais são um instrumento que todos utilizam com frequência diária, pelo menos no mundo ocidental, mesmo nos raros casos daqueles que, com irreverente orgulho, afirmam não ter um perfil ou uma página em uma das dezenas de plataformas disponíveis.

De fato, hoje em dia é muito provável que até um eremita digital tropece em uma conversa que tenha sido criada a partir de um post nas redes sociais, e, portanto, sua informação acaba por ter algum cruzamento com os bilhões de *bits* que aterrissam nessas plataformas a cada dia.

Ora, é claro que um cenário desse porte acaba por ser inadministrável, em sentido empresarial, e, portanto, vale acordar primeiro alguns pontos.

O QUE SÃO AS MÍDIAS SOCIAIS?

Curiosamente, muitas das definições dos termos "mídias sociais" que aparecem em um motor de busca na internet podem ser consideradas corretas de alguma maneira. Dependendo da abordagem pela qual se pretenda esclarecer o significado e a abrangência das plataformas sociais, o academismo puro de Obar e Wildman ("Os serviços de mídias sociais são – atualmente – aplicações Web 2.0 baseadas na internet"[116]) convive de forma

---

[115]GODFREY, Paul C. The Relationship Between Corporate Philantropy and Shareholder Wealth: a Risk Management Perspective. **The Academy of Management Review**, vol. 30, n. 4, Oct. 2005, p. 777-798. Disponível em: <http://www.jstor.org/stable/20159168?origin=JSTOR-pdf>. Acesso em: 24 jul. 2018.

[116]OBAR, Jonathan. A.; WILDMAN, Steven S. Social Media Definition and the Governance Challenge: An Introduction to the Special Issue (August 19, 2015). **Telecommunications Policy**, vol. 39, n. 9, 2005, p. 745-750. Disponível em: <https://papers.ssrn.com/sol3/papers.cfm?abstract_id=2647377>. Acesso em: 24 jul. 2018.

pacífica com opções muito mais crípticas, como a definição oferecida em 2009 por um usuário do Twitter, de que as mídias sociais seriam "[...] nossa web amanhã, hoje"[117].

No entanto, para elaborar uma visão direcionada às melhores práticas de redes sociais para empresas emergentes, é útil restringir o campo por meio de uma definição mais prática: as mídias sociais são, em primeiro lugar, ferramentas baseadas na internet para o compartilhamento e a discussão de informações entre seres humanos.

Observe-se que a expressão "entre seres humanos" não é utilizada por acaso: explicitando a presença de pessoas como ponto de equilíbrio do ambiente social digital, essa definição aponta indiretamente pela obrigação, por parte das empresas, de traduzir seus modelos preditivos, suas metas e seus balancetes em uma informação apetecível para um público leigo e, esbarrando no filósofo alemão Friedrich Nietzsche, "humano, demasiado humano".

As mídias sociais são um ambiente relacional, em que ideias e informações circulam entre as pessoas, por meio das trocas que acontecem em grupos de conexões de várias dimensões. Para participar dessa conversa, as empresas precisam encontrar um estilo de comunicação próprio e mantê-lo crível e consistente ao longo do tempo.

A demanda por consistência é importante, pois os usuários tendem a atribuir credibilidade e autoridade aos demais atores da rede em função da perservança com que estes fornecem insumos de qualidade para os compartilhamentos que acontecem no meio social digital.

Embora a construção de uma presença e de um tom de comunicação consistentes seja um desafio, há alguns elementos que podem ser de grande ajuda para traçar as características essenciais de um bom plano estratégico no ambiente digital: a tríade "Visão/Missão/Objetivos", uma correta análise de mercado e as técnicas de criação de personas da marca.

Muitas vezes, os atributos codificados nos objetivos, na missão e na visão da empresa estão, na verdade, entre as melhores referências para criar a personalidade que a marca poderá exibir ao público em toda a sua comunicação (*on-line* e *off-line*). Com a missão representando o escopo, a finalidade e o verdadeiro propósito da marca no mercado, dela é possível extrair os alvos aos quais a comunicação da marca deverá apontar para atingir seus resultados mais desejáveis.

Como necessário complemento, a visão empresarial fornece indicações valiosas sobre aquilo que, na estratégia da organização, deverá ser considerado importante, ou, em outras palavras, como a marca transmitirá o significado da sua mensagem.

Identificados escopo e mensagem, restam apenas serem definidas as regras que a marca respeitará para obter o êxito esperado. Nesse sentido, naturalmente, os objetivos com-

---

[117]PHILLIPS, Rafiq. "@Econsultancy our web tomorrow, today". **Twitter**, 13:26 – 19 mar. 2009. @rafiq. Disponível em: <https://twitter.com/rafiq/status/1355197544>. Acesso em: 24 jul. 2018.

partilhados da empresa podem ser adaptados às necessidades específicas da comunicação e dos relacionamentos em torno da marca e seus produtos.

Assim como acontece no relacionamento entre os indivíduos, o conhecimento das verdadeiras necessidades do público representa, muitas vezes, uma conquista obtível somente após um longo processo de fortalecimento da confiança recíproca. Para que isso aconteça, é preciso que a empresa se disponha a observar, ouvir e compreender as demandas de seu público nos canais de comunicação para ela mais relevantes.

Mais em profundidade, no contexto das mídias sociais, a correta gestão da presença do *brand* passa obrigatoriamente pela compreensão da audiência, monitorada nos seus comportamentos e interações com a marca, mas, sobretudo, com aquelas de seus concorrentes e com os demais pontos de aglutinação da comunicação do mercado (influenciadores, blogueiros, fóruns, sites de reclamações *on-line* etc.).

Com esse foco, uma correta análise de mercado é o instrumento mais indicado tanto para a consolidação das informações relevantes como para as soluções estratégicas que serão possíveis transformando as informações em inteligência de negócios. Desde as palavras-chave que o público utiliza para se referir à empresa e seus produtos até a investigação da forma como seus concorrentes se relacionam com sua base de seguidores, cada análise deve ser enxergada como parte de um processo permanente, e não como uma atividade rotineira, delegada exclusivamente ao marketing ou a fornecedores externos.

Finalmente, a aplicação de técnicas de criação das personas da marca constitui uma boa maneira de resumir, de forma tangível, todas as informações provenientes dos demais processos de análise e planejamento. A criação de uma persona da marca (ou *brand persona*, na literatura de matriz norte-americana) é uma arte que requer habilidade e profundo conhecimento da empresa e de seu inteiro setor de operações.

Às vezes, o termo é utilizado como mero sinônimo de "cliente ideal", mas vale ressaltar que isso é apenas em parte correto. Construir uma persona da marca significa imaginar um ser humano completo, com nome e sobrenome (que permitam localizá-lo social e geograficamente), uma fisionomia, uma história pessoal – incluindo seus amigos, seus hábitos, sua ocupação, sua renda mensal – e fundir o ser resultante com as características próprias da empresa. As crenças enraizadas na história da marca, o preço de seus produtos, a capacidade produtiva das suas unidades fabris, o nível de serviço e atendimento que a empresa presta aos seus clientes, o retorno sobre o investimento que pretende alcançar... tudo isso deve, necessariamente, ser utilizado para precisar as coordenadas da *brand persona*.

O custo da aproximação e do amadorismo na realização de uma atividade tão complexa pode ser extraordinariamente alto, por exemplo, no caso em que a personagem não consiga ser investigada até os seus conflitos mais íntimos no momento em que, hipoteti-

220 - Startups

camente, viesse a enfrentar uma escolha de compra. Nesse cenário, todo o trabalho feito para criá-la terá sido inútil ou mesmo fatal, caso a empresa tenha apostado suas melhores fichas naquela imagem distorcida e irreal.

OMNICHANNEL, MULTICANAL OU HERÓI DE UMA PLATAFORMA SÓ? A POSIÇÃO DA EMPRESA

Depois de seu custo geralmente baixo, a segunda grande vantagem que as mídias sociais oferecem é a rapidez com que é possível entrar em contato com uma porção significativa de público por meio de uma comunicação específica. No entanto, praticamente toda a comunicação entre os usuários nas mídiais sociais consiste em uma troca ininterrupta das mais diversas informações, e, em um contexto tão disputado, é fácil intuir que já o simples ato de entrar na conversa para conseguir a atenção do público pode apresentar dificuldades que a organização precisa aprender a contornar.

Ainda, enfrentar um problema desse tipo, em um ambiente "não proprietário" e com níveis de controle mínimos sobre as suas variáveis, significa lutar para ocupar a posição mais vantajosa para a marca. Como fazer isso? Proceder com ordem...

O posicionamento da empresa nas redes sociais tem sua gênese no cruzamento entre a infraestrutura digital à sua disposição e seus objetivos de comunicação, de que as plataformas sociais se tornam instrumento com o propósito de contribuir para a visibilidade da marca no mercado.

Eventuais gargalos na interseção entre tecnologia e comunicação devem ser considerados com cuidado e de acordo com o estágio de maturidade da organização, já que, no momento de alocar recursos nas mídias sociais, o risco de erros no dimensionamento se torna altíssimo, assim como o *gap* entre o que a empresa pretende alcançar e o potencial de comunicação que ela pode efetivamente realizar. Exemplificando: não faz o menor sentido alcançar resultados astronômicos no meio digital se a capacidade de comunicação da empresa contar com apenas uma pessoa e, em muitos casos, com uma verba de publicidade e propaganda modesta.

É por isso, então, que a definição de objetivos realísticos e compartilhados dentro da organização é condição indispensável para a implementação de uma comunicação genuinamente direcionada ao público, seja nas mídias sociais ou nos demais canais à disposição da marca.

Quando bem dimensionadas, as mídias sociais respondem diretamente ao aumento de visibilidade da marca e seus produtos, mas, é claro, o incremento da visibilidade comporta uma diminuição natural do controle que a empresa pode excercer sobre as conversações e as opiniões que rodeiam sua marca e seus produtos. Logo, não apenas a gestão, mas também o monitoramento da comunicação social, deve ser vista como uma iniciativa coletiva, a que todos os funcionários são chamados a contribuir.

Investir na criação de uma "cultura social digital" que una áreas operacionais diferentes requer que a empresa estabeleça padrões que todos possam compreender e em que consigam se espelhar: desde a criação de uma política corporativa ou um guia de estilo, até a distribuição das responsabilidades e das funções de comunicação no meio digital, todos os níveis da companhia precisam estar cientes dos objetivos da comunicação e do marketing nas mídias sociais. Como é possível antever, a participação ativa de todos os funcionários ao mesmo tempo é muito improvável – por não dizer abertamente indesejável –, mas já a simples multiplicação dos pontos de controle sobre um ambiente tão mutável se torna uma grande vantagem.

Com muitos olhos à disposição para proteger a marca de crises e ataques imprevisíveis, é comum que a cobiça de dominar todos as mídias sociais apareça, em algum momento, dentro da empresa. Nesse instante, a organização é chamada a enfrentar uma escolha determinante, em termos de comunicação *on-line*: ocupar todo o espaço disponível, eleger uma única plataforma que concentre todo o esforço ou ficar no meio de campo, escolhendo apenas algumas entre as opções disponíveis.

A estratégia de posicionamento *omnichannel*, que tem por efeito a penetração da marca em um grande número de canais digitais ao mesmo tempo, é indicada para aquelas empresas que têm por escopo a criação de uma experiência global para seus clientes/usuários.

Ao acessar o universo em que a marca estabeleceu sua presença, o usuário não pode ter dúvidas na interpretação das mensagens que chegam até ele, assim como das sensações que a experiência lhe proporciona. Espalhando sua oferta em plataformas diferentes, a empresa *omnichannel* se compromete a amarrar toda a sua comunicação, para garantir que seu *brand* e seus produtos sejam reconhecidos na forma e nos modos desejados pela empresa, em qualquer oportunidade de contato.

Tudo passa a se expressar com uma única voz, desde o website ao atendimento *on-line*, do e-mail marketing às campanhas de anúncios e do aplicativo *mobile* até as redes sociais. Tudo isso para que o público se torne o protagonista da experiência e o único destinatário da mensagem enviada pela marca.

Pode parecer uma estratégia um tanto futurística, mas se imagine a seguinte situação: em um ordinário corredor de supermercado, um cliente está escolhendo qual cerveja comprar para uma festa com seus amigos. Ele possui conhecimento, diríamos, empírico e, em geral, tende a escolher entre um grupo restrito de marcas que já experimentou e das quais ouviu falar. Sua experiência de compra até então é satisfatória, mas mediana, pois ele poderia tê-la nesse ou em qualquer outro supermercado, sem substanciais diferenças. Eis então que, ao levantar a cabeça logo acima das prateleiras, ele descobre que o supermercado disponibiliza um ambiente dedicado, em seu aplicativo para celular, onde o usuário pode comparar entre si as diferentes

222 - Startups

marcas de cerveja disponíveis para escolher aquela que mais condiz com seu paladar e, eventualmente, até com seu bolso. Após alguns cliques de refinamento, ele encontra o produto 'perfeito' (pelo menos para o propósito que ele tinha em mente) e uma mensagem aparece na tela informando que a cerveja que ele escolheu será entregue direto no caixa, com uma caneca de brinde. De repente, a experiência de compra daquele mesmo usuário passou de anônima a completamente customizada, criando um elo emocional muito difícil de romper.

Como é fácil imaginar, uma estratégia tão ampla precisa de uma infraestrutura completamente interligada, para cuja construção são necessários nada menos que os melhores recursos à disposição da empresa. Comprometimento e criatividade são obrigatórios, mas o gasto final de meios econômicos e intelectuais pode estar fora da alçada da empresa iniciante, e o *omnichannel*, portanto, corre o risco de ser uma solução concreta apenas para um número muito restrito de empreendimentos.

Finalmente, mesmo no caso em que a empresa disponha de todos os recursos requeridos pela implementação desse tipo de posicionamento, vale apontar que existe um último aspecto do *omnichannel* que não pode ser subestimado: crises de marca que, iniciando-se em um canal, se alastrem pelos outros sem solução de continuidade representam um risco terrivelmente concreto e capaz de destroçar a empresa iniciante, sobretudo pelo fato desta não possuir ainda – mais uma vez, por definição – uma história de credibilidade que lhe dê suporte nos momentos de dificuldade.

Em oposição à enérgica, mas onerosa, estratégia *omnichannel* está uma abordagem bastante interessante de posicionamento da empresa nas redes sociais, que requer, porém, uma devoção incondicional da marca à sua lógica peculiar de comunicação e marketing: a estratégia de um único canal.

Embora essa aproximação represente um desafio aparentemente pouco compatível com as exigências de uma coletividade sempre mais interligada e dependente das inúmeras funcionalidades disponíveis nas plataformas sociais (em decorrência da quantidade de customizações e de desdobramentos táticos e estratégicos que elas possibilitam), há diferentes razões pelas quais a opção monocanal pode se tornar de fato uma alternativa desejável para as características de uma *startup*.

Em primeiro lugar, ela é sensivelmente mais econômica, pois concentra em apenas um canal de comunicação todas as necessidades derivantes do uso das plataformas sociais. Desde o atendimento até a criação de conteúdos dedicados, a utilização de um único veículo de divulgação permite que a empresa aproveite uma gestão totalmente coerente com as possibilidades financeiras da companhia.

Depois, sua integração com o resto da infraestrutura tecnológica da organização pode ocorrer de forma simplificada, já que em certos casos isso requer apenas algumas poucas configura-

Startups - **223**

ções, para que ela comece a gerar valiosos dados quantitativos e qualitativos de desempenho.

Também do ponto de vista da velocidade com que a marca pode avançar na conquista de específicos mercados, a aposta em uma única mídia social costuma ser promissora, mas, como já anunciado, há necessidade de uma firme disposição de gerenciamento e de uma boa maturidade da comunicação empresarial para sustentar os inevitáveis limites impostos por apenas um canal social.

É interessante observar que, em linha de princípio, qualquer organização pode se servir de uma estratégia desse tipo para se apresentar ao seu público e ao mercado em geral: produtoras musicais e cinematográficas, artistas, profissionais liberais, freelancers, artesãos especializados, pequenas e grande indústrias e até o setor de serviços (que costuma ter forte necessidade de tangibilizar a imaterialidade de seus produtos) têm todos a opção de construir sua credibilidade e autoridade em apenas uma plataforma, contanto que nela seja possível expressar com eficácia todos os atributos que a marca valoriza como importantes e diferenciados.

Pense no sucesso de vários canais satíricos e humorísticos nacionais no YouTube ou no Twitter: o que eles têm em comum? Em muitos casos, uma abordagem ao mercado mediada apenas por um canal de comunicação, inovador e original.

Ainda, a corrente de humanização do relacionamento com o governo público local (as prefeituras digitalmente emancipadas, que deram origem ao fenômeno chamado "das prefs"), alvo de entusiasmos incontroláveis e críticas ferozes, é outro exemplo notável da aplicação da estratégia de um único canal. Com o tempo, é importante observar, alguns dos casos mais famosos desse fenômeno já incorporaram outras plataformas sociais à sua comunicação, mas tal desfecho poderia ter sido radicalmente diferente se, na fase inicial de sua estratégia inédita de comunicação, as engajadas prefeituras não tivessem almejado o domínio completo de um único canal para estabelecer sua presença.

Mais uma vez (é bom reforçar), os exemplos utilizados sublinham a importância do comprometimento incondicionado às necessidades da comunicação nas redes sociais, pois o risco de ver marca e produtos esmagados debaixo da responsabilidade de reinventar-se a cada dia, em um único canal de comunicação, é uma ameaça mais real do que se poderia acreditar.

Avaliando vantagens e desvantagens de estratégias de posicionamento tão opostas, surge espontânea a opção intermediária de selecionar apenas uma porção dos canais sociais disponíveis, para que a empresa possa balizar sua presença em seu mercado e em seu setor de atividade. Essa alternativa é conhecida como estratégia multicanal.

O plano multicanal está baseado na crença de que os clientes tenham caminhos preferidos e individuais para interagir com a marca. A principal recomendação, então, é que a escolha dos canais que serão utilizados seja sempre feita a partir de uma análise profunda dos públicos da empresa e seus produtos, ou, em alternativa, criando vários cenários possíveis de interação entre a marca e suas diferentes personas.

Incluindo o sítio web da empresa, do ponto de vista das finalidades estratégicas, essa abordagem se enraiza na multiplicação dos canais de relacionamento com o objetivo de maximizar a performance de cada um deles, além, é claro, de engajar os clientes em qualquer um dos diversos pontos de contato. Para isso, é importante que cada plataforma receba uma estratégia separada, administrada de forma independente.

Por estar restrito apenas aos espaços sociais digitais mais relevantes, em que a *startup* consiga melhores chances de alocar e otimizar os seus recursos, o multicanal é indicado para racionalizar os esforços de comunicação da organização e definir seus limites de ação: fora de seus canais oficiais, ela deixa de ter responsabilidade ativa para com o seu público, mas permanece exposta a um tipo de obrigação que, por mera distinção, pode ser definida "passiva" ou indireta.

Assim como acontece com o *omnichannel*, então, a circulação dos usuários requer monitoramento constante, que pode ser garantido por um conjunto de pontos de controle únicos e interconectados (por exemplo, um sistema proprietário de *cookies* ou cookie pool) que acompanhem cada momento da jornada do usuário entre os canais digitais da companhia, ou, ainda, por um sistema de monitoramento de palavras-chave, que lhe permita identificar associações positivas e negativas com a marca e o sentimento geral em torno dela.

Em conclusão, qualquer que seja o posicionamento da empresa no meio digital, é importantíssimo que a escolha de um, alguns ou todos os canais à disposição seja sempre avaliada à luz das reais possibilidades de gerenciamento e de controle da organização, sob pena de transformar sua gestão em uma odisseia de peripécias e dificuldades insuperáveis.

BOLO SEM RECEITA: OBJETIVOS E TÁTICAS NAS MÍDIAS SOCIAIS

Para o deleitoso desprazer de muitos gurus contemporâneos de marketing digital, o título escolhido para este tópico reflete a mais pura (e cruel) realidade do mercado quando o assunto são as estratégias e as táticas nas mídias sociais. A boa notícia para o gestor capaz e determinado, no entanto, é que a falta de uma "receita de bolo" repetitiva e maçante se torna, na verdade, uma excelente oportunidade para colocar alguma distância entre a empresa e os seus concorrentes.

Para começar, sejam consideradas as seguintes premissas:

- As mídias sociais não são mais canais emergentes, pois algumas das principais plataformas já completaram uma década de vida (por exemplo, o LinkedIn, o Facebook, o Flickr, o YouTube, o Twitter e o SlideShare), enquanto outras deixaram de existir, como é o caso do Orkut.

- O relatório[118] divulgado por Shareaholic em janeiro de 2015 registra que as mídias sociais são atualmente responsáveis por cerca de um terço do tráfego de referência (*referral traffic*) de todos os websites, a nível mundial. Isso significa um volume colossal de visitas e usuários únicos por dia, que é resultado direto do compartilhamento de informações entre as pessoas nos canais sociais digitais.

- Em janeiro de 2016[119], o total de usuários ativos nas redes e mídias sociais chegou a 2,31 bilhões (31% da população mundial), e o ritmo de crescimento anual dessa população é de cerca de 10%. Para ter uma noção tangível de qual é o peso dessa multidão no equilíbrio da transmissão de informações, é suficiente pensar que se o Facebook fosse um país, com seus 1,09 bilhão de usuários ativos por dia[120], seria o terceiro do mundo por número de habitantes, apenas atrás da China e da India, respectivamente com 1,38 e 1,33 bilhão de pessoas[121].

Todos esses números são bastante expressivos, mas, sobretudo, são fundamentais para compreender a seriedade do assunto quando a empresa é chamada a tomar decisões sobre a melhor maneira de desenvolver seus objetivos e táticas nas mídias sociais.

Com a exceção da promoção pura da marca, uma finalidade do marketing francamente antiga, já substituída por outras bem mais sofisticadas, como a construção da reconhecibilidade da marca (*brand awareness*) e da sua identidade (*brand identity*), cada empresa tem ao seu alcance incontáveis objetivos estratégicos e planos táticos que podem ser explorados para atingir a excelência na comunicação nas mídias sociais. Naturalmente, listar todos eles não é de fato possível, pois, dado o elevado grau de sofisticação das funcionalidades de alguns canais sociais, isso seria o mesmo que fazer o elenco de toda e qualquer iniciativa, das mais simples até as mais criativas ou inéditas, que seria possível realizar nas plataformas digitais.

Lamentavelmente, é comum enxergar confusão no mercado acerca daquilo que separa um objetivo de uma tática empresarial. Para tentar esclarecer minimamente o panorama, vale sugerir uma primeira distinção – muito sumária –, mas que pode ajudar os gestores a reconhecer e segregar os dois universos.

---

[118] WONG, Danny. In Q4, Social Media Drove 31.24% of Overall Traffic to Sites [REPORT]. **Shareaholic Blog**, Jan. 26, 2015. Disponível em: <https://blog.shareaholic.com/social-media-traffic-trends-01-2015/>. Acesso em: 24 jul. 2018. O estudo foi conduzido com procedimento proprietário da companhia, que denuncia acesso a mais de 300 mil websites e avaliou o comportamento de 400 milhões de usuários, ao longo do Q4 (outubro, novembro, dezembro) de 2015.

[119] KEMP, S. Digital in 2016: We Are Social's compendium of global digital, social, and mobile data, trends, and statistics. **Slideshare**, Jan. 26, 2016. Disponível em: <http://pt.slideshare.net/wearesocialsg/digital-in-2016>. Acesso em: 24 jul. 2018.

[120] A estatística se refere à média da população diária ativa na rede social em março de 2016. O dado foi extraído diretamente do site corporativo da plataforma (<http://newsroom.fb.com/company-info/>) em maio de 2016.

[121] INDEXMUNDI. Site. Disponível em: <https://www.indexmundi.com/map/?v=21&r=xx&l=pt>. Acesso em: 31 out. 2018.

Como objetivo empresarial podemos considerar tudo aquilo que tem como finalidade a entrega de algo de valor para a organização, seja isso quantificável em valores de receita ou mais simplesmente em informações e dados, também muito valiosos. Já o principal escopo das táticas pode ser considerado a entrega de algo para o usuário final, cuja reação (da curtida até a compra do produto), representa o "efeito" da ação e o resultado que a empresa contabiliza para verificar seus resultados estratégicos. Vale ressaltar que, em regra, a reação dos usuários às ações táticas da empresa é também um bom termômetro da qualidade geral da comunicação.

Ampliando a comparação, pode-se argumentar que os objetivos derivam das necessidades levantadas pela empresa, enquanto as táticas – posto que ancoradas às características da organização – têm o propósito básico de satisfazer as exigências de seu público.

Embora imperfeita, essa partição de finalidades nos permite aproveitar algumas das técnicas de construção de tais objetivos e táticas para tentar isolar, independentemente de sua especificidade, os principais caracteres comuns de cada grupo, nas mídias sociais e – por extensão – em todos os canais de comunicação da empresa.

A técnica SMART, por exemplo, baliza as regras para definir os objetivos estratégicos, enquanto os seis passos da técnica STEPPS, consolidada pelo professor norte-americano Jonah Berger, são direcionados à elaboração dos planos táticos que cumprirão o caminho traçado em cada estratégia.

A sigla SMART (que remete à palavra inglesa que significa 'inteligente', 'esperto') é a aglutinação de cinco características que todo objetivo definido por uma empresa deveria considerar:

S – *Specific* (específico): o objetivo em que se baseia a estratégia da empresa deve ser específico, isto é, não deve estar aberto a interpretações subjetivas, que possa enviesar seus resultados. Estabelecer que a *landing page* de um produto precisa "receber mais visitas" não é um objetivo específico, mas definir que o tráfego do Twitter para o site deve aumentar em 15% ao final de um quadrimestre, sim. Para criar um objetivo específico, então, é preciso colocar números e prazos, para que a equipe de marketing não tenha dúvidas sobre como e para onde direcionar o seu esforço.

M – *Measurable* (mensurável): ao perseguir suas finalidades, toda aplicação estratégica deve contar com a possibilidade de conferir os resultados obtidos, para verificar a correspondência entre a teoria e a realidade em que o objetivo amadureceu. Por exemplo, ao determinar que a taxa de crescimento da base de seguidores no Instagram deve manter a média de 2,5% ao mês durante um ano, essa métrica clara vai permitir a mensuração regular do resultado. Ainda, é apenas por meio da definição das métricas envolvidas em uma estratégia e seus desdobramentos táticos que é possível realizar as necessárias correções ao longo de sua execução.

A – *Attainable* (atingível): o escopo de qualquer estratégia deve ser tangível e concreto, pois, dependendo da importância atribuída ao sucesso de uma iniciativa nas mídias sociais, a

Startups - **227**

organização precisa de um desafio crível a ser alcançado. Ter como alvo a conquista de todo o mercado nacional em um ano, contando com apenas um produto na prateleira, é um exemplo de objetivo impossível para, no mínimo, o 99,9% das companhias.

R – _Realistic_ (realista): como já foi salientado anteriormente no capítulo, o objetivo estabelecido deve ser crível e condizente com o verdadeiro potencial da empresa, sob pena de desperdiçar tempo e, sobretudo, recursos. Objetivos desafiadores são bem-vindos, mas é sempre necessário avaliar com precisão o nível de esforço requerido à organização, para não gerar metas impossíveis de ser alcançadas.

T – _Time-bound_ (definido no tempo): a questão da colocação de um limite temporal preciso para embasar os objetivos estratégicos já foi parcialmente explicitada no indicador S – Specific. No entanto, é bom frisar, a definição de prazos deve ser feita de forma independente dos demais indicadores, para não correr o risco de gerar distorções ou cronogramas enviesados. Sem um horizonte temporal que determine seu início e seu fim, nenhuma ação (tática ou estratégica) pode ser mensurada da forma correta, para verificar se os resultados previstos foram, de fato, atingidos.

Finalmente, falta abordar a questão das táticas, isto é, das ações que compõem toda estratégia e que transformam seus objetivos em resultados concretos. Para isso, a técnica STEPPS é um utilíssimo aliado para fincar os alicerces das táticas de comunicação e marketing, que, no entendimento do seu criador, Jonah Berger, professor da Universidade da Pensilvânia, estão potencialmente na base do sucesso de qualquer iniciativa direcionada ao público.

Para a realização de sua excelente publicação[122], o acadêmico estadunidense investigou milhares de conteúdos web, em particular nas redes sociais, em busca das razões pelas quais certos conteúdos e atividades conseguem se espalhar com rapidez entre as camadas do público, como se fossem veículo de algum contágio. Na sua inusitada jornada, Berger acredita ter identificado seis fatores-chave, que ele batiza de "STEPPS", com um trocadilho com a palavra inglesa steps, que significa a um tempo 'passo' e 'etapa'.

Na lição do professor, para que uma tática funcione, ela deve incorporar pelo menos uma das seguintes características, dependendo do produto ou da ideia que a marca precisa promover:

- Deve servir de **moeda social (_social currency_)**, isto é, deve possuir um valor implícito que faça com que o público identifique não apenas interesse, mas também uma forte motivação que justifique o compartilhamento com as suas conexões. Essa alavanca é extremamente importante, pois concentra sua força no hedonismo gerado pelo reconhecimento que um indivíduo obtém ao ser relevante para seu círculo social.

- Depois, as táticas e suas ações devem fornecer **estímulos (_triggers_)** simples de ser lembrados, mas também inéditos e cativantes. Caso uma das duas condições não seja respeitada, é bem possível que a mensagem tão cuidadosamente formatada

---

[122] BERGER, Jonah. **Contágio:** por que as coisas pegam. São Paulo: Leya, 2014.

seja apenas esquecida por parecer "mais do mesmo" ou, pior, tachada de ser complexa e nada memorável.

- Como é fácil imaginar, uma tática deveria sempre possuir algum poder emotivo, isto é, ser capaz de suscitar, condensar e carregar **emoções (*emotions*)** de que o público possa se empossar, para amplificar o impacto da mensagem criada pela marca. Afinal, qual deveria ser a graça em espalhar uma ideia incapaz de se comunicar com o nível mais íntimo e primitivo de todo ser humano?

- Outro fator a ser considerado, e talvez um dos mais cruciais para um jovem empreendimento em busca de afirmação, é a **publicidade (*public*)**, no sentido do valor público de tudo aquilo que se refere à empresa e sua marca no momento em que esta se apresenta ao mercado. Independentemente do tamanho, tornar-se público significa passar a ocupar um espaço coletivo e, no caso das redes sociais, extremamente colaborativo[123]. Em um ambiente como esse, animado pelo contínuo encontro e desencontro de necessidades culturais diferentes, estar no centro da cena significa ser obrigado a escolher qual é a imagem que a empresa pretende transmitir; encontrar aquela que reflita a sua natureza mais verdadeira é, compreensivelmente, desafiador, mas o tamanho do esforço é proporcional ao reconhecimento que pode ser alcançado.

- Para encontrar fãs dispostos a transmiti-la adiante, a mensagem comunicada pela empresa deve possuir algum **valor prático (*practical value*)**, ou, em outras palavras, deve ser relevante para o público. Isso, observe-se, é um aspecto de trivialidade cabal para qualquer meio de comunicação, mas, inexplicavelmente, é um dos erros mais frequentes nas táticas (e, por consequência, nas estratégias) de muitíssimas organizações. Devaneando brevemente, talvez esse erro seja o preço a pagar, o "efeito colateral" de um mantra que retorna na teoria de marketing com ciclicidade: o conteúdo é rei. Essa ideia (que, diga-se de passagem, deveria ter a sacralidade de um juramento para toda área de empresa que não seja o departamento financeiro) vem sendo progressivamente rebaixada a tópico de qualquer conversa, como fosse um argumento corriqueiro e ao alcance de todo. A verdade, no entanto, é que o conteúdo, para se tornar rei, precisa entregar exatamente aquilo que o público demanda: um produto que abençoe a união entre a marca e as necessidades dos "futuros clientes".

- O último fator-chave que Berger destaca é o poder de criar **histórias (*stories*)**, o que, afinal, é uma habilidade própria dos seres humanos e, talvez, o seu traço mais característico. Ao narrar qualquer acontecimento, todos nós evocamos referências que nos ajudam a fortalecer nossas crenças e nossas opiniões, além de reproduzir aquelas dos nossos pares quando nos parecem exemplares e significativas. Nessa mesma direção, então, a empresa deveria direcionar sua comunicação, com o firme propósito de ocupar o lugar mais elevado na mente de seu consumidor.

---

[123]Para compreender que tipo de colaborações animam o mercado, recomendo a leitura do recente artigo "Branding na era da mídia social", escrito por Douglas Holt e publicado na edição brasileira da Harvard Business Review de março de 2016.

CAPÍTULO **17**

RELACIONAMENTO COM CARTAS INSTANTÂNEAS

MÍDIAS DIGITAIS PARA RELACIONAMENTO E PERFORMANCE

Luiza Longo

Desde o surgimento da internet, a maneira de fazer negócio foi se modificando e gerou uma infinidade de novas possibilidades, em especial para os que não tinham como abrir uma loja física. Mas não foi só a maneira de fazer negócio que mudou, o relacionamento entre o cliente, fornecedores, funcionários e praticamente todos os que mantinham contato com a empresa também foi alterado.

Com a criação das mídias sociais, o cliente foi ganhando voz ao longo do tempo e, consequentemente, expondo a sua opinião sobre as marcas que consome até perceber que tal opinião tem força e pode fazer uma grande diferença. Atualmente, toda empresa vai lidar com isso em algum momento; estando ou não presente no ambiente *on-line*, é necessário lembrar que uma marca pode não estar na internet, mas o seu cliente está e isso basta para que existam reclamações, sugestões e elogios pela web.

Hoje existem sites especializados em reclamações do cliente sobre marcas, como o Reclame Aqui e alguns outros. As marcas levam nota e são notificadas através do site sempre que uma nova reclamação é feita, assim podem responder e buscar uma solução junto ao cliente para aquele problema. Os clientes, quando não fazem a reclamação por meio desses sites, a fazem por meio das mídias sociais, e, caso a empresa opte por não responder, a sua marca ganhará uma reputação negativa na internet.

Por esses e outros fatores é imprescindível que as marcas estejam *on-line* – e, se ainda não estão, esse é o momento de colocá-las, pois provavelmente seus clientes já estão falando delas pela internet.

Os pontos positivos em colocar a marca *on-line* são diversos, independentemente do tamanho da sua empresa e do tempo que ela esteja no mercado, fazer anúncios no Google, montar um site ou criar uma *fanpage* em alguma mídia social vai aumentar a sua visibilidade. A partir daí, trabalhando as mídias da empresa, os clientes vão adquirindo empatia em relação à sua marca e falando dela para outras pessoas.

Já faz algum tempo que a forma mais valiosa e eficaz de propaganda é o boca a boca, isso porque nós somos bombardeados diariamente com novos produtos, empresas e milhares de informações, mas quando ouve-se de alguém sobre uma marca, cria-se uma empatia por ela, em especial se a pessoa for próxima, pois é alguém do convívio que está indicando, ou seja, vale muito mais para as pessoas a opinião de outras do que um simples comercial, banner ou folha dupla em revista. A partir daí começaram a surgir sites como o TripAdvisor, que nada mais é do que o boca a boca transferido para a internet. Lá pessoas dão nota, colocam fotos, opinam e contam suas experiências sobre determinado lugar ou serviço para que outras pessoas decidam se querem ir ou não – e, sim, isso é extremamente efetivo; mas como isso pode ser efetivo para uma companhia? É possível criar estratégias para oferecer benefícios a quem avaliar a sua empresa em algum site específico, por exemplo, se o cliente se hospedar na sua pousada e avaliá-la no TripAdvisor, ganha 20% de desconto na próxima estadia. Algo muito importante é que não é possível direcionar a opinião do cliente, e o benefício deve ser dado independentemente da avaliação, seja ela positiva ou negativa. Quando se utiliza esse tipo de estratégia para trazer mais clientes, deve-se trabalhar muito bem o próprio negócio e o relacionamento com todos que consomem o produto ou serviço, buscando atender da melhor forma aos clientes visando uma boa avaliação.

Milhares são os motivos que mostram que nunca se deve deixar de trabalhar o relacionamento com o cliente. Focar apenas nos produtos ou serviço que a sua marca oferece simplesmente não funciona mais. Hoje é necessário conhecer os clientes e buscar ter um relacionamento cada vez mais personalizado com cada um. A era do empoderamento dos usuários é uma realidade, pois uma opinião ruim pode fazer com que outras pessoas deixem de fazer negócio com a sua marca. Por outro lado, trabalhando de forma correta, sua empresa pode ser amada e conseguir uma legião dos chamados advogados de marca; essas são as pessoas que defendem a empresa com unhas e dentes e a promovem sempre que possível.

Pode parecer difícil, mas uma estratégia bem estruturada de marketing unida às necessidades do seu público são dois dos principais fatores para conquistar esses advogados e ter um bom relacionamento com seus outros clientes.

Hoje em dia, a maneira mais rápida e barata de se construir um relacionamento é através das mídias socais. É importante entender em que nicho a sua empresa está inserida e como seus concorrentes estão posicionados no ambiente *on-line* para saber em quais mídias sociais deve ingressar e que estratégias deve adotar. Para isso, é necessário pesquisar onde o seu público está; afinal, não adianta ter postagens "superinteressantes" e relevantes em uma determinada mídia social se o seu público não estiver lá para vê-las.

Startups - **231**

O primeiro passo da maioria das marcas para iniciar um relacionamento *on-line* com o seu publico é a criação de uma *fanpage*. Para isso, é imprescindível possuir persona, tom e linguagem da marca estabelecidos, pois é através desse planejamento inicial que a sua marca manterá a identidade futuramente. Sem um guia sobre como seguir, a marca acabará contando com o tom e a linguagem do *social media* que cuida da página, o que pode se tornar um problema, pois se você algum dia trocar de profissional é possível que esses fatores também acabem se modificando de acordo com o novo funcionário que acabou de entrar, ou seja, a marca não seguirá uma constância.

Os perfis de marca em mídias sociais são canais essenciais para se trabalhar o *branding* de qualquer marca e estreitar relacionamentos com clientes, conseguindo novos fãs. Uma página bem trabalhada faz com que até quem não seja seu público-alvo acabe criando um relacionamento e uma empatia pela sua empresa.

Um dos exemplos é o Ponto Frio. A empresa trabalha muito bem a sua marca na internet e atrai, além do seu público, vários adolescentes e até pessoas mais novas que ainda não têm sequer poder de compra, porém que podem ser futuros clientes ou influenciadores importantes no processo de compra.

Ponto Frio no Twitter

Algumas empresas acreditam e apostam fortemente em *social media*, buscando fazer com que a marca seja exatamente como uma pessoa e interaja tanto com outros usuários quanto com outras marcas, e o resultado disso é que até descontos são oferecidos ao público se assim julgarem necessário.

Os clientes estão por toda parte e querem falar com qualquer marca, seja através de Twitter, Facebook, Instagram, Snapchat ou qualquer outra mídia social. Em meio a defensores e reclamações, aos poucos as marcas foram percebendo que esses clientes precisam de resposta, já que uma postagem negativa sobre a marca reverbera muito mais do que uma ligação de reclamação para a empresa. Com essa percepção, o cliente passa a fazer reclamações das marcas nas mídias sociais e ter o apoio de outras pessoas insatisfeitas. Como sabemos, a cada curtida ou comentário, a publicação é exibida para mais pessoas, e isso se torna uma bola de neve. A fim de evitar que isso aconteça, as marcas se viram na necessidade de responder a tais reclamações, e a partir daí conseguimos perceber que em alguns momentos a internet se torna uma nova forma de SAC – esse é o conceito de SAC 2.0.

Ligar para uma empresa e ficar um tempo indeterminado ouvindo música de fundo até ser atendido por uma pessoa está se tornando uma forma cada vez mais obsoleta de dar sugestão ou fazer uma reclamação; a famosa caixinha de sugestões não funciona mais. É necessário que as empresas criem uma estratégia para responder rapidamente ao seu público na internet, pois uma reclamação *on-line* pode ser como uma bomba relógio, prestes a explodir e atingir mais pessoas. Um dos pontos que definem a rapidez na resposta de muitas marcas é a popularidade de quem está fazendo a reclamação: isso significa seu número de fãs ou seguidores e engajamento em suas mídias sociais. Uma pessoa com um número maior de seguidores terá a sua mensagem lida por mais gente, o que significa que isso seria mais grave para a reputação da marca. A estratégia se dá em conter e controlar as reclamações dos clientes. O Facebook costuma mostrar, inclusive, a média de tempo que a marca demora para responder às mensagens dos seus usuários. Em alguns casos, as pessoas não reclamam diretamente para a marca, mas postam em seus murais tais reclamações; nesse caso, é de extrema importância o monitoramento do nome da sua marca. Em ambos os casos, o segredo é sempre buscar levar o cliente para um ambiente privado, seja telefone, mensagem direta ou inbox. O importante é que ele fale só com a marca e não com todos; dessa forma, o motivo da reclamação é preservado e não será passado para um alto número de pessoas.

Quando falamos em criar relacionamento e gerar empatia do público através das mídias sociais, começamos a pensar em um fator de extrema importância: o timing.

Deve-se ressaltar que é no momento em que algo viral está acontecendo que devemos falar sobre ele, pois no dia seguinte ou até no mesmo dia o assunto pode se tornar cansativo e "velho", uma vez que as pessoas já viram muitas coisas sobre ele.

A partir do momento em que algo vira assunto na internet, deve-se entender e considerar se aquele assunto é ou não relevante de alguma maneira para os usuários que seguem a sua marca. Não cabe forçar inserir na sua empresa um tema que não condiz com o seu posicionamento apenas para fazer parte de um assunto.

Os clientes compartilham uma boa postagem feita no tempo certo, e isso pode se tornar viral. São milhares de comentários, curtidas e compartilhamentos que geram um aumento de visibilidade enorme.

Um dos exemplos de como uma boa estratégia pode ser extremamente positiva para a visibilidade de uma marca foi feita pela rede de *fast food* Giraffa's. O que aconteceu foi um convite de parceria do Burger King com o McDonald's, um hambúrguer da paz entre as duas marcas em comemoração ao Dia Mundial da Paz. O resultado disso foi que o McDonald's rejeitou a sugestão. Em meio a tanta gente falando sobre o assunto na internet, o Giraffa's, de maneira totalmente inusitada e extrovertida, entrou rapidamente na conversa entre as duas marcas e "aceitou o convite" – isso gerou uma série de *posts*, uma resposta do Burger King e uma infinidade de compartilhamentos e comentários. A questão em torno desse caso é que o Giraffa's ganhou uma visibilidade enorme não só nas mídias sócias, mas também apareceu em sites importantes e confiáveis e angariou uma quantidade enorme de comentários de pessoas dizendo que nunca comeram no Giraffa's, mas a partir de então iriam lá provar.

Post do Giraffa's sobre a sugestão do Burger King para o McDonald's

As vantagens de conseguir montar estratégias para se trabalhar esse tipo de coisa são inúmeras. Além da criação de um bom relacionamento com clientes atuais e a captação de novos, você está trabalhando a sua marca a um custo muito inferior ao que seria necessário para garantir o mesmo resultado em outro meio de comunicação, como TV, mídia impressa ou rádio. Um dos principais pontos é que na internet existe a possibilidade de mensurar com muito mais exatidão seus novos seguidores e clientes em potencial, além de ser possível identificar mais facilmente os fãs da sua marca e, é claro, os haters, que há muito tempo eram apenas ignorados pelas marcas. Hoje em dia, muitas empresas têm estratégias específicas para convertê-los em usuários – e, quando isso é feito, normalmente esse usuário vira um cliente extremamente fiel.

Todas essas estratégias de relacionamento cliente/empresa têm se tornado tão importantes nos últimos tempos que atualmente existe o DOM, uma listagem com as 50 empresas mais inovadoras em relacionamento com o cliente[124]. A líder atual dessa lista é a Apple, que também é uma das empresas com a maior quantidade de advogados da marca hoje em dia. Para a Apple, as reclamações e elogios acontecem de maneira tão rápida que, quando alguém reclama da marca nas mídias sociais, imediatamente aparecem vários advogados defendendo-a.

Para conseguir tal reconhecimento dos fãs com a sua marca, é imprescindível monitorá-la o máximo possível. Esse monitoramento de usuários e visitantes acontece porque as mídias sociais estão oferecendo cada vez mais ferramentas para que você consiga conhecer e trabalhar melhor o seu público. Nesse case do Giraffa's, por exemplo, a marca conseguiu saber a quantidade de novos seguidores que ganhou, quanto seu engajamento aumentou em relação ao seu público e estimar quantos novos clientes essa ação gerou para a empresa.

Essa mensuração de dados acontece porque, com o passar do tempo, fomos percebendo que as marcas precisam de informações cada vez mais precisas para investir nas mídias sociais. Saber que a visibilidade da marca aumentará com uma ação nas mídias sociais é ótimo, porém sem dados que mostrem quão maior tal visibilidade será e quanto a marca pode crescer e gerar conversões é mais difícil, afinal ninguém investe em algo sem saber o retorno. Por isso, visando um maior investimento das empresas em anúncios e para auxiliar o monitoramento, várias mídias sociais criaram a sua área de monitoramento, e junto a isso surgiram várias ferramentas, gratuitas ou não, que permitem um detalhamento cada vez maior dos dados e fãs da sua marca. O Facebook, por exemplo, possui a parte de *Insights*. Lá você tem acesso gratuito a informações como faixa etária, localização geográfica, horários de pico em que seus fãs estão *on-line* e vários outros detalhes sobre o público que segue a sua marca, além de informações sobre cada uma das suas publicações, para que você veja qual teve um melhor desempenho e consiga aos poucos moldar a sua marca de acordo com os *posts* que agradam mais seus fãs.

O monitoramento é extremamente importante tanto para a marca que está em fase de construção quanto para a que já está consolidada no mercado. Pensando nas empresas que estão iniciando seus negócios, é importante fazer testes para entender melhor o público, seu estilo de vida e o tipo de informação que eles gostam de ver e acompanhar na internet. Essa fase inicial pode ditar todo o sucesso de uma marca, que posteriormente será monitorada para entender novas necessidades do seu público.

---

[124]VAZ, Tatiana. As 50 empresas mais inovadoras em relacionamento com cliente. **Exame**, 22 ago. 2017. Disponível em: <https://exame.abril.com.br/negocios/as-50-empresas-mais-inovadoras-em-relacionamento-com-cliente-2/>. Acesso em: 31 out. 2018.

Monitorar o relacionamento cliente/marca é muito importante, mas, a não ser que o seu objetivo seja apenas relacionamento, é necessário converter, não é?

Já é possível converter através das mídias sociais, mas ainda é muito importante para qualquer empresa, independentemente do seu tamanho, possuir um site para concentrar as informações, coletar dados de usuários e criar estratégias para usar todos os dados coletados a seu favor em busca de um relacionamento mais pessoal com seu cliente.

Essa coleta de dados visando um relacionamento personalizado com o cliente a fim de fidelizá-lo é o CRM (*Customer Relationship Management*) ou, como chamamos no Brasil, gestão de relacionamento com o cliente. O CRM é um *software* que une informações do usuário em mídias sociais, seu histórico de compras no site e outros fatores diversos sobre o comportamento desse usuário para criar um relacionamento personalizado e assim auxiliar na tomada de novas decisões buscando fidelizar cada usuário e fazer o marketing um para um, que nada mais é do que o marketing personalizado.

O início desse processo de coleta de dados pode acontecer de diversas formas. Primeiramente, é importante ter uma base de usuários ativa. Atualmente, a maneira mais comum de se conseguir criar uma base é colocar um campo de cadastro no site. Um fator importante a ser lembrado é que esse cadastro na maioria das vezes precisa de um benefício em troca, seja o *download* de algum material ou uma *newsletter* com informação relevante ao público. Por exemplo, se você é um site de moda, pode oferecer uma *newsletter* semanal sobre tendências e novidades da moda da última semana para todos os clientes que se cadastrarem no seu site.

Esse cadastro acontece de forma natural a partir do momento em que o usuário percebe nele alguma forma de benefício, porém é sempre bom lembrar que oferecer um benefício é diferente de obrigar o cliente a fazer um cadastro. Alguns sites oferecem notícias sobre diversas áreas, porém, para continuar lendo, é necessário criar um cadastro. Isso é uma prática ruim por diversos motivos: um deles é que, se você obriga o usuário a se cadastrar na sua base, você não está adquirindo pessoas realmente interessadas no seu conteúdo, não será uma base totalmente limpa e qualificada; é um método mais simples, porém a eficácia é menor. Sempre conquiste o usuário e faça-o se tornar seu cliente.

O CRM é extremamente útil também para a reativação de usuários, pois você tem o dado de todos que fazem negócio no seu site e pode cruzar essas informações para personalizar o resultado – por exemplo, você pode separar quem comprou apenas uma vez na sua marca, ou quem não compra há um mês, e a partir daí fazer ações separadas para cada um desses grupos de usuários, como, por exemplo, entrar em contato com quem só comprou uma vez oferecendo desconto pela segunda compra ou tentando saber como foi a experiência. As opções são inúmeras e conseguir trabalhá-las da maneira correta é lucro certo.

Toda essa coleta de dados acontece dentro do site e é medida através do seu tráfego, sendo assim possível entender melhor o comportamento do seu cliente. Essa mensuração pode ocorrer através de diversas ferramentas: as mais comuns atualmente para mensurar tráfego e conversão são o Google Analytics e o Adobe Analytics. Através dessas ferramentas, é possível ter informações etárias, geográficas, saber através de qual dispositivo os clientes acessam seu site ou que navegador, quantas páginas cada usuário visitou – e, se a sua empresa for um *e-commerce*, é importante entender o funil de conversão, que é basicamente o caminho que o seu cliente percorre até concluir a compra. Isso é importante porque, acompanhando o funil, é possível saber em que momento do processo de compra o usuário está abandonando o seu site. Isso é útil também para analisar melhor cada passo do seu site, pois se muitos usuários estiverem abandonando o site na mesma página, pode ser decorrente de um frete alto ou algum outro problema que impeça a conclusão da compra, por exemplo.

O primeiro passo para a coleta de dados é escolher corretamente seus KPIs, ou indicadores-chave de desempenho. Tais KPIs devem ser escolhidos de acordo com o seu objetivo, pois é através do cruzamento dessas métricas que você chegará ao resultado, e através de tal resultado é que a empresa poderá manter ou alterar o plano de ação.

Muitas vezes uma empresa pode tomar decisões que não favorecem sua marca pelo simples fato de não interpretar corretamente os números ou buscar KPIs diferentes dos necessários. Por isso, mais importante do que conseguir muitos dados é saber usá-los. A partir daí conseguimos compreender a importância do Business Inteligence (BI) ou Inteligência de Negócios. Os dados são como uma bola de neve, a cada dia surgem novos dados, novas informações de navegação, milhares de novos e-mails e dados cadastrais, e todos esses novos dados precisam ser incorporados à base e lidos da forma correta para gerar a informação de que a empresa precisa. A partir de tais dados é possível modificar uma estratégia de marketing, criar um novo produto, entender a concorrência para buscar superá-la, cortar gastos que não estejam dando lucro, enfim, uma infinidade de possibilidades para novas decisões surge a partir de dados corretamente coletados.

O BI tem seu foco em coletar dados, organizá-los e disponibilizá-los para auxiliar a tomada de decisão. Em paralelo ao BI, existe o conceito de *big data*, que é relativamente novo e também consiste na coleta de dados, porém o *big data* foca em processar um grande volume de dados em busca de novas oportunidades e descobertas, dados que nem sempre são processados com um objetivo tão específico. A intenção é mostrar novos caminhos através da coleta dessas informações, que antes poderiam ser até desconhecidas.

Essa nova maneira de usar os dados para proporcionar uma experiência melhor aos seus clientes tende a se incorporar mais a cada dia na rotina de todos nós. Há uma previsão não tão distante de que os dispositivos serão conectados uns aos outros, e tais dispositivos serão conectados às empresas – por exemplo, será possível ter uma geladeira que entende quando um produto acaba, avisa ao usuário via mensagem de celular e tem uma conexão direta com o supermercado, para que, através de um clique, o mercado receba a solicitação e entregue tal produto na casa da pessoa. Esse conceito é conhecido atualmente como IoT, ou internet das coisas. A ideia é que, em um futuro próximo, a internet esteja conectada a vários dispositivos em casas, trabalhos, locais públicos, enfim, todos os lugares que habitamos, a fim de facilitar os processos diários de todos. Embora esse futuro pareça distante, através de pesquisas podemos perceber que ele, na verdade, está mais próximo do que parece: em alguns países essa transição já está começando com as SmartTVs, que a cada lançamento nos apresentam uma nova tecnologia e estão cada vez mais integradas com outros dispositivos.

Com essa ânsia do consumidor para que tudo seja imediato e customizado, apesar da grande quantidade de dados que podem ser coletados atualmente, o cliente não pode ser mais visto como um número, mas como uma pessoa com preferências e histórias únicas, e isso fica a cada dia mais perceptível com a forma como os clientes querem interagir com as marcas a todo momento através de qualquer canal.

Vamos supor que a sua marca tenha cinco mil clientes cadastrados na base de dados. Cada um desses cinco mil clientes tem vidas, histórias e preferências muito diferentes. O produto que a sua empresa oferece para um cliente não vai ser necessariamente o mesmo produto que outra pessoa do mesmo sexo, faixa etária e localização geográfica está disposta a comprar, por isso, hoje é possível se comunicar de maneira diferente com cada uma dessas cinco mil pessoas, agrupando-as por suas preferências através do conceito de *clusters*.

Clusters são diferentes perfis de públicos agrupados em um só, levando em conta suas preferências, e essas preferências são agrupadas de acordo com o que é interessante para a empresa. Por exemplo, uma empresa de comércio eletrônico provavelmente tem diversos produtos de áreas diferentes. Será que é eficaz mandar o mesmo e-mail oferecendo os mesmos produtos para toda a base de clientes? Um site desse tipo atrai diversos públicos com vontades e desejos diferentes. Levando isso em conta e agrupando seus clientes através do conceito de *clusters*, você pode separar a sua base, por exemplo, em mulheres grávidas que possuem animais de estimação para oferecer um novo produto que protege o bebê de problemas gerados por animais de estimação durante a gestação.

Não seria muito mais eficaz mostrar ofertas dessa forma, de acordo com a necessidade de cada usuário? O cliente tem uma experiência muito melhor no seu site e a taxa de conversão também cresce muito, pois você está trabalhando com relevância. Isso acontece porque estão sendo utilizadas informações previamente captadas para entender esse cliente e oferecer-lhe produtos que estejam de acordo com as suas necessidades.

Atualmente, a experiência do usuário em uma página é tão importante que o Google, maior site de buscas do mundo, possui um índice de qualidade para classificar os sites que buscam anunciar nele. Para o Google, é imprescindível que a marca ofereça ao cliente a melhor experiência de acordo com o que ele busca. Por isso, a todo o momento, o Google está inserindo um novo item que mensura a qualidade de seus anunciantes. Buscando que os anunciantes aprimorem cada vez mais a experiência do usuário, anualmente o Google faz eventos sobre temas diferentes que serão tendência durante o ano. Em 2015 aconteceu o *Google Mobile Day*, um evento que mostrou como as buscas e conversões têm crescido via *smartphone* de acordo com a mudança de comportamento do usuário ao longo dos anos. Por conta disso, visando melhorar a experiência do usuário, o Google informou que sites que fossem responsivos, ou seja, que se adaptem a diferentes dispositivos, seriam mais bem ranqueados no buscador – tudo isso para que cada vez mais os usuários conseguissem sites melhores e experiências mais completas.

Existem duas formas de um site aparecer no Google, e qualquer site pode aparecer independentemente do tamanho da empresa. A primeira forma é organicamente, ou seja, o Google vai encontrar o seu site na internet e indexá-lo ao sistema de buscas, e o seu site aparecerá em uma das páginas, dependendo do índice de qualidade a ele atribuído. A outra forma é através de anúncio pago, pelo sistema de anúncios do Google que se chama Google Adwords, e é através dele que as empresas anunciam em sites parceiros ou pertencentes ao Google, como o YouTube, por exemplo. O objetivo de anunciar no Google é que a probabilidade de o site aparecer para o público é muito maior. Nos anúncios de texto, o seu site depende da concorrência das palavras-chave que você escolher, além, é claro, do índice de qualidade. Palavras amplas tendem a ter um CPC (custo por clique) mais alto, então o que faz você gastar menos e converter mais é buscar utilizar palavras *long tail*, ou seja, mais específicas. Por exemplo, se você vende TVs usadas e anunciar apenas "TVs", pode ter muitos cliques e poucas conversões, mas será mais eficaz se fizer um anúncio para os modelos de TV que possui, marcas, especificar que são usadas e negativar quem busca por TVs novas. A negativação é um dos passos mais importantes para que uma campanha no Adwords funcione, pois é através dela que você evita cliques desnecessários. Nessa hora é importante lembrar que você está pagando por cada clique, o que significa que cliques que não vão converter não são interessantes, independentemente do seu tipo de negócio. Por causa disso é extremamente necessário negativar as palavras pelas quais a sua empresa não quer ser encontrada.

Para empresas de *e-commerce* há também a possibilidade de anunciar no Google Shopping. Nele o seu produto aparece com foto, legenda e valor, e o custo pelo clique costuma ser mais alto, porém sua conversão é bem mais alta. Isso porque o produto aparece ao lado de vários iguais com seu preço, então o Google passa a ser uma espécie de comparador de preços: se o seu produto for o mais barato, certamente receberá mais cliques e a sua conversão será mais alta.

O Google Shopping foi mais uma atualização do Google em detrimento da necessidade do consumidor, pois, com tantas empresas utilizando os mesmos métodos para captar clientes e anunciando seus produtos, há também uma exposição bem maior de preços. Isso significa que o cliente tem mais fácil acesso aos diferentes preços e promoções da sua empresa e concorrentes, e a partir daí fica muito mais fácil compará-los. O Google percebeu esse comportamento de comparação dos clientes e criou o Google Shopping para que o usuário já tenha acesso ao preço do produto em várias lojas apenas por buscá-lo.

Antes dessa transição acontecer, se uma pessoa quisesse comprar uma geladeira, ela provavelmente iria a pelo menos três lojas diferentes pesquisar os valores de tal geladeira antes de tomar a decisão de comprá-la. Atualmente, essa mesma pessoa só precisa procurar pela geladeira no Google ou abrir o seu e-mail e estará exposta a diversos valores diferentes da geladeira. Com o tempo essa prática se tornou cada vez mais comum entre os usuários, que passaram inclusive a entrar em uma loja física e buscar através do celular o valor do produto em outras lojas e, caso achasse alguma mais barata, tentar negociar

Startups - **239**

para que a loja física fizesse um valor mais baixo ou iria perder a venda. A partir dessa mudança de comportamento do consumidor, surgiram sites especializados em comparar preços. Esses sites funcionam como a pessoa que ia de loja em loja buscar o valor da geladeira, porém em sites e em segundos.

Os sites comparadores de preços fazem uma seleção de lojas *on-line* e mostram os preços do produto que você buscou em cada uma delas e aí é só entrar no site da loja escolhida e comprar. Parece simples, mas existe uma logística grande por trás desses sites, com grandes equipes e um recolhimento de dados diário para oferecer os preços aos seus clientes. Para os donos dos *e-commerce*s, os comparadores de preço podem ser uma boa oportunidade, pois quando alguém está buscando por um produto específico significa que tem a intenção de comprá-lo, não está apenas navegando na internet ou se divertindo em seu momento de lazer. Sempre que existe a intenção de compra, a tendência é que a taxa de conversão seja mais alta. Mas como fazer meu site aparecer em um comparador de preços? A maioria dos comparadores trabalha da mesma forma que o Google e cobra por CPC, o que significa que, cada vez que o cliente clicar no produto e for direcionado para o seu site, você pagará um pequeno valor àquele site que fez o cliente chegar até você. Em casos mais raros existe a cobrança por CPA (custo por aquisição): nela você paga uma parcela pequena do valor do produto apenas quando ele é vendido. No Brasil os buscadores mais famosos são Buscapé, Zoom, Bondfaro e Zura.

Além de mudar a maneira de agir do consumidor, seu relacionamento com as empresas, o antigo jeito de se fazer negócio e abrir diversas oportunidades para pequenas empresas e *startups*, a internet mudou e facilitou também a forma como as empresas se relacionam com seus funcionários e fornecedores. Um processo que anteriormente era muito longo e demorado passou a ser extremamente simples: contratar um funcionário envolvia uma burocracia enorme, mas hoje em dia existem mídias socais voltadas apenas para contratação de funcionários, seleção de currículos, publicação de vagas e debates sobre os mais variados temas dentro de cada área de atuação. A mídia atual mais famosa é o LinkedIn, através do qual é possível que o responsável pela contratação filtre os perfis de profissionais que busca pelos pontos que julgar mais relevantes, para através desses pontos selecionar os funcionários e chamá-los para uma entrevista ou dinâmica. Com esses novos métodos de contratação, torna-se bem mais simples encontrar apenas pessoas que correspondam ao perfil buscado.

O outro tipo relacionamento muito afetado pelo crescimento da internet se dá entre empresas e seus fornecedores. Essa relação costuma ser bem burocrática e lenta, pois, dependendo da quantidade de fornecedores da empresa, tudo precisa ser planejado com uma antecedência muito grande para que se dê inicio à parte burocrática e à seleção e escolha de fornecedores. Automatizar esse processo de contratação e relacionamento com fornecedores significa diminuir a burocracia, aumentar a rapidez e facilitar o processo de relacionamento entre empresa e fornecedor. Um dos inúmeros facilitadores de processos são os sites de assinatura digital. Eles reduzem o trâmite de levar contratos ao correio e reconhecer firma, além de ser necessária mão de obra para levar e buscar o contrato do fornecedor. Quando você contrata um site de assinatura digital, reduz esses custos e diminui o tempo, pois o fornecedor assina e o contrato corre todo em ambiente digital. Esse modelo de relacionamento funciona tanto que uma das maiores empresas de alimento do mundo optou por trabalhar dessa maneira e mostrou que os resultados estão sendo extremamente satisfatórios.

A questão é que a internet oferece diversas possibilidades para a entrada de pequenas empresas no mercado. Por conta das inúmeras facilidades, há a redução de custos para chegar até o cliente ou encontrar fornecedores e funcionários. Essa redução permitiu que empresas sem recursos para abrir uma loja física pudessem existir apenas no ambiente *on-line* e lucrar com isso. Com a abertura de lojas *on-line*, as lojas físicas se viram com a necessidade de melhorar o seu modelo de negócio para atender melhor ao consumidor, que foi quem mais ganhou com tudo isso: além de ganhar poder para opinar sobre as marcas e produtos e ter tal opinião devidamente respeitada e respondida, pode ter seu dia a dia mais facilitado com as ferramentas que a internet proporciona, como comprar *on-line* através de aplicativos e sites. Desde comidas até uma geladeira, os produtos são inúmeros, assim como as facilidades. Só cabe às empresas buscar entender seu cliente para converter da melhor maneira possível, criando uma relação com ele. Então, se você ainda não criou essa relação com seu cliente, é importante começar a traçar estratégias a fim de criar uma base de clientes e trabalhá-la.

FONTES

BRF TORNA mais ágil a formalização de contratos com fornecedores com assinatura digital. **TI Inside Online**, 29 out. 2015. Disponível em: <http://convergecom.com.br/tiinside/29/10/2015/brf-torna-mais-agil-a-formalizacao-de-contratos-com-fornecedores-com-assinatura-digital/>. Acesso em: 24 jul. 2018.

EVANGELISTA, George Leitão et al. A técnica de cluster como ferramenta de apoio à tomada de decisão visando à melhoria da qualidade do serviço prestado: estudo de caso em empresa do ramo de distribuição, Ceará. **XXXI Encontro Nacional de Engenharia de Produção (Enegep)**, Belo Horizonte, 04-07 out. 2011. Disponível em: <http://www.abepro.org.br/biblioteca/enegep2011_tn_sto_135_855_19209.pdf>. Acesso em: 24 jul. 2018.

GABRIEL, Martha. **Marketing na Era Digital:** conceitos, plataformas e estratégias. São Paulo: Novatec, 2010.

GABRIEL, Martha. RH 2.0 – Recrutamento e Retenção de Talentos na Era das Mídias Sociais. **Martha Gabriel**, 07 jan. 2012. Disponível em: <http://www.martha.com.br/rh-2-0-recrutamento-e-retencao-de-talentos-na-era-das-midias-sociais/>. Acesso em: 24 jul. 2018.

CAPÍTULO **18**

NAVEGAR É UMA QUESTÃO DE ROI

MÉTRICAS, ROI E MODELOS DE NEGÓCIOS DIGITAIS

Eduardo Buragina

MÉTRICAS

As métricas são, com certeza, o melhor mecanismo para guiar os investimentos e esforços de uma grande empresa ou um novo modelo de negócio. Quando se trata de *startups*, esse contexto ganha ainda mais relevância, pois trata-se de uma empresa em fase inicial ou que vive em um ambiente constante de incertezas e desafios, sem qualquer possibilidade de desperdício de recurso ou investimento financeiro. Acompanhar e medir os resultados é habilidade essencial para melhorar a tomada de decisão.

Segundo o SEBRAE[125], o maior índice de mortalidade nos dois primeiros anos das empresas está relacionado ao déficit na gestão das métricas e indicadores de desempenho.

A conhecida frase de Peter Drucker ("se você não consegue medir, não consegue gerenciar"[126]) resume a importância do conhecimento analítico e da gestão dos dados.

Mas, em resumo, o que são métricas?

Definição

Em sua essência, como já descrito no livro "Planejamento de Marketing Digital", de André Lima-Cardoso e Daniel O. Salvador[127], métricas são modelos matemáticos que traçam relações espaciais ou de distância entre duas ou mais figuras geométricas e são utilizadas para produzir fórmulas que solucionem medidas, distâncias e ângulos, oferecendo a possibilidade de avaliar todos os aspectos de uma representação.

---

[125]DIAS, Sérgio Luiz Vaz. **Indicadores de Desempenho e Gestão Empresarial.** (O Que o Empresário Precisa Saber Sobre) Porto Alegre: SEBRAE/RS, 2007. Disponível em: <http://www.bibliotecas.sebrae.com.br/chronus/ARQUIVOS_CHRONUS/bds/bds.nsf/3881ADBD039142CB83257457004C0444/$File/NT00037986.pdf>. Acesso em: 24 jul. 2018.

[126]KAPLAN, Robert S.; NORTON, David P. **Balanced Scorecard.** Boston, MA: Harvard Business Week, 1996.

[127]MICELI, André L.; SALVADOR, Daniel O. **Planejamento de Marketing Digital.** 2.ed. Rio de Janeiro: Brasport, 2017.

Seguindo o mesmo contexto ao lidar com métricas de marketing e indicadores de desempenho, é necessário integrar, cruzar e avaliar de todos os ângulos possíveis relacionados à efetividade de uma ação ou estratégia em execução.

> *Quando você consegue medir algo sobre o qual está falando e expressá-lo em números, você sabe alguma coisa sobre isso; mas quando não consegue medir, quando não consegue expressar algo em números, seu conhecimento é escasso e insatisfatório.*
> — William Thomson, Lord Kelvin, Popular Lectures and Addresses (1891-95)[128]

ENTENDENDO A UTILIZAÇÃO DE MÉTRICAS

Quando se falar em métrica, é comum focar as atenções em grandes empresas de tecnologia e casos do mercado digital; no entanto, esse universo influencia tudo ao redor. A importância das métricas e a ascensão do big data em todas as áreas da sociedade são amplamente discutidas no livro "Dados demais!", de Thomas H. Davenport[129], onde ele analisa diferentes indústrias como esporte, entretenimento e cinema e a utilização de métricas na tomada de decisão de investimento, aquisição de um novo jogador para um time ou mesmo em qual filme a indústria cinematográfica irá investir baseando-se nos dados de visualizações de vídeos em diferentes plataformas.

> *Em virtualmente todas as disciplinas, os praticantes usam métricas para explicar fenômenos, diagnosticar causas, compartilhar descobertas e projetar os resultados de eventos futuros. No mundo da ciência, dos negócios e do governo, as métricas estimulam o rigor e a objetividade. Elas tornam possível comparar observações entre regiões e período de tempo, além de facilitar a compreensão e a colaboração.*[130]

Nessa mesma linha de raciocínio, há o exemplo de um projeto real chamado "Atlas da Saúde", no qual um grupo de médicos, junto a uma empresa de inteligência de mercado em georreferenciamento, cruzava dados por região. A finalidade era construir alguns indicadores de saúde, entre eles o de mortalidade brasileira por causa da morte.

Os primeiros cruzamentos de informação apresentaram no mapa da cidade de São Paulo uma grande concentração de mortes na região central e na zona leste tendo como causa

---

[128] BARTLLET, John; KATZ, Gerald. Metrics: You Are What You Measure. **European Management Journal**, vol. 16 n. 5, Oct. 1998.

[129] DAVENPORT, Thomas H. **Dados Demais!**: como desenvolver habilidades analíticas para resolver problemas complexos, reduzir riscos e decidir melhor. Rio de Janeiro: Campus, 2015.

[130] FARRIS, Paul W. et al. **Métricas de Marketing:** o guia definitivo de avaliação de desempenho do marketing. Porto Alegre: Bookman, 2012.

o Infarto Agudo no Miocárdio (IAM), que ainda hoje figura como uma das principais causas de morte no mundo.

Com essa informação, não é difícil presumir que a falta de hospitais nessas regiões seja o maior problema relacionado a esse índice. No entanto, em um olhar mais crítico, o que se constatou foi a falta de áreas verdes, de lazer e exercícios nesses lugares.

Também seria possível cruzar dados como índice de faixa etária ou de volume populacional nesses locais, ou seja, nesse cenário existiriam uma infinidade de novas métricas e novos dados para serem mensurados e o limite seria, basicamente, a capacidade e o tempo de processamento para levantar e diagnosticar essas questões. Mas, ao mesmo tempo, sabe-se que entre as maiores evidências relacionadas ao infarto agudo no miocárdio estão uma série de agressões acumuladas ao longo dos anos, como tabagismo, obesidade, diabetes, hipertensão arterial, níveis de colesterol alto, estresse e sedentarismo. Isso torna a teoria da falta de áreas verdes atrelada à maior taxa de mortalidade naquelas regiões absolutamente plausível e, de certa forma, um plano de ação mais "viável" a ser executado. Afinal de contas, o que seria mais barato e de curto prazo? Construir um hospital de alta complexidade ou projeto de reestruturação de parques, regiões de lazer e incentivo à qualidade de vida?

Em uma grande empresa ou em um novo modelo de negócio digital não é diferente: você deve ter capacidade para identificar os sinais vitais e cruzar com evidências e dados que serão indicadores de saúde e vitalidade do negócio. Sabe-se que, em alguns casos específicos na área da saúde, um médico pode receitar rapidamente um antibiótico de ação ampla até que outros exames e indicadores sejam levantados para uma melhor tomada de decisão. Esse equilíbrio de tempo e dados é de extrema importância para a sobrevivência do paciente, ou, nesse caso, um novo modelo de negócio.

Para isso torna-se fundamental transformar métricas em indicadores de desempenho.

O QUE SÃO INDICADORES DE DESEMPENHO

Segundo a Wikipédia[131], **Indicadores-chave de desempenho** (em inglês, *Key Performance Indicator*, ou até mesmo como *Key Success Indicator*, KSI) são ferramentas de gestão para realizar a medição e o consequente nível de desempenho e sucesso de uma organização ou de um determinado processo, focando no "como" e indicando quão bem os processos dessa empresa estão permitindo que seus objetivos sejam alcançados. Existem diferentes categorias de indicadores, que podem ser indicadores quantitativos, indicadores qualitativos, indicadores-chave, indicadores de atraso, indicadores de entrada, indicadores de processo, indicadores direcionais, indicadores acionáveis e indicadores financeiros.

---

[131]WIKIPÉDIA. Indicador-chave de desempenho. Disponível em: <https://pt.wikipedia.org/wiki/Indicador-chave_de_desempenho>. Acesso em: 24 jul. 2018.

O passo mais difícil na construção de um KPI talvez seja a definição da meta que se deseja alcançar. Isso porque o executivo precisa saber exatamente aonde quer chegar e o que é relevante para o seu processo. Por exemplo, um executivo de vendas não precisa controlar todos os indicadores da área de gestão de recursos humanos, pois estaria gastando parte de seu tempo e energia em algo que não é o que gera valor à sua função.

Os indicadores-chave de desempenho tiveram sua aplicação estendida às mais diversas áreas de negócios. Com os recursos disponíveis de tecnologia de informação, *hardware* e *software*, podem ser gerados indicadores para quase qualquer etapa de um processo e ser medido o seu resultado. Eles vão além das tradicionais métricas financeiras e passam a medir o sucesso dos processos nas organizações. A combinação de indicadores pode apontar o sucesso e a conclusão de um objetivo estratégico em uma empresa.

A DIFERENÇA ENTRE MÉTRICAS E INDICADORES DE DESEMPENHO (KPI)

No marketing digital leva o nome de métrica toda medida bruta que sirva para registrar um comportamento específico em um processo, site, aplicativo, redes sociais, atendimento e vendas.

Por exemplo:

- Visitas no site.
- Interações.
- Taxa de rejeição.

É comum encontrar relatórios baseados apenas em métricas. Não é errado, desde que exista um histórico confiável e que aquela seja uma métrica acompanhada com frequência.

Entender o objetivo de cada ação é importante para definir os KPIs. É possível que um novo site seja apenas direcionado a um novo conteúdo institucional da empresa, sem nenhuma rota final de conversão. Quer dizer que não existe uma meta? Pelo contrário, não seria o tempo de permanência na página um indicador relevante de interesse? Se o conteúdo é extenso, e o tempo de permanência do seu usuário é de poucos segundos, não é um indicador de que o site não está atrativo para leitura? E por que não direcionar o usuário para um serviço, ou outro conteúdo relevante, e avaliar número de páginas por visita? Ou, ainda, convidá-lo para se cadastrar na *newsletter* da empresa, avaliar a página que traz mais cadastros e focar os esforços de construção de conteúdo baseado nas conversões?

Repare que a métrica é essencial, porém ainda uma forma bruta de indicador, sem estar, necessariamente, associada a uma meta de conversão. O KPI é um indicador criado usando como base a métrica que irá demonstrar, em números, se se está atingindo ou não o objetivo definido para aquela ação ou para o usário dentro do site.

Alguns exemplos de KPIs:

- Taxa de conversão em uma ação.
- Número de registros em *newsletters*.
- Número de cadastro em formulários de contato.
- Número de vendas.

O MODELO AMAZON DE EQUILÍBRIO NA GESTÃO DE INDICADORES
Mergulhar fundo, mas não tão fundo que se afunde

Um dos principais desafios ao se trabalhar com métricas e indicadores é saber quando parar de analisar e, efetivamente, agir. Esse equilibrio é fundamental.

Nesse contexto, a Amazon segue como referência e um exemplo prático de uma grande empresa tecnológica e de concentração de dados. O nome e a dimensão dessa empresa são amplamente conhecidos por quase todos que acompanham, ou não, o mercado digital. O que talvez poucos conheçam é a cultura detalhada desse gigante da atualidade. Jeff Bezos, o fundador da Amazon, desenvolveu os 14 princípios de liderança que você pode encontrar abertamente no próprio site da empresa[132].

Para o contexto de métricas, dois desses princípios se destacam ao resumir a importância do equilíbrio na análise de indicadores e, de certa forma, explicam o crescimento acelereado de uma empresa que começou vendendo livros *on-line*.

> **Estar pronto para agir:** *velocidade é importante para o negócio. Muitas decisões e ações são reversíveis e não demandam estudo aprofundado. Nós valorizamos a tomada de risco calculada.*
> **Mergulhar profundamente:** *líderes operam em todos os níveis, mantêm-se ligados aos detalhes, auditam com frequência e desconfiam quando as métricas e a observação prática são diferentes. Nenhuma tarefa está aquém deles*[133].

De certa forma, esses dois princípios de liderança simplificam o equilíbrio desejado quando o assunto são métricas e indicadores, principalmente em uma empresa em estágio embrionário – porém, isso não deve, de maneira nenhuma, ficar restrito a um cargo formal de líder; deve, sim, ser utilizado por qualquer profissional em todos os níveis de atuação no controle das métricas e na tomada de decisão.

---

[132]AMAZON JOBS. **Princípios de liderança.** Disponível em: <https://www.amazon.jobs/principles>. Acesso em: 03 ago. 2018.
[133]Ibid.

O CONCEITO MÉTRICAS ENXUTAS – *LEAN ANALYTICS*

O movimento Lean Startup[134] criado pelo empreendedor do Vale do Silício Eric Ries é um conjunto de processos enxutos para acelerar a criação de protótipos rápidos com o objetivo de validar uma suposição de mercado baseando-se nos *feedbacks* dos clientes e em um conjunto de métricas acionáveis.

Segundo o livro "Lean Analytics"[135], que faz parte da serie Lean Statup de Eric Ries, entender quais as métricas críticas para um negócio é processo fundamental. Para isso, o livro exercita sobre o que são **boas métricas.**

As boas métricas devem:

Ser possíveis de ser comparadas: comparar períodos é fundamental para entender para onde as novas métricas estão apontando.

Ser de fácil entendimento: qualquer um deve entender as métricas apresentadas.

Refletir uma taxa: deve ser possível extrair uma taxa que reflita uma atividade ou estratégia específica que influencie a tomada de decisão.

Alterar a maneira como funciona um negócio: é importante que as métricas estejam alinhadas com os objetivos do negócio e não apenas com indicadores genéricos.

COMO IDENTIFICAR E ESCOLHER UMA BOA MÉTRICA

Métricas qualitativas x métricas quantitativas: as métricas qualitativas geram novas ideias e ações. As métricas quantitativas revelam apenas números sem um caminho claro a ser seguido.

Métricas de vaidade x métricas acionáveis: as métricas de vaidade estão relacionadas a números brutos que não contribuem para a tomada de decisão. Muitas vezes elas são consideradas, pois refletem um bom desempenho, porém sem que exista a clareza do motivo daquele resultado. Por exemplo, avaliar número de usuários em seu site sem identificar os principais canais de origem desses usuários não passa de uma meta de vaidade. Número de curtidas em um determinado post no Facebook sem o rastreamento de uma determinada ação também não auxilia no entendimento se determinado objetivo foi ou não alcançado. Métricas acionáveis promovem ações claras que irão refletir em uma mudança de estratégia.

Métricas exploratórias x métricas de relatório: as métricas exploratórias são deduções e não oferecem novas ações. As métricas de relatório servem para ficar próximo das ações e processos diários, auxiliando no desempenho estratégico.

Métricas casuais x métricas correlacionadas: as métricas correlacionadas mudam juntas e acompanham essa mudança no período. Porém, se uma métrica em específico tem o poder de alterar outra métrica, elas são consideradas casuais.

---

[134]THE LEAN STARTUP. Site. Disponível em: <http://theleanstartup.com/>. Acesso em: 24 jul. 2018

[135]CROLL, Alistar; YOSKOVITZ, Benjamin. **Lean Analytics:** use data to build a better startup faster. (The Lean Series) Sebastopol, CA: O'Reilly, 2013.

Startups - **247**

Encontrar associação entre algo que se pode controlar e algo que se deseja atingir é o melhor cenário possível no contexto das métricas e ações de desempenho.

LEADING INDICATORS X LAGGING INDICATORS

No universo das métricas, é comum ouvirmos sobre *lagging* e *leading indicators*. No dicionário inglês/portugês[136] a tradução é definida como:

Lagging indicator: Indicador retardatário, indicador de atraso, defasado.

Leading indicator: Principais indicadores.

O site KPI Library[137] detalha a diferença entre os dois indicadores, com o *lagging indicator* sendo facilmente mensurável, porém difícil de ser aprimorado. Já o *leading indicator* é considerado de difícil mensuração, porém facilmente influenciável.

Ou seja, pode-se dizer que os indicadores lagging representam o desempenho passado e o indicador leading o desempenho futuro.

Para exemplificar, um indicador *lagging* representa a receita gerada pela empresa, a quantidade de vendas efetuadas ou serviços prestados. Já no indicador *leading*, o desempenho futuro pode estar atribuído ao número de visitantes no seu site, ao número de contatos gerados ou ao número de propostas de negócio de uma equipe de vendas em circulação no mercado.

Utilizar esses dois indicadores de forma balanceada é importante para manter o bom desepenho a longo prazo, mas entender a diferença pode ser fundamental na hora de escolher quais indicadores acompanhar. Além disso, um histórico de métricas sempre servirá como medida de comparação de evolução e crescimento de uma empresa.

USANDO MÉTRICAS PARA MEDIR HIPÓTESES (*LEAN ANALYTICS*)

Ainda segundo o livro "The Lean Startup"[138], a medição de hipóteses é regra de ouro para alcançar métricas que fazem sentido para uma empresa em fase embrionária. O constante monitoramento desses testes e a geração de métricas de resultado servem como catapulta para novas decisões estratégicas.

Para construir essas métricas de testes é necessário contemplar alguns pontos importantes.

Segmentação

A segmentação é utilizada para separar grupos com características em comum. É possível segmentar os resultados de uma ação por região, por um determinado dispositivo móvel ou versão de navegador, entre outras análises. Se existe um grande número de

---

[136]LINGUEE. Dicionário. **Leading and lagging indicators.** Disponível em: <http://www.linguee.com.br/ingles-portugues/traducao/leading+and+lagging+indicators.html>. Acesso em: 24 jul. 2018.

[137]POEL, Karel van der. Lagging and leading indicators. **KPI Libray**, s.d. Disponível em: <https://kpilibrary.com/topics/lagging-and-leading-indicators>. Acesso em: 24 jul. 2018.

[138]RIES, Eric. **The Lean Startup:** how constant innovation creates radically successful businesses. New York: Crown Business, 2011.

usuários que visita um site através de um iPhone, é importante ter certeza de que todas as funcionalidades estejam operando corretamente nesse dispositivo.

Análise de coorte

Segundo a Wikipédia[139], **Análise de Coorte** é um subconjunto de análise comportamental, pautada nos dados oriundos, por exemplo, de plataformas de *e-commerce*, aplicações web, jogos *on-line* e que, em vez de olhar para todos os usuários individualmente, separa-os em grupos com características em comum para facilitar a análise e possibilitar inúmeros *insights*. Tais grupos relacionados, do inglês "cohorts", geralmente compartilham características ou experiências em comum em um determinado espaço de tempo.

O periodo é fator determinante para a análise de coorte; do contrário, ela seria apenas uma análise de segmentação. Entender qual o período da análise determina os grupos de cohorts através do tempo.

Teste A/B

O teste A/B consiste em separar um grupo de controle e oferecer diferentes conteúdos ou call to actions com o objetivo de identificar qual deles obterá o melhor desempenho. É comum realizar o teste A/B em posição e cor de botão relacionado à compra de um *e-commerce*. Às vezes, uma simples mudança pode refletir drasticamente nos números percentuais. Um determinado produto ou serviço apresentado, com e sem foto, também é um teste amplamente utilizado no contexto de *e-commerce*. Um bom exemplo detalhado dentro dessa ação diz respeito ao site Airbnb de locação de quartos e propriedades de pessoas físicas por períodos curtos de tempo. Em determinado momento os criadores do Airbnb levantaram a hipótese de que fotos profissionais das casas teriam melhor desempenho e gerariam mais interesse para locação dos locais. Esse teste foi realizado em um grupo de controle em uma determinada região, onde metade dos anúncios foi atualizado com fotos profissionais e a outra metade manteve as fotos "amadoras" dos proprios usuários. O resultado foi incrivelmente superior para a primeira metade, com fotos profissionais, levando a Airbnb a aplicar essa estratégia em praticamente todos os anúncios do site.

INDICADORES DE DESEMPENHO IMPORTANTES PARA NOVOS NEGÓCIOS

Em um contexto geral, existem métricas que nunca podem ser deixadas de lado e irão refletir prioritariamente o desempenho e os sinais vitais de um modelo de negócio.

Indicador de crescimento (*growth*)

A métrica fundamental para avaliar o desempenho positivo de um novo negócio é seu crescimento. Dentro desse contexto, é possível avaliar o crescimento de novos clientes, assim como o crescimento de receita. Acompanhar e comparar a evolução entre períodos

---

[139]WIKIPÉDIA. **Análise de coorte.** Disponível em: <https://pt.wikipedia.org/wiki/An%C3%A1lise_de_Coorte>. Acesso em: 24 jul. 2018.

diferentes é importante para ter indícios reais de evolução. Alguns estudos indicam que seja avaliado mensalmente, pois um período curto pode conter diversas mudanças que podem impactar a métrica como um todo.

Apesar de ser uma métrica que apresenta um resultado "passado", deve ser levada em consideração para a tomada de decisão de novas estratégias e passos futuros. Um caminho para evoluir a métrica é avaliar os dias da semana onde se tem melhor desempenho. Dessa forma, é possível direcionar esforços e investimento de acordo com o comportamento do mercado, otimizando os resultados. Alguns segmentos têm períodos sazonais que influenciam diretamente nas vendas. Entender o crescimento dentro de cada período é importante para comparar com os mesmos períodos no futuro e utilizar as métricas para planejar melhor a ação em cada momento.

Leads qualificados (lead velocity rate)

Segundo a Wikipédia[140], **Geração de *leads*** é um termo de marketing, usado muitas vezes em marketing de conteúdo, para descrever o registro de cadastro de pessoas e empresas interessadas em um determinado produto ou serviço.

Há muitos métodos para a geração de *leads* que normalmente caem sob a égide da publicidade, como campanhas em redes sociais, e-mails marketing e publicidade em mecanismos de busca da internet. **Gerar *leads* significa captar potenciais clientes para um negócio.**

A captação de *lead* talvez seja uma das principais métricas para uma empresa em crescimento. Com ela é possível medir o interesse e potencial real de um determinado produto ou serviço. O número de *leads* qualificados muitas vezes é métrica prioritária para um modelo de investimento de aceleradoras em novos negócios.

Para saber efetivamente se um *lead* é ou não qualificado, é importante definir quais são os perfis ideais de seus compradores e então cruzar essas informações obtendo um número real de *leads* que se encaixam no perfil desejado.

Se uma empresa tem vários tipos de serviço ou produtos, é fundamental que exista capacidade tecnológica para mensurar exatamente onde cada *lead* foi gerado dentro de um site. O índice de conversão de cada estratégia de geração de *lead* é afetado diretamente pela assertividade em retornar o contato considerando exatamente seu interesse inicial.

Também é imprescindível monitorar quais canais estão gerando os *leads*. Se uma empresa utiliza diversas estratégias digitais, todas devem estar devidamente rastreadas, para que se tenha o caminho direto que um usuário realizou até se tornar um *lead*. Dessa forma, fica evidente quais canais convertem mais e merecem mais investimento.

---

[140]WIKIPÉDIA. **Geração de lides.** Disponível em: <https://pt.wikipedia.org/wiki/Gera%C3%A7%C3%A3o_ de_lides>. Acesso em: 24 jul. 2018.

250 - Startups

Também podem ser definidas novas metas levando em consideração a quantidade de *leads* gerados em um determinado período. Algumas empresas estimulam uma competição saudável entre a captação de *lead* e as estratégias de conversão, atribuindo diferentes metas para cada equipe e avaliando no final de um período quais tiveram melhor desempenho.

CAC (custo de aquisição de cliente)

O valor de cada cliente é, com certeza, uma métrica fundamental para medir o crescimento de uma empresa e o potencial de escalabilidade desse crescimento. Para alcançar um custo real de aquisição por cliente, deve-se somar as despesas de recursos humanos, como equipe de marketing e vendas, contemplando salário ou qualquer outro tipo de custo relacionados a essas atividades, acrescentando os investimentos de todo tipo de mídia e campanha paga, seja *on-line* ou *off-line*. É importante que esse valor seja relativo a um período em específico, ou seja, o período em que uma campanha está sendo veiculada. Com esse valor somado, basta dividi-lo pelo número de clientes convertidos naquele período e o resultado será o custo de aquisição de cada um desses clientes.

Esse valor médio é fundamental para medir a saúde financeira de uma empresa em atividade ou em desenvolvimento. Se o seu valor por aquisição de cliente for maior que o *ticket* médio relacionado a uma compra, existe um ponto de atenção grave a ser corrigido. Diminuir o CAC é atividade constante de uma empresa e não deve ser deixada de lado mesmo em períodos de bons resultados. Hoje em dia, as campanhas de *links* patrocinados são ferramenta fundamental no que diz respeito a tráfego potencial e qualificado para o site, tornando as chances de conversão maiores com menos investimento. Otimizar campanhas por período e dias de semana também é uma estratégia que tende a diminuir o seu custo por conversão. É essencial procurar entender quais canais são mais efetivos no caminho até a venda. Se o seu ambiente final não for mensurável de forma digital, como uma ligação telefônica, por exemplo, procure inserir no roteiro a pergunta de como aquela pessoa ficou sabendo de seu produto ou serviço.

LTV (*lifetime value*)

Segundo a Wikipédia[141], *Lifetime value* (**LTV**) ou "valor do tempo de vida do cliente" é uma métrica de marketing e vendas que estima a potencial receita e os lucros futuros gerados por um cliente. Esse cálculo leva em consideração o valor e a recorrência de compras, incluindo aí produtos e serviços derivados (ou seja, acessórios e serviços complementares a um previamente adquirido).

Exemplo: caso o cliente X costume gastar $ 100 por mês em sua empresa e geralmente permaneça utilizando seu produto por oito meses, seu LTV será igual à $ 800.

Essa métrica complementa a métrica CAC e é também de fundamental importância para o termômetro financeiro de uma empresa. Nesse contexto, é importante ter uma matriz de

---

[141]WIKIPÉDIA. **Lifetime value.** Disponível em: <https://pt.wikipedia.org/wiki/Lifetime_value>. Acesso em: 24 jul. 2018.

quais produtos ou serviços oferecem o maior LTV e como potencializar esses resultados.

Algumas estratégias são utilizadas para aumentar o valor de vida de um cliente, como cross selling, que consiste em vender um produto adicional ou relacionado ao mesmo cliente. No *e-commerce* essa estratégia ficou amplamente conhecida como "os clientes que compraram o produto A também compraram o produto B". Outra estratégia é o *up-selling*, que tem o objetivo de aumentar o *ticket* médio do cliente em uma oferta com valor agregado. Por exemplo, um serviço contempla determinados pacotes de vantagens, mas, por um valor superior, o cliente tem o mesmo pacote e mais algumas regalias especiais.

Em alguns casos, até mesmo o *down-selling* é utilizado, quando é necessário ofertar um produto com valor mais baixo para que o cliente não abandone o site sem comprar nada.

Churn (attrition rate)

Essa métrica consiste em mensurar quantos clientes ou usuários estão abandonando ou cancelando o relacionamento com uma empresa, site ou aplicativo em um determinado período de tempo.

É possível avaliar o índice de abandono de diferentes formas. A maneira mais comum está associada a um serviço recorrente: dessa forma, se você possui cem usuários um mês usando e pagando por um aplicativo e dez deles desistem da assinatura, você tem uma churn de 10%. No caso de compras em *e-commerce* ou produtos individuais, a taxa pode ser medida dentro de um período controlado, como, por exemplo, um bimestre ou um trimestre. Caso um usuário fique sem realizar nenhuma nova compra dentro desse período, pode ser considerado para calcular a taxa churn daquele *e-commerce*. É importante conhecer a dinâmica do seu negócio e definir a periodicidade relevante para o cálculo dessa métrica. Por exemplo, em um segmento de educação, ao comprar uma pós-graduação, dificilmente aquele cliente irá retornar dentro de um período de um ano, e, nesse caso, talvez seja mais efetivo uma estratégia de *down-selling*, oferecendo um curso com valor mais baixo, para manter o tempo de vida do cliente ativo e não deixar que ele abandone o seu negócio.

MÉTRICAS DE SITE E CAMPANHAS DE PERFORMANCE

Hoje em dia, qualquer modelo de negócio em desenvolvimento deve se preocupar com métricas básicas relacionadas ao contexto de site e a campanhas digitais. Mesmo que você tenha um produto ou serviço que não seja 100% digital, a análise dos dados nesse ambiente é fator imprescindível de sucesso. Um empresário que possui uma loja em um shopping center irá avaliar constantemente quantos visitantes aquele shopping recebe e, desses, quantos entram em sua loja, quantos saem sem comprar nada e quantos passam despercebidos. Já é conhecido de forma exaustiva que esse cenário pode ser facilmente monitorado no ambiente digital, e que faz sentido acompanhar esses números com frequência para identificar possíveis falhas de processo e novos caminhos estratégicos.

252 - Startups

Existem diversas ferramentas de mercado para análise dessas métricas. A mais conhecida e utilizada é a ferramenta Google Analytics, que oferece gratuitamente e com fácil configuração as principais funcionalidades necessárias para acompanhamento desses indicadores.

Em uma ferramenta como o Google Analytics você encontrará um universo de métricas gigantesco, ou seja, é fácil se perder em quais dados são relevantes e que devem ser acompanhados. Veja alguns deles.

Site – visualização de páginas únicas

Segundo o suporte do Google Analytics[142], uma exibição de página é definida como a visualização de uma página no site que está sendo monitorado pelo código de acompanhamento do Analytics. Se um usuário recarregar a página depois de acessá-la, será contabilizada mais uma exibição de página. Se o usuário navegar para uma página diferente e, em seguida, retornar para a página original, uma segunda exibição de página também será registrada.

Uma exibição de página única agrega exibições de página que são geradas pelo mesmo usuário durante a mesma sessão. Uma exibição de página única representa o número de sessões durante as quais a página foi exibida uma ou mais vezes.

Novamente, é importante ressaltar que o número bruto dessa métrica não levará a nenhum lugar se não for analisado corretamente. Avaliar picos de visita, como dias da semana, ajuda a focar esforços em quando direcionar uma promoção ou um novo teste estratégico de conversão. Avalie o crescimento em períodos isolados e compare com o mesmo período do mês anterior. Tente considerar os diferentes ângulos possíveis relacionados a uma visualização de página.

Fonte de tráfego

Saber a quantidade de visualizações únicas é apenas o primeiro passo para uma análise mais detalhada. Entender de onde vieram os acessos é fator fundamental para direcionar investimento e criar novas estratégias. Se o seu acesso predominante é relacionado a campanhas de *links* patrocinados, você deve pensar em como otimizar o seu posicionamento orgânico para diminuir despesas e melhorar seu custo por aquisição.

Site – taxa de rejeição

A taxa de rejeição, em inglês bounce rate, deve ser olhada com atenção, considerando caso a caso. É comum encontrarmos empreendedores desesperados com uma taxa de rejeição alta. No entanto, é importante definir o objetivo do site de cada *landing page* individualmente. Em uma tradução literal, a taxa de rejeição seria "taxa de pulo", ou seja, o número de usuários que acessaram uma determinada página e "pularam" para fora do site sem

---

[142]GOOGLE ANALYTICS. A diferença entre cliques do Google Ads e sessões, usuários, entradas, exibições de página e exibições de páginas únicas no Google Analytics. **Ajuda do Google Analytics**, s.d. Disponível em: <https://support.google.com/analytics/answer/1257084?hl=pt-BR>. Acesso em: 24 jul. 2018

ver nenhum outro conteúdo. Isso é relevante se a taxa de rejeição é alta em uma página de home, por exemplo, onde o usuário tem diversos caminhos a seguir e não escolhe nenhum; porém, em uma *landing page* de conteúdo único com um call to action claro, essa taxa pode ser alta sem representar riscos, pois o que se deseja é que o usuário siga um único caminho para o carrinho de compras, e não que saia da página para outros produtos.

Campanhas – custo por clique (CPC)

Hoje em dia, existem diversas estratégias de campanhas de performance digital. Grande parte utiliza o método de cobrar por cada clique, seja um anúncio de texto ou uma imagem. Acompanhar o custo médio desses cliques, além de mensurar esse valor por campanhas individuais, será fator primordial para não desperdiçar investimento em campanhas sem retorno. Cada campanha pode ter um ROI (retorno sobre investimento), que veremos a seguir.

Campanhas – custo por conversão (CPA)

Diferentemente do CAC, que é uma média geral do custo de aquisição por cliente, aqui a métrica é relacionada a cada campanha de performance veiculada por um canal (Google Adwords, Social Ads, e-mail marketing e campanhas de afiliados e portais no geral). Cada campanha tem o seu custo por aquisição. Se você investiu R$ 1.000 em uma campanha de Facebook e obteve dez conversões, o seu custo por aquisição será de R$ 100. Entender esses valores e acompanhar seu desenvolvimento no tempo é tarefa diária para qualquer negócio atualmente. Definir uma meta para essa métrica também é uma boa prática a ser considerada. Tenha um número de aquisições que deseja atingir com um determinado budget, do contrário a estratégia seguirá solta e sem referência para otimização de resultados.

ROI – CALCULANDO O RETORNO SOBRE SEU INVESTIMENTO

Segundo a Wikipédia[143], retorno sobre investimento (em inglês, return on investment ou ROI), também chamado taxa de retorno (em inglês, rate of return ou ROR), taxa de lucro ou simplesmente retorno, é a relação entre a quantidade de dinheiro ganho (ou perdido) como resultado de um investimento e a quantidade de dinheiro investido.

A fórmula de cálculo de ROI é simples: (Retorno – Investimento)/Investimento

Para o ROI de marketing e campanhas de performance, o desafio consiste em descobrir qual é o seu "retorno" verdadeiro e também o seu investimento.

Algumas empresas consideram o total de receita gerada por uma campanha, ou seja, sem considerar custos ou despesas.

Em outros casos utiliza-se a margem Ebitda da empresa, que nada mais é que o lucro bruto (gerado pelos ativos operacionais) menos as despesas operacionais, excluindo-se destas a depreciação e as amortizações do período e os juros.

---

[143]WIKIPÉDIA. Retorno sobre investimento. Disponível em: <https://pt.wikipedia.org/wiki/Retorno_sobre_investimento>. Acesso em: 24 jul. 2018.

> A fórmula de cálculo de ROI ficaria da seguinte forma:
> (Ebtida – Investimento)/Investimento

No entanto, a maneira mais fiel de cálculo de ROI está relacionada à margem real da área, considerando seu lucro líquido. Por exemplo, se a margem de lucro da empresa é de 30%, deve-se considerar essa margem em vez do total de receita gerada. Além disso, se cada área interna da empresa ou produto possui uma margem diferente de lucro, cada campanha deve ser avaliada considerando essa margem individualmente.

> A fórmula de cálculo de ROI ficaria da seguinte forma:
> (Retorno * Margem – Investimento)/Investimento

Para o cálculo de investimento, é comum ter controle do que foi investido em mídia direta, canais e campanhas digitais. No entanto, em alguns casos devem ser considerados outros custos envolvidos indiretamente, como:

- Custos de criação.
- Custos de impressão.
- Custos técnicos (como plataforma de e-mail marketing, website, desenvolvimento etc.).
- Custo de manutenção.
- Custo de ações de vendas.

O importante é definir uma lista de custos que serão agregados já no início das operações, para que fique fácil acompanhar a evolução do ROI no tempo e otimizar as ações necessárias para melhorar esse indicador.

Estabeleça metas de ROI

Defina uma meta de ROI ideal para seu investimento total. Defina também qual é o menor ROI viável para uma determinada ação. Replique essa mesma meta para cada campanha individual; dessa forma, você terá mais controle sobre a tomada de decisão de cada ação. Pode ser que uma determinada ação não atinja a meta de ROI, mas outra ação compense a queda no ROI geral. O controle individual lhe dará o poder para agir em cima das campanhas com maior e menor desempenho.

Planeje seu investimento

Tenha seu investimento planejado e controlado. Ao planejar seu investimento com antecedência você resolve o valor "investimento" da sua fórmula de ROI. Dessa forma, é mais fácil acompanhar e antecipar possíveis riscos, tendo mais confiança no valor que está sendo investido.

Faça o cálculo para cada campanha ou ação

Tenha em mente calcular o ROI para cada campanha individualmente; assim, é possível ter maior controle – principalmente em onde não investir. O maior desafio é identificar onde não gastar, direcionando o budget para uma estratégia com melhor resultado ou até mesmo contendo gastos e melhorando a margem final da ação.

CONCLUSÃO

As métricas, a transformação de dados brutos em indicadores de desempenho e a definição de como calcular o retorno de cada indicador formam, com certeza, um círculo virtuoso onde se deve investir tempo e interesse para obter os modelos de acompanhamento que farão mais sentido para cada negócio.

Além disso, equilibrar o cruzamento de dados e indicadores com as ações que devem ser realizadas a partir do diagnóstico de cada um deles é ponto fundamental para que não se afunde, nem somente em dados e nem somente em ações, sem nenhum tipo de embasamento.

Ao realizar um planejamento estratégico, tenha em mente quais serão as principais métricas daquele plano e como elas irão alimentar indicadores que servirão para refletir os sucessos e os fracassos daquele conjunto de ações. Mas, principalmente, saiba como medir o desempenho em um contexto geral e individual de cada área ou produto. Abuse na utilização de métricas e indicadores, mas não se esqueça de agir.

Mergulhe fundo, mas não tão fundo que se afunde.

FONTES

BARTLLET, John; KATZ, Gerald. Metrics: You are What You Measure. **European Management Journal**, vol. 16 n. 5, Oct. 1998.

BRANDT, Richard L. **Nos Bastidores da Amazon:** o jeito Jeff Bezos de revolucionar mercados com apenas um clique. São Paulo: Saraiva, 2011.

CROLL, Alistar; YOSKOVITZ, Benjamin. **Lean Analytics:** use data to build a better startup faster. (The Lean Series) Sebastopol, CA: O'Reilly, 2013.

DAVENPORT, Thomas H. **Dados Demais!:** como desenvolver habilidades analíticas para resolver problemas complexos, reduzir riscos e decidir melhor. Rio de Janeiro: Campus, 2015.

DE PAULA, Gilles B. 5 Indicadores de Desempenho fundamentais para gestão obtidos facilmente no DRE de sua empresa. **Treasy, Planejamento e Controladoria**, 23 ago. 2014. Disponível em: <http://www.treasy.com.br/blog/5-indicadores-de-desempenho-fundamentais-para-gestao-obtidos-facilmente-no-dre-de-sua-empresa>. Acesso em: 24 jul. 2018.

DE PAULA, Gilles B. Indicadores de Desempenho – O Guia definitivo para sua empresa! Parte I. **Treasy, Planejamento e Controladoria**, 07 jun. 2015. Disponível em: <http://www.treasy.com.br/blog/indicadores-de-desempenho>. Acesso em: 24 jul. 2018.

DIAS, Sérgio Luiz Vaz. **Indicadores de Desempenho e Gestão Empresarial.** (O Que o Empresário Precisa Saber Sobre) Porto Alegre: SEBRAE/RS, 2007. Disponível em: <http://www.bibliotecas.sebrae.com.br/chronus/ARQUIVOS_CHRONUS/bds/bds.nsf/3881ADBD039142CB83257457004C0444/$File/NT00037986.pdf>. Acesso em: 24 jul. 2018.

DICIONÁRIO INFORMAL. **Métrica.** Disponível em: <http://www.dicionarioinformal.com.br/m%C3%A9trica/>. Acesso em: 24 jul. 2018.

FARRIS, Paul W. et al. **Métricas de Marketing:** o guia definitivo de avaliação de desempenho do marketing. Porto Alegre: Bookman, 2012.

INDICADORES de Desempenho para Startups – O que qualquer CEO de uma empresa nascida para crescer rápido precisa saber! **Treasy, Planejamento e Consultoria,** 22 set. 2015. Disponível em: <http://www.treasy.com.br/blog/indicadores-de-desempenho-para-startups>. Acesso em: 24 jul. 2018.

KAPLAN, Robert S.; NORTON, David P. **Balanced Scorecard.** Boston, MA: Harvard Business Week, 1996.

KOTLER, Philip. **Marketing 3.0:** as forças que estão definindo o novo marketing centrado no ser humano. Rio de Janeiro: Elsevier, 2010.

LEVITT, Steven D.; DUBNER, Stephen J. **Freakonomics:** o lado oculto e inesperado de tudo que nos afeta. Rio de Janeiro: Campus, 2017,

LIMA-CARDOSO, André; SALVADOR, Daniel O.; SIMONIADES, Roberto. **Planejamento de Marketing Digital:** como posicionar sua empresa em mídias sociais, blogs, aplicativos móveis e sites. Rio de Janeiro: Brasport, 2015.

MARKETINGMO. **Return on Investment – ROI – Formula and Use.** Disponível em: <http://www.marketingmo.com/campaigns-execution/how-to-calculate-roi-return-on-investment/>. Acesso em: 24 jul. 2018.

O QUE são Leading e Lagging Indicators. **Siteware,** 06 ago. 2015. Disponível em: <http://siteware.com.br/nosso-negocio/o-que-sao-leading-indicators/>.

PEREIRA, Bruno. Veja as 5 métricas mais importantes para startups. **Blog Rivendel,** 09 set. 2014. Disponível em: <http://blog.rivendel.com.br/2014/09/09/veja-as-5-metricas-mais-importantes-para-startups/>. Acesso em: 24 jul. 2018.

RETURN on Investment (ROI). **Entrepreneur,** s.d. Disponível em: <https://www.entrepreneur.com/encyclopedia/return-on-investment-roi>. Acesso em: 24 jul. 2018.

RIES, Eric. **The Lean Startup:** how constant innovation creates radically successful businesses. New York: Crown Business, 2011.

SANTOS, Eric. O que é Lead e para que serve gestão de Leads. **Blog de Marketing Digital de Resultados,** 05 fev. 2018. Disponível em: <https://resultadosdigitais.com.br/blog/leads/>. Acesso em: 24 jul. 2018.

WIKIPÉDIA. **Churn rate.** Disponível em: <https://en.wikipedia.org/wiki/Churn_rate>. Acesso em: 24 jul. 2018.

WIKIPÉDIA. **Indicador-chave de desempenho.** Disponível em: <https://pt.wikipedia.org/wiki/Indicador-chave_de_desempenho>. Acesso em: 24 jul. 2018.

WIKIPÉDIA. **Lifetime value.** Disponível em: <https://pt.wikipedia.org/wiki/Lifetime_value>. Acesso em: 24 jul. 2018.

WIKIPÉDIA. **Métrica (matemática).** Definição. Disponível em: <https://pt.wikipedia.org/wiki/M%-C3%A9trica_(matem%C3%A1tica)#Defini.C3.A7.C3.A3o>. Acesso em: 24 jul. 2018.

WIKIPÉDIA. **Retorno sobre investimento.** Disponível em: <https://pt.wikipedia.org/wiki/Retorno_sobre_investimento>. Acesso em: 24 jul. 2018.

ZABEO, Roberto. Sinais Vitais de Uma Startup: Os Verdadeiros Indicadores de Sucesso. **Latin American Angels Society,** 27 jan. 20??. Disponível em: <http://laasoc.com/news/sinais-vitais-de-uma-startup-os-verdadeiros-indicadores-de-sucesso>. Acesso em: 24 jul. 2018.

PARTE 4
O MAR É UM GRANDE PROFESSOR

Casos e lições

CAPÍTULO **19**

NAVIOS QUE DESLANCHARAM

CASES DE SUCESSO

Vincent van der Holst

INTRODUÇÃO

Os capítulos anteriores deste livro descrevem como criar, manter e adaptar modelos de negócios no ambiente digital. Esses conceitos, muitas vezes abstratos, se beneficiarão com alguns exemplos reais de *startups* (e empresas estabelecidas) que foram bem-sucedidas na implementação de modelos de negócios no ambiente digital. Este capítulo sobre casos de sucesso mostrará exemplos de empreendimentos clássicos a partir do zero, bem como casos de empreendedorismo em organizações estabelecidas. Alguns são campeões de marketing de entrada, outros foram pioneiros no marketing de redes sociais. Algumas histórias de sucesso basearam-se em parte na sorte, outras eram obras-primas de marketing cuidadosamente orquestradas. Todos eles tiveram um enorme sucesso em seus respectivos ambientes digitais, e os seguintes casos descreverão e expandirão por que eles foram tão bem-sucedidos.

CASO 1: MINECRAFT – AQUELE QUE NUNCA FOI FEITO PARA FAZÊ-LO

Minecraft é um jogo de construção de caixas criado pelo fundador da Mojang AB, Markus Persson. O desafio envolve jogadores que interagem com o mundo do jogo colocando e quebrando vários tipos de blocos em um ambiente tridimensional. Nesse ambiente, os jogadores podem criar estruturas criativas e obras de arte em servidores *multiplayer* e mundos *singleplayer* em vários modos de jogo[144]. No início, as pessoas construíam estruturas para se proteger contra monstros noturnos, mas, à medida que o jogo crescia, os jogadores trabalhavam juntos para criar coisas maravilhosas e imaginativas. O jogo é muitas vezes visto como um tipo de Lego digital.

Imagine-se sendo um investidor ouvindo um *pitch* sobre o jogo Minecraft. Quais as chances reais de gerar o interesse e conseguir o investimento? Lendo essa apresentação, sente-se a falta de um "grande chamariz" que se pensa ser essencial em qualquer novo filme ou videogame. A equipe inicial composta apenas por um nerd é o oposto de uma equipe diversificada que a maioria dos investidores procuraria. O jogo Minecraft, provando o contrário, é uma

---

[144]GAMEPEDIA. **Minecraft Wiki.** Disponível em: <http://minecraft.gamepedia.com/Minecraft_Wiki>. Acesso em: 24 jul. 2018.

260 - Startups

sorte para os empresários que pensam que são necessários grandes orçamentos para criar novos produtos digitais. Sem absolutamente nenhum orçamento de marketing, Minecraft dependia quase exclusivamente de marketing de entrada para direcionar os clientes para o jogo. Pode-se então pensar que Persson era um gênio de marketing, mas isso está longe de ser verdade. Ele simplesmente não se importava com o marketing nem sabia nada sobre o assunto, e isso normalmente seria fatal para uma empresa que opera no ambiente digital. No entanto, seu comportamento desleixado quando se tratava de suporte ao cliente provou ser a chave para revigorar o sucesso do marketing. Como os jogadores não recebiam suporte ao praticar o jogo, eles começaram uma comunidade *on-line* que explicaria como tudo funcionava, sendo basicamente um centro de suporte ao cliente gratuito. Muitos relatos reforçam que diversos usuários tentaram o jogo e fizeram exatamente o mesmo. Não entenderam o conceito e não tinham ideia de como jogar. No entanto, ouvia-se que era muito popular (o Minecraft cresceu muito através de boca a boca) e era muito procurado na internet sobre o funcionamento e por que ele poderia ser tão grande quanto todos os defensores diziam. A aparência certamente não é de acordo com os padrões dos jogos modernos, parecendo uma versão *on-line* do Lego. Para prosperar, Minecraft certamente precisaria de outro recurso que não o aspecto visual. É assim que os interessados acabavam por ler fóruns sobre a jogabilidade, características e possibilidades que o jogo tinha para oferecer. Os usuários geraram páginas editáveis, fóruns, vídeos do YouTube e começaram a compartilhar suas criações em todos os tipos de sites. A mídia de massa pegou a popularidade e o jogo tornou-se viral, o sonho de qualquer comerciante. Minecraft aproveitou o marketing através da rede autoestabelecida de evangelistas, que defendeu livremente o jogo e estimulou as pessoas a comprá-lo.

Outra parte do sucesso foi a natureza aberta do jogo. As pessoas são livres para brincar com o jogo da forma que quiserem, o que resultou em inúmeros terceiros desenvolvendo para o Minecraft por causa de sua facilidade de uso, e eles, principalmente, fizeram isso sem nenhum custo. Essa abordagem de volta ao básico no jogo acabou por ser tão bem-sucedida que mais desenvolvedores de jogos estão imitando isso, ambos bem-sucedidos e malsucedidos.

Após os dias de Tetris e Mario, jogos simples como o Minecraft foram considerados obsoletos pelos maiores desenvolvedores de jogos, como a EA e a Activision Blizzard. Essas empresas fazem dezenas de jogos e têm um valor de mercado de bilhões de dólares. A empresa-mãe da Minecraft, Mojang, foi vendida por 2,5 bilhões de dólares para a Microsoft, produzindo apenas um hit game. Isso mostra o tremendo potencial do marketing gerado pelos usuários em combinação com a simplicidade. Menos é mais. Mesmo após a aquisição, a Minecraft continua a comercializar-se com conceitos de entrada. Continua a ser visto se essa abordagem orientada pela comunidade funcionará agora que o jogo é de propriedade de uma empresa de Wall Street de vários bilhões de dólares. O jogo ainda está crescendo, mas há muitos comentários negativos sobre as redes sociais. Os melhores comentários nas postagens do Minecraft no Facebook mostram claramente o sentimento negativo: "o Minecraft é um dos meus jogos favoritos de sempre e a Microsoft vai destruí-lo". "E sinto falta dos dias de Notch" (o apelido do fundador da Minecraft, Markus Persson). Não é incomum que as empresas recebam sentimentos negativos depois de serem adquiridas por um grande *player*, mas cabe à Microsoft realizar um sólido gerenciamento de crises. A era digital deu ao cliente uma voz maior do que nunca. Apenas em certa medida as empresas podem dirigir o que é dito sobre suas marcas. Uma abordagem proativa é fundamental, detectando cenários que podem começar uma crise e gerenciar o resultado negativo quando aparecem. A Microsoft adotou uma abordagem relativamente passiva ao lidar com os pontos de vista negativos que estavam na mente dos clientes sobre a aquisição. A gestão de crise sólida seria garantir aos clientes que o jogo permanecerá o mesmo e que continuará a ouvir os seus clientes. A Microsoft optou por ignorar os comentários, talvez porque eles pensaram ingenuamente que o problema simplesmente desapareceria ao não prestar atenção nisso. Se tomar como base as tendências do Google (figura a seguir), o Minecraft parece parar de crescer, se não começar a diminuir após o acordo da Microsoft (em setembro de 2018). O futuro nos dirá se foi o movimento certo da Microsoft para comprar o Minecraft ou se eles mataram o que fez o jogo grande: a defesa incansável de seus usuários.

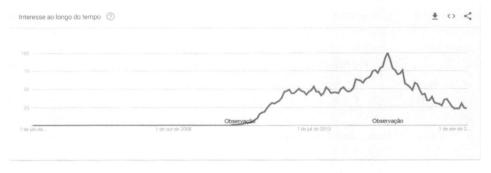

Tendências do Google para a Minecraft (com setembro de 2015 sendo o mês de aquisição)

CASO 2: AIRBNB – O CAMPEÃO DO NOVO MARKETING

Você chega na recepção e entra na fila. Quando finalmente é sua vez, a recepcionista solicita todas as suas informações pessoais. Você já inseriu toda essa informação quando reservou *on-line* e se pergunta por que isso é feito duas vezes. Depois de um *check-in* de meia hora, você finalmente consegue um quarto de 200 dólares por noite no centro de Manhattan.

E então veio o disruptor. Em 2007, dois designers que viviam em San Francisco não podiam pagar o aluguel de seu loft. Eles construíram um site dedicado para alugar seu apartamento e outros apartamentos, e foi assim que o Airbnb nasceu. O Airbnb é um mercado *on-line* para alugar apartamentos e outros espaços não utilizados a curto prazo. Agora tem mais de quatro milhões de hospedagens que são alugadas para 150 milhões de usuários[145]. Na sua mais nova rodada de financiamento, segundo se informa, é avaliado

---

[145] SMITH, Craig. 100 Airbnb Statistics and Facts (June 2018) | By the Numbers. **DMR**, Last updated June 22, 2018. Disponível em: <http://expandedramblings.com/index.php/airbnb-statistics/>. Acesso em: 24 jul. 2018.

em 24 bilhões de dólares[146]. Nessa avaliação, quase alcançou o maior grupo hoteleiro do mundo, o grupo Hilton, que no momento da redação deste capítulo tem um valor de empresa de cerca de 31 bilhões de dólares. Esse sucesso notável parecia sair do nada, mas quando nos aprofundamos cuidadosamente no caminho do Airbnb para a fama, vemos que uma série de grandes decisões (controversas) resultaram nessa avaliação de 24 bilhões de dólares.

A abordagem black hat

O Airbnb precisava de uma maneira de crescer, o que naturalmente é difícil com um orçamento de marketing limitado. Os fundadores reconheceram uma oportunidade no Craigslist, uma das maiores plataformas da América para listas de todos os tipos. Isso acabou por ser o maior "hack" do Airbnb para o crescimento[147]. O Airbnb tinha o produto, mas não a base de usuários. Começou a explorar como eles poderiam entrar no mercado do Craigslist. Através de uma maneira muito técnica, eles encontraram uma forma para os usuários do Airbnb e do Craigslist publicarem em ambos os sites. Com a base de usuários do Craigslist e o apelo visual das listas do Airbnb, essa combinação divina provocou o enorme crescimento do Airbnb. No entanto, o Airbnb não foi licenciado pelo Craigslist para anunciar através de seu site. Alguns chegam até a chamar o uso do Craigslist pelo Airbnb como uma operação de black hat. Black hats são hackers que violam a segurança do computador para obter ganhos pessoais (ou, neste caso, o ganho do Airbnb). O Airbnb enviou automaticamente aos usuários do Craigslist uma nova listagem de moradias para um e-mail (figura a seguir), pedindo-lhes para apresentá-las no Airbnb. Dessa forma, a Airbnb conseguiu atingir dezenas de milhares de usuários potenciais todos os dias sem um orçamento de marketing. O "hack" do Airbnb no Craigslist criou um enorme aumento no lado da oferta, que é muitas vezes gargalo em modelos comerciais de dois lados[148].

O e-mail que o Airbnb enviou aos usuários do Craigslist

---

[146]WINKLER, Rolfe; MACMILLAN, Douglas. The Secret Math of Airbnb's $24 Billion Valuation. **The Wall Street Journal**, June 17, 2015. Disponível em: <http://www.wsj.com/articles/the-secret-math-of-airbnbs-24-billion-valuation-1434568517>. Acesso em: 24 jul. 2018.

[147]AIRBNB: The Growth Story You Didn't Know. **Growth Hackers**, s.d. Disponível em: <https://growthhackers.com/growth-studies/airbnb>. Acesso em: 24 jul. 2018.

[148]SHAH, Rishi. Airbnb leverages Craigslist in a really cool way. **Getting More Awesome**, Nov. 24, 2010. Disponível em: <http://www.gettingmoreawesome.com/2010/11/24/airbnb-leverages-craigslist-in-a-really-cool-way/>. Acesso em: 24 jul. 2018.

A ética dessa abordagem foi obviamente bem examinada, e o Airbnb certamente não era a única empresa a usar essa abordagem, mas foi uma das empresas mais bem-sucedidas nisso. É também o exemplo perfeito de alavancar sua proposta de valor e se adaptar ao ambiente digital.

Mobile

Durante a expansão do Airbnb, houve (e ainda há) uma grande mudança nos celulares, e a empresa reconheceu rapidamente essa mudança. Lançar um aplicativo *on-line* muito bem-sucedido resultou em respostas mais rápidas dos anfitriões e na capacidade de reservar em qualquer lugar para os hóspedes. Os anfitriões respondiam três vezes mais rapidamente através do aplicativo e as reservas podiam acontecer até oito vezes mais rapidamente[149]. A informação de localização móvel significava que o Airbnb poderia servir o cliente com conteúdo relevante, dependendo do seu posicionamento.

Na era digital, uma empresa como o Airbnb, com usuários em todo o mundo, precisa usar uma abordagem *omnichannel* para gerar e sustentar sua base de usuários. Apenas um dos exemplos da abordagem do Airbnb é o seu programa de indicação. O programa de indicação inicial do Airbnb era apenas na web, como muitos outros programas de indicação de empresas no momento. O Airbnb decidiu revigorar todo o programa e torná-lo adequado para todas as plataformas ao mesmo tempo, com integração verdadeira. Ao relançar o seu programa de indicação *omnichannel* no início de 2014, o Airbnb imediatamente começou a ver os resultados dessa abordagem de marketing. Somente em 2014, o programa resultou em centenas de milhares de reservas por usuários indicados e encaminhamentos aumentaram a reserva até 25% em alguns mercados[150]. O serviço foi mais que eficaz na geração de *leads*. Outras métricas (nesse caso, a taxa de conversão e a compra repetida após o uso inicial da indicação) também foram importantes. Se um novo cliente Airbnb só usa o bônus de indicação para uma estadia barata e, em seguida, descarta o serviço, não beneficiará a empresa. Especialmente porque o Airbnb opera em um setor altamente *mobile* (seus usuários são mais frequentes em movimento enquanto viajam e podem usar uma série de dispositivos diferentes para solicitar os serviços do Airbnb), não é apenas benéfico, mas indiscutivelmente vital para seus negócios que eles usem uma abordagem *omnichannel*. Isso não só é válido para o Airbnb, mas para todas as empresas que operam no ambiente digital. Os clientes esperam uma integração perfeita em todas as plataformas, e as empresas que não atendem a seus clientes com uma experiência *omnichannel* ficam aquém.

---

[149]LAWLER, Ryan. Airbnb Updates Mobile Apps To Give Hosts Tools For Listing And Managing Spaces From Their Phones. **Tech Crunch**, July 31, 2013. Disponível em: <http://techcrunch.com/2013/07/31/airbnb-mobile-app-update/>. Acesso em: 24 jul. 2018.

[150]AIRBNB: The Growth Story You Didn't Know. **Growth Hackers**, s.d. Disponível em: <https://growthhackers.com/growth-studies/airbnb>. Acesso em: 24 jul. 2018.

Rebranding

Mesmo que os fundadores do Airbnb fossem designers, eles tiveram problemas com seu layout e ainda mais com sua marca, como a maioria das outras *startups*. Facilitar o rápido crescimento do Airbnb resultou em um foco na codificação e na escala do negócio. Operar no mercado digital significa mais do que apenas construir um back-office, a vitrine é igualmente importante. Com o foco da empresa na expansão internacional e se tornando uma marca de hospitalidade mais inclusiva, também precisava de uma nova marca. O velho logotipo inchado, azul e branco e aparência lisa e airbrushed, não refletia a missão do Airbnb. Com a ajuda da agência de design DesignStudio, o Airbnb criou um novo logotipo e um novo estilo de cor que se afastou do "azul corporativo frio" que muitas outras empresas da cena tecnológica têm[151].

Uma extensa pesquisa de mercado descobriu que a identidade central dos clientes do Airbnb era movida pelo pertencimento. E, assim, o esforço de mudança de design precisava girar em torno do sentido de pertença. O novo logotipo do Airbnb, o Bélo, representa pessoas, lugares, amor e Airbnb. O novo esforço da marca diz respeito ao compartilhamento, diz Chesky, CEO do Airbnb. Os usuários do Airbnb podem criar seus próprios logotipos com diferentes padrões, adesivos e formas. Chesky diz: "a maioria das marcas lhe enviaria uma carta de cessar e desistir se você tentar recriar sua marca, nós queríamos fazer o contrário". Esse foco em compartilhar e pertencer é agora a visão central do Airbnb.[152]

O Airbnb, juntamente com empresas como o Uber, foi pioneiro na economia de compartilhamento. Isso não só perturba os mercados existentes e caros, como os mercados de habitação e táxi, como também ajuda a tornar o mundo um lugar mais sustentável, usando produtos que estavam acumulando poeira antes que esses disruptores ocorressem. Eles estão aqui para ficar e beneficiar a todos como sociedade.

CASO 3: HEINEKEN – O REI DAS MÍDIAS SOCIAIS

Começando em 1873, a Heineken está no negócio de fabricação 140 anos depois e é mais forte do que nunca. Transformando-se de uma pequena cervejaria em uma potência global, a cervejaria tem sido muito bem-sucedida. Nas últimas décadas, uma parte significativa desse sucesso pode ser explicada pelos esforços de marketing da Heineken e sua capacidade de adaptação a esses esforços. Quando se trata de se adaptar ao ambiente digital, a Heineken não é apenas um exemplo, é o exemplo. Este capítulo usará um dos modelos mais influentes e cientificamente apoiados sobre *branding*, o modelo de marca baseado em clientes inventado por Keller (1993). A figura a seguir é uma visualização do modelo de marca.

---

[151]CARR, Austin. Airbnb Unveils A Major Rebranding Effort That Paves The Way For Sharing More Than Homes. **Fast Company**, July 16, 2014. Disponível em: <http://www.fastcompany.com/3033130/most-novovativo-empresas/airbnb-revela-a-major-rebranding-effort-that-paves-the-way-for-sh# 8>. Acesso em: 24 jul. 2018.

[152]Ibid.

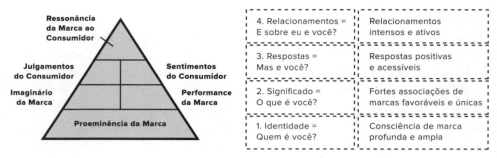

Fonte: KELLER, Kevin Lane. Conceptualizing, Measuring, and Managing Customer-Based Brand Equity. **Journal of Marketing**, vol. 57, n. 1, Jan. 1993, p. 1-22.

Construção de marca, de acordo com Keller, segue quatro etapas. O primeiro passo é garantir a identificação da marca com os clientes e uma associação da marca nas mentes dos clientes com uma classe específica de produtos ou necessidades do cliente. Firmar o significado da marca nas mentes dos clientes ao incorporar estrategicamente uma série de associações de marcas tangíveis e intangíveis é o segundo passo. O terceiro passo é obter as respostas adequadas dos clientes a essa identidade de marca e significado da marca. O quarto e último passo é converter a resposta da marca para criar uma relação de fidelidade intensa e ativa entre clientes e marca.

Um conjunto de questões fundamentais está vinculado a essas etapas:

- Quem é você? (identidade da marca)
- O que você é? (significado da marca)
- E você? O que eu penso ou sinto sobre você? (resposta da marca)
- E quanto a você e a mim? Que tipo de associação e quanto de uma conexão gostaria de ter com você? (relacionamento de marca)

Cumprindo um nível da pirâmide (começando no primeiro nível e acumulando) abre o nível subsequente, até a ressonância da marca. Vamos andar por todos os níveis com Heineken como exemplo, começando pelo primeiro nível.

Identidade da marca

Heineken está claramente se concentrando em construir uma forte personalidade como marca de estilo de vida. Heineken tem a garrafa verde distintamente reconhecível e a marca registrada da estrela que criaram a profunda e ampla consciência da marca que agora é apreciada em todo o mundo. A Heineken está se promovendo como inovadora e ativa globalmente com campanhas de patrocínio de campeonatos como a Liga dos Campeões e a Copa do Mundo de rúgbi. A empresa se concentra em um público jovem masculino. Os esforços de marketing e *branding* são congruentes na maioria dos mercados, o que resulta em um forte reconhecimento e recordação da marca. Independentemente da localização geográfica, você não terá dificuldade em encontrar e reconhecer a marca Heineken. Muitas vezes ignorada, a amplitude da consciência da marca também é importante. Entre as marcas de cerveja, Heineken tem provavelmente as associações mais fortes e favoráveis, e muitas delas são únicas, como o homem lendário, que será explicado mais tarde.

Significado da marca

Operar em uma escala global também significa adaptar-se ao ambiente digital. Localizar seus anúncios para se adequarem às culturas e aos padrões locais garante que sua marca seja percebida da mesma forma na maioria dos países, usando o marketing digital que se adapta à realidade local. Heineken, por exemplo, introduziu a visão do "homem do mundo" como sua visão principal no início desta década e manteve-se com ela desde então, com enorme sucesso. Como parte da visão do "homem do mundo", Heineken publicou anúncios do homem lendário, um homem que pode fazer tudo. Nesses anúncios, parece que um homem é capaz de fazer tudo, do breakdance ao malabarismo para tocar a flauta. No final, revela-se que não é apenas um homem, mas muitos homens que são capazes de fazer uma coisa muito bem. O anúncio termina com "todos são lendários em alguma coisa". Nos anúncios, diferentes configurações aparecem, de grandes festas, barcos, referências à cultura da Índia e até idas ao espaço, enfatizando a natureza global da marca. Não é de admirar que os anúncios passem pelos seguintes nomes: a viagem, abra seu mundo e odisseia.

Os anúncios globais são um exemplo dos esforços da Heineken em publicidade. Essa imagem de marca é específica para a Heineken e, assim, cria associações fortes, favoráveis e únicas. O homem lendário é o grupo-alvo que Heineken deseja; o homem jovem, moderno, festivo e sociável. E se você não se sentir como um homem lendário, você certamente quer se sentir tão perto quanto possível. A marca evoca a sugestão de que se tornar um homem lendário pode ser feito bebendo uma Heineken.

Resposta da marca

Quando se trata de mídias sociais, Heineken pode ser considerado o rei. Com mais de 20 milhões de curiosos, a Heineken tem o maior acompanhamento *on-line* de todas as marcas de cerveja no mundo. Assim como os seus anúncios de televisão, os anúncios de redes sociais são construídos usando o quadro global que deixa espaço para a experimentação local, mantendo a identidade central da marca Heineken. Essa estratégia consistente de marketing multicanal tem ressoado com o demográfico fundamental de Heineken: o público jovem masculino. Enquanto os anúncios aderirem à identidade central, o "homem do mundo", cada anúncio fortalecerá a associação da marca da Heineken. Dependendo do seu país de origem, a página do Facebook da Heineken mostrará anúncios que são adaptados à região e se aplicam a você, mantendo a natureza global da marca. O mesmo vale para o Instagram, onde a maioria dos países tem suas próprias contas Heineken, garantindo que a marca Heineken seja adaptada ao ambiente local. As respostas foram esmagadoramente positivas, a marca é considerada confiável, de alta qualidade e superior em comparação com outras marcas de cerveja. Os sentimentos sobre a marca são de diversão, prazer e relaxamento.

Relacionamento da marca

Tendo cumprido os três primeiros níveis da pirâmide da marca baseada no cliente, Heineken só precisa ressoar com a sua sequência e criar uma relação intensa e ativa com eles. E certamente conseguiu isso. Os clientes da Heineken são muito leais, fazem compras repetidas e sua comunidade *on-line* forte e gigantesca (apenas olhe sua presença nas mídias sociais) diz como seu público reverbera mais do que qualquer outra marca de cerveja. A própria Heineken e seus clientes estão constantemente se relacionando, através de anúncios interativos e produtos que se envolvem com usuários potenciais e existentes. Heineken também responde rapidamente, profundamente e com muita diversão em comentários *on-line*. Esse envolvimento ativo os ajudou a adaptar sua marca ao ambiente digital.

A narrativa da Heineken através da visão do "homem do mundo" a posicionou como a marca *on-line* mais forte e líder na indústria de fabricação de cerveja. Suas mensagens de marketing consistentes, claras e completas ressoam com os clientes. É provável que seja uma estratégia de marketing vencedora no futuro previsível.

A figura a seguir mostra o modelo de marca com base no cliente para a Heineken.

PIRÂMIDE DE RESSONÂNCIA DA MARCA CBBE

RESSONÂNCIA
- Compra repetida.
- Seguidores leais.
- Comunidade on-line forte e extensa.
- Forte percepção positiva: associação com felicidade e prazer.

JULGAMENTOS
- Marca visualmente reconhecível.
- Marca confiável.
- Qualidade.
- Uma escolha durante compra.
- Superioridade.

SENTIMENTOS
- Diversão.
- Prazer.
- Relaxar (depois do trabalho e em festas).
- Estilo.

PERFORMANCE
- Cerveja premium universal.
- Patrimônio histórico.
- Sabor universal.
- Design e embalagem; nome icônico.
- Cervejeiro sustentável.

IMAGENS
- Jovem adulto.
- Bastante sociável.
- Autoconfiante.
- Estiloso.
- Festeiro.
- Momentos especiais.

SALIÊNCIA
- Branding global: garrafa verde + estrela vermelha.
- Fortes campanhas publicitárias.
- Compartilhar bons momentos.
- Amizade.

Pirâmide de ressonância de marca da Heineken (Fonte: PINTEREST. Disponível em: <https://www.pinterest.com/pin/507921664199548293/?from_navigate=true>. Acesso em: 24 jul. 2018)

CASO 4: GOOGLE – A REGRA DE 20%

Este livro descreve como as *startups* podem prosperar no ambiente digital. Ao contrário do que se pensa, isso não exclui as empresas estabelecidas. Mesmo em grandes empresas, o empreendedorismo pode prosperar. As entidades empresariais dentro das empresas estabelecidas são apelidadas de empreendedorismo, e algumas das maiores empresas o usam para crescer constantemente. Um dos exemplos mais bem-sucedidos é o do Google, onde o intraempreendedor mais de uma vez resultou em um produto ou serviço altamente lucrativo. No outro extremo do espectro, as grandes empresas que não utilizam o intraempreendedorismo são muitas vezes conservadoras, tendo perdido o seu sentido empresarial ao longo dos anos. As empresas que utilizam o intraemprego são mais bem-sucedidas do que as suas homólogas que não possuem empreendedorismo. Companhias como 3M, Intel e Google adotaram o intraempreendedorismo e colhem os benefícios. Este tópico descreverá como o Google criou uma visão intraempreendedora para sua empresa.

O Google destacou a importância do seu intraemprego adotando uma regra de 20%. A regra prescreve que os funcionários do Google "gastem 20% do tempo trabalhando no que eles acham que irá beneficiar mais o Google"[153].

A aplicação dessa regra resultou em algumas das maiores realizações do Google, como Google News, AdSense e Gmail. Mesmo que a regra de 20% tenha sido muito contestada e alguns até negassem sua existência[154], a filosofia por trás da ideia ainda é forte. O Google quer que as pessoas dediquem parte do seu tempo a criar novas ideias e inovar. Não há quase nenhuma restrição às ideias; eles podem ser de qualquer tipo e em qualquer setor. Se uma ideia "demonstra impacto", ficará mais tempo e mais funcionários do Google podem se oferecer para trabalhar nela. Novas equipes se formam em torno de ideias, como uma inicialização interna no Google. Os recursos são alocados e o produto é construído. A regra filosófica (é mais uma orientação do que uma regra real) é seguida por outros no Vale do Silício, do LinkedIn à Apple.

As estratégias de contratação devem ser orientadas para a aquisição de pessoas com espírito empreendedor. Dessa forma, a cultura empresarial das companhias nos primeiros dias será transferida para o longo prazo. Uma visão de longo prazo, em vez de se concentrar nos próximos resultados trimestrais, é outra mudança do *status quo* que precisa ser feita para facilitar o intraempreendedorismo. Outra abordagem, sem dúvida, não intraempreendedora, é comprar *startups* para continuar crescendo. O Google também adotou essa abordagem, comprando *startups* como Nest (automação residencial), Waze (*software* de navegação GPS) e muitos outros. O Google foi muito bem com seu empreendimento interno e suas fusões e aquisições.

Na era digital, não existe uma empresa com tantos serviços que tenham grandes cotas de mercado, como o Google. O Google tem sido extremamente bem-sucedido na criação, adaptação e manutenção de seus serviços, de forma que se tornaram semimonopólios. O próprio mecanismo de pesquisa do Google, por exemplo, paira em torno de 90% de participação de mercado, deixando restos para a competição[155]. O SEO e o SEM são, portanto, focados principalmente na otimização da plataforma do Google. O Adsense é, muitas vezes, o único motor de pesquisa que as empresas fornecedoras de anúncios usam para anunciar seus produtos e serviços. O YouTube supera todos os concorrentes, captando três quartos do mercado total em vídeos[156]. E no gigantesco mercado móvel, o Android

---

[153]D'ONFRO, Jillian. The truth about Google's famous '20% time' policy. **Business Insider UK – Tech**, Apr. 17, 2015. Disponível em: <http://uk.businessinsider.com/google-20-percent-time-policy-2015-4?r=US&IR=T>. Acesso em: 24 jul. 2018.

[154]CARLSON, Nicholas. The 'Dirty Little Secret' About Google's 20% Time, According To Marissa Mayer. **Business Insider UK – Tech**, Jan. 13, 2015. Disponível em: <http://uk.businessinsider.com/mayer-google-20-time-does-not-exist-2015-1?r=US&IR=T>. Acesso em: 24 jul. 2018.

[155]STATISTA. **Worldwide desktop market share of leading search engines from January 2010 to April 2018.** Disponível em: <http://www.statista.com/statistics/216573/worldwide-market-share-of-search-engines/>. Acesso em: 24 jul. 2018.

[156]STATISTA. **Leading multimedia websites in the United States in November 2016, based on market share of visits.** Disponível em: <http://www.statista.com/statistics/266201/us-market-share-of-leading-internet-video-portals/>. Acesso em: 24 jul. 2018.

(sistema operacional móvel do Google) assume mais de quatro quintos do mercado[157]. Esses números ilustram claramente que o Google não está apenas olhando para competir nesses mercados, seu objetivo é manter ou criar uma posição dominante. Isso ocorreu através de crescimento intraempresarial orgânico e fusões e aquisições. De acordo com o vice-presidente de vendas e operações dos EUA, a agilidade é fundamental. "Nós temos que ter líderes, temos que ter empregados e temos que ter uma tecnologia muito ágil para onde a indústria está indo"[158]. Testar e aprender com falhas é outro aspecto muito importante do negócio. "No Google celebramos o fracasso". Como é uma parte necessária de fazer negócios, deve ser problematizado em vez de se tentar minimizá-lo.

Finalmente, ao usar qualquer um dos métodos neste livro é quase impossível não lidar com o Google de alguma forma, principalmente em SEO e SEM, mas também ao desenvolver sites e aplicativos que funcionam bem no Android. O fato de que qualquer comerciante precisa lidar com o Google diz muito sobre o quão grande e inevitável a empresa se fez no mercado *on-line*.

---

[157] IDC. **Smartphone OS.** Disponível em: <http://www.idc.com/prodserv/smartphone-os-market-share.jsp>. Acesso em: 24 jul. 2018.

[158] KAPLAN, Jon. Learning from Google's digital culture. **McKinsey & Company**, June 2015. Entrevista conduzida por Barr Seitz. Disponível em: <http://www.mckinsey.com/industries/high-tech/our-insights/learning-from-googles-digital-culture>. Acesso em: 24 jul. 2018.

CAPÍTULO **20**

NAVIOS QUE AFUNDARAM

CASES DE FRACASSO

Gabriel Henrique

Histórias de fracasso são acompanhadas lado a lado por histórias de crescimento e aprendizado.

Isso é inegável. Se por um lado existem tanto empresas que mal conseguem lançar seu produto no mercado quanto as que largam com superfaturamentos até o declínio total, por outro lado pessoas e empreendedores saem mais fortalecidos, mais conhecedores dos erros cometidos ao longo do caminho e do que fariam diferente caso tivessem a chance de repetir a longa jornada.

Em um cenário de luta, entrega, crescimento pessoal e profissional, o que tomaremos como fracasso?

A verdade é que quem se arrisca no mundo das *startups* sonha em levar sua empresa ao alcance de milhares ou se não milhões de pessoas. Além de impactar a vida das pessoas, toda empresa precisa ser lucrativa para sobreviver. E aquelas que não conquistarem clientes e lucro, em algum momento não irão ter forças para continuar.

Muitas vezes, uma venda de uma empresa por um valor menor de mercado é classificada como fracasso. Outras vezes até mesmo uma diminuição de equipe é vista com olhares julgadores de pessoas no mercado. Porém, mesmo que respire por aparelhos, toda empresa ainda pode virar o jogo. No contexto deste capítulo, definiremos fracasso como a empresa que não segue mais seu caminho. Empresas que tiveram suas operações encerradas por completo.

Contaremos mais adiante casos de empreendedores que executaram grandes projetos e, por um ou mais motivos, tiveram que encerrar o tão buscado sonho. Falaremos de histórias incríveis recheadas das mais variadas circunstâncias, desde empreendedores de primeira viagem a grandes planos de expansão e faturamentos milionários. Empreendedores que deixam aqui toda a história e depoimentos para contribuir não só com a literatura brasileira, mas para fazer parte da educação empreendedora e trazer lições do que fazer e do que não fazer. Empreendedores que com certeza saem ainda mais fortes para construir o sonho de uma *startup* de sucesso.

FRACASSO, O MAL (QUASE QUE) NECESSÁRIO

Os últimos cinco anos configuraram o surgimento de centenas de *startups* no Brasil.

Vários fatores explicam esse fenômeno. Em primeiro lugar, o momento de evolução tecnológica que vivemos facilita o surgimento de novos negócios embasados em tecnologia. O aumento do número de *startups* no mercado brasileiro consequentemente fez crescer o número de interessados em apoiar e investir no ecossistema. Aceleradoras, investidores e projetos de apoio às empresas têm crescido substancialmente. Além disso, o sonho de criar uma *startup* é difundido como uma alternativa ao maçante mercado de trabalho e uma oportunidade de ganhos financeiros significativos. Sucessos de *startups* mundiais inspiram empreendedores de todo o país.

Com base nesse crescimento do número de iniciativas, criar uma *startup* se tornou "cool" e muitas pessoas ainda despreparadas têm batido de frente com a dificuldade e os desafios enfrentados. Ao passo que muitas pessoas possuem a errada visão de que criar uma empresa é um trabalho com fórmula certa de sucesso, aumentam também as estatísticas de fechamento dessas empresas. Cerca de 25% das *startups* falham no primeiro ano de vida. E 90% ainda vão falhar posteriormente.

Apesar do alto número de casos de insucesso, não se encontram no Brasil muitos materiais relativos a essas histórias. Existem pessoas que acreditam na ideia de que disseminar um caso de insucesso pode soar como um sinal de incompetência ou até mesmo diminuir chances de receber futuros investimentos em próximos negócios. Por outro lado, começam a existir lampejos de uma mudança cultural. Um exemplo forte disso são descrições de vagas de trabalho que contêm requisitos como "ter criado uma *startup*" ou "ter tido experiência com negócio próprio".

A cultura de falha nos Estados Unidos segue um caminho diferente. No Vale do Silício, onde o ecossistema de *startups* é muito desenvolvido, tornou-se comum empreendedores lançarem artigos pós-fracassos de suas *startups* para toda a comunidade. É como se fracassar fosse obrigatório, pois com cada fracasso o empreendedor aprenderá caminhos que funcionaram ou não e se tornará mais preparado para o próximo negócio. A verdade é que fracassar não é obrigatório. Nada impede que apareçam novos Marks Zuckerbergs que transformem seu primeiro negócio em uma empresa de sucesso. Porém, quando analisamos o perfil dos fundadores de *startups* de sucesso no Brasil, raros são os exemplos que tiveram êxito como empreendedores de primeira viagem. A maioria das *startups* que mais crescem no país é dirigida por fundadores que já fracassaram no passado. A verdade é que o fracasso é um mal. Um mal quase que necessário.

POR QUE *STARTUPS* FALHAM?

Inúmeras são as razões pelas quais *startups* fecham suas portas. O insucesso não necessariamente se baseia em um único motivo. Muitas vezes se trata de um conjunto de erros sucessivos. A seguir iremos conversar sobre nove frequentes causas para fracassos de *startups*. Vamos orientar você sobre como se esquivar desses motivos e aumentar suas chances de sucesso. Afinal, por que *startups* falham?

Motivo 1. Criam um produto que ninguém quer. De longe, um dos principais fatores responsáveis pelo fim de muitas *startups* é a criação de um produto que não resolve claramente o problema de um público específico. Muitos empreendedores cometem o erro de acreditar cegamente no sucesso de seu produto e acabam deixando de realizar análises cruciais para o desenvolvimento do negócio. A melhor forma de evitar essa falha é validar bem o seu produto e mercado. Existem diversos processos e metodologias de validação, desde as mais simples às mais complexas. Confira a seguir um checklist de dicas de como validar seu negócio.

Compartilhe sua ideia. Muitos empreendedores guardam suas ideias apenas para eles mesmos, com o intuito de evitar que alguém as "roube". Empreendedores de sucesso compartilham suas ideias para analisar como o conceito é recebido por outras pessoas, possíveis clientes e outros empreendedores mais experientes.

Pesquise por produtos similares ao seu. Quanto mais perceptível um problema, maior a chance de mais pessoas quererem resolvê-lo. Na maioria das vezes, você irá deparar com projetos de mesmo propósito que o seu. É importante estudar os seus concorrentes e suas estratégias. Isso poderá, por exemplo, influenciar na escolha de um diferencial competitivo. Além disso, analisar caminhos que funcionam ou não com os concorrentes poupará tempo na definição de sua estratégia. Por último, é importante saber o tamanho de seus concorrentes (número de clientes, investimentos recebidos). Quanto maior o concorrente, maior a barreira de entrada nesse mercado.

Faça pesquisas com possíveis clientes. Ninguém melhor que seu público-alvo para falar sobre os problemas que seu produto pretende resolver. Converse com cada possível cliente separadamente, pergunte sobre como ele resolve esses problemas, quais ferramentas ele usa, o que ele gostaria que fosse melhorado nesse processo. Você irá se supreender com os *insights* gerados e enxergará diferentes realidades de diferentes clientes.

Estude o seu mercado. Seja um estudioso e domine as características do seu mercado. É necessário entender qual o seu tamanho, como é o mercado nacional e internacional, suas nuances e particularidades, públicos, concorrentes e investidores.

Dica de ouro: existem aceleradoras e eventos focados em validação de negócios. Um famoso exemplo de evento é o Startup Weekend (evento global que ocorre periodicamente em várias cidades do Brasil), em que equipes validam ideias e lançam *startups* em um único final de semana. Um exemplo de aceleradora com foco em validação de negócios e *startups* em estágio inicial é a Startup Farm, que valida sua ideia em um processo de cinco semanas de imersão.

Startups - **273**

Motivo 2. Não possuem o time correto. Entre os top três motivos de falhas de *startups* está a formação do time de sócios. Os sócios fundadores serão os primeiros funcionários da empresa e serão os responsáveis pela validação do negócio, pela concepção do produto inicial, por conquistar os primeiros clientes e por definir a estratégia de distribuição e crescimento. Por isso, essa escolha é primordial para garantir a empresa saudável. As dicas a seguir podem ajudá-lo a escolher bons sócios:

Escolha alguém com quem você se sinta confortável em conversar. Ter um sócio significa ter que gerenciar um relacionamento. E para tomar decisões importantes, alterar estratégias e definir o futuro de uma empresa, você precisa se sentir à vontade para ser sincero e expressar seus sentimentos e opiniões. Isso irá ajudar não só no dia a dia, mas também nos momentos mais difíceis da empresa.

Escolha alguém que tenha princípios próximos aos seus. Muitas decisões relacionadas à gestão de uma empresa são baseadas em princípios pessoais daquele que lidera o negócio. É importante que seu sócio tenha os mesmos princípios de ética que os seus, como ele trata as pessoas, seus funcionários, que tipo de empresa ele deseja criar. Afinal, dificilmente conseguimos mudar os princípios de outras pessoas.

Escolha alguém que seja especialista em áreas complementares à sua. Sua *startup* precisa de sócios especialistas em áreas core do negócio, capazes de definir estratégias maduras para esses setores cruciais da empresa. Além disso, no início de sua empresa, quando o investimento geralmente é limitado, são os sócios os responsáveis por executar todo e qualquer tipo de atividade. Desde recursos humanos, marketing e finanças até produto, tecnologia e design. Por isso, ter sócios com os mesmos conhecimentos irão limitar o poder de execução da empresa.

Escolha alguém com quem você já tenha trabalhado em algum projeto ou empresa. Essa é a melhor forma de conhecer o lado profissional de uma pessoa. Conhecer o grau de sua responsabilidade, dedicação e perseverança. Se ela realmente está disposta a abrir mão de algumas coisas para construir um negócio de sucesso. Muitos cometem o erro de basear escolhas de sócios simplesmente no nível de amizade. Nem sempre seu melhor amigo possuirá o perfil de alguém com quem você gostaria de trabalhar e ter como sócio.

Motivo 3. Ficam sem dinheiro. Uma das grandes dificuldades das *startups* brasileiras é se manterem financeiramente saudáveis, com capital para continuarem operando e crescendo. O cenário brasileiro traz uma série de desafios financeiros, como altos impostos trabalhistas, altos impostos de operação, moeda desvalorizada (que impacta aquisições de ferramentas e serviços estrangeiros) e menor número de investidores interessados em investir tanto em fases iniciais das *startups* como em fases mais maduras. Além dessas adversidades, muitas vezes *startups* encerram suas atividades por falta de capital devido a um mau planejamento financeiro e execução ruim. Listamos a seguir erros comuns que empreendedores cometem e que levam ao cenário de falência das empresas.

274 - Startups

Falta de um modelo de negócios. Muitos empreendedores iniciam seus negócios sem uma ideia clara de como "monetizar", como gerar receita com o seu produto. Isso faz com que as chances de sucesso da *startup* diminuam consideravelmente. Em primeiro lugar, porque a *startup* não irá gerar receita para ajudar no crescimento do negócio e, em segundo lugar, porque investidores estão pouco propensos a investir em *startups* que não possuam um modelo de negócio bem definido.

Desenvolvimento do produto. *Startups* são empresas com base tecnológica e têm como foco central o seu produto (seja um aplicativo, site ou *hardware*). É importante ter em mente que, além de desenvolver a primeira versão a ser lançada no mercado, o produto provavelmente sofrerá alterações de acordo com a necessidade do negócio e dos clientes. É nesse ponto que muitos iniciantes falham. Muitos deles não possuem um sócio com experiência em desenvolvimento de *software* e gastam milhares de reais terceirizando o serviço de desenvolvimento. Depois de lançar nem sempre possuem mais verba para manter o produto em evolução. Então guarde essa dica: caso você não tenha um sócio com boa experiência em desenvolvimento de *software*, ou não tenha um grande capital para contratar desenvolvedores ou terceirizar um serviço, vale pensar em ter um desenvolvedor experiente no time de sócios. Uma alternativa é contratar um funcionário com equity (% da empresa) e consequentemente salário menor.

Custos de marketing/distribuição. Muitas pessoas que já passaram pela experiência de criar uma *startup* dizem que o mais difícil não é fazer o produto e sim conquistar os primeiros clientes e expandir o negócio. E isso custa dinheiro. Empreendedores de primeira viagem têm a ilusão de que quando o produto for lançado, as pessoas vão saber dele instantaneamente e milhares de clientes irão utilizar e amar o seu produto. A história é diferente. Divulgar um produto custa dinheiro. Depois de lançar seu aplicativo em uma app store, nada acontece. A realidade é dura. Por isso, faça um planejamento de investimento em distribuição. Calcule a verba disponível, faça testes de custo de aquisição de usuários e trace sua estratégia de crescimento da base de clientes.

Supervalorização de investimento anjo. Hoje o Brasil conta com dezenas de aceleradoras e processos de aceleração que disponibilizam às *startups* selecionadas um investimento anjo (geralmente entre 20 e 200 mil reais). Apesar de, para muitos, esse dinheiro significar a garantia do futuro da empresa, o dinheiro não é muito. Para as empresas iniciantes ele serve para construir o produto e conquistar seus primeiros clientes. Para as empresas que já possuem um produto mais maduro, pode ser um caminho para expandir e adquirir mais clientes. O fato é que se torna extremamente necessário fazer um planejamento de uso desse investimento. Muitos são os casos de empreendedores que utilizaram muito mal esses investimentos. Em alguns casos, quanto maior o investimento recebido, menor o cuidado dos fundadores em manter operações enxutas e econômicas em suas *startups*.

Motivo 4. Possuem um produto pobre. Ter um produto de qualidade não é fácil e custa caro. A construção de um produto envolve experiência do usuário, design, tecnologia, *analytics* (mensuração), priorização (quais as funcionalidades mais importantes e que devem ser implementadas em primeiro lugar), além de visão de negócios. Empreendedores sem muita experiência na criação de produtos de *startups* têm menores chances de atingir o sucesso do negócio. A parte boa é que existe uma imensidão de materiais gratuitos na internet. Algumas dicas quando o assunto é produto:

Design importa, e muito. Pesquisas indicam que clientes baseiam sua opinião em relação a uma empresa no design de seu site. Por isso, invista em um bom design para seu produto.

Deixe seu produto fácil de usar. Seu produto precisa ser fácil de usar, ou seja, transformar um problema complexo em uma solução simples acessível a qualquer pessoa. Por isso, invista em uma boa usabilidade e experiência dos usuários. Sempre que possível faça testes de usabilidade e pesquisas com clientes.

Fique de olho nos seus dados. Você precisa controlar todos os números de conversão do seu produto. Eles serão a base empírica para mudar o design do seu produto ou criar uma nova funcionalidade. Existem dezenas de ferramentas de data *analytics* no mercado (entre elas o Google Analytics, que é gratuita).

Tenha alguém com boa visão de produto no time. Caso você ou nenhum sócio da sua empresa tenha conhecimentos nas áreas citadas, vá em busca de bons conteúdos e estude bastante. Outra opção é analisar uma possível contratação (com ou sem participação societária) ou uma boa consultoria. O fato é que sua empresa precisa respirar a cultura de um bom produto.

Procure por mentorias. Mentorias muitas vezes valem ouro e há muita gente disposta a ajudar. Procure por mentorias e pessoas que lançaram produtos que atingiram graus mais avançados e saiba como se deram os processos de criação de produto, quais investimentos foram feitos e quais foram os marcos para o sucesso do produto.

Motivo 5. Expandem muito cedo. *Startups* que começam a tracionar, muitas vezes sentindo o bom momento da empresa, tomam a decisão de expandir o seu negócio antes de ter suas métricas 100% definidas e investimentos otimizados. Nessas condições, acabam desperdiçando dinheiro. Para evitar que este seja o motivo de fechamento da sua empresa, siga, se possível, essas duas dicas:

Comece por um público específico. De nada adianta alcançar milhares de usuários, sendo que estes não voltaram mais ao seu site ou não tiveram uma boa primeira experiência com o seu produto. Para evitar que isso aconteça, primeiramente você precisa testar seu produto com um número controlado de usuários (seja um bairro, uma cidade, ou um pequeno grupo com alguma característica em comum). Com esse grupo definido, estude as principais necessidades desses clientes, colha *feedbacks*. Depois otimize processos, implemente melhorias no produto e resolva os principais problemas relatados por seus clientes. Quando a operação do seu negócio estiver consolidada, com maior engajamento e satisfação de clientes, pode ser a hora de pensar em expandir.

Otimize seus custos. Quando você decide expandir seu negócio para outras audiências (outra cidade, outro país ou outro grupo), tenha em mente que você estará dividindo todo o investimento que teria para um único público agora para dois, três ou mais públicos. Todo investimento em marketing, comercial e operação possivelmente terá que ser dividido entre esses públicos. Por isso é muito importante que seus custos estejam otimizados para garantir uma operação enxuta e uma expansão com sucesso.

Motivo 6. Possuem gerenciamento estratégico pobre. *Startups* duradouras possuem diferenciais competitivos e planejam sua atuação ao longo de vários anos. Empreendedores de sucesso têm em mente como imaginam sua empresa no médio e longo prazos. Baseie seu planejamento em dois pontos:

Trace metas para as principais métricas do seu negócio. Esqueça métricas de vaidade. Métricas de vaidade são aquelas que não representam obrigatoriamente a saúde do seu negócio. Número de *likes* no Facebook e número de aparições na mídia são exemplos dessas métricas. Importe-se com indicadores que façam a diferença real no seu negócio. Dave McClure, sócio fundador da aceleradora norte-americana 500 *Startups* e investidor anjo, resumiu em cinco as principais métricas de propósito geral que realmente interessam na avaliação do sucesso de uma *startup* e que possuem elo direto com a estratégia de marketing. Essas métricas são: aquisição, ativação, retenção, receita e recomendação.

- **Aquisição.** Trata-se da estratégia e do custo para trazer pessoas para o seu site, aplicativo ou ter contato com seu produto.
- **Ativação.** A ativação trata do número de usuários que realizaram alguma ação mais profunda com seu produto. A ação pode variar de negócio para negócio, como, por exemplo uma instalação de um app, realizar um cadastro ou favoritar um produto.
- **Retenção.** A retenção indica a quantidade de usuários que voltam a utilizar o seu produto. Quanto maior essa taxa, mais engajados estão seus usuários.
- **Receita.** Esta métrica indica o valor financeiro em vendas gerado por seus clientes.
- **Recomendação.** Esta métrica indica o número de clientes que compartilharam seu produto com outros usuários. Estratégias de recomendação tornam-se extremamente importantes pelo fato de serem formas de usar os clientes adquiridos a seu favor como uma forma de divulgação gratuita.

Faça projeções de receita e planeje os investimentos futuros da sua empresa. Visualize como sua empresa estará daqui a alguns anos. Projeções financeiras, de market-share, crescimento da base de clientes e crescimento da equipe são importantes para manter a execução alinhada ao planejamento. Além disso, essas projeções ajudarão muito em conversas com possíveis investidores.

Motivo 7. Possuem baixo poder de execução. Um dos maiores valores de um time de fundadores e primeiros funcionários de uma *startup* é o seu poder de execução. No início da criação de uma empresa, o investimento disponível é pequeno, as incertezas e desafios são enormes e o que vai fazer a diferença entre os que sobrevivem ou não é o quanto a *startup* consegue realizar em um curto intervalo de tempo. Tomar decisões, escolher novos caminhos, planejar e executar de acordo com o planejamento fazem parte do pacote. Times mais experientes tendem a ter um poder de execução maior, pois conhecem melhor o caminho do que fazer e como fazer. Investidores tendem a investir em times que alcançaram bons resultados rapidamente. Veja as dicas a seguir para otimizar seu poder de execução:

Dedique seu tempo para o negócio. Muitos empreendedores começam a tirar sua ideia do papel trabalhando part time, ou seja, possuem um emprego durante o dia e precisam dedicar seu tempo livre (noites e finais de semana) para a nova *startup*. A grande maioria dos empreendedores esbarra nesse desafio. Poucos sacrificam seu lazer e descanso para tentar realizar o sonho de empreender. Para os que se dedicam full time ao novo negócio, não basta trabalhar oito horas por dia. Empreendedores não são como empregados. Uma *startup* necessita de uma energia extra e sacrifícios para fazer acontecer. Então, em primeiro lugar, você precisa decidir se está mesmo disposto a encarar essa jornada.

Tome decisões rapidamente. Mude caso necessário. Empreendedores não podem se dar o luxo de tomar decisões importantes a passos lentos. O que diferencia bons de maus fundadores de *startups* é a capacidade de tomar grandes decisões e mudar as estratégias em curtos intervalos de tempo. É necessário aprender rápido e agir rápido.

Tenha sempre em mente seu plano de ação. Como será sua entratégia de desenvolvimento do produto? Como será a estratégia de aquisição de clientes? Como será seu planejamento financeiro? Qual será sua equipe e como ela crescerá? Tenha essas respostas em mãos.

Motivo 8. Possuem estratégia de marketing pobre. A estratégia de marketing e divulgação do produto de uma *startup* é muito importante, e uma estratégia errônea ou pobre pode ser um dos motivos para o fracasso da empresa. A *startup* deve tanto buscar um bom posicionamento de marca quanto conhecer seu público-alvo e saber como distribuir seu produto para esses públicos. Atualmente, com o crescimento das redes sociais e suas plataformas de anúncios, o conhecimento em marketing digital torna-se muito importante, a fim de escolher quais as melhores mídias para marcar presença, quais as mídias mais baratas e o custo de aquisição de usuários em cada uma delas.

Preocupe-se com criação de conteúdo e SEO. SEO é a área que estuda o ranqueamento do seu site nos mecanismos de busca, entre eles o Google, o mais famoso. Estar nos primeiros lugares nos resultados de buscas no Google significa economia e consequentemente mais dinheiro para investir em outras áreas da sua empresa. Para muitos sites, incluindo marketplaces, uma boa estratégia de SEO pode ser o fator alavancador da empresa.

E-mail marketing não está morto, muito pelo contrário. Muitos dizem que ter uma estratégia de e-mail marketing é coisa do passado. Pesquisas mostram justamente o contrário, em que boa parte do faturamento de muitas empresas são originadas pelo envio de e-mails a clientes.

Seja um especialista em anúncios pagos. Saiba realizar, testar e otimizar campanhas de Facebook Ads, Google Adwords, Instagram Ads, retargeting. A capacidade de segmentação dessas mídias pode trazer resultados impressionantes.

Dê vida à sua marca. Pessoas cada vez mais tentam se identificar com princípios da marca pelas quais estão comprando. Estabeleça uma persona, um posicionamento e crie personalidade para sua marca.

Motivo 9. Perdem o tempo para mercado. Muitas *startups* falham em lançar seus produtos rápido demais ou de forma lenta demais. O primeiro caso faz referência aos casos em que o produto é muito avançado para a época ou não existe ainda uma necessidade real das pessoas. O segundo caso (e mais comum) define empresas com uma boa ideia em mãos, uma necessidade real de um público e um bom timing, porém uma execução ruim e consequente atraso no lançamento fazem com que concorrentes tomem a maior fatia de mercado e deixem a empresa em uma situação delicada, sem poder de reação. Para evitar cair nesse caso:

Planeje, execute, execute, execute. Geralmente, perder o tempo de lançamento do produto é consequência de uma má execução ou mau planejamento. É importante que o empreendedor planeje os passos da *startup* e garanta uma exímia execução para o lançamento do produto e sua divulgação.

Acompanhe possíveis concorrentes de perto. Acompanhe notícias, mudanças no produto e métricas de redes sociais.

TRÊS HISTÓRIAS DE *STARTUPS* QUE FRACASSARAM
CityBest, de zero a um milhão de usuários. De um milhão de usuários a zero

Dezembro de 2010. O Brasil (e o restante do mundo) vivia um fenômeno chamado compra coletiva. Em poucos momentos da nossa história houve um movimento tão grande inspirado em um modelo de negócios tão inovador. Tal época ficou marcada como o "boom dos sites de compra coletiva". Para se ter uma ideia do impacto gerado, mais de mil sites do novo modelo foram criados no país em menos de um ano.

O modelo foi criado no mesmo ano pelo fundador do Groupon, o maior site do mundo no mercado em questão. Explicando em breves palavras, compra coletiva se tratava de um modelo de negócios em que um site oferecia aos usuários ofertas agressivas (de 50% a 90% de desconto) em restaurantes, spas, entretenimentos e diversos outros estabelecimentos. Em troca, o site garantia um número mínimo de clientes para o estabelecimento.

Um exemplo básico: um restaurante oferecia 50% de desconto no rodízio de carnes, caso cem clientes comprassem a oferta. Caso o número não fosse atingido, quem já havia comprado tinha seu dinheiro devolvido e a oferta não acontecia.

Nesse contexto entra a história do CityBest. A *startup* foi a primeira a lançar um site de compra coletiva no Brasil e a segunda a efetivamente oferecer uma oferta para usuários. A ideia foi trazida por Sergio Campos, fundador que largou a vida nos Estados Unidos para lançar o projeto. "A ideia surgiu como um interesse pessoal de trazer o Groupon ao Brasil, mas mudamos de ideia e lançamos a nossa empresa", revela Gustavo Borja, cofundador do CityBest. Devido ao pioneirismo no Brasil, a *startup* com sede em Belo Horizonte apresentou resultados avassaladores desde sua primeira interação com clientes. "Esgotamos quatro mil cupons disponíveis na nossa segunda oferta em uma chopperia", conta Gustavo. Rapidamente o CityBest focou em seu plano de expansão, iniciando operações em mais de trinta cidades brasileiras. O ritmo era absurdo. Em seus primeiros dias, a empresa contratava em média um funcionário por dia. Em menos de seis meses o CityBest alcançava a marca de oitocentos mil reais de faturamento ao mês. E após um ano de vida alcançaria um milhão de usuários cadastrados no site. "Passei dois meses seguidos dormindo apenas duas horas por dia. Era uma mistura de adrenalina e êxtase tão grande que não conseguia me desligar", comenta Gustavo.

Apesar da concorrência, o CityBest parecia imbatível. À medida que o modelo se difundia no Brasil, mais pessoas compravam e o negócio se mantinha lucrativo e saudável. Mas quanto mais atenção o mercado chamava, mais peixes grandes queriam fazer parte dele. Outros sites também cresciam e alguns deles, baseados em grandes aportes financeiros e empresários experientes, cresciam a taxas ainda mais aceleradas, como os conhecidos Groupon e Peixe Urbano.

Devido à grande concorrência, o CityBest começava a sentir os primeiros sinais de que o negócio não crescia como antes e os concorrentes aumentavam cada vez mais suas parcelas no mercado. Frente a rodadas agressivas de funding em outros sites, os fundadores da empresa se viram obrigados a buscar uma rodada de investimentos para manter o crescimento e não perder mais espaço. Por ironia do destino, a *startup* havia negado alguns contatos no início da operação.

"Recebemos contatos de investidores, mas acabamos negando, pois nosso negócio se sustentava, faturávamos muito e não achamos que era o momento certo para um investimento. Queríamos segurar para escolher a melhor hora e aproveitar para expandir da forma correta", conta Borja. Os números não cresciam como antes e a concorrência se mostrava muito robusta, através de uma exímia execução, o que dificultou a conclusão de algumas várias negociações de funding sem sucesso.

Em seu segundo ano de operação, o CityBest se viu obrigado a reduzir seus investimentos em marketing e vendas e diminuir sua equipe interna. Em paralelo, o mercado se solidificava: centenas de pequenos sites haviam fechado e outros poucos dominavam a maior parte do mercado. Como última tentativa de retornar o crescimento, o CityBest apostou em unir forças com outro site de médio porte. A tentativa não funcionou. Após alguns meses de operação unificada, não havia mais solução. O mercado já estava tomado pelos gigantes e não havia mais como manter o negócio. Essa foi a saga do CityBest. Após ter sido um dos pioneiros de um mercado gigante, atingir um milhão de usuários e faturar milhões de reais, o CityBest fechava suas portas.

Quando perguntado sobre quais os principais erros cometidos, Borja conta: "quando empreendemos pela primeira vez, cometemos todos os erros possíveis. Com o CityBest cometemos vários, mas no final tudo sempre se consertava baseado em muito trabalho. Poderia citar vários deles, mas dois pontos que acredito terem ajudado no resultado final foi não termos focado na expansão para São Paulo e Rio de Janeiro (os maiores mercados) como primeiro objetivo e o segundo ponto (talvez o mais importante) foi acharmos que não precisávamos de investidores quando na verdade em um mercado tão concorrido venceria quem pudesse conquistar as maiores partes do mercado primeiro. Deixo o conselho para os novos empreendedores brasileiros: se sua *startup* atua em um mercado multiconcorrido, saiba que, para vencer, muito dinheiro deve estar envolvido. Caso contrário, você precisa encontrar um diferencial competitivo que vá fazer toda a diferença no jogo".

Tripda: da presença em 13 países ao fim

Muitas pessoas que não estão jogando o jogo do empreendedorismo, ou até mesmo muitos fundadores de *startups*, baseiam suas opiniões no senso comum de que o sucesso de uma *startup* está concretizado ao "receber milhões em investimento". O famoso e inocente pensamento: "com milhões na conta é muito fácil fazer o negócio crescer". Contamos aqui uma história que comprova que administrar uma empresa em franco crescimento é uma tarefa árdua e que ter um grande investidor não significa certeza de sucesso.

A Rocket Internet é um dos maiores grupos de investimento e *startups* do mundo. Sua missão, "se tornar a maior plataforma de internet no mundo, fora Estados Unidos e China", deixa clara sua ambição e agressividade. Para se ter uma ideia de sua grandiosidade, o grupo alemão foi fundado em 2007, possui apenas nove anos de vida e já possui capital aberto na bolsa de Frankfurt. A Rocket possui em seu portfólio empresas com grandes operações no Brasil, como Dafiti, Kanui, Mobly, West&Wing e Easy Taxi.

O jeito Rocket de ser tem fórmula própria. Basear a criação de novas *startups* em modelos de negócio já consolidados, principalmente nos Estados Unidos. Em poucos meses a empresa expande a operação de uma *startup* para vários países da América do Sul, Europa, Ásia e África, a fim de consolidar uma atuação global, atrair investidores e aumentar a expansão do negócio.

Nesse contexto, falamos um pouco sobre a história da Tripda, uma *startup* do conhecido

Startups - **281**

grupo alemão. A Tripda surgiu para ser uma das maiores soluções de compartilhamento de caronas no mundo. Para quem quisesse oferecer ou encontrar uma carona, existiria a Tripda.

Dada a largada e já com um investimento inicial, com um mês e meio de vida a *startup* já contava com uma equipe de dez pessoas. O objetivo era ter um produto mínimo o mais rápido possível que possibilitasse a expansão do negócio para outras cidades e países. O produto precisaria de um bom sistema de matching entre ofertantes de carona e caroneiros, uma boa forma de mostrar a reputação dos dois públicos, importante para garantir segurança aos usuários, e funcionalidades que permitissem a comunicação entre motoristas e caroneiros. Rapidamente o sistema foi desenvolvido e a Tripda foi lançada oficialmente. Pela necessidade de velocidade, o produto não era o mais completo possível. O foco era possibilitar a operação da forma mais rápida e conquistar usuários. Com três meses de vida, a *startup* dava início ao plano de expansão internacional. A Tripda iniciava então suas operações em mais 12 países fora o Brasil. Esse tipo de expansão, um marco de empresas do grupo Rocket, além de tentar garantir o domínio de marketshare em países emergentes, também tem o objetivo de atrair a atenção de investidores. E foi assim que a Tripda levantou um total de 11 milhões de euros em aportes de capital.

À medida que a empresa crescia, ia aculumando grandes marcos e um crescimento expressivo. Se no mês de janeiro de 2015 o negócio possibilitou 9 mil caronas, apenas no mês de dezembro do mesmo ano foram realizadas 130 mil caronas através da Tripda. A empresa então já contava com 250 colaboradores em todo o mundo.

Muitas decisões foram tomadas rapidamente, mas nem todas foram as melhores possíveis. Como a empresa tinha o objetivo de rápida expansão internacional, o produto não conseguia evoluir na mesma velocidade. Novas funcionalidades não eram desenvolvidas rapidamente, já que manter a operação em vários países demandava muito esforço. "Como algumas funcionalidades nem sempre atendiam a todos os países, deixávamos de fazê-las", comenta Eduardo Prota, cofundador da Tripda.

Recapitulando erros e acertos, um dos pontos mais negativos para a empresa foi a tentativa de expansão para os Estados Unidos. "Tínhamos investidores americanos e eles viram sentido em atuar naquele mercado. Investimos muito para atuar nos EUA e a verdade é que nosso produto não estava preparado para o mercado americano. Depois de alguns meses tivemos que encerrar as operações lá e em mais três países, Argentina, Filipinas e Taiwan. Essa tentativa diminuiu nosso tempo de vida. Em vez de fortalecermos nossas operações mais fortes, torramos dinheiro com algo que não nos gerou retorno", comenta Prota.

Passada essa turbulência, a Tripda mantinha bem suas outras operações. Porém, o investimento recebido agora tinha prazo limitado e a *startup* precisaria de outro grande funding para manter seu crescimento. Esse é o jeito Rocket de executar. "Dedicamos muitas e muitas horas buscando captar novas rodadas de investimento. A empresa naquela altura possuía funcionários motivados e uma cultura forte. Os funcionários não enxergavam

282 - Startups

qualquer risco, pois a empresa crescia mês a mês. Não deixamos nada transparecer, pois acreditávamos até o último instante", conta Prota.

A Rocket não conseguia mais manter a empresa rodando sem uma nova rodada de investimento. E o pior aconteceu. Na mesma velocidade com que o grupo alemão abre novas ventures, ele as encerra quando necessário. E assim foi tomada a decisão de encerrar a Tripda, com mais de um milhão de caronas realizadas em apenas um ano e meio de vida, a *startup* fechava suas portas.

Yoozon: da inovação à falta de clientes

Logo após um inspirador evento de empreendedorismo (o Startup Weekend), um de três amigos comenta: "deveria existir uma forma rápida e simples de hospedar e publicar um site em segundos, sem precisar configurar servidores". Aquele comentário não ficou por ali. Após alguns estudos e ver que seria possível, João Drummond, Thiago Veloso e Pedro Santiago decidiram investir na Yoozon, *startup* que prometia hospedagem de sites utilizando o Dropbox, famosa ferramenta de armazenamento de arquivos.

Depois de algumas semanas discutindo o negócio, conheceram o Startup Farm e se candidataram. O Farm é um programa de aceleração de cinco semanas focado em validar negócios em estágio inicial. A Yoozon, mesmo sem ter um produto no ar, foi uma das escolhidas.

O grau de inovação foi um dos motivos da escolha. Apesar de serem fundadores de primeira viagem, os três amigos se dedicaram ao máximo para validar o negócio. Na metade do programa, estavam a um passo de mudar o produto. A hospedagem de sites utilizando o Dropbox seria apenas uma funcionalidade de uma ferramenta de gestão de projetos para desenvolvedores e designers freelancers. A um passo de efetuar a mudança, os empreendedores da Yoozon foram surpreendidos: foram aprovados no Startup Chile, conhecido programa chileno que aprova 100 *startups* de todo o mundo por turma com o investimento de 40 mil dólares. Depois de terem sido aprovados em dois programas (Startup Farm e Startup Chile) através de sua ideia original, João, Thiago e Pedro decidiram manter essa primeira proposta de solução. Talvez essa tenha sido a decisão que culminou no fim da empresa.

Durante o Startup Chile, os fundadores da Yoozon investiram o capital recebido no desenvolvimento e lançamento do produto. Em poucos meses o produto estava no ar e colhia os seus primeiros usuários. A equipe dedicava muito tempo para entender o perfil desses usuários, quais suas necessidades e expectativas. Os resultados veremos adiante.

Depois da euforia do lançamento e de virar notícia em famosos sites de *startups*, a realidade identificada foi que as pessoas não queriam pagar pelo Yoozon e a retenção se mostrava baixíssima. Muitas hipóteses de mudança no modelo de negócios foram pensadas e, no final do período no Chile, a *startup* foi novamente aprovada em um processo de aceleração. Era a vez de uma pequena aceleradora nos EUA, ligada à faculdade de

Wisconsin. Essa poderia ser a última chance da empresa encontrar o seu mercado ideal. E acabou sendo. Após conversar com vários CEOs de empresas concorrentes nos Estados Unidos, os brasileiros identificaram que todas as empresas que se propunham a resolver o mesmo problema, e da mesma forma que o Yoozon, estavam com dificuldades de tornar o produto viável para o mercado. Houve tentativas de mudar o jogo, mas todas sem sucesso. Foi aí então que precisaram tomar a decisão mais difícil para qualquer empreendedor: descontinuar sua empresa.

Quando perguntado sobre os principais erros cometidos durante a jornada, Thiago comenta: "quando estávamos próximos de mudar nosso produto e recebemos a notícia de que tínhamos sido aprovados no Startup Chile, voltamos para a ideia original. Esse talvez tenha sido um erro. Deixamos nossas validações de lado por termos gerado interesse em um grande processo de aceleração. Talvez tenha sido um falso positivo. Independentemente disso, não nos arrependemos de nada. Aprendemos imensamente com tudo que vivemos e essa experiência é impagável".

CAPÍTULO **21**

ENCONTRANDO UNICÓRNIOS: QUEM DEU CERTO NA REVOLTA DOS MARES

STARTUPS QUE CHEGARAM A 1 BILHÃO

Michele Barcena

Nas lendas, o unicórnio é uma bela criatura em forma de cavalo que carrega um chifre posicionado no meio da cabeça. O animal mítico nunca foi avistado, mas chegou ao mercado financeiro de forma revolucionária, se intitulou como *startup*, manteve o capital fechado, alcançou o primeiro US\$ 1 bilhão rapidamente e apresentou modelos disruptivos de gestão. São características raras entre as empresas, mas, ao contrário do que as histórias que rondam o ser sugerem, o crescimento exponencial não advém de mágica, mas sim de erros, acertos e ausência do medo de arriscar.

Aileen Lee, sócia do fundo de capital Cowboy Ventures, foi responsável pela criação da analogia, em 2013, em um artigo em que listava os 39 unicórnios da época, entre eles os gigantes Instagram, Airbnb e Facebook (ainda com capital fechado), este último apontado como o super-unicórnio devido à valorização superior aos US\$ 100 bilhões. Na publicação, a especialista inclui nesse clube empresas que surgiram a partir de 2003, na era conhecida como Nova Economia (fase em que negócios "ponto com" nasciam, reinventando diversos setores através de novas tecnologias e introduzindo novos modelos de gerenciamento), e que apresentavam valor de mercado na casa do bilhão de dólares. Apesar do sucesso incomum, o texto produzido por Lee apontou que cerca de quatro *startups* alcançavam esse *status* por ano.

Apesar da Indústria 4.0 tornar mais propício o surgimento de novos empreendimentos bilionários, é importante salientar que essas empresas não se limitam ao século XXI, uma vez que, bem antes dos anos 2000, alguns criativos se destacaram e apresentaram projetos revolucionários, sendo facilmente encaixados na categoria "unicórnio", mesmo que fundados antes da Nova Economia. Na década de 1960, nascia a Intel. Os anos 70 foram agraciados por Microsoft, Oracle e Apple, atualmente a organização mais valiosa do mundo. A partir de 1984, a Cisco iniciara a sua saga para se tornar líder mundial em

Startups - **285**

TI. Já em 1998, a Google Inc. dava seus primeiros passos na Califórnia. Esses negócios contemplaram o antigo cenário econômico, quando toda a produção era baseada no velho modelo industrial, e, ainda hoje, desempenham papéis essenciais no setor financeiro.

Segundo Lee, novas ondas de inovações tecnológicas são capazes de fazer super-unicórnios surgirem, como o início da era dos computadores pessoais, marcado por Steve Jobs e Bill Gates, e até a era das conexões sociais e da velocidade da informação, cuja demanda foi prontamente atendida por Mark Zuckerberg em 2004. As décadas de diferença entre alguns surgimentos destacam as principais características em comum entre essas mentes visionárias: a capacidade de identificar tendências globais e a coragem de seguir caminhos opostos aos já praticados são leis para quem deseja embarcar nessa jornada mitológica no mundo dos negócios.

Arriscar é a palavra de ordem para quem almeja se aventurar no mundo das *startups* e alcançar o patamar desejado. Contudo, é preciso estar disposto a fracassar e, muitas vezes, abrir mão de seus ideais (e até do produto original) para atender às reais necessidades do cliente final. Para isso, experimentações se fazem necessárias. Apesar de dolorosa, a ideia de realizar diferentes testes e errar é uma forma de diminuir a perda de tempo e investimento financeiro, visto que, a cada resultado, é possível otimizar o produto ou serviço ofertado pela empresa, além de representar um profundo aprendizado para os idealizadores do projeto. Sendo assim, analisar novas hipóteses, validar novas ideias e questionar a própria criação são atributos responsáveis por fazer muitos unicórnios alçarem voos. Erros não são problemas para quem deseja alcançar crescimento exponencial. Experiências possibilitam novas tentativas, que resultam em novos testes e, assim, constrói-se um ciclo de inovação. Ao contrário do imaginado, a prática conhecida como *fail fast* não limita o desenvolvimento de um negócio, mas proporciona a absorção desenfreada de conhecimento, o que, se observado de fora, pode sugerir que os ganhos são baixos. Entretanto, esses empreendedores utilizam esse sistema para conhecer o público-alvo e buscar fazer uma produção com maior possibilidade de adequação ao mercado. Dessa forma, a valorização da marca dispara em relação aos seus concorrentes. Todavia, é preciso alcançar um nível de disciplina para entender todos os pontos possíveis de cada investida, validar novos questionamentos e se abrir para receber *feedbacks* e absorver outras ideias. Grandes empresários que conhecemos na atualidade chegaram ao topo após diversas falhas, como Evan Spiegel e Bobby Murphy, que fracassaram mais de trinta vezes até acertarem o alvo: o aplicativo Picaboo, mais tarde batizado de Snapchat.

Pensar fora da caixa pode parecer um conceito clichê, mas é exatamente essa prática que produz inovação. O mercado é tacanho, não está disposto a mudar, mesmo que alguns modelos não estejam dando tão certo quanto há dez anos ou simplesmente não apresentem mais perspectivas de crescimento. Avaliar novas possibilidades para resolver antigos problemas são características fundamentais de fundadores de grandes unicórnios. Essas pessoas foram capazes de apresentar novas visões sobre determinados temas e, por isso, desenvolveram soluções alternativas. Garrett Camp e Travis Kalanick, por exemplo, não trabalhavam com serviços de transportes e não detinham grande conhecimento sobre, mas identificaram uma deficiência no setor, analisaram de um ponto de vista diferente dos profissionais e empresários do ramo, e chegaram à ideia do aplicativo Uber. A falta de experiência no mercado fez com que eles não fossem "contaminados" pelos modelos tradicionais e experimentassem uma nova forma de transportar passageiros.

Em se tratando de inovação, é quase impossível não tocar no tema "Vale do Silício". A região da baía de São Francisco é referência no tocante à alta tecnologia e é o berço de corporações como Google e Intel. O território não apresenta nenhuma condição mágica, mas abriga mais de um terço dos unicórnios dos mais variados gêneros. A diversidade de segmentos mercadológicos e de etnias (mais de 60% da população é imigrante) proporciona um ambiente próspero para novas criações. Para criar, é preciso ir para a rua e socializar de forma *old school*, apesar do digital se fazer presente a todo segundo. Por isso, reuniões e eventos sociais fazem parte da rotina dos moradores. A constante troca de informações, o convívio com diferentes culturas e a possibilidade de fazer conexões com o mundo tornam o lugar um verdadeiro reino para pessoas que pensam fora da caixa e estão dispostas a se desafiar diariamente. Até o magnata brasileiro Jorge Paulo Lemann sente-se atraído pelo lugar. Ele declarou em uma entrevista que, caso fosse jovem, se aventuraria pelo Vale para recolher bagagem e montar a própria *startup*, uma vez que a vivência proporcionaria um aprendizado profundo e o prepararia para realizar empreendimentos no Brasil.

A região geográfica das empresas não é fator decisivo para o desenvolvimento desenfreado. Apesar da maior concentração de unicórnios estar nos Estados Unidos (54%), a China também apresenta altos índices de bilionários (23%). Logo após estão Índia e Reino Unido, com 4% cada, e Alemanha e Coreia do Sul, ambos com 2%. Segundo a Forbes, não há nenhum outro país que apresente três ou mais empresas avaliadas em mais de US$ 1 bilhão. Na América Latina, existe apenas um raro caso de aparição. A Decolar.com (filial brasileira da argentina Despegar.com) atua no ramo de turismo e está avaliada em cerca de um bilhão de dólares, segundo a *Fortune*. No Brasil, no começo de 2018 não haviam unicórnios no país, mas o começo de 2019 já eram seis: 99, Pagseguro, Nubank, Stone, Movile e Gympass. Até o momento, o território brasileiro contava com cerca de 40 aceleradoras, Gema Ventures e SEED, que podem transformar esse quadro e colocar o país no mapa global de *startups* bilionárias. Além disso, o cenário global é positivo para novos entrantes. Segundo um artigo publicado pela *Harvard Business Review*[159], companhias fundadas recentemente crescem duas vezes mais rápido que as nascidas na década passada.

---

[159] HOW Unicorns Grow. **Harvard Business Review**, Jan.-Feb. 2016. Disponível em: <https://hbr.org/2016/01/how-unicorns-grow>. Acesso em: 24 jul. 2018.

CONHECENDO ANJOS: *PAYPAL MAFIA*

Pioneira em métodos de pagamentos *on-line*, a Paypal desempenha um forte papel no Vale do Silício. Práticas adotadas pela empresa ditaram tendências em *startups* do mundo inteiro, como o investimento em aplicativos e *widgets*. Além disso, disseminou o conceito de "beta", que possibilita o lançamento de um produto mesmo que não esteja completamente finalizado, podendo ser otimizado de acordo com os *feedbacks* do cliente final. Nesse "núcleo de inovação" criado em 1998, encontravam-se pessoas visionárias que se tornaram referência no setor, como o bilionário Elon Musk, dono da Tesla e da SpaceX.

A Paypal reunia os maiores talentos tecnológicos do Vale, graças aos bons olhos de Musk e Thiel, outro membro de destaque do grupo, que avistavam ótimos engenheiros. Assim, quando foi vendida para o eBay, em 2002, a empresa de pagamentos havia contado com profissionais brilhantes que utilizaram a experiência e as conexões realizadas na região de São Francisco para construir novos empreendimentos visionários. O YouTube, comprado pelo Google em 2006 e atualmente avaliado em mais de US$ 100 bilhões, é uma criação de ex-funcionários da Paypal, assim como o LinkedIn. Além disso, os membros desse grupo utilizaram a experiência adquirida na primeira empreitada e as conexões realizadas no Vale para financiar e criar *startups*, muitas das quais se tornaram os maiores unicórnios da atualidade, como o Airbnb e o próprio Facebook, que foi agraciado pela "máfia" ainda em 2004. Assim, tornaram-se grandes investidores anjos.

Elon se mantém no mercado de tecnologia, produzindo carros elétricos e transportes espaciais. Peter Thiel e Ried Hoffman, outros destaques da máfia, seguem investindo no mercado tecnológico e identificando novos modelos disruptivos.

UNICÓRNIOS "ARTIFICIALMENTE INTELIGENTES"

A inteligência artificial abandonou as histórias de ficção científica para ser uma realidade em nosso cotidiano. Cada vez mais empresas estão apostando nesses sistemas inteligentes a fim de otimizar seus serviços ofertados. A IA chegou para revolucionar todos os setores da sociedade, desde a economia até o ambiente doméstico, através de eletrodomésticos mais engenhosos. Em breve, a computação cognitiva deixará de ser uma tendência e se tornará uma obrigatoriedade para as companhias, assim como ocorreu com aplicativos móveis e páginas em redes sociais.

No Vale do Silício, a Inteligência Artificial já faz parte do cotidiano dos habitantes, e as organizações não escondem a preocupação que têm com o tema. Os cinco maiores unicórnios do mundo já possuem pesquisas e não poupam investimentos no setor. O Uber, líder desse grupo, inaugurou um laboratório especializado na tecnologia em dezembro de 2016, após adquirir a Geometric Intelligence, *startup* nova-iorquina destinada a esse tipo de pesquisa. O objetivo da empresa de serviços de transporte é se tornar referência em eficiência no setor e apresentar carros autônomos. Ademais, o gigante Google também está se movimentando para alcançar excelência nesse campo. O *Google Developers*

Launchpad Studio é um programa criado para apoiar *startups* espalhadas pelo mundo que apresentam projetos inovadores no campo da IA, salientando a importância dessa tecnologia na definição dos caminhos a serem seguidos pela sociedade.

A previsão é de que até 2025 o setor movimente cerca de US$ 23,4 bilhões, segundo um levantamento realizado pela consultoria Research and Markets[160]. Sendo assim, é mais que óbvio a nova regra no mundo mágico dos unicórnios: a Inteligência Artificial é a aposta para quem deseja ingressar nesse seleto grupo de bilionários.

Existe um limite?

Startups unicórnios passam uma mensagem incentivadora para novos empreendedores. Mas esses ganhos exponenciais atingirão um limite? Essas empresas atingirão um nível e ficarão estagnadas ou retrocederão? Afinal, elas vieram para ficar e durar? Apesar de parecer que esses questionamentos possuem respostas óbvias, que podem ser resumidas pelo conceito de se reinventar, na prática não é tão simples.

Essas empresas são fundadas por pessoas inovadoras que indicam quais caminhos seguir, as famosas mentes visionárias. Contudo, seres humanos não possuem vida eterna, e todos esses gênios, não importa quão carismáticos e inovadores sejam, irão morrer e essas organizações serão tocadas por outros líderes que talvez não apresentem os atributos de seus criadores. É nesse momento que descobriremos se toda a invenção se tratava de uma empresa visionária ou apenas uma mente brilhante. Por isso, mesmo que modelos obsoletos não façam parte dos seus estudos, esses jovens unicórnios podem (e devem) aprender com dinossauros visionários.

Jim Collins, especialista e referência mundial em gestão, define como empresas visionárias aquelas que prosperam ao longo de anos, mesmo atravessando turbulência e, em alguns momentos, tenham estagnado ou retrocedido. Ademais, se encaixam nesse perfil empresas líderes de segmento e referências para outras do mesmo setor. Ou seja, as melhores das melhores. Em sua obra "Feitas Para Durar", livro escrito ao lado de Jerry Porras[161], o autor faz um grande levantamento sobre esse tipo de empresa e deixa claro que todo progresso é sobre a organização e não se limita ao seu líder. Considerando isso, como garantir a durabilidade além das mentes fundadoras?

Grandes e antigas organizações alcançaram o topo e dominam esse espaço há décadas. Collins e Porras apontam que o feito se deve ao fator primário para a criação de um negócio: a definição de uma **ideologia central**. Esse elemento é fundamental para a fundação e durabilidade de uma empresa, que deve ser pautada em valores que vão além do lucro.

---

[160]RESEARH AND MARKETS. **Telehealth Market to 2025 – Global Analysis and Forecasts by Product, Type, Mode of Delivery and End User.** June 2018. Disponível em: <https://www.researchandmarkets.com/research/kq734k/52_89_billion?w=4>. Acesso em: 31 out. 2018.

[161]COLLINS, James C.; PORRAS, Jerry I. **Feitas para Durar:** práticas bem-sucedidas de empresas visionárias. 9.ed. Rio de Janeiro: Rocco, 2015.

Por isso, é importante definir objetivos claros, que fujam à regra de "ganhar dinheiro", e princípios básicos que fixem suas raízes e definam a razão de sua existência.

Não estamos falando de ações práticas e operacionais, mas de conceitos ideológicos que devem fazer parte e guiar os passos da empresa. Nesse sentido, os autores definem o conceito de "preservar o núcleo e estimular o progresso". Isto é, manter-se firme aos princípios e, simultaneamente, encorajar a constante transformação.

Embora conceitos básicos da administração reforcem que a maximização dos lucros deve definir seus próximos passos, as visionárias vão além e buscam caminhar lado a lado com suas ideologias, fazendo os ganhos se tornarem a consequência e não o centro. Esse fator é essencial para não perder o caminho e a essência, mesmo que seu criador não esteja mais presente.

Jovens unicórnios sabem quebrar barreiras e se reinventar como poucas empresas. Não sabemos quais serão os próximos passos deles, mas, agora, entendemos a importância de se tornarem mais que criaturas mágicas. É hora de se tornarem visionários.

FONTES

STARTUPS brasileiras que podem tornar-se Unicórnios. **Rede de Inovação**, 05 abr. 2016. Disponível em: <http://www.rededeinovacao.org.br/sobreinovacao/noticias/Lists/Postagens/Post.aspx?ID=1135>. Acesso em: 24 jul. 2018.

ABREU, Paulo R. M.; CAMPOS, Newton M. **O Panorama das Aceleradoras de Startups no Brasil.** USA: CreateSpace Independent Publishing Platform, 2016. Disponível em: <http://www.imcgrupo.com/impress/gt/upload/O_Panaroma_das_Aceleradora_de_Startups_no_Brasil.pdf>. Acesso em: 24 jul. 2018.

BICUDO, Lucas. Confira quais são TODAS as 186 startups unicórnios no mundo. **StartSe**, 19 jan. 2017. Disponível em: <https://conteudo.startse.com.br/mundo/lucas-bicudo/confira-186-unicornios-todo-mundo/>. Acesso em: 24 jul. 2018.

FORREST, Conner. How the 'PayPal Mafia' redefined success in Silicon Valley. **Tech Republic**, s.d. Disponível em: <http://www.techrepublic.com/article/how-the-paypal-mafia-redefined-success-in-silicon-valley/>. Acesso em: 24 jul. 2018.

FRIEDMAN, Zack. The 197 Tech Companies Are The World's Most Valuable Unicorns. **Forbes**, May 30, 2017. Disponível em: <https://www.forbes.com/sites/zackfriedman/2017/05/30/tech-unicorns/#1601752c1179>. Acesso em: 24 jul. 2018.

HOW Unicorns Grow. **Harvard Business Review**, Jan.-Feb. 2016. Disponível em: <https://hbr.org/2016/01/how-unicorns-grow>. Acesso em: 24 jul. 2018.

JESUS, Leandro. Unicórnios vs Dinossauros: quem vai sobreviver na nova economia? **Medium**, 22 jun. 2016. Disponível em: <https://medium.com/business-transformation/unic%C3%B3rnios-vs-dinossauros-quem-vai-sobreviver-na-nova-economia-3b2c85b10e8>. Acesso em: 24 jul. 2018.

LEE, Aileen. Welcome To The Unicorn Club: Learning From Billion-Dollar Startups. **Tech Crunch**, Nov. 02, 2013. Disponível em: <https://techcrunch.com/2013/11/02/welcome-to-the-unicorn-club/>. Acesso em: 24 jul. 2018.

LEE, Dave. Uber launches artificial intelligence lab. **BBC News**, Dec. 05, 2016. Disponível em: <http://www.bbc.com/news/technology-38207291>. Acesso em: 24 jul. 2018.

MARZOCHI, Roger. O que aprender com a "máfia do PayPal". **IstoÉ Dinheiro**, 19 ago. 2016. Disponível em: <http://www.istoedinheiro.com.br/noticias/mercado-digital/20160819/que-aprender-com-mafia-paypal/405351>. Acesso em: 24 jul. 2018.

MORANO, Leandro. Todos atrás do unicórnio! **LinkedIn**, 19 maio 2016. Disponível em: <https://pt.linkedin.com/pulse/todos-atr%C3%A1s-do-unic%C3%B3rnio-leandro-morano>. Acesso em: 24 jul. 2018.

NYBO, Erik. Como surge um unicórnio? **Startupi**, 11 jul. 2016. Disponível em: <https://startupi.com.br/2016/07/como-surgem-os-unicornios/>. Acesso em: 24 jul. 2018.

OS SEGREDOS das "empresas unicórnio". **Insider Pro**, 11 abr. 2015. Disponível em: <https://pt-br.insider.pro/technologies/2015-04-11/os-segredos-das-empresas-unicornio/>. Acesso em: 24 jul. 2018.

PARRISH, Charlie. The PayPal Mafia: Who are they and where are Silicon Valleys richest group of men now? **The Telegraph**, Sep. 20, 2014. Disponível em: <http://www.telegraph.co.uk/technology/11106473/The-PayPal-Mafia-Who-are-they-and-where-are-Silicon-Valleys-richest-group-of-men-now.html>. Acesso em: 24 jul. 2018.

STOKES, Caroline. Becoming One Of Tomorrow's Unicorns In The World Of Artificial Intelligence. **Forbes**, June 19, 2017. Disponível em: <https://www.forbes.com/sites/forbescoachescouncil/2017/06/19/becoming-one-of-tomorrows-unicorns-in-the-world-of-artificial-intelligence/#540e2b006f2e>. Acesso em: 24 jul. 2018.

VANCE, Ashlee. **Elon Musk:** como o CEO bilionário da SpaceX e da Tesla está moldando nosso futuro. Rio de Janeiro: Intrínseca, 2015. Disponível em: <https://books.google.com.br/books?id=03iFCgAAQBAJ&pg=PT95&lpg=PT95&dq=mafia+do+paypal&source=bl&ots=tS0hwPyaTr&sig=DK_BsdqlBKJ1xM7Pf1MbRzGi5TQ&hl=pt-BR&sa=X&ved=0ahUKEwjG-6fh_6XVAhXFkZAKHcRaCi0Q6AEIazAJ#v=onepage&q=mafia%20do%20paypal&f=false>. Acesso em: 24 jul. 2018.

WIKIPEDIA. **PayPal Mafia.** Disponível em: <https://en.wikipedia.org/wiki/PayPal_Mafia>. Acesso em: 24 jul. 2018.

Confira também, dos mesmos autores:

Compre em: www.brasport.com.br

Acompanhe a BRASPORT nas redes sociais e receba regularmente informações sobre atualizações, promoções e lançamentos.

@Brasport

/brasporteditora

/editorabrasport

/editoraBrasport

Sua sugestão será bem-vinda!

Envie uma mensagem para **marketing@brasport.com.br** informando se deseja receber nossas newsletters através do seu e-mail.

e-Book
50% mais barato que o livro impresso.

+ de 200 Títulos

À venda nos sites das melhores livrarias.

Este livro foi impresso nas oficinas gráficas da Editora Vozes Ltda.,
Rua Frei Luís, 100 – Petrópolis, RJ.